浙江省普通高校"十三五"新形态教材
首批高等学校省级精品在线开放课程"市政道路工程施工"配套教材

北大社"十三五"职业教育规划教材
高职高专土建专业"互联网+"创新规划教材

市政道路工程施工

（含学习任务单）

主　编　张雪丽
副主编　陈亿琳
参　编　金　力　毛来女

内 容 简 介

本书以市政道路工程具体的施工任务及施工过程为依据,将市政道路工程施工整合、序化为7个项目。内容包括:市政道路工程施工图识读与会审、市政道路路基施工、市政道路基(垫)层施工、市政道路沥青面层施工、市政道路水泥混凝土面层施工、附属工程施工、市政道路养护等。

本书可作为高职高专道路与桥梁专业、市政工程技术等市政工程类相关专业的教学用书,同时也可供市政公用工程技术人员学习、参考。

图书在版编目(CIP)数据

市政道路工程施工/张雪丽主编. —北京:北京大学出版社,2016.5
(高职高专土建专业"互联网+"创新规划教材)
ISBN 978-7-301-26632-8

Ⅰ. ①市… Ⅱ. ①张… Ⅲ. ①市政工程—道路工程—工程施工—高等职业教育—教材 Ⅳ. ①U415.12

中国版本图书馆 CIP 数据核字(2015)第 305622 号

书　　名	市政道路工程施工 SHIZHENG DAOLU GONGCHENG SHIGONG
著作责任者	张雪丽　主编
策 划 编 辑	杨星璐
责 任 编 辑	赖　青　商武瑞
标 准 书 号	ISBN 978-7-301-26632-8
出 版 发 行	北京大学出版社
地　　址	北京市海淀区成府路 205 号　100871
网　　址	http://www.pup.cn　新浪微博:@北京大学出版社
电 子 信 箱	pup_6@163.com
电　　话	邮购部 010-62752015　发行部 010-62750672　编辑部 010-62750667
印 刷 者	北京虎彩文化传播有限公司
经 销 者	新华书店
	787 毫米×1092 毫米　16 开本　22.75 印张　531 千字 2016 年 5 月第 1 版　2021 年 1 月第 8 次印刷
定　　价	49.00 元(含学习任务单)

未经许可,不得以任何方式复制或抄袭本书之部分或全部内容。
版权所有,侵权必究
举报电话:010-62752024　电子信箱:fd@pup.pku.edu.cn
图书如有印装质量问题,请与出版部联系,电话:010-62756370

前言

本书是浙江省特色及优势市政工程技术专业系列教材之一，是市政道路工程施工课程的主教材。本书根据2015年杭州科技职业技术学院制订的"市政道路工程施工"教学大纲要求，按85学时编写。

本书按照杭州科技职业技术学院市政工程技术专业培养目标的要求，遵循学生职业能力培养的基本规律，以市政道路工程具体的施工任务及其施工过程为依据，整合、序化了教学内容，科学地设计了学习性的7个项目及其工作任务，充分体现了"教、学、做"一体化的教学模式，以及理论与实践相结合的原则，并在每个项目中设计了项目任务、每个任务后又设计了能力训练环节。

本书教学内容和项目安排根据市政行业、企业发展需要，以及完成职业主岗位施工员的实际工作任务所需要的知识、能力、素质要求进行选取，并为学生可持续发展奠定良好的基础。本书文字阐述上力求做到：基本理论简明扼要、深入浅出，注意理论联系实际，重点突出多种道路工程实用技术，适当介绍国内外各种道路工程的新技术、新工艺、新材料和新设备。书中名词术语和技术参数符合国家规范标准，并采用法定计量单位。为了便于学生加深对课程内容的理解和提高实际应用能力，本书以任务驱动形式提出任务目标、能力目标、能力训练项目和内容，并要求完成任务后有可展示的教学成果，同时在每个任务的最后附有与学生职业发展考取相应执业上岗证内容相结合的习题。

为了激发学生学习的积极性、提高学习的效率，本书还附有配套施工图集和学习任务单。

本书依据最新国家规范、标准进行编写。所采用的规范主要有：《城市道路工程设计规范》(CJJ 37—2012)、《城市道路路线设计规范》(CJJ 193—2012)、《城市道路公共交通站、场、厂工程设计规范》(CJJ/T 15—2011)、《城市道路路基设计规范》(CJJ 194—2013)、《城镇道路路面设计规范》(CJJ 169—2012)、《城镇道路工程施工与质量验收规范》(CJJ 1—2008)、《公路沥青路面设计规范》(JTG D50—2006)、《公路水泥混凝土路面设计规范》(JTG D40—2011)、《公路路基施工技术规范》(JTG F10—2006)、《公路路面基层施工技术细则》(JTG/T F20—2015)、《公路沥青路面施工技术规范》(JTG F40—2004)、《公路水泥混凝土路面施工技术细则》(JTG/T F30—2014)、《城镇道路养护技术规范》(CJJ 36—2006)等。

本书由张雪丽担任主编，陈亿琳担任副主编，金力、毛来女参编。本书各项目编写人员的具体分工如下：项目2、项目3、项目5、项目任务单由杭州科技职业技术学院张雪丽编写，项目1、项目4、项目6由杭州科技职业技术学院陈亿琳编写，项目7由杭州市路桥集团有限公司金力编写，项目任务单中的附录由杭州浩宏环境建设有限公司毛来女编写，并对任务单的内容进行了完善。全书由张雪丽负责统稿。在本书的编写过程中得到了杭州

 市政道路工程施工

市路桥有限公司、浙江交通职业技术学院、浙江大学有关领导和专家的大力支持,在此向他们表示衷心的感谢!

由于编者水平所限,书中疏漏和不足之处在所难免,恳请广大读者批评指正。

编　者

2016年1月

CONTENTS 目录

项目 1　市政道路工程施工图的识读与会审 ...1

　任务 1.1　道路施工图总说明识读 ...2
　　能力训练 ...4
　　习题 ...4
　任务 1.2　道路平面图识读 ...5
　　能力训练 ...21
　　习题 ...21
　任务 1.3　道路纵断面图识读 ...22
　　能力训练 ...31
　　习题 ...31
　任务 1.4　道路横断面图识读 ...32
　　能力训练 ...47
　　习题 ...47
　任务 1.5　道路交叉口施工图识读 ...48
　　能力训练 ...62
　　习题 ...62
　任务 1.6　城市道路附属设施 ...63
　　能力训练 ...69
　　习题 ...69
　任务 1.7　市政道路工程施工图审核与会审 ...69
　　能力训练 ...74
　　习题 ...75

项目 2　市政道路路基施工 ...76

　任务 2.1　路基施工准备 ...77
　　能力训练 ...98
　　习题 ...99
　任务 2.2　路基土石方施工 ...100
　　能力训练 ...116
　　习题 ...116
　任务 2.3　挡土墙施工 ...117
　　能力训练 ...120
　　习题 ...122
　任务 2.4　软土路基处理施工 ...122
　　能力训练 ...125
　　习题 ...125
　任务 2.5　路基工程施工质量控制与验收 ...126
　　能力训练 ...130
　　习题 ...131

项目 3　市政道路基(垫)层施工 ...132

　任务 3.1　道路基(垫)层施工准备 ...133
　　能力训练 ...138
　　习题 ...138
　任务 3.2　道路基(垫)层施工 ...140
　　能力训练 ...150
　　习题 ...150
　任务 3.3　道路基(垫)层施工质量控制与验收 ...151
　　能力训练 ...155
　　习题 ...155

项目 4　市政道路沥青面层施工 ...156

　任务 4.1　沥青面层施工准备 ...157
　　能力训练 ...162
　　习题 ...162
　任务 4.2　沥青面层现场施工 ...163
　　能力训练 ...176
　　习题 ...177
　任务 4.3　特殊沥青面层施工 ...178

　　能力训练 187
　　习题 187
　任务 4.4　沥青面层施工质量控制与
　　　　　　验收 188
　　能力训练 193
　　习题 193

项目 5　市政道路水泥混凝土面层施工 195

　任务 5.1　水泥混凝土面层施工准备 196
　　能力训练 208
　　习题 208
　任务 5.2　普通水泥混凝土面层施工 209
　　能力训练 221
　　习题 221
　任务 5.3　其他水泥混凝土面层施工 222
　　能力训练 228
　　习题 228
　任务 5.4　水泥混凝土面层施工质量控制与
　　　　　　验收 229
　　能力训练 232
　　习题 232

项目 6　附属工程施工 234

　任务 6.1　路缘石和人行道铺装施工 235
　　能力训练 244
　　习题 244
　任务 6.2　附属工程质量控制与
　　　　　　检查验收 245
　　能力训练 250
　　习题 250

项目 7　市政道路养护 252

　任务 7.1　市政道路路基养护 253
　　能力训练 258
　　习题 258
　任务 7.2　市政道路路面养护 259
　　能力训练 272
　　习题 272
　任务 7.3　人行道与检查井的养护 273
　　能力训练 278
　　习题 278

参考文献 280

项目 1

市政道路工程施工图的识读与会审

能力目标

(1) 正确识读城市道路施工图。
(2) 能依据技术标准，校核城市道路施工图，能与设计方进行技术沟通。
(3) 能参与组织城市道路施工图会审，编写施工图会审纪要。

项目导读

本项目从城市道路的基本知识开始，分别介绍了城市道路平面、纵断面、横断面、交叉口、附属设施等相关知识及相应施工图纸的识读、审核与会审。

项目任务

(1) 根据本书配套《市政工程施工图案例图集》，依据图号路-1 至路-19 模拟图纸会审会议。
(2) 根据市政工程图纸会审的会议流程组织会议。
(3) 模拟与会各方单位代表根据施工图，客观地提出施工图中的问题。
(4) 做好图纸会审现场记录。
(5) 项目成果为市政道路施工图图纸会审记录一份。

任务 1.1　道路施工图总说明识读

城市道路施工的任务是将施工图中所示的结构物准确地修筑在规定的位置上，要做到这一点，首先必须正确地识读道路施工图，这是本项目的中心任务与训练目标。按照道路施工图设计文件组成，将本项目划分为道路施工图总说明、道路平面、道路纵断面、道路横断面、道路交叉口、城市道路附属设施等相关图纸的识读，以及市政道路工程施工图审核与会审共7个任务。

1.1.1　城市道路的分类、分级

【参考图文】

城市道路按其在道路系统中的地位、交通功能及服务功能，我国目前将城市道路划分为：快速路、主干路、次干路、支路四大类。

快速路：又称城市快速交通干道，主要为城市中大量、长距离、快速交通服务，属于城市交通主干道。快速路是大城市交通运输的主动脉，也是城市与高速公路联系的通道。

主干路：又称城市主干道，是城市中起骨架作用的道路，为连接城市各主要分区的干线道路，以交通功能为主。

次干路：是城市道路网中的区域性干道，与主干路结合组成城市道路网，起集散交通的作用，兼有服务功能。

支路：又称城市一般道路或地方性道路，为次干路与居民区、工业区、市中心区的连线，用于解决局部区域的交通，以服务功能为主。

除快速路外，其余各类道路按城市规模、设计交通量、地形情况等，分为Ⅰ、Ⅱ、Ⅲ三个级别。

1.1.2　城市道路的主要技术标准

我国城市道路分类、分级及主要技术指标见表1-1。

表1-1　我国城市道路分类及主要技术指标

类　别	级　别	项　目				
		设计速度/(km/h)	双向机动车道数/条	机动车道宽度/m	分隔带设置	横断面采用形式
快速路	—	100，80，60	≥4	3.75～4	必须设	双、四幅路
主干路	Ⅰ	60，50	≥4	3.75	应设	三、四幅路
	Ⅱ	50，40	3～4	3.5～3.75	应设	三、四幅路
	Ⅲ	40	2～4	3.5～3.75	可设	三幅路
次干路	Ⅰ	50，40	2～4	3.5～3.75	可设	单、两幅路
	Ⅱ	40，30	2～4	3.5～3.75	不设	单幅路
	Ⅲ	30，20	2	3.5	不设	单幅路

续表

类别	级别	项目				
		设计速度/(km/h)	双向机动车道数/条	机动车道宽度/m	分隔带设置	横断面采用形式
支路	Ⅰ	40, 30	2	3.5	不设	单幅路
	Ⅱ	30, 20	2	3.25~3.5	不设	单幅路
	Ⅲ	20	2	3.0~3.5	不设	单幅路

注：1. 除快速路外，各类道路可根据所在城市的大小、政治经济发展、人口密度、土地开发利用、设计交通量、车辆组成、地形、旧城市改建、扩建等情况分成Ⅰ、Ⅱ、Ⅲ三个级别。大城市应采用Ⅰ级标准，中等城市应采用Ⅱ级标，小城市应采用Ⅲ级标准。大城市指50万以上人口的城市；中等城市指20万~50万人口的城市；小城市指不足20万人口的城市。

2. 改建道路根据地形、地物限制、房屋拆迁、占地困难等具体情况，选用表中适当的道路等级。

3. 省会、自治区首府所在地的中、小城市，其道路等级可根据实际情况提高一级。

4. 各城市文化街、商业街，根据具体情况参照表中次干路及支路的标准设计。

值得说明的是，具体运用各项指标时，应从实际出发，在不过分增加工程量的情况下，尽可能采取较高的技术指标，以改善行车条件、提高运输效益，有利于今后道路改建。

1.1.3 城市道路的组成与特点

城市道路是修建在市区，路两侧有连续建筑物，用地下沟管排除地面水，采用连续照明，横断面上布置有人行道的道路。

一般情况下，在城市道路两侧建筑红线之间，城市道路由以下不同功能部分组成。

【参考图文】

(1) 机动车道。供各种车辆行驶的车行道，其中有汽车、电车、摩托车等。

(2) 非机动车道。供自行车、三轮车、平板车、兽力车等行驶。

(3) 人行道。专供行人步行交通的通行带。

(4) 绿化带。布置在道路中央或道路两侧种植树木花草的地带，具有卫生、防护和美化的作用。

(5) 排水系统。用以排除地面水的街沟、边沟、雨水口等。

(6) 公共停车场和公共汽车停靠站。城市道路静态交通必不可少的场所。

(7) 交叉口和广场。供车辆和行人集散以及改变交通方式或方向的场所。

(8) 沿街地上设施。如照明灯柱、架空电线杆、给水栓、邮筒、清洁箱、接线柱等。

(9) 地下各种管线。如电缆、煤气管、暖气管、给水管、污水管等。

(10) 交通管理设施。包括交通信号灯、各种交通标志标线以及安全岛、护栏、隔离墩等。

与公路相比较，城市道路具有功能多样、组成复杂，车辆多、类型杂、车速差异大，行人交通量大，道路交叉点多，沿路两侧建筑密集、艺术要求高，城市道路规划、设计的影响因素多，政策性强等特点。

1.1.4 城市道路设计阶段

道路工程基本建设项目一般采用两阶段设计，即初步设计和施工图设计。对于技术简单、方案明确的小型建设项目，可采用一阶段设计，即一阶段施工图设计；对于技术复杂、基础资料缺乏和不足的建设项目或建设项目中的特大桥、互通式立体交叉、隧道、高速公路和一级公路的交通工程及沿线设施中的机电设备等，必要时需采用三阶段设计，即初步设计、技术设计和施工图设计。

1.1.5 城市道路施工图总说明识读

一套市政道路工程施工图通常由图纸目录、施工图设计总说明、工程位置图、道路平面图、道路纵断面图、道路横断面图、施工横断面图、路基路面结构图、道路土方量表、牛腿式进口坡道大样图、交叉口无障碍设计图、缘石坡道设计大样图、提示盲道设置大样图、盲道块材大样图、道路交叉口设计图等图纸组成。

其中施工图设计总说明是非常重要的,通过施工图总说明能了解工程概况、设计依据、技术要求等,识读施工图总说明时不能草率,主要从以下几个方面来识读。

(1) 了解该工程的设计依据,主要有该工程的初步设计图纸、业主单位对初步设计的批复意见、该工程的地质勘察报告及测量成果报告等。

(2) 了解工程的技术标准,包括道路等级、设计车速、设计轴载、路面结构类型和设计年限。

(3) 了解道路平面设计、纵断面设计、横断面设计和路面结构的设计概况。

(4) 仔细阅读施工注意事项。

(5) 了解质量验收和评定采用的相关标准。

能 力 训 练

识读某道路施工图总说明,见《市政工程施工图案例图集》图号路-1。

(1) 目的:使学生进一步熟悉、掌握城市道路施工图总说明的内容。

(2) 能力要求:要求学生在认真识读道路施工图总说明后,能正确地描述道路施工图总说明反映的内容,了解工程概况、设计依据、技术要求等,并认识到识读施工图总说明时不能草率。

习 题

一、选择题

1. 城市中起骨架作用,为连接城市各主要分区的干线道路,以交通功能为主的道路称为( )。
   A. 快速路   B. 主干路   C. 次干路   D. 支路

2. 我国城市道路分为( )。
   A. 快速路   B. 主干路   C. 次干路   D. 街坊路   E. 支路

3. 为城市中大量、长距离、快速交通服务的城市道路为( )。
   A. 快速路   B. 主干路   C. 次干路   D. 支路

4. 作为街坊线与的次干路连接线的城市道路是( )。
   A. 快速路   B. 主干路   C. 次干路   D. 支路

5. 道路工程基本建设项目一般采用( )。
   A. 一阶段设计   B. 两阶段设计   C. 三阶段设计   D. 四阶段设计

二、简答题

1. 与公路相比较,城市道路的特点体现在哪些方面?
2. 一套市政道路工程施工图通常由哪些图纸组成?

任务 1.2 道路平面图识读

本任务是在读懂道路施工图总说明的基础上，了解道路平面设计的规定和要求，掌握平面线形要素的应用，掌握直线、圆曲线、缓和曲线设计的基本方法，以及平曲线的超高与加宽的知识，能运用知识分析具体的道路平面案例。

1.2.1 直线

道路是一个三维空间的实体，路线是道路中线的空间位置。路线在水平方向的投影称为路线平面；沿中线竖直剖切再行展开则是路线的纵断面；中线上任意一点法向切面是道路在该点的横断面。设计一条道路，对于平、纵、横三方面，既要综合考虑，又要分别处理。

【参考图文】

平面和纵断面设计应符合城市路网规划、道路红线、道路功能等要求，并应综合考虑土地利用、文物保护、环境景观、征地拆迁等因素。

平面和纵断面应与地形地物、地质水文、地域气候、地下管线、排水等要求结合，并应符合各级道路的技术指标，应与周围环境相协调，线形应连续与均衡。

道路平面线形由直线、平曲线组成，平曲线由圆曲线、缓和曲线组成。为使道路线形适应汽车行驶轨迹要求，达到安全、舒适的目的，城市道路一般采用直线——圆曲线——直线(简单型)或者直线——缓和曲线——圆曲线——缓和曲线——直线(基本型)的组合方式，如图1.1～图1.6所示。

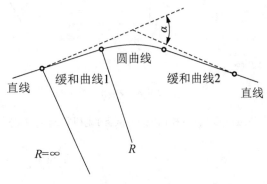

图 1.1 基本型

基本型：直线+缓和曲线1+圆曲线+缓和曲线2+直线

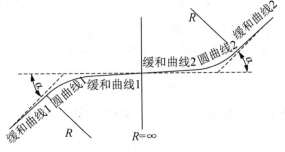

图 1.2 S型

S型：缓和曲线1+圆曲线1+缓和曲线1+(反向)缓和曲线2+圆曲线2+缓和曲线2

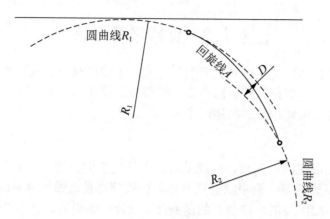

图 1.3 卵型

卵型：缓和曲线 1+圆曲线 1+缓和曲线(过渡)+(同向)圆曲线 2+缓和曲线 2

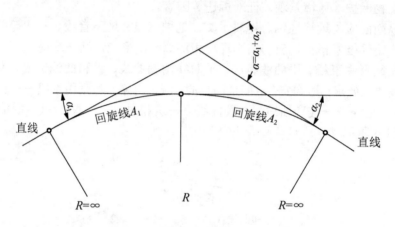

图 1.4 凸型

凸型：直线+缓和曲线 1+(同向)缓和曲线 2+直线

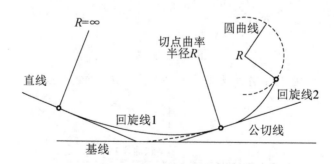

图 1.5 复合型

复合型：直线+缓和曲线 1+(同向)缓和曲线 2+圆曲线+……

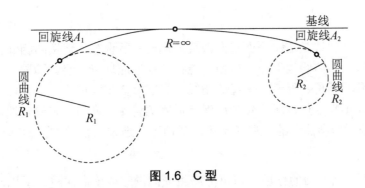

图 1.6　C 型

C 型：圆曲线 1+缓和曲线 1+(同向)缓和曲线 2+圆曲线 2

直线是两点间距离最短的线段。它具有线形直捷，布设方便，行车视距良好，行车平稳等优点。在城市道路、桥梁、交叉口、隧道等路段，采用直线线形显然是极为有利的。但直线不能适应地形变化，不便于避让障碍，直线过长容易使驾驶员产生麻痹而放松警惕，发生行车事故，夜间行车时，对向行车灯光炫目不利安全。故路线设计中对长直线应限制使用，对直线的设置要与地形、地物、环境相适应。

作为平面线形要素之一的直线，在道路设计中使用最为广泛。在道路线形设计时，一般根据路线所处地带的地形、地物条件，驾驶员的视觉、心理条件，以及保证行车安全等因素，对直线的最大和最小长度应有所控制。

1. 直线的最大长度

从理论上来讲，合理的直线长度应根据驾驶员的心理反应和视觉效果来确定，但目前这一问题尚在研究之中。根据各国的普遍经验，如日本和德国，一般规定最大的直线长度(以公里计)，不超过 $20V$（V 为设计车速，以 km/h 计）。我国地域辽阔，地形千变万化，对于直线的长度很难做出统一规定，加之在混合交通的道路上，超车、会车、错车以及避让非机动车和行人的机会较多，驾驶员的感觉各不相同。根据在不同道路上的调查显示，直线的最大长度，在城镇及附近或其他景色有变化的地点大于 $20V$ 是可以接受的，在景色单调的地点最好控制在 $20V$ 以内。故道路设计中，直线的最大长度最好控制在 $20V$ 以内。

2. 直线的最小长度

直线的最小长度：我国《城市道路工程设计规范》(CJJ 37—2012)规定：当 $V \geqslant 60$km/h 时，同向曲线间的直线最小长度为 $6V$，反向曲线间的最小长度不小于 $2V$。而对于低速道路($V \leqslant 40$ km/h)，可以参考执行。

3. 直线运用应注意的情况

(1) 采用直线时应特别注意其与地形、地物的关系，在运用直线线形并决定其长度时，不宜采用长直线。

(2) 长直线或长下坡尽头的平曲线，除曲线的半径、超高、视距等必须符合规定要求外，还必须采取设置标志、增加路面抗滑能力等安全措施。

(3) 长直线上坡不宜过长，因为长直线加陡坡，下坡时容易超速行车，直线上的纵坡一般应小于 3%。

(4) 长直线应与大半径凹曲线配合为宜，这样可以使呆板的直线得到一些缓和或改善。

(5) 直线的长度也不宜过短，特别是同向圆曲线间不得设置短的直线。

1.2.2 圆曲线

【参考图文】

圆曲线是道路平面走向改变方向时,所设置的连接两相邻直线段的圆弧形曲线。圆曲线线形布设方便,能很好地适应地形,避让障碍,与地形配合得当可获得圆滑、舒顺、美观的路线,又能降低工程造价。而且,这种线形使行车景观不断变化,能让驾驶员保持适度的警惕,增加行车安全性,也可起到诱导行车视线的作用。但圆曲线的选择切不可迁就地形,造成半径过小而影响行车安全。

1. 圆曲线半径

由于汽车受到离心力的作用,将可能产生横向滑移或横向倾覆。所以汽车在小半径曲线路段行驶时,容易发生横向失稳。因此,在平面曲线设计中,应首先研究如何选择圆曲线半径。

圆曲线半径指标可由车辆在曲线上行驶时的受力情况建立平衡方程求得。圆曲线半径的计算公式为:

$$R = \frac{V^2}{127(\mu \pm i_b)} \tag{1-1}$$

式中 i_b——路面横坡,无超高时为路拱横坡,有超高时为超高横坡;

μ[①]——横向力系数。μ取 0.1 时,汽车行驶稳定性,乘客舒适性,运营经济性均能保证。

2. 城市道路圆曲线半径的标准

由式(1-1)可以看出,R是由设计行车速度V、横向力系数μ和路拱横坡度i_b所决定的。为了使R能达到所要求的道路等级,车速V应取规定的设计车速值,而i_b和μ的取值则视R值的不同使用要求而定。

综合分析,为了满足设计人员对平曲线半径不同的使用目的与要求,《城市道路工程设计规范》(CJJ 37—2012)中规定了几种圆曲线半径的最小值,见表 1-2。

表 1-2 圆曲线最小半径

设计速度/(km/h)		100	80	60	50	40	30	20
不设超高最小半径/m		1600	1000	600	400	300	150	70
设超高最小半径/m	一般值	650	400	300	200	150	85	40
	极限值	400	250	150	100	70	40	20

在道路平面设计时,应根据沿线的地形、地物特点,尽量选用较大半径,以便安全、舒适地行驶。在选用半径时,既要满足技术的经济合理,又要注意经济适用;既不能盲目采用高标准而过分地增加工程量,也不能仅考虑眼前的通行要求而采用低标准(不利于今后

---

① μ的取值主要从三个方面考虑:

a. 汽车行驶稳定性。μ=0.15 时,干燥与潮湿路面均可以较高的速度行驶;μ=0.067 时,路面结冰也能安全行驶。

b. 乘客舒适性。$\mu \leqslant 0.10$ 时,不感到曲线存在,很平稳;μ=0.15 时,略感曲线存在,尚平稳;μ=0.2 时,已感到曲线存在,稍感到不平稳;μ=0.35 时,感到有曲线存在,已感到不平稳;μ=0.4 时,非常不稳定,站立不稳有倾倒的危险。

c. 运营经济性。$\mu \leqslant 0.10$ 时,轮胎摩耗及消耗增加较小。

道路改造)。在选用平曲线半径时，应遵循的原则是：在地形条件许可时，尽可能采用大于或等于不设超高最小半径；在一般情况下或地形条件受限制时，应尽量采用大于或等于一般最小半径，只有在地形特别困难时，方可采用极限最小半径。

1.2.3 缓和曲线

缓和曲线是设置在直线与圆曲线之间或大圆曲线与大圆曲线之间，由较大圆曲线向较小圆曲线过渡的线形，是道路平面线形要素之一。它的主要特征是曲率均匀变化。

设置缓和曲线的作用有：(1)便于驾驶员操纵转向盘，使驾驶员有足够的时间和距离来操纵方向盘，让汽车按行车理论轨迹线顺畅地驶入或驶出圆曲线；(2)满足乘客乘车的舒适与稳定的需要；(3)满足超高、加宽缓和段的过渡，利于平稳行车；(4)与圆曲线配合得当，增加线形美观。

缓和曲线的形式有回旋线、双纽线、三次抛物线等。现在我国普遍使用的是回旋线。回旋线的曲率由小到大，随弧长作直线变化，曲线和曲率都是连续的，它能提供一条连续的圆滑线，这就为曲率由 $\rho=0$ 变化到 $\rho=1/R$ 具备了几何条件。

1. 缓和曲线的最小长度

缓和曲线应有足够的长度，以使乘客感觉舒适，保证驾驶员操纵所需的时间，保证线形圆滑顺适等。所以，应规定缓和曲线的最小长度。《城市道路工程设计规范》规定了城市道路的最小缓和曲线长度，见表1-3。

表1-3 城市道路缓和曲线最小长度

计算行车速度/(km/h)	100	80	60	50	40	30	20
缓和曲线最小长度/m	85	70	50	45	35	25	20

2. 缓和曲线的省略

在城市道路上，当圆曲线半径小于不设缓和曲线的最小半径时，如果设计车速 $V \geq 40$km/h，则应设置缓和曲线；如果设计车速 $V<40$km/h，则可设置直线缓和段。而当圆曲线半径大于不设缓和曲线的最小半径时，直线和圆曲线可以径向连接。

《城市道路工程设计规范》所规定的不设缓和曲线的最小圆曲线半径见表1-4。

表1-4 城市道路不设缓和曲线的最小圆曲线半径

计算行车速度/(km/h)	100	80	60	40	30
不设缓和曲线的最小圆曲线半径/m	3000	2000	1000	700	500

1.2.4 平曲线半径的选择及其要素计算

1. 平曲线半径的选用原则

平曲线半径的选择在平面设计中是一个值得重视的问题，一般来说，应结合当地的地形、经济等具体情况和要求来定。对各个等级的道路平曲线，原则上应尽可能采用较大的半径，以提高道路的使用质量。《城市道路工程设计规范》中规定：凡规划区内道路的圆曲线，应采用大于或等于不设超高圆曲线最小半径值。当受地形条件限制时，可采用设超高推荐半径，地形条件特别困难时，方可采用设超高最小半径值。一般来说，选择平曲线半径主要考虑两点因素：一是道路的等级和它所要求的设计车速；二是地形、地物的条件。根据这两点因素来选定一个较大的比最小半径大一些的平曲线半径。尽可能选用大于或等于不设超高的平曲线最小半径值，但最大半径不宜超过 10000m。

通过计算得到的平曲线半径值一般应采用整数。当半径在 125m 以下时，应取 5 的整倍数；在 125～250m 时，取 10 的整倍数；在 250～1000m 时，取 50 的整倍数；在 1000m 以上时，取 100 的整倍数，零碎之数除设置复曲线可用外，一般因不便于测设计算，都不采用。

2. 平曲线要素计算

当平曲线的半径 R 和路线转折角 α 确定后，即可进行平曲线各要素的计算。如设有缓和曲线时，还需确定缓和曲线的长度 L_c 值，如图 1.7 和图 1.8 所示。按照几何关系可算平曲线各要素，见表 1-5。

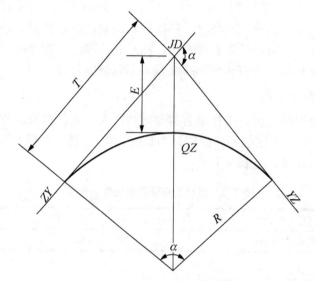

图 1.7　圆曲线几何要素图

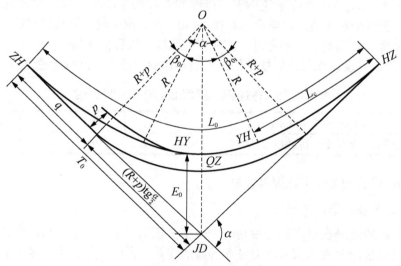

图 1.8　缓和曲线的设置及有关常数

ZH——第一缓和曲线起点(直缓点)；HY——第一缓和曲线终点(缓圆点)；QZ——圆曲线中点(曲中点)；
　　YH——第二缓和曲线起点(圆缓点)；HZ——第二缓和曲线终点(缓直点)

表 1-5 平曲线要素公式

要素名称	只有圆曲线	设置缓和曲线
切线长 T/m	$T = R\tan\dfrac{\alpha}{2}$	$T_0 = q + (R+p)\tan\dfrac{\alpha}{2}$
曲线长 L/m	$L = \dfrac{\pi}{180}R\alpha$	$L_0 = R(\alpha - 2\beta_0)\dfrac{\pi}{180} + 2L_c$
外距 E/m	$E = R(\sec\dfrac{\alpha}{2} - 1)$	$E_0 = (R+P)\sec\dfrac{\alpha}{2} - R$

校正值：

$$J = 2T_0 - L_0 \tag{1-2}$$

$$P = \frac{L_c^2}{24R} - \frac{L_c^4}{2688R^3} \tag{1-3}$$

$$q = \frac{L_c}{2} - \frac{L_c^3}{240R^2} \tag{1-4}$$

$$\beta_0 = \frac{L_c}{2R}\frac{180}{\pi} \text{（度）} \tag{1-5}$$

式中　p——圆曲线内移值；
　　　q——内移前圆曲线的起点到缓和曲线起点的距离；
　　　β_0——缓和曲线角。

在这些公式中，有时是先已知某些要素条件，根据条件再反求出所需要的平曲线半径值，看是否能满足地形、地物及所需要的设计车速的要求，若不符合规范要求，则重新调整原有数据，重新计算，直至符合要求为止。

根据已知交点桩号和计算出的平曲线几何要素值，设有缓和曲线的平曲线主点桩：

$$ZH = JD - T_0 \tag{1-6}$$

$$HY = ZH + L_c \tag{1-7}$$

$$QZ = ZH + \frac{L_0}{2} \tag{1-8}$$

$$YH = ZH + (L_0 - L_c) \tag{1-9}$$

$$HZ = YH + L_c \tag{1-10}$$

曲线主点桩里程校核：

$$JD = QZ + J/2 \tag{1-11}$$

【例 1-1】某城市Ⅱ级次干道，红线宽度为 30m，设计速度为 30km/h，路线须跨越一条河流，要求桥头至少有 60m 的直线段，由桥头到路线转折点的距离已知为 120m，转角为 38°，如图 1.9 所示，试求路中线最大可能的平曲线半径值。

解：因城市Ⅱ级次干道，设计速度为 30km/h，可不设缓和曲线。由图 1.9 可知最大切线长 T_{max}=120−60=60(m)，由此可得满足地形要求的最大平曲线半径为：

$$R_{max} = T_{max}\cot\frac{\alpha}{2} = 60 \times \cot\frac{38°}{2} = 174.25(\text{m})$$

满足设计车速要求所需的平曲线半径公式：

$$R = \frac{V^2}{127(\mu \pm i_b)}$$

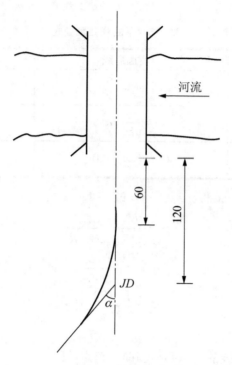

图 1.9 某城市Ⅱ级次干道

取横向力系数 $\mu=0.10$，横坡 $i_b=0.02$，假定车辆行驶于平曲线外侧，则

$$R=\frac{V^2}{127(\mu-i_b)}=\frac{30^2}{127\times(0.1-0.02)}=89(\text{m})$$

由上题计算结果可知，满足地形要求所能提供的最大平曲线半径为174m，而满足设计车速要求的最小半径为89m。因此，最后选用 $R=170\text{m}$ 作为平曲线半径。

【例 1-2】某城市快速路，有一弯道 $R=250\text{m}$，交点 JD 的桩号为 K2+300，转角 $\alpha=36°30'00''$，试计算该曲线上设置缓和曲线后的5个基本桩号。

解：(1) 缓和曲线长 L_c 的确定。

快速路设计车速为80km/h，《城市道路工程设计规范》中规定最小缓和曲线长为70m，现采用75m。

(2) 计算圆曲线内移值 p：

$$p=\frac{L_c^2}{24R}-\frac{L_c^4}{2688R^3}=\frac{75^2}{24\times250}-\frac{75^4}{2688\times(250)^3}=0.94(\text{m})$$

(3) 计算 q 值：

$$q=\frac{L_c}{2}-\frac{L_c^3}{240R^2}=\frac{75}{2}-\frac{75^3}{240\times(250)^2}=37.47(\text{m})$$

(4) 求 β_0 值：

$$\beta_0=\frac{L_c}{2R}\cdot\frac{180}{\pi}=\frac{75}{2\times250}\times\frac{180}{\pi}=8°25'40''$$

(5) 求切线长 T_0：
$$T_0 = q + (R+p)\tan\frac{\alpha}{2} = 37.47 + (250+0.94)\times\tan\frac{36°30'}{2} = 120.22(\text{m})$$

(6) 求曲线总长 L_0：
$$L_0 = R(\alpha - 2\beta_0)\frac{\pi}{180} + 2L_c = 250(36°30' - 2\times 8°35'40'')\frac{\pi}{180} + 2\times 75$$
$$= 234.26(\text{m})$$

(7) 计算 5 个基本桩号：

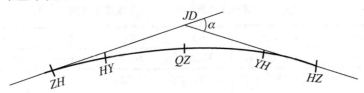

图 1.10　某城市快速路

JD	K2+300
$-)T_0$	120.22
ZH	K2+179.78
$+)L_c$	75.00
HY	K2+254.78
$+)(L_0-L_c)$	159.26
HZ	K2+414.04
$-)L_c$	75.00
YH	K2+339.04
$-)(1/2L_0-L_c)$	42.13
QZ	K2+296.91

校正值 $J = 2T_0 - L_0 = 2\times 120.22 - 234.26 = 6.18(\text{m})$。由 QZ 桩号算出的 JD 桩 K2+296.91+6.18/2 =K2+300，与原来的 JD 桩号相同，说明计算无误。

3. 平曲线最小长度

平曲线长度包括圆曲线的长度和缓和曲线的长度。当汽车在平曲线上行驶时，如果曲线很短，则驾驶员操作方向盘很频繁，在高速驾驶的情况下是相当危险的。因此，平曲线的长度除了满足平曲线的转弯半径 R 和路线转角 α 等几何因素外，还应满足另外两方面的要求，一是使驾驶员有足够的时间从容地操作方向盘，一般曲线长至少要有 6s 的路程，圆曲线的最小长度见表 1-6；二是保证缓和曲线的最小长度，缓和曲线由于曲率的变化引起离心力的变化，而所产生的离心加速度不应超过规定的数值，以保证乘客的舒适。平曲线最小长度不应小于表 1-7 的规定值。

表 1-6　城市道路圆曲线最小长度

设计车速/(km/h)	80	60	50	40	30	20
圆曲线最小长度/m	70	50	40	35	25	20

表 1-7　城市道路平曲线最小长度

设计车速/(km/h)	80	60	50	40	30	20
平曲线最小长度/m	140	100	85	70	50	40

为了使路线顺直,在地形等条件许可的情况下,应尽量使路线转角小一些,但当转角过小时,往往容易引起驾驶员在视觉上产生急弯的错觉,此时应设置较长的平曲线,使驾驶员感到道路是顺适地转弯,其长度应大于表 1-8 所列之值。

表 1-8　城市道路转角<7°时平曲线最小长度

设计车速/(km/h)	80	60	50	40	30	20
平曲线最小长度/m	$1000/\alpha$	$700/\alpha$	$600/\alpha$	$500/\alpha$	$350\alpha/d$	$280/\alpha$

注：表中的 α 角为道路转角值(°)。当 $\alpha<2°$ 时,按 $\alpha=2°$ 计算。

1.2.5　平曲线超高和加宽

1. 超高的概念

【参考图文】

在弯道上,当汽车沿着双向横坡的外侧车道行驶时,由于车重的水平分力与离心力的方向相同,且均指向曲线外侧,影响行车的横向稳定。因此,为了使汽车能够在弯道上不减速,获得一个向着平曲线内侧的自重分力以抵消一部分离心力的作用,也为了使乘客在弯道上没有不舒服的感觉,使汽车能安全地行驶,就需要把该部分的路面做成向曲线内侧倾斜的单向坡面,这就称为平曲线的超高,如图 1.11(a)所示。

超高的位置应设置在全部圆曲线(HY～YH)范围内,这段单向超高横坡的路段称为全超高路段,其内各断面形式都相同,也可称为全超高断面。从直线段的双坡断面向圆曲线的单向超高横坡断面逐渐过渡须有一个渐变的过渡段,即图 1.11(b)中的 L_c 段为超高缓和段。一般情况下,圆曲线两端的超高缓和段是对称的,因此平曲线上路面超高设计是由三部分组成的。

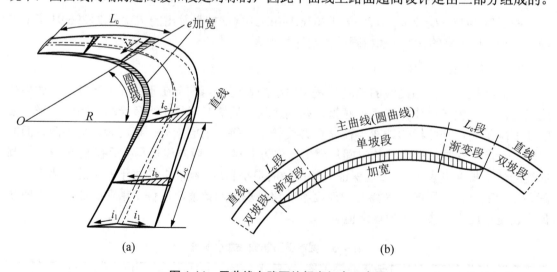

图 1.11　平曲线上路面的超高加宽示意图

(a) 超高加宽示意图；(b) 超高加宽平面图

2. 超高横坡度

超高横坡度可通过式(1-1)推导算出，将 i_0 用 i_c 代替并取"+"号，表示车辆在平曲线内侧行驶，可得：

$$i_b = \frac{V^2}{127R} - \mu \tag{1-12}$$

对某一确定的道路来说，设计车速 V 和横向力系数 μ 是确定的，超高横坡度就只随平曲线半径 R 的变化而变化，当 R 越小，所需的超高横坡度就大，但如果横坡度过大，当汽车以等于或低于设计车速在弯道上行驶或停车时，汽车就有向弯道内侧滑动的危险，所以规范规定了城市道路的最大超高横坡度，见表1-9。

表1-9 城市道路最大超高横坡度

设计车速/(km/h)	100, 80	60, 50	50, 30, 20
最大超高横坡度/(%)	6	4	2

反之，平曲线半径 R 越大，所需要的超高横坡度就越小，当 R 大到一定程度时，就不需要设置超高了，此时汽车即使在弯道外侧行驶也是很安全的。

当按式(1-11)计算出的超高横坡度小于路拱横坡度时，为了计算和施工的方便，应设置等于路拱横坡度的超高。

3. 超高的过渡方式

超高的过渡方式应根据地形状况、车道数、超高横坡度值、横断面形式、便于排水、路容美观等因素决定，按其超高旋转轴在道路横断面组成中的位置可分为几种情况。

1) 无分车带的超高方式

(1) 超高横坡度等于路拱横坡度时，将外侧车道绕路中线旋转，直至达到超高横坡度值。

(2) 超高横坡度大于路拱横坡度时，有以下三种过渡方式。

① 绕内边缘旋转：先将外侧车道绕路中线旋转，待达到与内侧车道构成单向横坡后，整个断面再绕未加宽前的内侧车道边缘旋转，直至达到超高横坡度值，如图1.12(a)所示。一般新建工程多采用此方式。

② 绕中线旋转：先将外侧车道绕路中线旋转，待达到与内侧车道构成单向横坡后，整个断面一同绕路中线旋转，直至达到超高横坡度值，如图1.12(b)所示。一般改建工程多采用此种方式。

③ 绕外边缘旋转：先将外侧车道绕外边缘旋转，与此同时，内侧车道随中线的降低而相应降坡，待达到单向横坡后，整个断面仍绕外侧车道边缘旋转，直至超高横坡值，如图1.12(c)所示。此种方式仅在特殊设计时采用。

2) 有分车带的超高方式

当道路有分车带时，其超高，过渡方式有以下三种：

(1) 绕中间带的中心线旋转，如图1.13(a)所示；

(2) 绕中央分隔带边缘旋转，如图1.13(b)所示；

(3) 绕各自行车道中线旋转，如图1.13(c)所示。

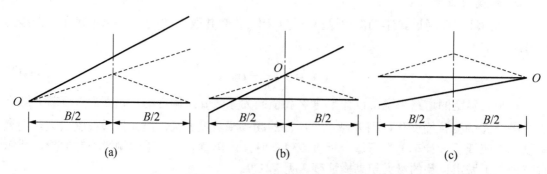

图 1.12　无分车带的超高过渡方式

(a) 绕内边缘旋转；(b) 绕中线旋转；(c) 绕外边缘旋转

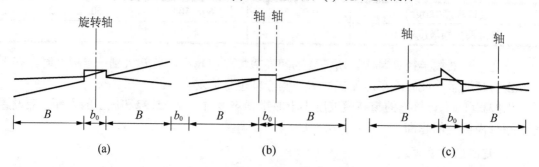

图 1.13　有分车带的超高过渡方式

(a) 绕中间带的中心线旋转；(b) 绕中央分隔带边缘旋转；(c) 绕各自行车道中线旋转

城市道路单幅路路面宽度及三幅路机动车道路面宽度宜绕中线旋转；双幅路路面宽度及四幅路机动车道路面宽度宜绕中央分隔带边缘旋转，使两侧车行道各自成为独立的超高横断面。

3) 超高渐变率及超高缓和段的长度 L_c。

如图 1.14 所示，由于路面外侧抬高，外侧边缘纵坡与路面原设计纵坡有一个差值，此差值称为超高渐变率，又称超高附加纵坡度。

行车道的超高缓和段或加宽缓和段一般应从缓和曲线起点开始设置。为保证排水，超高缓和段也可以从缓和曲线的某一点开始设置。

4. 加宽的原因

汽车在弯道上行驶时，汽车前轮的轨迹半径和后轮的轨迹半径不同，汽车前轮可以自由地转动一定的角度，而后轮只能直行，不能随便转动。因此汽车在弯道上行驶时前后轮迹不会重叠，后轮内轮轮迹底弧线半径比前外轮轮迹底弧线半径小一些。当汽车沿内侧车道行驶时，如果转弯半径较小，汽车的前轮轮迹在道路上，而内后轮轮迹就可能落到侧石线上了。另外，汽车在弯道上行驶，其轨迹也是很不稳定的，有较大的摆动和偏移。在这种情况下，弯道内侧的路面就应该加宽，如图 1.15 所示。《城市道路工程设计规范》(CJJ 37—2012)中规定，当道路圆曲线半径小于或等于 250m 时，应在圆曲线内侧加宽。城市道路路面加宽后，人行道或路肩也应相应加宽，以保证行人的交通和路容的美观。

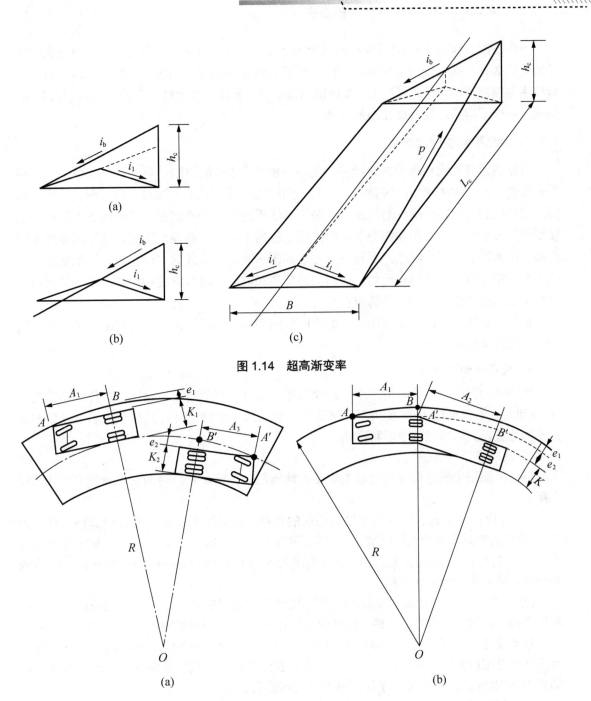

图 1.14 超高渐变率

图 1.15 平曲线上路面的加宽

(a) 单车行驶；(b) 半拖车行驶

5. 加宽缓和段长度

(1) 设置缓和曲线或超高缓和段时，加宽缓和段长度应采用与缓和曲线或超高缓和段相同的值。

(2) 不设缓和曲线或超高缓和段但有加宽时，加宽一侧路面加宽值的渐变率为 1∶15～1∶30，且长度不得小于 10m 的要求设置。

一般在圆曲线(HY～YH)范围部分是全加宽段,而直线段的加宽值为零,所以在全加宽段的前后必须分别设置一段加宽过渡段,此过渡段即为加宽缓和段。加宽缓和段一般设在紧接圆曲线起点、终点的直线上。在地形困难地段,允许将加宽缓和段的一部分插入曲线,但插入长度不得超过加宽缓和段的一半。

1.2.6 道路平面图识读要点

道路是建筑在大地表面的带状构造物,它的中心线(简称中线)是一条空间曲线。路线具有狭长、高差大和弯曲多等特点。因此,路线工程图的表示方法与一般工程图不完全相同,有自己的一些特殊画法与规定。它是用路线平面图作为平面图,路线纵断面图和路基横断面图分别代替立面图和侧面图。即路线工程图主要是由路线平面图、路线纵断面图和路基横断面图三个部分组成。通过三个方面的图示来说明路线的平面位置、线形状况、沿线两侧一定范围内的地形和地物、纵断面的标高和坡度、路基宽度和边坡、土壤地质以及沿线构造物的位置及其与路线的相互关系。

值得注意的是,路线平面图、路线纵断面图和路基横断面图大都各自画在单独的图纸上,读图时可以相互对照。

1. 道路平面图组成

道路平面图是上面绘有道路中线的地形图,通过它可以反映出路线的方位,平面线形(直线和左、右弯道),沿路线两侧一定范围内的地形、地物与路线的相互关系以及结构物的平面位置,其内容包括地形和路线。

1) 地形部分

路线平面图中的地形部分也就是原始的地形图。在设计时,借助它作为纸上定线移线之用。

(1) 方位。为了表示地区的方位和路线的走向,地形图上需画出坐标网或指北针,如"╋"符号通常是方位的坐标网表示法,其 X 轴向为南北方向(上为北), Y 轴向为东西方向(右为东)。如符号表示两垂直线的交点坐标为距坐标网原点北 300m、东 200m。符号为指北针,箭头所指为正北方向。

(2) 比例。为了清晰地表示图样,根据地形起伏情况的不同,可采用相应的比例来绘制地形图。城市道路相对于公路,长度较短而宽度较大,选用的绘图比例尺一般比公路大。在做技术设计时,可采用 1∶500～1∶1000 的比例尺绘制。绘图的范围视道路等级而定,等级高的范围应大些,等级低的可小些。通常在道路两侧红线以外各 20～50m,或中线两侧各 50～100m,特殊情况则在任务书中有具体说明。

(3) 地物。地物如河流、农田、房屋、桥梁、铁路等是用图例来表示的。

(4) 地形。路线所在地带的地势起伏情况是用等高线来表示的。等高线的间距代表两点之间的水平距离。地势平坦的城市道路平面图上不绘等高线,其地势可从道路横断面图中表示出来。

2) 路线部分

道路路线在平面上是由一系列的直线段和曲线段组成,如图 1.16 所示。

(1) 桩号。城市道路平面图中以点画线来表示道路的中线(设计线)。路线的长度用里程表示,里程桩号的标注应在道路中线上从路线起点到终点,按从小到大、从左往右的顺序排列。公里桩宜标注在路线前进方向的左侧,用"K×××"表示其公里数,用阿拉伯数字表示百米数。

(2) 平曲线。路线的平面线形有直线型和曲线型,而曲线又包含圆曲线和缓和曲线。对于曲线型路线的道路转弯处,在平面图中是用交点 JD 来表示,并沿前进方向按顺序将交点编号,如图 1.16 所示,JD_8 表示第 8 号交点。α 角为路线转向的折角,它是沿路线前进方向向左或向右偏转的角度。还有圆曲线设计半径 R、切线长 T、曲线长 L、外矢距 E 以及设有缓和曲线段路线的缓和曲线长 L_c 都可在路线平面图中的曲线表里查得。路线平面图中对圆曲线还需标出曲线起点 ZY(直圆点)、中点 QZ(曲中点)、曲线终点 YZ(圆直点)的位置如图 1.16 所示,对带有缓和曲线段的路线则需标出 ZH(直缓点)、HY(缓圆点)和 YH(圆缓点)、HZ(缓直点)的位置。

(3) 结构物和控制点。在平面图中还须标示出道路沿线的工程构造物和控制点,如桥涵、三角点和水准点等工程图中的常用图例,结合表可从路线平面图上了解到道路沿线工程构造物的位置、类型和分布情况以及控制点的坐标和高程。

(4) 车道线。在城市道路的车道线路幅宽度内,有机动车道、非机动车道,在机动车道中还分快车道、慢车道等。在平面图中绘有各种车道线的位置、宽度以及车道之间的分隔带、路缘带等。

(5) 人行道、人行横道线、交通岛按设计位置绘制。

(6) 地上、地下管线和排水设施各处地上、地下管线的走向和位置(雨水进水口、窨井、排水沟等)都应在图中标出。必要时,需分别另绘排水管线平面图。

(7) 交叉口。平面交叉口与立体交叉口虽然有专门的交叉口设计图,但在平面设计图中也应该按平面图的比例尺画出并详细注明交叉口的各路去向、交叉角度、曲线元素以及路缘石转弯半径。

一张完整的平面设计图,除了清楚而正确地表达上述设计内容外,还可对某些细部设施或构件画出大样图。最后在图中的空白处做一些简要的工程说明。如工程范围、采用坐标系、引用的水准点位置等。

2. 识读顺序

读图可按下列顺序进行。

(1) 先看清路线平面图中的控制点、坐标网(或指北针方向)以及画图所采用的比例。如图 1.16 所示为某城市道路其中某一标段的平面图,比例为 1∶1000。

(2) 查看地形图,了解路线所处区域的地形、地物分布情况。

(3) 查看图纸右上角的角标,了解该平面图共有几张图纸,所看这一张是其中的哪一张。如图 1.16 所示右上角写明"$\frac{6-1}{平}$",表明该标段平面图共有 6 张,所看的这张是第 1 张。

(4) 查看路线中线与规划红线,了解道路平面走向和城市道路总宽度。

(5) 了解平曲线的设置情况及平曲线要素。图 1.16 中 JD_8 处的圆曲线设计半径为 1500m,桩号为 K2+948.579,切线长为 154.628m,圆曲线长 308.167m,ZY 点桩号为 K2+793.951,YZ 点桩号为 K3+102.118,外距为 7.949m。

(6) 查看车道线、人行道、绿化带、公交车站等的布置和尺寸。

(7) 查看交叉口。图 1.16 有一个 T 形交叉口和一个十字形平面交叉口。

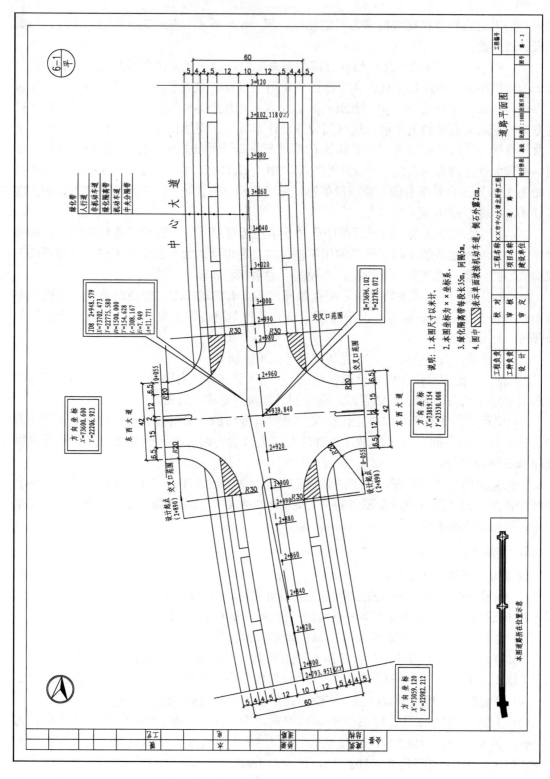

图1.16 城市道路平面设计图

(8) 注意路线与其他道路、铁路、河流交叉的位置。

(9) 查看地上、地下管线和排水设施。要特别注意从图例中的构筑物地面符号，判断地下管线的位置、走向，结合实地调查(记录这些管线的长短、粗细、埋深等)，并把这些资料作为施工设计阶段防止损坏原有地下设施的依据。

(10) 与前后路线平面图拼接起来后，了解路线在平面图中的总体布置情况。

3. 识读内容

(1) 道路位置的控制线及主体部分的界限：道路中心线、建筑红线、线位控制点坐标、路面边线、征地或拆迁边线。

(2) 道路设计的平面布置情况：如机动车道、非机动车道、人行道、交叉道路、绿化带、广场、公交车停靠站、边沟、弯道加宽、平曲线范围及布置情况等。

(3) 构筑物及附属工程的平面位置和布置情况，以及对现有各种设施的处理情况：如桥梁、涵洞、立交桥、挡土墙护岸、各种排水设施，以及现有地上杆线、树木、房屋、地下管线及地下地上各种构造物的拆除、改建、加固等措施。

(4) 各种尺寸关系：如平面布置的尺寸、路线及路口平曲线要素等。

(5) 文字注释：有关各项设计内容的名称、形式做法要求和设计数据。

(6) 图标：表明设计单位、比例尺、出图时间等。

能 力 训 练

识读某城市道路平面图，见《市政工程施工图案例图集》图号路-3。

(1) 目的：使学生进一步熟悉掌握城市道路平面图的内容和识图方法。

(2) 能力要求：要求学生在识读道路平面图后能正确地描述道路平面图反映的内容，如路线的走向、平面线形、中线及地形、地物、植被、绿化及其他各种设施的位置。

(3) 准备：准备一张城市道路平面图；复习道路平面图的内容和表示方法。

(4) 步骤：

① 查阅图纸的说明、比例，了解该图的尺寸单位、坐标系分别是什么，以及图纸采用的比例是多少。

② 查看图纸右上角的角标，了解该平面图共有几张，所看的这一张是第几张图。

③ 看清平面图中的控制点、坐标网(或指北针方向)。

④ 看地形图，了解道路所处区域的地形、地物分布情况。

⑤ 查看路线中线与规划红线，了解道路平面走向和道路总宽度。

⑥ 查阅平曲线的设置情况及平曲线要素。

⑦ 查看车道线、人行道线，了解它们的宽度。

⑧ 查看交叉口设置情况。

习 题

一、选择题

1. 城市道路设计规范规定，当道路圆曲线半径小于或等于(　　)时，应在圆曲线内侧加宽。

　　A．250m　　　　　　　　　　B．一般最小半径

C. 极限最小半径　　　　　　D. 不设超高最小半径
2. 道路弯道上设置超高的目的主要是( )。
   A. 克服离心力　　　　　　B. 路面排水
   C. 美观　　　　　　　　　D. 便于施工
3. 关于平曲线半径的选择,说法错误的是( )。
   A. 在道路定线过程中,道路平曲线半径应根据城市道路等级、地形和地物条件综合选定
   B. 一般情况下,道路的平曲线半径应小于或等于《城市道路工程设计规范》不设超高的最小半径的规定
   C. 各级道路的平曲线原则上应尽量采用较大的半径,以提高道路的使用质量
   D. 当地形、地物条件特别困难时,方采用设超高最小半径值
4. 下列选项( )不是缓和曲线的特征。
   A. 曲率不发生变化,便于车辆行驶
   B. 离心加速度逐渐变化,旅客感觉舒适
   C. 超高横坡度逐渐变化,行车更加平稳
   D. 与圆曲线配合得当,增加线形美观
5. 道路弯道加宽一般在( )进行。
   A. 外围　　　　　　　　　B. 内侧
   C. 两侧　　　　　　　　　D. 边侧
6. 缓和曲线线形常采用( )线形。
   A. 回旋曲线　　　　　　　B. 二次抛物线
   C. 螺旋线　　　　　　　　D. 直线

二、计算题

1. 某城市道路设计车速为 V=50km/h,路拱横坡度为 1.5%,若横向力系数采用 0.04。试计算不设超高圆曲线最小半径(取 50m 的整数倍)。

2. 某市一城市主干道,设计车速为 50km/h,设有一弯道,取曲线半径 R=300m,交点 JD 的桩号为 K7+374.65,转角 $\alpha=48°20'30''$,试计算该曲线上设置缓和曲线后的 5 个主点桩号。

任务1.3　道路纵断面图识读

本任务是了解道路纵断面设计的规定和要求,掌握道路纵坡设计方法与标准及竖曲线设计计算,能运用所学知识分析具体的道路纵断面案例。

1.3.1　纵坡与坡长

通过道路中线的竖向剖面,称为纵断面。它主要反映路线起伏、纵坡与原地面的切割情况。道路的纵断面是由不同的上坡段、下坡段(统称坡段)和连接相邻两坡段的竖曲线组

成,即道路路线在纵断面上是一条有起伏的空间线,其基本线形由坡度线和竖曲线组成。相邻两坡度线的交点称为转坡点,转坡点前后两坡度线坡度之差称为转坡角。在转坡点处应设竖曲线,按坡度转折形式的不同,竖曲线可分为凹形竖曲线和凸形竖曲线,其大小用半径和水平长度表示。

道路纵断面设计是在纵断面图上决定坡度、坡长、竖曲线半径等数值以及做有关的计算工作等。其主要任务就是根据汽车的动力特性、道路等级、地形、地物、水文地质等因素,综合考虑路基稳定、排水以及工程经济性等要求,以达到行车安全迅速、运输经济合理及乘客感觉舒适的目的。

路线的纵向坡度简称纵坡,用符号 i 表示(图 1.17),其值可按下式计算:

$$i = \frac{H_2 - H_1}{L} \times 100\% \tag{1-13}$$

式中　H_1、H_2——按路线前进方向为序的坡线两端点的标高,m;
　　　L——坡线两端点间的水平距离,称坡线长度,简称坡长,m。

路线的纵坡按路线前进方向,上坡时 i 为"+",下坡时 i 为"-"。

1. 纵坡设计

1) 最大纵坡

最大纵坡是指在纵断面设计中,各级公路允许采用的最大坡度值。由于汽车牵引力有一定的限制,故纵坡不能采用太大值,必须对最大纵坡加以限制。

城市道路纵坡设计应结合其自身特点,确定最大纵坡。城市道路车行道线、人行道线均与路中心线纵坡相同,如道路纵坡过大,将使临街建筑物地坪标高难与人行道纵坡协调而影响街景;道路纵坡过大还不利于地下管线的敷设;考虑到自行车的爬坡能力,最大纵坡应不大于 2.5%。因此,我国《城市道路工程设计规范》规定的城市道路机动车道最大纵坡见表 1-10。

表 1-10　城市道路机动车道最大纵坡

设计速度/(km/h)		100	80	60	50	40	30	20
最大纵坡/(%)	一般值	3	4	5	5.5	6	7	8
	极限值	4	5	6		7		8

2) 最小纵坡

城市道路最小纵坡应能保证排水和防止管道淤塞所必需的最小纵坡,其值为 0.3%。如遇特殊困难,其纵坡度必须小于 0.3%时,则应设置锯齿形边沟或采取其他排水设施。

2. 坡长设计

坡长是指变坡点间的水平直线距离,坡长限制主要是指对较陡纵坡的最大长度和一般纵坡的最小长度加以限制。

1) 最大坡长

根据汽车的动力性能可知,道路纵坡的大小及其坡长对汽车的行驶影响很大,特别是长距离的陡坡对汽车行驶非常不利。当纵坡的坡段太长时,汽车因克服坡度阻力而采用低速档行驶,会使发动机过热,水箱沸腾,行驶无力,发动机易受磨损甚至熄火停驶;而下坡时，则会因坡度过陡、坡段过长而频繁制动，多次制动易使制动器失灵甚至造成车祸。因此，对纵坡较大的坡段，其最大坡长必须加以限制。《城市道路工程设计规范》规定的最大坡长见表1-11。

表1-11 城市道路最大坡长

设计速度/(km/h)	100	80	60			50			40		
纵坡/(%)	4	5	6	6.5	7	6	6.5	7	6.5	7	8
最大坡长/m	700	600	400	350	300	350	300	250	300	250	200

2) 最小坡长

最小坡长的限制主要是从汽车行驶平顺性的要求考虑的。公路设计应尽量减少纵坡转折以满足行车平顺性，如果坡长过短，使变坡点增多，汽车行驶在连续起伏地段产生的增重与减重的变化频繁，导致乘客感觉不舒适，因此一般应保证汽车在坡道上行驶时间为9～15s；同时当坡度差较大时还容易造成视觉的阻断，从而影响行车安全性。从路容美观、相邻两竖曲线的设置和纵面视距等也要求坡长应有一定最短长度。《城市道路工程设计规范》规定的最小坡长见表1-12。

表1-12 城市道路最小坡长

计算行车速度/(km/h)	100	80	60	50	40	30	20
最小坡长/m	250	200	150	130	110	85	60

3) 缓和坡段

在纵断面设计中，当陡坡的长度达到限制坡长时，应安排一段缓坡，用以恢复在陡坡上降低的速度，同时也可以减轻上坡时汽车的机件磨损，将这一段称为缓和坡段。

从下坡安全考虑，缓坡可以降低下坡时制动器的过高温度，以保证行车安全。在缓坡上汽车加速行驶，理论上缓坡的长度应适应这个加速过程的需要。

《城市道路工程设计规范》(CJJ 37—2012)规定：道路连续上坡或下坡，应在不大于表1-10规定的纵坡长度之间设置纵坡缓和段。缓和段的纵坡不应大于3%，其长度应符合表1-12最小坡长的规定。

1.3.2 合成坡度

合成坡度是指在设有超高的平曲线上，路线纵坡与超高横坡或不设超高的路面横坡所组成的坡度。计算公式为：

$$I = \sqrt{i^2 + i_b^2} \tag{1-14}$$

式中　I——合成坡度；

　　　i——路线纵坡度；

　　　i_b——超高横坡或路面横坡度。

在有平曲线的坡道上,最大坡度在纵坡和超高坡度的合成方向上。若合成坡度过大,当车速较慢或汽车停在合成坡度上,汽车可能沿合成坡度的方向产生侧滑或打滑;同时若遇到急弯陡坡,对行车来说,可能会在短时间内向合成坡度方向下滑,使汽车沿合成坡度冲出弯道之外而产生事故。因此将合成坡度控制在一定范围之内,目的是尽可能地避免急弯和陡坡的不利组合,防止因合成坡度过大而引起的横向滑移和行车危险,保证车辆在弯道上安全而顺适地行驶。

我国《城市道路工程设计规范》对城市道路合成坡度的规定见表 1-13。

表 1-13 城市道路最大合成坡度

设计速度/(km/h)	100, 80	60, 50	40, 30	20
合成坡度/(%)	7.0	7.0	7.0	8.0

注:积雪或冰冻地区道路的合成坡度应小于或等于 6.0%。

1.3.3 竖曲线

纵断面上两相邻纵坡线的交点为变坡点,为保证汽车安全、顺适及视距的需要而在变坡点处设置的纵向曲线为竖曲线,如图 1.17 所示。

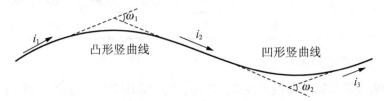

图 1.17 竖曲线示意图

转坡点前后两坡度线坡度之差称为转坡角,用符号 ω 示,其值可按下式计算:

$$\omega = i_1 - i_2 \tag{1-15}$$

式中 ω ——转坡角的度数,以弧度计;

i_1、i_2——转坡点前后坡线的纵坡,以小数计,上坡取"+",下坡取"−"。

按式(1-15)计算结果,ω 为"+"时曲线开口朝下,称为凸形竖曲线,纵断面图上用"⌒"符号表示;ω 为"−"时曲线开口朝上,则为凹形竖曲线,用符号"⌣"表示。

竖曲线的形式可采用抛物线或圆曲线,在使用范围上二者几乎没有差别。我国相关规范规定各级道路在变坡点处均应设置竖曲线,竖曲线形式宜采用圆曲线。

由于在纵断面上只计水平距离和竖直高度,斜线不计角度而计坡度,因此,竖曲线的切线长与曲线长是其在水平面上的投影。

1. 竖曲线设计标准

1) 竖曲线的最小半径

纵面线形的优劣很大程度上取决于竖曲线半径的大小。为使行车舒适,在不过分增加土石方数量的情况下,应尽量采用较大半径。

凸形竖曲线半径的选定应能提供汽车所需要的视距,以保证汽车能安全迅速地行驶。

凹形竖曲线主要为缓和行车时汽车的颠簸和振动而设置,汽车沿凹形竖曲线路段行驶时,在重力方向受到离心力作用而发生颠簸和引起弹簧负荷增加,凹形竖曲线最小半径的主要控制依据是使离心力不致过大。

2) 竖曲线的最小长度

当竖曲线两端直线坡段的坡度差很小时,即使半径较大,竖曲线的长度也有可能较小,此时汽车在竖曲线段倏忽而过,冲击增大,乘客不适;从视觉上考虑也会感到线形突然转折。因此,汽车在竖曲线上行驶时的时间不能太短,以此来控制竖曲线长度。城市道路竖曲线最小半径与竖曲线最小长度应符合表1-14的规定。

表1-14 竖曲线最小半径与竖曲线最小长度

设计速度/(km/h)		100	80	60	50	40	30	20
凸形竖曲线最小半径/m	一般值	10000	4500	1800	1350	600	400	150
	极限值	6500	3000	1200	900	400	250	100
凹形竖曲线最小半径/m	一般值	4500	2700	1500	1050	700	400	150
	极限值	3000	1800	1000	700	450	250	100
竖曲线最小长度/m	一般值	210	170	120	100	90	60	50
	极限值	85	70	50	40	35	25	20

2. 竖曲线几何要素计算

竖曲线要素主要包括竖曲线长度 L、切线长度 T 和外距 E,如图1.18所示。因纵坡很小,而高程变化值与水平距离之比相差很大,因而在实际计算时,均假定竖曲线长度 L、切线长度 T 等于其水平投影长度。竖曲线形式通常采用圆曲线,各要素的计算公式为

$$L = R\omega \tag{1-16}$$

$$T = \frac{L}{2} = \frac{R\omega}{2} \tag{1-17}$$

$$E = \frac{T^2}{2R} = \frac{1}{4}T\omega = \frac{1}{8}R\omega^2 \tag{1-18}$$

$$y = \frac{x^2}{2R} \tag{1-19}$$

式中　R——竖曲线的半径,m;

L——竖曲线的曲线长,m;

T——竖曲线的切线长,m;

E——竖曲线的外距,m;

ω——竖曲线转坡角。两相邻纵坡的代数差,以小数计,在竖曲线要素计算时取其绝对值计;

y——竖曲线上任意点到切线的纵距,即竖曲线上任意点与坡线的高差,m,亦称改正值;

x——竖曲线上任意点与竖曲线起点或终点的水平距离,m。

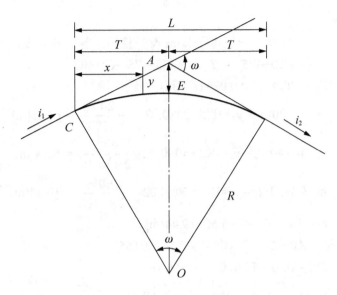

图1.18 竖曲线要素

3. 竖曲线内任一里程桩号处设计标高计算

在纵断面上,有两条主要线条:一条是地面线,它是通过公路中线原地面各点的连线,地面线上各点的标高称为地面标高;另一条是设计线,设计线上各点的标高称为设计标高。

首先计算竖曲线起终点的桩号:

$$竖曲线起点桩号=变坡点桩号-T \tag{1-20}$$

$$竖曲线终点桩号=变坡点桩号+T \tag{1-21}$$

其中,横距 x=任一点桩号 − 竖曲线起点桩号,则纵距

$$y = \frac{x^2}{2R} \tag{1-22}$$

则竖曲线各点设计高程为:

对于凸形竖曲线:设计标高=未设竖曲线时纵坡线上的高程 $-y$ (1-23)

对于凹形竖曲线:设计标高=未设竖曲线时纵坡线上的高程 $+y$ (1-24)

【例1-3】已知某Ⅰ级城市主干道,其设计速度为60km/h,设计纵坡分别为 i_1=2%, i_2=−1%,转折点桩号为 K0+475,设计标高为 $H_中$=20.0m, R=5000m,试计算曲线各要素以及竖曲线上各点标高。

解:1. 计算各要素

$\omega = i_1-(-i_2)= i_1+ i_2=0.02+0.01=0.03$(凸形)

$L=R\omega=5000×0.03=150$(m)

$T=L/2=75$(m)

$E = \dfrac{T^2}{2R} = \dfrac{75^2}{2 \times 5000} = 0.56$(m)

2. 计算各点标高

为了便于施工，在竖曲线上一般每隔 20m 设一整桩，各桩号的设计标高计算如下：

竖曲线起点桩号为：(K0+475) − T = K0+475 − 75 = K0+400

标高 $h_起 = H_中 − T \times i_1 = 20.0 − 75 \times 0.02 = 18.5(m)$

桩号 K0+420，$h_1 = h_起 + 20 \times i_1 − y_1 = 18.5 + 20 \times 0.02 − \dfrac{20^2}{2 \times 5000} = 18.86(m)$

桩号 K0+440，$h_2 = h_起 + 40 \times i_1 − y_2 = 18.5 + 40 \times 0.02 − \dfrac{40^2}{2 \times 5000} = 19.14(m)$

桩号 K0+460，$h_3 = h_起 + 60 \times i_1 − y_3 = 18.5 + 60 \times 0.02 − \dfrac{60^2}{2 \times 5000} = 19.34(m)$

中点 K0+475，$h_4 = H_中 − E = 20 − 0.56 = 19.44(m)$

竖曲线终点桩号：K0+475 + T = K0+475 + 75 = K0+550

终点标高 = $H_中 − T \times i_2 = 20.0 − 75 \times 0.01 = 19.25(m)$

桩号 K0+530，$h_7 = h_终 + 20 \times i_2 − y_7 = 19.25 + 20 \times 0.01 − \dfrac{20^2}{2 \times 5000} = 19.41(m)$

桩号 K0+510，$h_6 = h_终 + 40 \times i_2 − y_6 = 19.25 + 40 \times 0.01 − \dfrac{40^2}{2 \times 5000} = 19.49(m)$

桩号 K0+490，$h_5 = h_终 + 60 \times i_2 − y_5 = 19.25 + 60 \times 0.01 − \dfrac{60^2}{2 \times 5000} = 19.49(m)$

1.3.4 锯齿形街沟设计

所谓锯齿形街沟设计，即在保持侧石顶面线与道路中心线平行的条件下，交替地改变侧石顶面线与平石(或路面)之间的高度，在最低处设置雨水进水口，并使进水口处的路面横坡度放大，在雨水口之间的分水点处标高最高，该处的横坡度便最小，使车行道两侧平石的纵坡度随着进水口和分水点之间标高的变化而变化。这样街沟的纵坡就会由升坡变为降坡，再变为升坡，如此连续交替，其街沟的纵坡就变为锯齿形，所以称之为锯齿形街沟。

1. 设置锯齿形街沟的目的

我国大部分城市的地形都较平坦，在城市道路设计中，为了减少填挖方量，保证道路中线标高与两侧建筑物标高的衔接，有时不得不采用很小甚至水平的纵坡度。这样对行车是有利的，但对于纵向排水不利。尽管设置了横坡，但纵坡小使纵向排水不畅，特别是在暴雨或多雨季节，会使路面积水，因此在纵坡很小时要采用适当的方法进行排水设计。锯齿形街沟设计是解决路面排水的一种有效方法，如图 1.19 所示。

2. 设置锯齿形街沟的条件

当城市道路的纵坡大于 0.3%时，靠街沟自然排水，一般街沟的纵坡度与道路中心线保持一致。

《城市道路工程设计规范》(CJJ 37—2012)规定：纵坡小于 0.3%时应设置锯齿形街沟或其他排水设施。设置于道路两侧车行道边缘 1~3m 范围内。

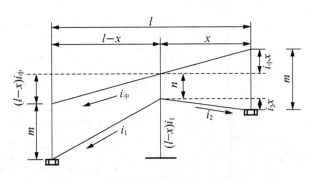

图 1.19 锯齿形街沟进水口布置图

1.3.5 道路纵断面图识读要点

路线纵断面图是反映路线所经过的中心地面起伏情况与设计标高之间的关系，把它与平面图结合起来就能反映道路路线在空间中的位置。

道路纵断面图主要反映道路沿纵向(即道路中心线前进方向)的设计高程变化、道路设计坡长和坡度、原地面标高、地质情况、填挖方情况、平曲线要素、竖曲线等。如图 1.20 所示，图中水平方向表示道路长度，垂直方向表示高程，一般垂直方向的比例按水平方向比例放大 10 倍，如水平方向为 1∶1000，则垂直方向为 1∶100。图中粗实线表示路面设计高程线，反映道路中心高程；不规则细折线表示沿道路中心线的原地面线，根据中心桩号的地面高程连接而成，与设计路面线结合反映道路大致的填挖情况。在设计线纵坡变化处(变坡点)，均应按规定设置竖曲线，以利于汽车行驶。竖曲线分为凸形和凹形两种，分别用"⌒""⌣"符号表示，并在其上标注竖曲线的半径 R、切线长 T 和外矢距 E 等诸要素。符号中的水平直线的起止、点，表示了竖曲线的始点和终点，直线段的中点为竖曲线中点，过中点画一铅垂线，铅垂线两侧的数字分别为竖曲线中点的高程和里程桩号。

当路线上设有桥涵、通道和立体交叉等人工构造物时，图例绘制并注明结构物的名称、种类、大小和中心里程桩号。

图 1.20 中纵断面图主要表示内容如下。

(1) 坡度及距离：是指设计高程线的纵向坡度和其水平距离。表中对角线表示坡度方向，由下至上表示上坡，由上至下表示下坡，坡度表示在对角线上方，距离在对角线下方，使用的单位为米。

(2) 路面标高：注明各里程桩号的路面中心设计高程，单位为米。

(3) 路基标高：为路面设计标高减去路面结构层厚度，单位为米。

(4) 原地面标高：根据测量结果填写各里程桩号处路面中心的原地面高程，单位为米。

(5) 填挖情况：反映设计路面标高与原地面标高的高差，单位为米。

(6) 里程桩号：按比例标注里程桩号、构筑物位置桩号及路线控制点桩号等。

直线与曲线：表示该路段的平面线形，通常画出道路中心线示意图，如"———"表示直线段，平曲线的起止点用直角折线表示，以"⟋⟍"和"⟍⟋"表示设置缓和曲线的情况，以"⎴"和"⎵"表示设置圆曲线的情况。图样的凹凸表示曲线的转向，上凸表示右转曲线，下凹表示左转曲线。这样，结合纵断面情况，可想象出该路线的空间情况。

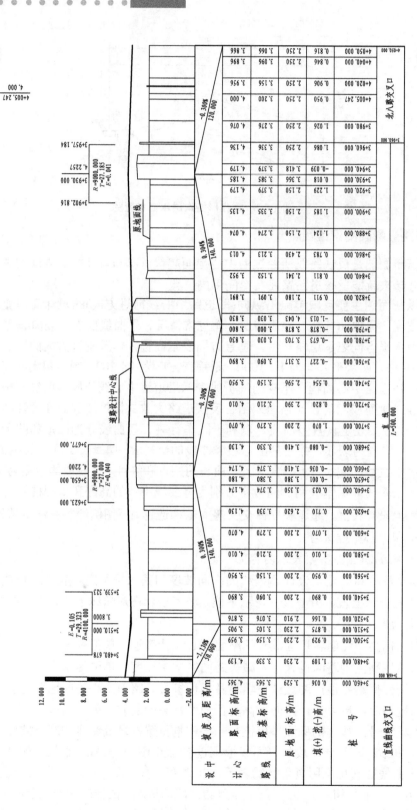

图 1.20 城市道路纵断面设计图

能力训练

识读某城市道路纵断面图,见《市政工程施工图案例图集》图号路-5。
(1) 目的:使学生进一步熟悉掌握城市道路纵断面图的内容和识图方法。
(2) 能力要求:要求学生能准确描述道路纵断面图反映的内容。
(3) 准备:准备一张城市道路纵断面图;复习道路纵断面图的内容和表示方法。
(4) 步骤:
① 看清水平、垂直向采用的比例与水准点位置。
② 看地面线,了解沿路线纵向的地势起伏情况及土质分布。
③ 看设计线,了解路线沿纵向的分布情况(包括坡度和坡长)。
④ 比较设计线与地面线,了解路线填、挖情况。
⑤ 看清设置竖曲线的位置及竖曲线要素。
⑥ 了解沿路线纵向其他工程构造物的分布情况及其主要内容。
⑦ 了解竖曲线与平曲线的配合关系。
(5) 注意事项:注意在读图过程中,应紧密结合测设数据表与图样部分,把纵断面图中体现出来的内容一一读懂、读透。

习题

一、选择题
1. 竖曲线线形采用的是( )。
　　A. 回旋线　　　B. 抛物线　　　C. 圆曲线　　　D. 螺旋线
2. 对于平原城市,机动车道路的最大纵坡宜控制在( )。
　　A. 2.5%以下　　B. 5%以下　　C. 0.5%以下　　D. 7.5%以下
3. 道路纵断面图上最主要反映的两条线是指( )。
　　A. 地面线和设计线　　　　　　B. 地面线和水平线
　　C. 设计线和水平线　　　　　　D. 地面线和等高线
4. 通过道路中线的竖向剖面称为道路的( )。
　　A. 纵断面　　　B. 横断面　　　C. 水平面　　　D. 铅锤面
5. 纵断面图上表示原地面高程起伏变化的标高线称为( )。
　　A. 设计高程　　B. 填挖高度　　C. 原地面标高　　D. 原始高程
6. 工程设计中对中心线各点要求达到的高程称为( )。
　　A. 设计高程　　B. 填挖高度　　C. 原地面标高　　D. 原始高程
7. 道路路线在纵断面上是一条有起伏的空间线,其基本线形由( )组成。
　　A. 平曲线和圆曲线　　　　　　B. 竖曲线和折线
　　C. 直线和回旋线　　　　　　　D. 坡度线和竖曲线

二、计算题

1. 某市Ⅰ级主干道，其纵坡分别为 $i_1 = -2.5\%$、$i_2 = 1.5\%$，变坡点桩号为 K1+520，设计高程为 429.00m。由于受地下管线和地形的限制，曲线中点处的高程要求不低于 429.30m、不高于 429.40m，试确定竖曲线的半径，并计算 K1+515、K1+520、K1+535 点的设计高程。

2. 某市Ⅱ级次干道设计车速 V=45km/h，其纵坡分别为 $i_1 = -1.0\%$，$i_2 = -2.5\%$，转折点桩号为 K0+620，设计高程为 9.0m，竖曲线半径为 R=4000m，试计算竖曲线要素及 K0+600、K0+630 处的高程。

任务 1.4　道路横断面图识读

本任务是了解道路横断面设计的规定和要求、道路横断面的组成及位置和尺寸，掌握道路横断面设计方法、路基土石方数量的计算与调配方法，能运用本节所学知识识读道路横断面图。

1.4.1　城市道路横断面的组成

道路是具有一定宽度的带状构筑物。在垂直道路中心线的方向上所作的竖向剖面称为道路横断面。

城市道路横断面由车行道、路侧带、分隔带、路缘带等部分组成。近期横断面宽度，通常称为路幅宽度；远期规划道路用地总宽度则称为红线宽度。红线是指城市中的道路用地和其他用地的分界线。道路两侧建筑房屋的台阶、门厅、风雨棚、阳台等均属红线之外范围，如图 1.21 所示。

1. 机动车道

在城市道路上供各种车辆行驶的路面部分，统称为车行道。供汽车、无轨电车、摩托车等机动车行驶的部分称为机动车道；供自行车、三轮车、板车等非机动车行驶的部分称为非机动车道。

在车行道上供单一纵列车辆安全行驶的地带，称为一条车道。一条机动车车道的宽度，决定于设计车辆外廓宽度、横向安全距离，以及不同车速行驶时的车辆摆动宽度等。不同车种和不同行驶车速要求有不同车道宽度与之适应。《城市道路工程设计规范》(CJJ 37—2012)规定一条机动车道最小宽度应符合表 1-15 的规定。

表 1-15　机动车特性及所需车道宽度

车型及车道类型	设计速度/(km/h)	
	>60	≤60
大型车或混行车道/m	3.75	3.50
小客车专用车道/m	3.50	3.25

2. 非机动车道

非机动车道是专供自行车、三轮车、平板车及兽力车等行驶的车道。各种车辆具有不同的横向宽度和相应的平均车速。《城市道路工程设计规范》(CJJ 37—2012)规定，一条非机动车道宽度(自行车为 1 米)。

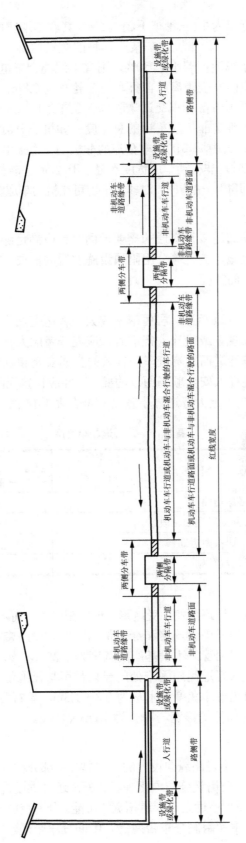

图1.21 城市道路标准横断面图(三块板)

非机动车道如以自行车为主(三轮车不超过5%),其双车道宽度为2.5m;三车道为3.5m;四车道为4.5m;依次类推。若非机动车某一车种的数量达到一条车道的设计通行能力的50%以上,即需要设一条车道;若小于50%,则宜组织混合车道。其组合排列时,要考虑不同车辆之间所要求的横向安全距离;自行车与三轮车为0.8m;自行车与兽力车为0.5m。

自行车道数通常根据预估自行车交通量除以一条车道的设计通行能力算得。缺少数据资料时,可根据定性分析确定非机动车道的总宽度;如机非分流的公路或立交孔中,非机动车道宜采用3.5~4.5m;大中城市的机非分流的非机动车道采用4.5~6.5m;当机、非混行的道路断面上借划线分流时,非机动车道宽度不得小于2.5m;若机动车交通量很小,自行车与机动车高峰小时有所错开得以借道时,对非主干道可在机动车道宽度基础上每侧另加1.5m。

3. 路侧带

路侧带的主要功能是满足步行交通的需要,同时也应满足绿化布置、地上杆柱、地下管线、交通标志、信号设施、护栏等公用附属设施安置的需要。路侧带的宽度,应包括人行道、设施带、绿化带等的宽度。

1) 人行道宽度

我国由于人口众多,用地紧张,居住密度较大,客运交通尚不发达等原因,步行交通所占比重较大。因此,在规划或设计人行道时,应充分考虑人行道的足够宽度,如宽度不足,势必导致行人侵占车行道而影响汽车与行人的交通安全和顺畅。

人行道宽度必须满足行人安全顺畅通过的要求,并应设置无障碍设施。《城市道路工程设计规范》(CJJ 37—2012)规定人行道最小宽度应符合表1-16的规定。

表1-16 人行道最小宽度

项目	人行道最小宽度/m	
	一般值	最小值
各级道路	3	2
商业或公共场所集中路段	5	4
火车站、码头附近路段	5	4
长途汽车站	4	3

2) 人行道的布置

人行道通常对称布置在道路两侧,受地形、地物限制时,可不等宽或不在一个平面上。此外,路侧带宽度还需考虑设施带和绿化带的宽度。设施带指道路两侧的行人护栏、照明杆柱等。护栏一般采用钢管,不设基座的宽度为0.25m,设基座的宽度为0.5m。杆柱含基座宽度为1~1.5m。人行道用地困难处的绿化带可与设施带合并,但应避免各种设施与树木间纵向的干扰。绿化带净宽度灌木丛为0.8~1.5m,单行乔木为1.5~2.0m。方形树池每边净宽为1.5m;矩形树池的净宽与净长为1.2m×1.8m。

4. 分车带

多幅路横断面范围内,沿道路纵向设置的带状非行车部分称为分车带。分车带的作用是分隔车流,安设交通标志、公用设施与绿化等。此外,还可供设置公交车停靠站、在交叉口为增设进口道提供场地以及保留远期车行道拓宽的可能。分车带由分隔带及两侧路缘带组成。

分车带分为中间分车带和两侧分车带两类。中间分车带通常在高速公路、一级公路与城市快速路上,用来分隔对向车流、防止车辆互撞,以保障交通安全。两侧分车带,用以分隔机动车和非机动车。城市道路分车带最小宽度见表1-17。当分隔带较宽时,分隔带上的绿化可采用高大直立乔木,但树冠底部至地面应高于3.5m,以保证机动车通行净空;若分隔带较狭窄时,可用灌木、草皮,或围以绿篱,或金属、预制混凝土图案护栏,切忌种植高度大于0.7m的灌木丛,以免妨碍行车视线。

表1-17 城市道路分车带最小宽度

类 别		中间分车带		两侧分车带	
设计速度/(km/h)		≥60	<60	≥60	<60
分隔带最小宽度/m		1.50	1.50	1.50	1.50
路缘带宽度/m	机动车道	0.50	0.25	0.50	0.25
	非机动车道	—	—	0.25	0.25
分车带最小宽度/m		2.50	2.00	2.50(2.25)	2.00

固定式分隔带一般用缘石围砌,高出路面10~20cm,在人行横道及公共汽车停靠站处分隔带应予铺装。

此外,在旧城或市中心用地紧张的道路上,常用活动式分隔带作为组织车辆分向、分流的交通设施。活动式分隔带系用混凝土柱、铁柱或石柱做成,柱与柱之间缀以铁链或钢管。这种隔离墩的高度为0.7m,占路面宽度为0.3~0.5m。在繁忙的商业大街上,限于路幅宽度不足,为分隔车流还可用占路面宽度仅0.1~0.15m的高护栏(1.2~1.3m高)。活动式分隔带的优点在于,根据交通组织的变动,可作灵活调整,但不及固定式分隔带美观。新建道路分隔带宜采用由侧石围砌的绵长绿化带,其宽度应适应绿化布置、树木生长的基本要求以及地上杆线、交通标志布设的需要。分隔带的连绵长度,以分隔机动车和非机动车,保证交通安全、提高通行能力为目的,取80~150m长为宜,特殊情况下,也不得小于停车视距。此外,在道路上重要的公共建筑、街坊出入口处与交叉路口以及过长路段需增设人行横道处均应中断分隔带。近交叉口的分隔带端部,当交叉口转弯半径较小时,应自人行横道线外缘起缩进不小于15m的距离,以利渠化分流。

5. 路缘石

路缘石是设在路面边缘与横断面其他组成部分分界处的标石,如人行道边部的缘石,分隔带、交通岛、安全岛等四周的缘石,以及路面与路肩分界处的缘石,如图1.22所示。

缘石的形式有立式、斜式与平式。立式(侧石),用于城市道路车行道路面的两侧。顶面高出路面边缘10~20cm,通常为15cm,为保证隧道、桥梁、线形弯曲或陡峻路段的行车安全,可加高至25~40cm,主要起到保障行人、车辆交通安全的作用。斜式或平式适用于出入口、人行道两端及人行横道两端,便于推行儿童车、轮椅及残疾人车通行。平式(平石)铺砌在路面与侧石之间,如图1.22所示。顶面与路面平齐,有标定路面范围、整齐路容的作用,特别是沥青类路面有方便路面碾压施工及保护路面边缘的作用。当道路纵坡小于0.3%时,利用平石纵向做成锯齿形街沟,以利路面排水。

路幅的宽度除满足交通功能外,还应结合地形、沿街建筑物高度等综合分析确定,创造亲切的横断面空间环境,使横断面尺寸与两侧的建筑体量、高度相协调。

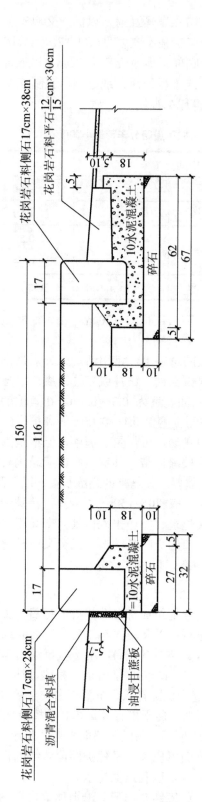

图 1.22 路缘石(单位：cm)

【参考图文】

1.4.2 城市道路横断面的四种基本形式

城市道路横断面根据交通组织特点的不同,可分为下列四种形式。

1) 一块板(单幅路)

所有的车辆在同一个车行道上混合行驶,车行道完全不设分隔,以路面划线标志组织或不作划线标志,车行道布置在道路中央通行,如图1.23(a)所示。

2) 两块板(双幅路)

由中间一条分隔带(或分隔墩)将一块板形式的车行道分为单向行驶的两个车行道,在交通组织上起分流渠化作用,分向行驶。但机动车和非机动车仍然混合行驶。在两行驶的车行道上,可划分快、慢车分道线,分流行驶;也可不划分道线,快、慢车混合行驶,如图1.23(b)所示。

3) 三块板(三幅路)

由两条分隔带(或分隔墩)把车行道分成三部分,中间为双向行驶的机动车道,两侧均为单向行驶(行驶方向相反)的非机动车道,如图1.23(c)所示。

4) 四块板(四幅路)

由三条分隔带(或分隔墩)把车行道分成四部分,中间两条为单向行驶的机动车道,机动车道两侧为单向行驶的非机动车道,如图1.23(d)所示。

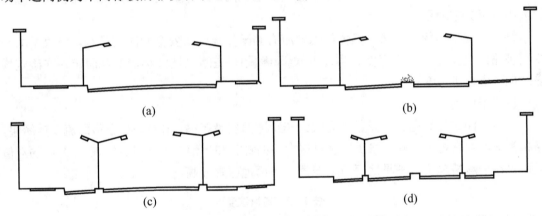

图1.23 道路横断面的形式

(a) 单幅路;(b) 双幅路;(c) 三幅路;(d) 四幅路

根据我国各地的具体情况,对于四种基本形式的使用效果各有其词,现把横断面的四种基本形式从以下几个方面进行分析比较。

(1) 交通安全:三块板和四块板有利于解决机动车与非机动车相互干扰(易产生交通事故),同时在人过街时起着安全岛的作用。但三块板和四块板在公共交通停靠站处,乘客上下车须穿越非机动车道,给乘客带来不便。

(2) 行车速度:由于一块板和两块板是机、非混合行驶,互相干扰,车速不易提高,但对于机动车和非机动车分道行驶的三块板和四块板的形式,由于互不干扰,各行其道,车速一般较高。

(3) 照明：板块越多，照明越易布置。三块板和四块板形式均能较好处理绿化种植与照明杆线之间的矛盾，能使照度均匀，可提供良好的夜间行车环境，因而能减少因照明不良引起的交通事故，提高夜间行车速度。

(4) 绿化遮荫：三块板、四块板可布置多排绿化，遮荫面大，绿化系数高，尤其是在夏季，为行人和各种车辆行驶创造较舒适的环境，同时也利于保护路面，防止黑色路面软化或泛油，以及水泥混凝土路面的胀缩开裂和翘曲等。

(5) 环境保护：三块板的机动车道在道路中间，由于绿带的隔离作用，对行人和沿街居民的噪声影响较小，同时，也为道路的空间构成创造条件。

(6) 造价：在交通量相同的情况下，一块板占地少、投资省；三块板特别是四块板用地最大、工程费用也较高，但这有利于地下管线的敷设，并且机动车道和非机动车道可以采用不同厚度的路面。

通过以上分析可知，四种横断面形式都各有其优缺点，因而，必须结合具体情况，对主要技术经济指标进行比较，因地制宜地选用。

1.4.3 路拱与横坡

1. 路拱坡度与道路横坡的取值

为保证路面横向迅速排水，将路面做成由中央向两侧倾斜的拱形，称为路拱。其倾斜的大小以百分率表示。

路拱坡度指车行道横坡，其值的确定应有利于保障行车安全和路面排水。坡度的大小主要视路面类型、表面平整度、当地气候(降雨量)与道路纵坡大小情况等而定，在确定横坡时应考虑以下因素。

1) 横向排水

它与路面结构类型和气候条件有关。车行道面层越粗糙，雨(雪)水在路面流动越缓慢，路拱横坡就要做得大一些。路拱坡度可根据路面种类和当地自然条件，按表1-18中的数值采用。在一般情况下，干旱地区可取低值，多雨地区宜取高值。

表1-18 路拱坡度

路面面层类型	路拱设计坡度 i/(%)
水泥混凝土 沥青混凝土 沥青碎石	1.0～2.0
沥青贯入式碎(砾)石 沥青表面处治	1.5～2.0
碎(砾)石等粒料路面	2.0～3.0

2) 道路纵坡

当确定路拱横坡时，要考虑道路纵坡的大小，以控制合成坡度。如果道路纵坡较大，则路拱坡度宜用小值，反之，路拱坡度可大些。

3) 车行道宽度

车行道宽则路拱横坡度应选择得平缓一些，否则路拱各点间的高度太大，会影响行车和道路横断面的视觉效果。所以，在设计中，应算出路拱各点间的高度和横坡，从而检查是否都满足排水、行车和美观的要求。

4) 车速

在交通量大，车速高的道路上，设计横坡度宜采用较大值，以利于排水，防止因车速高使雨水形成雾状，影响驾驶员视线，并避免路面雨水形成薄膜使汽车滑移；非机动车车行道路拱设计一般采用单面坡，坡度可根据路面面层类型按表 1-18 选用；人行道横坡度考虑行人安全、排水以及两侧建筑标高配合，城市道路中人行道横坡宜采用 1%～2% 的单面坡。

2. 车行道路拱形式及选择

车行道路拱曲线所采用基本形式有抛物线形、直线接抛物线形和折线形三种。

1) 抛物线形路拱

抛物线形路拱曲线在车行道中间部分坡度较小，靠缘石部分横坡度较大，利于雨水排除，从线形上看，比较圆顺，也较美观。所以，抛物线形路拱是一般城市道路和公路常采用的形式，其缺点是车行道中间部分横坡度过于平缓，使行车易于集中在道路中央，导致中心部分的路面损坏较快。为改进这些缺点，目前已设计出各种不同方次的抛物线形。

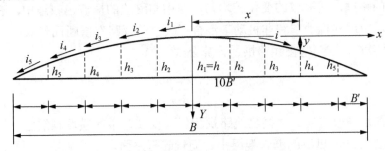

图 1.24　抛物线形路拱的计算图示

(1) 二次抛物线路拱。

计算公式：

$$y = \frac{4h}{B^2}x^2 \tag{1-25}$$

式中　x ——离车行道中心线的横向距离，m；

　　　y ——相应于 x 各点的竖向距离，m；

　　　B ——车行道总宽度，m；

　　　h ——车行道路拱高度，m $\left(B' = \dfrac{B}{10},\ h = \dfrac{B}{2}i\right)$；

　　　i ——车行道的平均横坡度。

式(1-24)是常见的抛物线形路拱的计算图式，其余各点见表 1-19。

表 1-19　抛物线形路拱各点高度及各点间的横坡比较

抛物线形路拱类型	计算公式	路拱各点高度及各点间的横坡						备注
		点位	0	$B/10$	$2B/10$	$3B/10$	$4B/10$	$5B/10$	
二次抛物线	$y=\dfrac{4h}{B^2}x^2$	高度	h_1	$0.96 h_1$	$0.84 h_1$	$0.64 h_1$	$0.36 h_1$	0	$i_{平均}=2\%$；$B=7m$ 或 14m
		坡度/(%)	0.4	1.2	2.0	2.8	3.6		
半立方式抛物线	$y=h\left(\dfrac{x}{B/2}\right)^{3/2}$	高度	h_1	$0.91 h_1$	$0.75 h_1$	$0.54 h_1$	$0.29 h_1$	0	
		坡度/(%)	0.9	1.6	2.1	2.5	2.9		
修正三次抛物线	$y=\dfrac{4h}{B^3}x^3+\dfrac{h}{B}x$	高度	h_1	$0.90 h_1$	$0.77 h_1$	$0.59 h_1$	$0.34 h_1$	0	
		坡度/(%)	1.0	1.3	1.8	2.5	3.4		

这种形式的路拱，适用在路面宽度小于 12.0m 而横坡度又较大的中级或低级路面上。采用这种路拱的缺点是：在车行道中心线附近的横坡度 i_1 过于平缓不利排水，在路旁的横坡度 i_5 又偏大不利行车。

(2) 改进的二次抛物线路拱，计算公式：

$$y=\frac{2h}{B^2}x^2+\frac{h}{B}x \tag{1-26}$$

此种形式的路拱，其横坡的变化较均匀，路中与路边的横坡也较适中，有利于排水和行车，常用于城市道路机动车和非机动车混合行驶"单幅路"横断面形式。

(3) 半立方次(一次半)抛物线路拱，计算公式：

$$y=h\left(\frac{2x}{B}\right)^{\frac{3}{2}} \tag{1-27}$$

此路拱的图形与改进的二次抛物线路拱相似，仅在路中的横坡稍缓些。这种路拱形式适用于路面宽度在 20m 以下的沥青混凝土、沥青碎石路面。

(4) 改进的三次抛物线路拱，计算公式：

$$y=\frac{4h}{B^3}x^3+\frac{h}{B}x \tag{1-28}$$

此种形式的路拱，符合排水迅速的要求，改善了路中心部分横坡坡度过于平缓的缺点。在横坡 $i<3\%$ 的条件下，能够保证行车的安全，因而适用于多种道路。

2) 直线接抛物线形路拱

这种形式的路拱两旁是直线，在路拱中心线附近加设抛物线。它的优点是汽车轮胎与路面的接触较平均，路面磨耗较小；其缺点是排水效果不及抛物线流畅。

为更好地改善车行道中部的行车条件，便于施工，通常在两直线路拱中插入缓和曲线或圆曲线，如图 1.25 所示。该形式的路拱常用在路面宽度超过 20m 的柔性路面。

3) 折线形路拱

折线形路拱是车行道横坡由若干段短折线组成的路拱，每一折线段的横坡度由路中向侧石逐渐增大，如图 1.26 所示。其优点是直线段较短，施工时容易摊压得平顺，也可按车行道宽度来选择转折点，较符合设计、施工和养护的要求；其缺点是在转折点处有尖锋凸出，不利于行车。该形式的路拱适用于城市道路中的水泥混凝土路面。

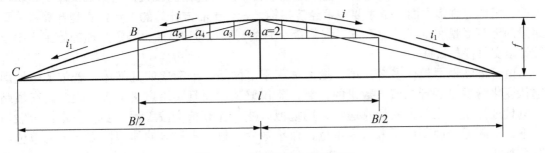

图1.25 直线接抛物线形路拱

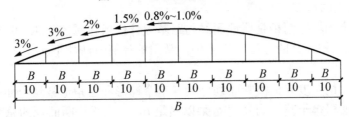

图1.26 折线形路拱

路拱的形式多样，各有特点。在设计城市道路横断面时，应根据车行道宽度、横坡坡度、路面结构类型、排水和交通等要求来选择。

1.4.4 路基土石方计算

1. 标准横断面

在道路设计中，表示各路段的代表性设计横断面称为标准横断面，一般采用1∶100或1∶200的比例尺。在图上应绘出各个组成部分的宽度和位置，以及排水方向、路拱横坡等，如图1.21所示。

2. 施工横断面图

施工横断面图是在现状横断面图的基础上，根据道路纵断面设计里程桩号、设计标高，以相同的比例尺，把设计横断面图(即标准横断面图)套上去，用来计算土石方工程量和施工放样的工程图。施工横断面图一般常采用1∶100或1∶200的比例尺绘制在厘米方格纸上，如图1.27所示。

桩号:0+720.000
路中心填方高度=0.053
左宽=20.995   右宽=20.995
填方面积=0.067   挖方面积=36.845

图1.27 施工横断面图(单位：m)

3. 土石方计算

路基土石方工程的工程数量在整个工程项目中所占的比例较大,它影响道路的造价、工期、用地等许多方面,是主要技术经济指标之一。土石方计算的主要任务是计算每公里路段的土石数量和全线总土石方工程数量,为编制工程预(概)算、确定合理的施工方案以及计量支付提供依据。

由于自然地面起伏多变,填、挖方体积不可能是一个简单的几何体,若依实际地面起伏变化情况来进行土石方数量的计算,不仅繁杂,而且实用意义不大。因此,在道路的测设过程中,土石方的计算通常采用近似方法,计算精度按工程的要求而定。一般情况下,横断面的面积以平方米为单位,取小数后一位,土石方的体积以立方米为单位,取至整数。

1) 横断面面积的计算

路基横断面上的填挖面积是原地面线与路基设计线所包围的面积。填方面积 A_T 和挖方面积 A_W,横断面面积计算的方法有许多种,常用的计算方法如下。

(1) 积距法。

积距法是按单位宽度 b 把横断面划分为若干个梯形和三角形条块,如图 1.28 所示,则每个小块的近似面积等于其平均高度 h_i 乘以横距 b,A 为平均断面积的总和,如图 1.28 所示。其计算公式为:

$$A = h_1 b + h_2 b + \cdots + h_n b = b \sum_{i=1}^{n} h_i \tag{1-29}$$

式中:A——横断面面积,m^2;

b——横断面所分成的三角形或梯形条块的宽度,通常为 1m 或 2m;

h——横断面所分成的三角形或梯形条块的平均高度,m。

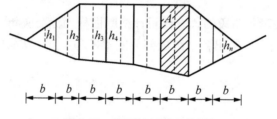

图 1.28 积距法计算示意图

由此可见,积距法求面积在实际操作中就是转化为累计 $\sum h_i$,将条块宽度乘以累计高度 $\sum h_i$,即为填方或挖方的面积。积距法也可以用米格纸折成窄条作为量尺,每量一次 h_i 在窄条上画好标记,从开始到最后标记的累计距离就是 $\sum h_i$,然后乘以条块宽度 b,即为所求面积。

(2) 坐标法。

建立如图 1.29 所示的坐标系,给定多边形各顶点的坐标,由解析几何可得多边形面积的计算公式为:

$$A = \frac{1}{2} \sum_{i=1}^{n} (x_i y_{i+1} - x_{i+1} y_i) \tag{1-30}$$

式中:x_i, y_i——分别为设计线和地面线围成面积的各顶点的坐标,m。

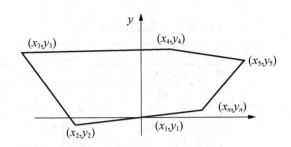

图 1.29 坐标法计算示意图

坐标法计算精度较高,方法较繁,适用于计算机计算。

(3) 几何图形法。

当横断面地面线较规则时,可分成几个规则的几何图形,如三角形、矩形和梯形,然后分别计算面积,即可求出总面积。

(4) 混合法。

在一个填方或挖方面积较大的横断面设计图中,同时采用几何图形法和积距法,可以加快计算速度。

在横断面面积的计算中应注意以下几个问题。

(1) 填方和挖方的面积应分别计算。

(2) 填方或挖方的土石方也应分别计算,因为其造价不同。

(3) 有些情况下横断面上的某一部分面积可能既是挖方面积,又要算做填方面积。例如,遇淤泥既要挖除,又要回填其他材料;当地面自然坡度较陡,按《城市道路路基设计规范》(CJJ 194—2013)的要求需挖台阶的面积等。

2) 土石方数量计算

在所有中桩的横断面土石方填、挖面积求出来后,就可以采用平均横断面法,这种方法通常是利用土石方数量计算表(1-20)进行土石方数量计算。该方法是假定相邻两断面间为一棱柱体,其间距为 L,如图 1.30 所示,棱柱体的体积可按下式计算:

$$V = \frac{A_1 + A_2}{2} L \tag{1-31}$$

式中 A_1,A_2——相邻桩号两填方面积或者两挖方面积,A_1、A_2 分别大于或等于零。

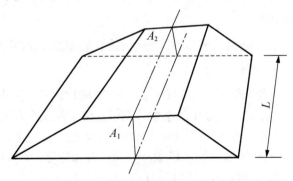

图 1.30 土石方数量计算示意图

表1-20 土石方数量计算表

桩号	距离/m	面积/m²		土方/m³		累计土方/m³	
		填	挖	填	挖	填	挖
0+000.000		33.462	0.000				
	20.000			634.830	0.000	634.830	0.000
0+020.000		30.021	0.000				
	20.000			476.091	3.961	1110.922	3.961
0+040.000		17.588	0.396				
	4.000			63.695	4.417	1174.617	8.378
0+044.000		14.259	1.812				
	16.000			279.842	14.498	1454.459	22.876
0+060.000		20.721	0.000				
	20.000			329.979	24.322	1784.439	47.198
0+080.000		12.277	2.432				
	20.000			583.569	24.322	2368.007	71.520
0+100.000		46.080	0.000				
	20.000			920.628	0.000	3288.636	71.520
0+120.000		45.983	0.000				
	20.000			669.220	2.814	3957.856	74.334
0+140.000		20.939	0.281				
	20.000			600.005	2.814	4557.861	77.148
0+160.000		39.062	0.000				
	20.000			778.616	0.000	5336.477	77.148
0+180.000		38.800	0.000				
	20.366			836.080	0.000	6172.557	77.148
0+200.366		43.305	0.000				
	19.634			880.445	0.000	7053.002	77.148

1.4.5 道路横断面图识读

道路横断面设计成果主要包括道路标准横断面图、路基施工横断面图和道路土方量表。

1. 道路标准横断面图识读

城市道路横断面设计图一般采用1∶100或1∶200的比例尺,如图1.21所示,用细点划线段表示道路中心线,车行道、人行道用粗实线表示,注明构造分层情况,并标明横坡度。绿地、河流、树木、灯杆等用相应的图例示出。在图上绘出红线宽度、车行道、人行道、绿化带、照明、新建或改建的地下管线等各组成部分的位置和宽度,并注以文字及必要的说明。

道路标准横断面图识读要注意把握以下几点:
(1) 机动车道、非机动车道、人行道、分车带、绿化带宽度尺寸等;
(2) 横坡坡度和坡向;

(3) 照明灯杆及植树绿化位置；

(4) 文字注释：不同标准横断面图，标有所在路段和起止桩号，对各组成部分必要的说明，或有关各断面设计的统一说明文字。

2. 路基施工横断面图识读

为了满足行车要求，路基有些部分高出原地面需要开挖，有些部分低于原地面需要填筑，因此路基断面各不相同。典型的路基断面有填方路基、挖方路基和半填半挖路基等。填方路基称为路堤，路堤典型断面图如图1.31所示。挖方路基称为路堑，由于挖方路堑破坏了原地层的平衡，所以，路基与边坡的稳定性更为重要。路堑典型断面图如图1.32所示。

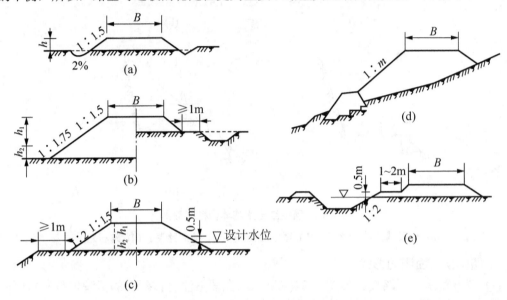

图 1.31 路堤典型断面图

(a) 矮路堤；(b) 一般路堤；(c) 沿河路堤；(d) 护脚路堤；(e) 挖渠填筑路堤

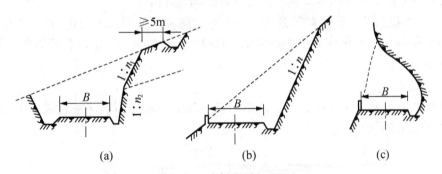

图 1.32 路堑典型断面图

(a) 挖方路基；(b) 台口式路基；(c) 半山路基

半填半挖路基的几种典型断面如图1.33所示，它是路堤和路堑的综合形式，若处理得当，路基稳定可靠，是一种比较经济的断面形式。

路基施工横断面图是按照路基设计表中的每一桩号和参数绘制出的路基横断面图。图中除表示出了该横断面的形状外，还标明了该横断面的里程桩号，中桩处的填挖值，填、挖面积,以中线为界的左右路基宽度等数据。

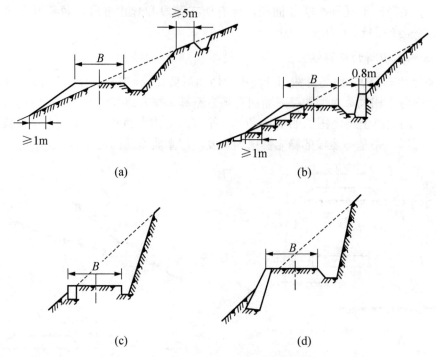

图 1.33 填挖结合路基典型横断面图

(a) 一般填挖结合路基;(b) 矮挡墙路基;(c) 护肩路基;(d) 砌石路基

1) 路基横断面图的形式

(1) 填方路基,即路堤。如图 1.34(a)所示,在图下注有该断面的里程桩号,右侧注有中心线处的填方高度 h_T (m)以及该断面的填方面积 A_T (m^2)。

(2) 挖方路基,即路堑。如图 1.34(b)所示,在图下方注有该断面的里程桩号,右侧注有中心线处挖方高度 h_W (m)以及该断面的挖方面积 A_W (m^2)。

(3) 半填半挖路基。这种路基是前两种路基的综合,如图 1.34(c)所示,在图下仍注有该断面的里程桩号,右侧注有中心线处的填(或挖)方高度 h_T 或 A_W 以及该断面的填方面积 A_T 和挖方面积 A_W。

2) 识读要点

顺桩号由下往上、从左往右,了解每一桩号处的路基标高、路基边坡、填(或挖)方高度以及填(或挖)方面积。

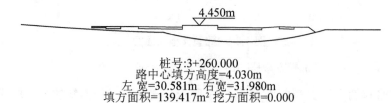

桩号:3+260.000
路中心填方高度=4.030m
左 宽=30.581m 右宽=31.980m
填方面积=139.417m^2 挖方面积=0.000

(a)

图 1.34 路基施工横断面图

桩号:4+405.000
路中心挖方高度=4.196m
左 宽=29.017m 右宽=31.129m
填方面积=0.000m² 挖方面积=231.196m²

(b)

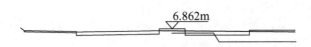

桩号:1+740.000
路中心挖方高度=0.674m
左 宽=29.287m 右宽=28.781m
填方面积=37.887m² 挖方面积=22.914m²

(c)

图 1.34 路基施工横断面图(续)

(a) 填方路基；(b) 挖方路基；(c) 半填半挖路基

能力训练

识读某城市道路标准横断面图，见《市政工程施工图案例图集》图号路-6、路-7，以及城市道路路基施工横断面图，图号路-18。

(1) 目的：使学生进一步掌握城市道路横断面图的组成、道路横断面图的内容和识图方法。

(2) 能力要求：要求学生能准确描述道路横断面图反映的内容。

(3) 准备：准备城市道路标准横断面图，复习道路横断面图组成和表示方法；准备城市道路施工横断面图，复习道路施工横断面图的布置和内容。

(4) 步骤：

① 查阅图名、图纸说明、比例。

② 查阅横断面图上红线宽度、车行、人行道、绿化带、照明等各组成部分的位置和宽度。

③ 查看道路横坡、路拱形式和路拱曲线大样。

④ 查阅施工横断面图的填挖和拆迁界线。

(5) 注意事项：要注意近、远期横断面图的关系。

习题

1. 一条车行道的宽度主要由( )因素确定。
   A. 车身宽度　　B. 行车速度　　C. 道路等级　　D. 分隔带宽度
2. 城市道路横断面布置形式选择时，城市快速路适宜选择( )断面形式。
   A. 一块板　　　B. 两块板　　　C. 三块板　　　D. 四块板

3. 城市道路横断面设计一般用的地形图的比例尺是( )。
   A．1∶1000   B．1∶500   C．1∶100   D．1∶50
4. 设计一条城市自行车道的宽度应为( )m。
   A．1.5   B．1.0   C．0.8   D．0.6
5. 下面哪种形式不是城市断面的常见形式？( )
   A．单幅路   B．双幅路   C．四幅路   D．五幅板
6. 路侧带不包括( )。
   A．人行道   B．车行道   C．绿化带   D．公用设施带
7. 路缘石的形状不包括( )。
   A．立式   B．平式   C．斜式   D．组合式
8. 请结合本节所学知识，完善表1-21。

表1-21 路基土方计算表

桩号	挖方面积/m²	填方面积/m²	挖方平均面积/m²	填方平均面积/m²	距离/m	挖方体积/m³	填方体积/m³	本桩利用	填缺	挖余
+300	0	33.6	/	/	/				/	/
+350	33.6	21.2								
+368.45	42.5	10.2								
+380	52.8	0								
合计	/	/	/	/						

任务1.5 道路交叉口施工图识读

本任务是了解道路平面交叉口的常见形式，立体交叉的要求与分类，识读道路平面交叉口施工图和道路立面交叉口施工图。

道路系统是由各种不同方向的道路所组成，由于道路的纵横交错，不可避免地形成道路交叉，即两条或两条以上道路的交会。交叉口是道路系统的重要组成部分，是道路交通的咽喉。根据各相交道路在交叉点的标高，可将道路交叉分为平面交叉和立体交叉两种类型。一般相交道路在同一平面上的交叉称为平面交叉，交叉处称为平面交叉口；相交的道路分别在不同平面上的交叉叫立体交叉。

1.5.1 道路平面交叉

【参考图文】

1. 平面交叉口的平面布置和适用范围

平面交叉的类型按几何形状可分为十字形、T形及其演变而来的X形、Y形、错位、环路交叉(图1.35)等。按布置形式一般可分为加铺转角式、分道转弯式、加宽路口式和环形交叉四类。

1) 加铺转角式

以圆曲线构成加宽来连接交叉道路的路基和路面的形式称为加铺转角，可按交叉路线的情况和需要，选用如图1.35(a)～(d)所示的布设形式。此类交叉口形式简单、占地少、造价低、设计方便，但行车速度低、通行能力小，适用于交通量小、车速低、转弯车辆少的三、四级公路或地方道路。若斜交不大时，也可用于转弯交通量较小的主要道路与次要道路交叉。

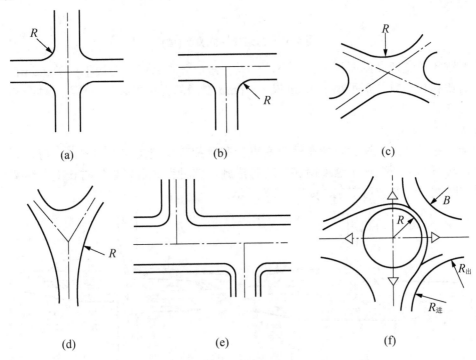

图1.35 道路平面交叉的形式

(a) 十字形；(b) T形；(c) X形；(d) Y形；(e) 错位；(f) 环路交叉

2) 分道转弯式

利用在路面上画线、设分隔器、分隔带或交通岛等限制行车路线，使不同类型、车速和行驶方向的车辆顺着指定方向通过交叉口，这种形式称为分道转弯式交叉，如图1.36所示。分道转弯式交叉口对转弯车辆，尤其是右转弯车辆行驶速度和通行能力都较高，适用于车速较高、转弯车辆较多的一般道路，或斜交、畸形交叉口。

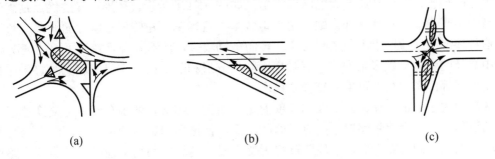

图1.36 分道转弯式交叉

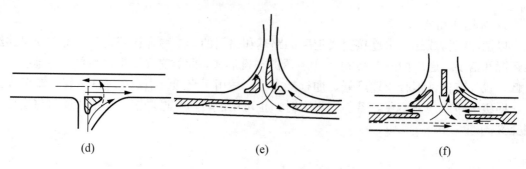

图1.36 分道转弯式交叉(续)

若设置各种交通岛则面积不宜过小,一般三角形分隔岛任何一边不小于2.5m;长条形分隔岛的宽和长一般分别不小于1.2m及4~6m。交通岛上可以绿化,但不宜种影响驾驶员视线的植物。

3) 加宽路口式

由于交通量大,为避免转弯车辆阻塞直行车辆和其他交叉道路的车辆,可以采用加宽路口增设转弯车道或变速车道或附加车道等措施,这种交叉可以单增右转或左转弯车道,也可以同时增设左右转弯车道,如图1.37所示。

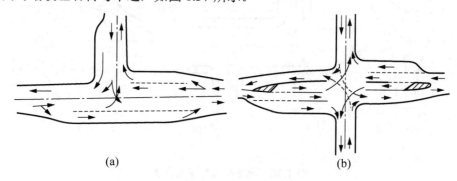

图1.37 加宽路口式交叉

加宽路口后为左右转弯及直行车辆各准备一条车道,这样可以减少转弯交通对直行交通的干扰,并具有车速较高、事故率低、通行能力大等优点,但由于占地多、投资较大,主要适用于交通量较大、转弯车辆较多的二级公路和城市主干路。

4) 环形交叉

环形交叉(俗称转盘)是在交叉口的中心设置一个中心岛,使各类车辆按逆时针方向环岛做单方向行驶,直至从所要去的路口驶出,如图1.35(f)所示。环形交叉的优点是能消除冲突点,不需设专人指挥交通;缺点是占地较多,直行车、左转弯车绕行的距离较长。因此,这种环形交叉适用于多条道路相交,转向车辆较多,地形开阔且较为平坦的情况。

中心岛的形状一般多用圆形,有时也用圆角方形和菱形;主次道路相交时宜采用椭圆形;交角不等的畸形交叉可采用复合曲线形。

环岛的大小应根据交织段需要的长度而定。所谓交织就是两条车流汇合交换位置后又分离的过程。环道上相邻路口之间有足够的距离,使进环和出环的车辆在环道上均可在合适的机会相互交织连续行驶,该段距离称为交织段长度。中心岛半径必须满足两个路口之间最小交织段长度的要求。

一般环道上设计 3~4 条车道,每条车道宽 3.50~3.75m。靠近中心岛的一条车道作绕行之用,最靠外侧的一条车道供右转弯之用,中间的 1~2 条车道为交织之用。

2. 平面交叉口交错点

进出交叉口的车辆,由于行驶方向的不同,车辆与车辆之间的交错方式也不尽相同,可能产生的交错点(存在碰撞可能的点)的性质也不一样。同一行驶方向的车辆向不同方向分离行驶的地点称为分流点;来自不同行驶方向的车辆以较小的角度,向同一方向汇合行驶的地点称为合流点;来自不同行驶方向的车辆以较大的角度相互交叉的地点称为冲突点。这三类交错点都存在相互挤撞或碰撞的可能,并且是影响交叉口行驶速度、通行能力和发生交通事故的主要原因。如图 1.38 所示,图中箭线表示车流,圆圈表示冲突点。

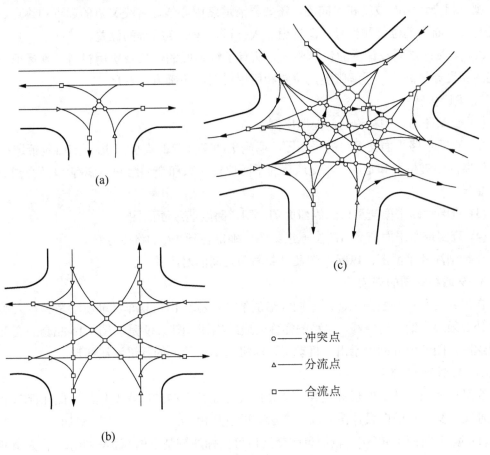

图 1.38　平面交叉口交错点

(a) 三路交叉口;(b) 四路交叉口;(c) 五路交叉口

减少或消灭冲突点的措施如下。

(1) 实行交通管制。在交叉口设置交通信号灯或由交通警指挥,使发生冲突的车流从通行时间上错开。

(2) 采用渠化交通。在交叉口内合理布置交通岛、交通标志和标线或增设车道等，引导各方向车流沿一定路线行驶，减少车辆之间的相互干扰，如环形平面交叉。

(3) 修建立体交叉。将相互冲突的车流从空间上分开，各行其道使其互不干扰。这是解决交叉口交通问题最彻底的办法。

3. 平面交叉口施工图的识读

1) 识读要求

交叉口施工图是道路施工放线的依据和标准，一般包括交叉口平面设计图和交叉口立面设计图。

(1) 交叉口平面设计图的识读要求。识读交叉口平面设计图时，要了解设计范围、施工范围、相交道路的坡度和坡向等，还要弄清道路中心线、各交叉点的起点和终点、交叉加桩与控制断面的位置和桩号、车行道、人行道、缘石半径等的位置。

(2) 交叉口立面设计图的识读要求。认真了解路面的性质及所用材料，掌握旧路现况等高线和设计等高线，了解胀缝的位置和所用材料，明确方格网尺寸。

2) 识读步骤

(1) 查阅图名、图样说明、绘图比例。

(2) 查阅道路平面交叉口的平面图。明确平面交叉口的类型，道路情况(包括道路中心线、道路的地理位置和走向、相交道路的平面位置关系和交通组织措施等)以及交通岛的设置位置等。

(3) 查阅道路平面交叉口的纵断面图。同道路路线纵断面图。

(4) 查阅道路平面交叉口的交通组织图。确定各行车(人)路线方向。

要特别注意平面图、纵断面图及横断面图之间的对应关系。

3) 交通组织图的识读

在道路交叉口平面图上，用不同线形的箭线，标识出机动车、非机动车和行人等在交叉口处必须遵守的行进路线，这种图样称交通组织图。图1.39是与图1.16配套的交叉口交通组织图，图例中分别表示出了机动车、非机动车和行人的行进路线线形。

4) 竖向设计图的识读

交叉口竖向设计图的任务是表达交叉口处路面在竖向的高程变化，以保证行车平顺和排水通畅。交叉口竖向设计图的表示方法有以下几种。

(1) 坡度法[图1.40(a)]。较简单的交叉口可仅标注控制点的高程、排水方向及其坡度，排水方向可采用单边箭头表示。

(2) 等高线法[图1.40(b)]。用等高线表示的平面交叉路口，等高线宜用细实线表示，并每隔四条用中粗实线绘制一条设计等高线曲线。

(3) 网格法[图1.40(c)]。用网格法表示的平面交叉路口，其高程数值宜标注在网格交点的右上方并加括号。若各测点高程的整数部分相同时可省略整数位，小数点前可不加"0"定位，整数部分在图中注明。

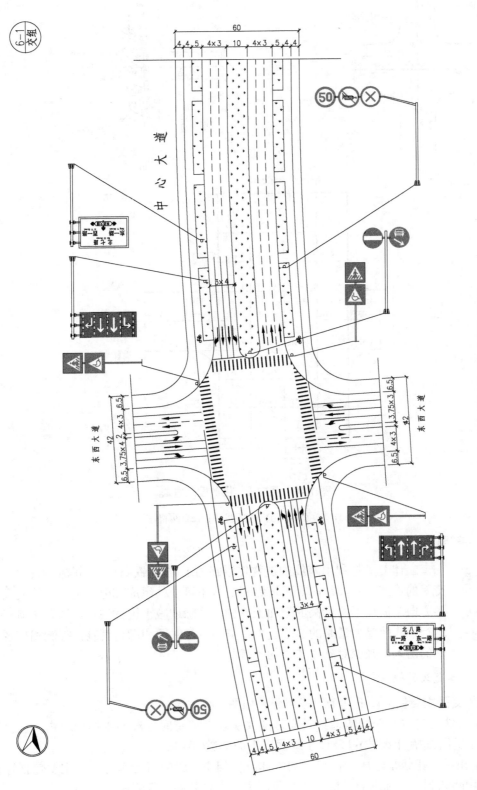

图 1.39 某路口交通组织图

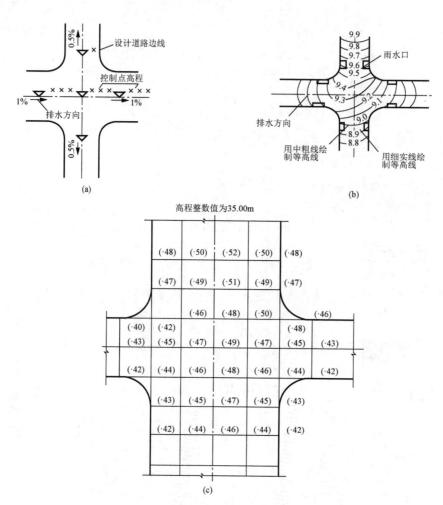

图 1.40 竖向设计图的图示方法

(a) 坡度法；(b) 等高线法；(c) 网格法

1.5.2 道路立体交叉

【参考视频】

立体交叉是利用跨线构造物使道路与道路(或铁路)在不同标高条件下相互交叉的连接方式，是高等级道路相交必不可少的组成部分。采用立体交叉可使各方向车流在不同标高的平面上行驶，消除或减少了冲突点，同时车流可连续运行，从而提高道路的通行能力，节约运行时间和燃料消耗，控制相交道路车辆的出入，减少对高速道路的干扰。

1. 立体交叉的组成

立体交叉主要包括以下几个组成部分，如图 1.41 所示。

(1) 跨线构造物。跨线构造物是立体交叉实现车流空间分离的主体构造物，包括设于地面以上的跨线桥(上跨式)以及设于地面以下的地道(下穿式)。

(2) 正线。正线是组成立体交叉的主体，指相交道路的直行车行道，主要包括连接跨线构造物两端到地坪标高的引道和交叉范围内引道以外的直行路段。

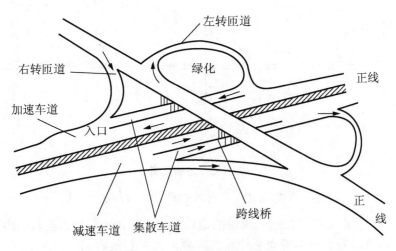

图 1.41 道路立体交叉的组成

(3) 匝道。它是立体交叉的重要组成部分,是指供上、下相交道路转弯车辆行驶的连接道。互通式立交匝道形式分右转匝道和左转匝道两大类。

① 右转匝道。直接从主干线右转弯驶出的匝道,主要包括:定向右转匝道、半定向右转匝道、环形右转匝道三种。

a. 定向右转匝道:车辆直接实施右转,如图 1.42(a)所示。

b. 半定向右转匝道:又称为迂回定向匝道,主要是为了减少占地,车辆沿环形左转匝道迂回右转,如图 1.42(b)所示。

c. 环形右转匝道:车辆并入环形左转匝道实施右转,如图 1.42(c)所示。

② 左转匝道。左转匝道主要包括:环形匝道、半定向左转匝道、定向匝道三种。

a. 环形匝道:为了实施车辆左转行驶,从主线行车道右侧驶离主线后,大约向右转 270°,构成环形左转弯的匝道,如图 1.43(a)所示。

b. 半定向左转匝道:又称为迂回定向匝道。为了实施车辆左转行驶,从主线行车道右侧驶离主线后,前进方向大致不变,跨过相应道路然后向左转的匝道形式,如图 1.43(b)所示。

c. 定向匝道:为了实施车辆左转行驶,从主线行车道右侧驶离主线(一般驶出偏离角度较小,并在交叉点的左侧)在干道上直接实施左转的匝道形式,如图 1.43(c)所示。

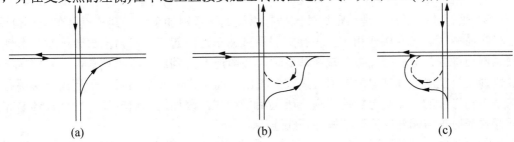

图 1.42 右转匝道

(a) 定向右转匝道;(b) 半定向右转匝道;(c) 环形右转匝道

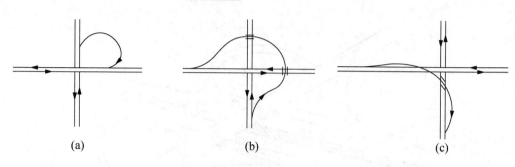

图 1.43 左转匝道

(a) 环形匝道；(b) 半定向左转匝道；(c) 定向匝道

(4) 出、入口。由正线驶出进入匝道的道口为出口，由匝道驶入正线的道口为入口。

(5) 变速车道。为适应车辆变速行驶的需要，而在正线右侧的出入口附近设置的附加车道称为变速车道。其中，出口端的为减速车道，入口端的为加速车道。其典型形式有平行式和直接式两种，如图 1.44 所示。

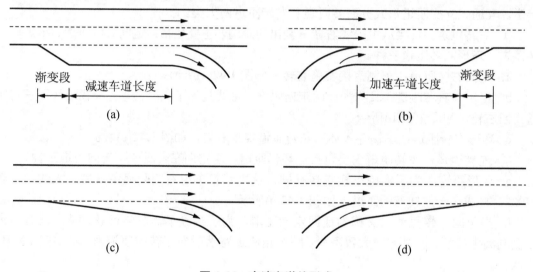

图 1.44 变速车道的形式

(a) 平行式减速车道；(b) 平行式加速车道；(c) 直接式减速车道；(d) 直接式加速车道

① 平行式。平行式是在正线外侧平行增设的一条附加车道。其特点是车道划分明确，行车容易辨认。与直接式相比，平行式强调减速车道的起点，三角段部分虽然与车辆的行驶轨迹相符合，但在通过整个减速车道时，必须走 S 形路线。根据调查，一般情况下，大多数驾驶员驶出主线时愿意采用直接式的流出，而不愿走 S 形路线。平行式与实际行驶状态是不相符合的。原则上加速车道一般采用平行式，因加速车道较长，平行式容易布置。平行式变速车道端部应设渐变段与正线连接。

② 直接式。不设平行路段，由正线斜向渐变加宽，形成一条与匝道连接的附加车道，其特点是线形平顺并与行车轨迹吻合，对行车有利，但起点不易识别。原则上减速车道一般采用直接式，另外，较短的加速车道或双车道的变速车道应采用直接式。立体交叉的范围一般是指各相交道路出入口与变速车道渐变段顶点以内包含的正线和匝道的全部区域。

2. 立体交叉的作用

无论何种形式的立体交叉，所要解决的问题就是消除或部分消除各向车流的冲突点，也就是将冲突点处的各向车流组织在空间的不同高度上，使各向车流分道行驶，从而保证各向车流在任何时间都连续行驶，提高交叉口处的通行能力和安全舒适性。

3. 立体交叉的分类

立体交叉按交通功能划分为分离式立体交叉和互通式立体交叉两类。

1) 分离式立体交叉

分离式立体交叉是指采用上跨或下穿方式相交的立体交叉如图 1.45 所示。车辆只能直行通过交叉口，不能互相转道。分离式立体交叉仅设跨线构造物一座，使相交道路空间分离，上、下道路无匝道连接。这类立体交叉结构简单、占地少、造价低，但相交道路的车辆不能转弯行驶，适用于高速道路与铁路或次要道路之间的交叉。

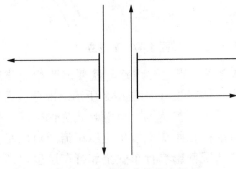

图 1.45 分离式立体交叉

2) 互通式立体交叉

互通式立体交叉不仅设跨线构造物使相交道路空间分离，而且上、下道路有匝道连接，可供转弯车辆行驶。这种立体交叉形式可使车辆转弯行驶，全部或部分消灭了冲突点，各方向行车干扰较小，但结构复杂、占地多、造价高。

互通式立体交叉的类型较多，基本类型有以下几种。

(1) 喇叭形。喇叭形立体交叉如图 1.46 所示，是三路立体交叉的代表形式，可分为 A 式和 B 式。经环圈式左转匝道驶入主线(或正线)为 A 式，驶出时为 B 式。其特点是结构简单，只需一座构造物，投资较省；所有匝道均自右侧接入干道的行车道，无冲突点和交织，通行能力大，行车安全；造型美观，行车方向容易辨别。

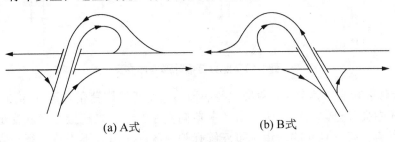

(a) A 式　　　　　　　　(b) B 式

图 1.46 喇叭形立交

(2) Y 形立交。Y 形立交如图 1.47 所示,其特点是正线与立交匝道作为一体设计,行驶方向最易识别;无交织,无冲突点,行车安全;方向明确,路径便捷,通行能力强;正线外侧占地宽度较小,但需要构造物多,造价较高。

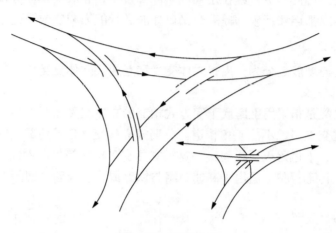

图 1.47 Y 形立交

(3) 部分苜蓿叶形立体交叉。当主要道路与次要道路相交或用地受到限制时,可减少匝道数而采用部分苜蓿叶形立体交叉,如图 1.48 所示。部分苜蓿叶形立体交叉仅需一跨线桥,用地和工程费用较少;远期可扩建为全苜蓿叶式立体交叉,但次线上存在平面交叉,有停车等待和错路运行的可能;在匝道上发生交织车流或对向车流,左转的车辆须环绕匝道从左驶入主要车流,这些情况都影响行车安全和行车速度。所以,部分苜蓿叶形立体交叉只有交通量小、可分期改建为苜蓿叶形立体交叉时才采用。但部分苜蓿叶形立体交叉可保证主要道路直行交通畅通,适用于主要道路与次要道路相交的交叉口。

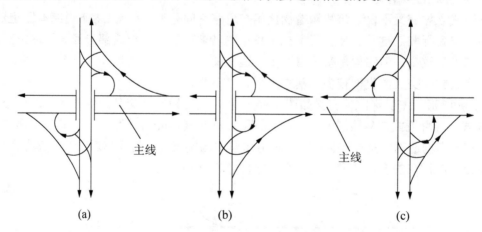

图 1.48 部分苜蓿叶形立体交叉

(4) 完全苜蓿叶形立体交叉。两条主要的道路相交可采用苜蓿叶形立体交叉,如图 1.49 所示。它是在中央部分修建跨线桥,用 8 条单向交通的匝道来连接 2 条相交道路,直行、左右转弯的车流各有其独立的车道,可连续行驶,各向车流互不干扰,行车安全;但这种立体交叉占地面积大,左转绕行距离较长,环形匝道适应车速较低,且桥上、下存在交织;多用于高速道路之间的立体交叉,而在城市内因受用地限制很难采用。因其形式美观,如果在城市外围的环路上采用,加之适当进行绿化,也是较为合适的。布设时为消除主线上的交织、避免双重出口、使标志简化以及提高立体交叉的通行能力和行车安全,可加设集散车道。

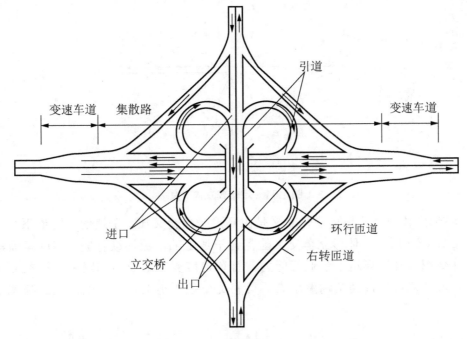

图1.49 完全苜蓿叶形立体交叉

(5) 菱形立体交叉。干线公路与次要公路相交时可采用菱形立体交叉,如图1.50所示。同其他形式相比,这种形式立体交叉能保证主线直行车辆快速通畅,转弯车辆绕行距离较短、用地少、造价低,干线公路行驶方向只有一个出口,易被驾驶员识别,匝道近似直线,平面线形好。但匝道与次要公路连接处系平面交叉,导致干扰大,限制了匝道与次要道路的通过能力,布设时应将平面交叉设在次线上。

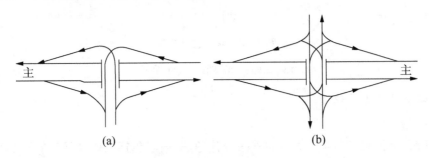

图1.50 菱形立体交叉

(6) 定向式立体交叉。定向式立体交叉是使直行、右行和左转的车辆均沿着比较顺捷方向的行车道和专用单向匝道行驶,所有相交道路均立体交叉,如图1.51所示。各方向运行都有专用匝道,自由流畅,转向明确,无冲突点,无交织,通行能力大,适应车速高。但其占地面积大、层多桥长、造价高,在城市内很难实现。定向式立交适用于高速公路与高速公路相交,且左转车流特别大的交叉口。

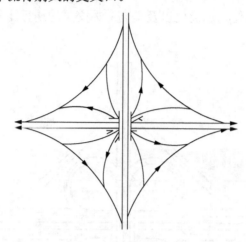

图1.51　定向式立体交叉

(7) 环形立体交叉。环形立体交叉是由环形平面交叉加主干道的上跨或下穿构造物构成,如图1.52所示。环形立体交叉能保证干道上的车流连续行驶,转向车流沿着环岛逆时针交织行驶,环道上的通行能力与行车速度受交织断面的限制。这类立交占地面积小,可分期修建,当交通量增大后可将另一条干道的直行车辆通过上跨或下穿分离出去。

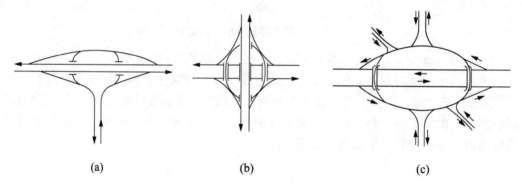

图1.52　环形立体交叉

(a) 三路;(b) 四路;(c) 多路

4. 立体交叉施工图识读

1) 平面设计图

如图1.53所示为某立体交叉口的平面设计图,其内容包括立体交叉口的平面设计形式、各组成部分的位置关系、地形地物以及建设区域内的附属构造物。从图中可以看出,本图比例为1∶4000,图中用指北针与大地坐标网表示方位,用等高线和地形测点表示地形,城镇、低压电线和临时便道等地物用相应图例表示得极为详尽。图中沿线桥梁、涵洞、通道等结构物均按类编号,以引出线标注。该立体交叉口的交叉方式为主线下穿式,平面几何图样为双喇叭形,交通组织类型为双向互通式。

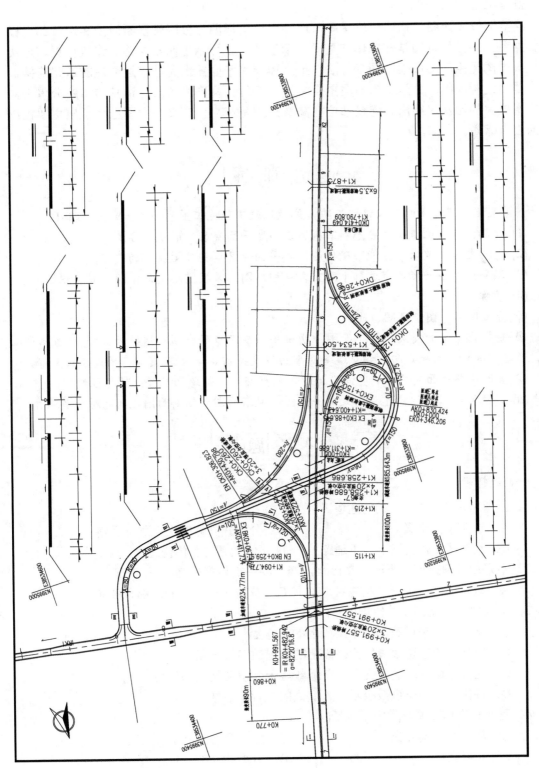

图1.53 某立体交叉的平面设计图

2) 连接部位设计图

连接部位设计图包括连接位置图、连接部位大样图、分隔带横断面图和连接部位标高数据图。连接位置图是在立体交叉平面示意图上，标示出两条道路的连接位置。连接部位大样图是用局部放大的图示方法，把立体交叉平面图上无法表达清楚的道路连接部位，单独绘制成图。分隔带横断面图是将连接部位大样图尚未表达清楚的道路分隔带的构造用更大的比例尺绘出。连接部位标高数据图是在立体交叉平面图上标示出主要控制点的设计标高。

能力训练

识读某城市道路平面交叉口施工图，见《市政工程施工图案例图集》图号路-17。
(1) 目的：使学生进一步熟悉和掌握城市道路平面交叉口的识图方法。
(2) 能力要求：要求学生能准确描述道路平面交叉口施工图反映的内容。
(3) 准备：准备一张城市道路平面交叉口施工图；掌握道路交叉口的类型与识图方法。
(4) 步骤：
① 查阅图名、图纸说明、比例。
② 查阅道路平面交叉口的平面图。明确平面交叉口的类型、道路情况(包括道路中心线、道路的地理位置和走向、相交道路的平面位置关系等)，以及交通岛的设置位置等。
③ 查阅道路平面交叉口的竖向设计图，明确交叉口处路面在竖向的高程变化。
(5) 注意事项：要注意道路交叉口平面图、纵断面图和横断面图之间的对应关系。

习 题

一、选择题
1. 匝道是用来连接( )的通道。
   A. 十字平面交叉 B. 分离式立体交叉上、下道路
   C. 互通式立体交叉上、下道路 D. 立体交叉的主体构造物
2. 不采用任何措施的平面交叉口上，产生冲突点最多的是( )车辆。
   A. 直行 B. 左转弯 C. 右转弯 D. 都有可能
3. 下列关于交叉口说法错误的是( )。
   A. 交叉口的车道数不少于路段上的车道数
   B. 交叉口的车道数最好比路段上的车道数多设一条
   C. 主要道路方向进入交叉的车道数等于驶出交叉的车道数
   D. 驶出方向的车道数少于进入交叉的直行车道数
4. 互通式立体交叉分类中不包括( )。
   A. 部分互通式立交 B. 完全互通式立交
   C. 环形立交 D. 分离式立交
5. 立体交叉是利用跨线构造物是道路与道路在不同( )相互交叉的连接方式。
   A. 高度 B. 标高 C. 空间 D. 距离

二、简答题

1．何谓环形交叉的交织与交织段长度？
2．减少或消灭交叉口冲突点的措施？
3．交叉口竖向设计图上的表示方法有哪几种？

任务 1.6　城市道路附属设施

本任务介绍道路交通标志、标线，以及缘石坡道、盲道等的相关知识，要求学会识读城市道路交通设施图和城市道路无障碍设施图。

1.6.1　交通管理设施

城市道路交通管理设施是按照交通组织设计对道路实施交通管理而设置的交通标志、交通标线、交通信号设备、交通隔离物等。

1．交通标志

道路交通标志是用图案、符号和文字传递特定信息，用以管理交通的安全设施。一般设置在路侧或道路上方。交通标志应使交通参与者在很短的时间内就能看到、认识并完全明白他的含义，而采取正确的措施。所以交通标志必须具有良好的视认性、易读性、公认性。交通标志有三要素即颜色、形状、符号。我国现代的道路交通标志分主标志和辅助标志两大类，共 100 种。主标志按其含义可分为四种：警告标志、禁令标志、指示标志和指路标志。

(1) 警告标志。警告标志共 23 种，是警告车辆、行人注意危险地点的标志，其形状为顶角朝上的等边三角形，其颜色为黄底、黑边、黑图案，如图 1.54 所示。

图 1.54　警告标志

(2) 禁令标志。禁令标志共 35 种，是禁止或限制车辆、行人交通行为的标志。其形状分为圆形和顶角向下的等边三角形，其颜色，除个别标志外，多为白底、红圈、红杠、黑图案、图案压杠，如图 1.55 所示。

(3) 指示标志。指示标志共 17 种，是指示车辆、行人行进的标志。其形状分为圆形、长方形和正方形，其颜色为蓝底、白图案，如图 1.56 所示。

图 1.55　禁令标志　　　　　　　　　　图 1.56　指示标志

(4) 指路标志。指路标志共 20 种,是传递道路方向、地点、距离信息的标志。其形状,除地点识别标志外,多为长方形和正方形;其颜色,除里程碑、百米桩和公路界碑外,一般道路为蓝底、白图案,高速公路为绿底、白图案。辅助标志共 5 种,是附设在主标志下,起辅助说明作用标志,这种标志不能单独设立和使用。辅助标志按其用途又分为表示时间、表示车辆种类、表示区域距离、表示警告和禁令理由的辅助标志以及组合辅助标志等几种。其形状为长方形,其颜色为白底、黑字、黑边框。此外,还有一种可变交通的信息标志,它根据道路检测到的情况(如占道施工、阻塞、流量、流向的变化等),把某种信息及时显示出来,传达给车辆驾驶人员和行人,如图 1.57 所示。

图 1.57 指路标志

2. 交通标线

道路交通标线是由各种路面标线、箭头、文字、立面标记、突起路标和路边线轮廓标等组成的交通安全设施。他的作用是管制和引导交通,可以和标志配合使用,也可以单独用。道路交通标线按其功能可分为纵向标线、横向标线和其他交通安全设施线,共 7 类 21 种,其中标线 17 种,其他交通安全设施如路栏和锥形交通路标、导向标、道口标注等 4 种。

路面标线应根据道路断面形式、路宽及交通管理的需要画定,路面标线形式有车行道中心线、车行道边缘线、车行道分界线、停止线、人行横道线、减速让行线、导流标线、车行道宽度渐变段标线、停车位标线、停靠站标线、出入口标线、导向箭头以及路面文字或图形标记等,如图 1.58 所示。

3. 交通信号控制

城市道路主、次干道交叉口一般都设置交通信号设备,指挥交叉口交通的通行。交叉口交通信号设备有:指挥信号灯、车道信号灯、黄色警告灯。

(1) 指挥信号灯是指挥交叉口各路口车辆通行的信号灯,常设在交叉口中央、进入交叉口的路口停止线前,或交叉口出口一侧。

(2) 人行横道信号灯主要设置在交通繁杂的交叉路口或路段,用以保证行人安全有次序的横过车行道。

(3) 夜间黄色警告灯是夜间停止使用指挥信号灯指挥交通后,提醒车辆、行人注意前方是交叉口而设的。黄色警告灯可以悬吊于交叉路口中央上空,也可以利用指挥信号灯的黄色灯来代替。

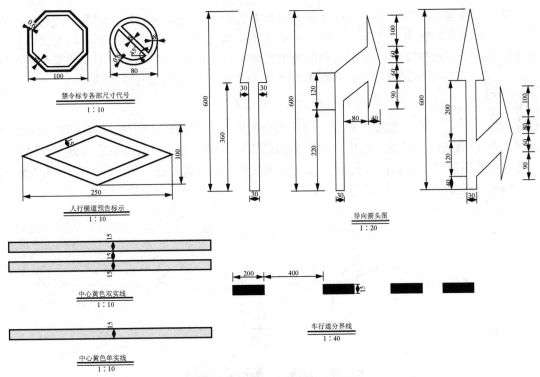

图 1.58　道路路面标线尺寸图

1.6.2　城市道路公共交通停靠站的布置

1. 公共交通停靠站的布置

公共交通站点的布置，包括首末站、中途停靠站，特别是中途停靠站的布置，直接影响居民乘车的方便，车辆运行速度和道路的通行能力。停靠站布置得合理并能相对固定，可使客运能力与客运负荷协调，保证交通安全。同时，应采取有力措施，加固停靠站的路面，以防其过早损坏。

为了减少车辆行程和工时浪费，公共交通车辆一般分别停放在交通路线的首末站，即始发站或到达站。公共交通首末站也是车辆掉头、待发的场地，应设置回车场及司售人员休息室。回车场应设在客流集散的主流方向同侧，其出入口不得直接与快速路、主干路相接。环形回车时，车行道的最小转弯半径，应不小于公共交通车辆最小转弯半径的两倍，公共汽车一般为 25～35m，无轨电车为 30～40m。

公共交通停靠站主要布置在客流集散点，如火车站、商场、干道交叉口、工矿企业等，有时还要考虑地形、特殊的治安要求等。

2. 停靠站的间距

停靠站间距过小，就要在道路上增设站点，增加乘客乘车的时间，车辆速度不高，且频繁制动、起动，轮胎与燃料消耗也大。反之，停靠站间距过大，虽然车辆运行速度提高，乘客乘车时间减少，但对于乘客乘车则不便，增加了步行时间。一般认为，市区公共交通车辆中途停靠比较合理的间距为 500m 左右，郊区一般为 1000m 左右。

3. 停靠站设点

道路交叉口附近的站位，宜安排在交叉口出口道一侧，距交叉口为 50～100m。

交叉口停靠站的布置有对称布置和非对称布置两种。在交叉口附近设置站点时，应根据直行与转弯车辆的客流量而定，同时应考虑使乘客乘车、换车方便；不妨碍交叉口的交通和安全，即不阻挡交叉口视距三角形内的车辆和行人的视线；不影响停车线前车辆的停车候驶和通行能力；不影响站点本身的行车秩序和通行能力等。

4. 停靠站在道路平面上的布置方式

【参考图文】

公交停靠站按其设置的位置分为路中式和路侧式两种；按几何形状分为港湾式和直线式。有中央分隔带的道路可采用路中式停靠站。港湾式停靠站不直接侵扰道路主线机动车辆的通行能力保证交通安全，使用较广泛，其几何构造如图1.59所示。当条件受限时可用直线式停靠站。

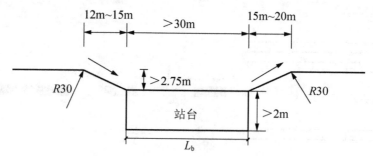

图1.59 港湾式停靠站几何构造图

注：$L_b = n(l_b + 2.5)$。公式中 L_b 为公共汽(电)车停靠站站台长度(m)；n 为同时在站台停靠的公交车辆数；l_b 为公交车辆长度，一般为15～20m。

1.6.3 城市道路停车场地的布置

1. 停车场地布置的基本要求

为使车辆有固定停放地点，避免妨碍交通和影响市容，应在城市适当地点划定面积，供车辆停放。停车场的具体地点，除设置在交通枢纽点、城市出入口、工业仓库区、商业、文化体育中心、集贸市场、公园及风景区等地外，还应结合道路系统在城市环路与放射干路交会处附近，留出合理停车场地，以避免过境车辆不必要的穿越市区，加重市区道路负担。停车场的位置不得靠近城市干路的交叉口。当不得已时，其出入口应远离交叉口，最好距停车线100m以上。值得注意的是停车场出入口不宜设在主干路上，不得设在人行横道、公共交通停靠站以及桥隧的引道上。

2. 停车场地在道路上的布置形式

【参考图文】

(1) 沿缘石线停车。沿缘石线停车场地通常设置在与主要干道相交的次要道路上。

(2) 港湾式路边停车。港湾式路边停车是指在道路一侧或两侧有足够宽度的绿化带内做成港湾式的停车道。

(3) 利用分隔带停车。当机动车道与非机动车道之间有较宽的分隔带时，可利用其地盘布置停车道。

(4) 道路外的港湾式停车场。沿缘石线停车比较普遍，但占用了车行道的面积；在绿化带中设置停车道的两种方式，用地紧凑，但出入停车场地时对交通有一定的干扰。沿道路停车是在没有停车场地情况下的一种勉强措施。这些方式中，以在路外设置港湾式的停车场最安全，停放车辆也多，适用于车型复杂，并有大量车流、人流集散的地方。选择停车场时，主要应考虑有便利的出入口，且在倒车、转向时，不妨碍主要的车流和人流。

1.6.4 城市道路无障碍设施

建设无障碍设施，是为残疾人、老年人和其他社会成员提供方便的重要措施，是现代城市建设的一项必不可少的内容，是社会进步的重要标志。城市道路无障碍设施主要是指道路、桥梁、人行道路、人行天桥、人行地道、公交站点、公共绿地等的相应设施，其主要包括以下几种。

【参考图文】

1. 缘石坡道

缘石坡道是位于人行道口或人行横道两端，使乘轮椅者避免了人行道路缘石带来的通行障碍，方便乘轮椅者进入人行道行驶的一种坡道。如图 1.60 所示为交叉口三面坡缘石坡道。

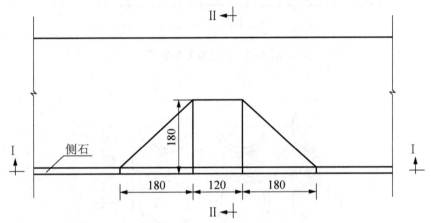

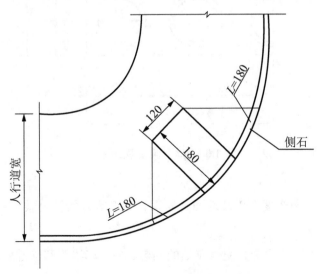

图 1.60 交叉口三面坡缘石坡道

2. 盲道

盲道是在人行道上铺设一种固定形态的地面砖，使视残者产生不同的脚感，引导视残者向前行走和辨别方向以及到达目的地的通道。盲道分为行进盲道和提示盲道两种。图1.61为行进盲道平面图，图1.62为提示盲道平面图。

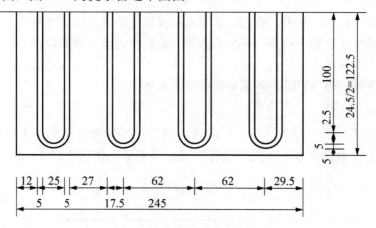

图 1.61　行进盲道平面图

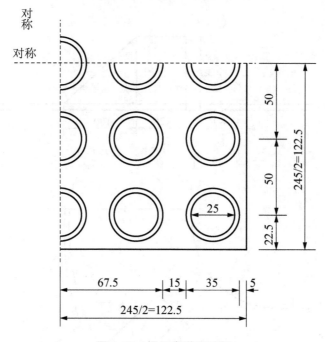

图 1.62　提示盲道平面图

3. 轮椅坡道

轮椅坡道是在坡度和宽度上以及地面、扶手、高度等方面符合乘轮椅者的坡道。

4. 盲文站牌

采用盲文标识，告知视残者公交候车站的站名、公交车线路和终点站名等的车站站牌。

能力训练

识读某城市道路附属设施图,见《市政工程施工图案例图集》图号路-11～路-16。
(1) 目的:使学生进一步熟悉掌握城市道路附属设施图的内容和识图方法。
(2) 能力要求:要求学生能准确描述道路附属设施图反映的内容。
(3) 准备:一张城市道路附属设施图,复习道路附属设施图的内容和表示方法。

习题

一、选择题

1. 以下( )不属于交通标志的主标志。
   A. 警告标志　　B. 辅助标志　　C. 禁令标志　　D. 指示标志
2. 以下( )不是交通标志的要素。
   A. 颜色　　　　B. 长度　　　　C. 形状　　　　D. 符号
3. ( )是在人行道上铺设一种固定形态的地面砖,使视残者产生不同的脚感,诱导视残者向前行走和辨别方向以及到达目的地的通道。
   A. 盲道　　　　B. 缘石坡道　　C. 轮椅坡道　　D. 盲文站牌
4. 盲道分为行进盲道和( )两种。
   A. 上下盲道　　B. 提示盲道　　C. 斜坡盲道　　D. 警告盲道
5. ( )是位于人行道口或人行横道两端,使乘轮椅者避免了人行道路缘石带来的通行障碍,方便乘轮椅者进入人行道行驶的一种坡道。
   A. 盲道　　　　B. 缘石坡道　　C. 轮椅坡道　　D. 盲文站牌

二、简答题

1. 城市道路包括哪些交通管理设施?
2. 公交港湾式停靠站优点有哪些?

任务1.7　市政道路工程施工图审核与会审

看懂施工图的目的是为了指导实际施工,有效地从事现场经营和管理。阅读施工图一般从本岗位施工生产、经营管理实际需要入手,读懂意图,监督和指导操作。对于各高级工种、技术管理人员不仅要看懂各工种的复杂施工图,还要求能审核图纸。学习施工图的关键是要领会设计者意图,从读图中审核图纸,发现问题、提出问题并向设计部门提出建议,确保按图施工的质量,降低工程造价。

本任务的重点是在学会识读市政道路施工图的基础上,提高看图水平,在理解设计者意图的同时审核图纸,并掌握图纸会审的作用、过程和内容,以及会审资料的填写。

1.7.1　施工图审核

从工程施工角度出发,阅读和校核施工图,以了解设计意图,熟悉设计图内容,提出有关设计图中的疑问和建议,对平、纵、横设计图纸可能存在不相符之处进行校核。

1. 通读工程的全套施工图

了解工程全貌、工程规模、主要工程项目和内容、主要工程数量、工程概(预)算等。

2. 中线里程的校核

由于里程桩号的连续性,若整个路线中有一处桩号有问题,则在其后的各里程桩号,必然出现断链而影响全局。因此,必须重视这项校核工作。

当各交点均有已知坐标,可用坐标反算方法,核算各交点的间距与转折角是否有误;当各交点没有坐标值,则应由路线起点起,先校核各交点处的曲线要素(L、T、R、E、A 及校正值 J)与各主点桩号均无误后,再用式(1-32)与式(1-33)校核各交点间距与路线终点桩号是否正确。

(1) 交点间距 D_{ij} 的计算与校核。

$JD_7 \sim JD_8$ 间距离

$$D_{78} = JD_8 桩号 - JD_7 桩号 + J_7 \tag{1-32}$$

计算校核:

$$D_{78} = JD_8 桩号 - YZ_7 + T_7 \tag{1-33}$$

(2) 线路总长度的计算校核。当线路起点桩号为 K0+000 时,则

线路总长度的计算校核=ΣD(各交点间距的总和)-ΣJ(各交点处校正值总和)

3. 平面图线形设计

平面图线形设计包括街道(路基)宽度,道路两侧建筑物、建筑设施的情况,路口设计、沿线桥涵和附属构筑物的设计情况,地上房屋、树木、杆线、田地等的拆迁情况,地下管缆设置和原有管缆情况等。

4. 纵断面图的纵断线形设计

纵断线形设计包括最大纵坡度及其坡长,竖曲线最小半径,最大竖曲线长度。沿线土质、水文情况,桥涵过街管缆等附属构筑物位置、高程,原有建筑、设施基底高程。在平面与纵断面图上的路口,包括广场、停车场、支线的高程衔接是否一致。

5. 横断面图的横断线形设计

横断设计包括路面结构,标准横断面、规划横断面、原路横断面相互关系等。

当路有几种不同的设计标准横断面时,可以从路线桩号的起点至终点,按顺序用相应的标准横断面对平面图进行校核。在同一种横断面布置的路段中,校核各组成部分的宽度施工中线、规划中线、原路中线、路拱横坡、路面结构、地下管线位置、高程,该标准横断面的起止桩号与平面图是否相符,同一种路面结构的使用范围与平面图中所示路段是否一致。

在横断面与平面图对照中,同时检查相应路段的纵断面图、平面曲线与纵坡段的关系,最小平曲线半径与最大纵坡度重合的对施工测量和施工的要求,坡向、坡度在平面图中出入口的处理方式。

横断面图与纵断面图对照,校核填挖方中心高度、路边建(构)筑物和设施的基底高程与横断面高程的关系。

1.7.2 施工图会审

施工图会审,又称图纸会审,是指以会议的形式集中解决施工图中存在的使用功能和技术经济等疑难问题。其目的有两方面:一是使施工单位和各参建单位熟悉设计图纸,了

解工程特点和设计意图，找出需要解决的技术难题，并制定解决方案；二是解决图纸中存在的一般性问题，如图纸设计深度能否满足施工需要，材料说明及必要的尺寸标注是否具体，构件之间尺寸或标高是否出现矛盾，构造是否合理，技术上是否可行并便于施工等，减少图纸差错，完善图纸的设计质量，提高建造速度和管理水平，达到功能实用、技术先进、经济合理。

施工图是工程施工和竣工验收的主要资料。施工图设计质量是业主或建设单位十分关心和关注的，是参与建设各方的共同责任。图纸会审通常由承担施工阶段监理的监理单位组织施工单位、建设单位及材料、设备供货等相关单位共同参与，在收到审查合格的施工图设计文件后，进行的全面细致的审查和熟悉施工图纸的活动。

施工图会审是施工准备阶段的重要内容之一，未经图纸会审的工程项目不得开工。

1. 图纸会审的内容

(1) 图纸是否无证设计或越级设计；图纸是否经设计单位正式签署。

(2) 地质勘探资料是否齐全。

(3) 设计图纸与说明是否符合当地要求。

(4) 专业图纸之间、平纵横图之间有无矛盾；尺寸标注有无遗漏。

(5) 平面图与纵断面图之间、纵断面图与横断面图之间、图与表之间的材料规格、强度等级、材质、数量、坐标、标高数据是否一致，是否有错、漏和缺。

(6) 图纸上的前后表述是否一致，如路幅划分与说明不符、结构断面厚度不一致等。

(7) 路面高程和排水管道的高程与已有道路的标高衔接处理是否合理。

(8) 设计是否造成施工困难，如新型材料的选用是否造成实施困难、管道的位置施工工序是否满足不了工期的要求、桥梁空洞中的模板是否难以拆除等。

(9) 施工图中所列各种标准图册施工单位是否具备。

(10) 材料来源有无保证，能否代换；图纸中所要求的条件能否满足；新材料、新技术的应用是否有问题。

(11) 地基处理方法是否合理，是否存在不能施工、不便于施工的核技术问题，或容易导致质量、安全、工程费用增加等方面的问题。

(12) 工艺管道、电气线路、设备装置与建筑物之间或相互间有无矛盾，布置是否合理。

2. 图纸会审的程序

图纸会审应在开工前进行。如施工图纸在开工前未全部到齐，可先进行分部工程图纸会审。

图纸会审的一般程序：业主或监理方主持人发言→设计方图纸交底→施工方、监理方代表提问题→逐条研究→形成会审记录文件→签字、盖章后生效。

图纸会审前必须组织预审。阅图中发现的问题应归纳汇总，会上派一代表为主发言，其他人可视情况适当解释、补充。

施工方及设计方应有专人对提出和解答的问题做好记录，以便查核。

整理成为图纸会审记录，由各方代表签字盖章认可。

3. 施工图会审要求

下列人员必须参加施工图会审：建设方的现场负责人及其他技术人员；设计院总工程师、项目负责人及各专业设计负责人；监理单位项目总监、副总监及各个专业监理工程师；

施工单位项目经理、项目副经理、项目总工程师及各个专业技术负责人;其他相关单位的技术负责人。

施工图会审应在单位工程开工前完成,以确保工程质量和工程进度,避免返工和浪费;当施工图由于客观原因不能满足工程进度时,可分阶段组织会审;施工图会审由主持单位做好详细记录,较重要的或有原则性的问题应经监理公司、建设单位会签后,由设计代表签署解决意见,并不再另办设计变更;委托外单位加工、订货用的图纸,应由委托单位的工程管理部门进行审核后交出;加工单位提出的设计问题由委托单位提交设计单位处理解决。

设计交底与图纸会审的通常做法是,设计文件完成后,设计单位将设计图纸移交建设单位,报经有关部门批准后,建设单位发给承担施工监理的监理单位和施工单位。由施工监理单位组织参建各方进行施工图会审,并整理成会审问题清单,在设计交底前一周交给设计单位。承担设计阶段监理的监理单位组织设计单位做交底准备,并对会审问题清单拟定解答。设计交底一般以会议形式进行,先进行设计交底,后转入图纸会审问题解答,通过设计、监理、施工三方或参建多方研究协商,确定存在的图纸问题和各种技术问题的解决方案。

设计交底应由设计单位整理会议纪要,图纸会审应由监理单位整理会议纪要,与会各方会签。设计交底与图纸会审中涉及设计变更的,尚应按监理程序办理设计变更手续。设计交底会议纪要、图纸会审会议纪要一经各方签认,即成为施工和监理的依据,作为监理文件由建设单位和监理单位长期保存。

设计交底记录(表 1-22)和图纸会审记录(表 1-23),作为施工文件由建设单位、施工单位、设计单位长期保管,监理单位短期保管,城建档案馆保存。

表 1-22 设计交底记录

工程名称		建设单位	
设计单位			
施工单位		监理单位	

交底内容:

建设单位签章 年 月 日	设计单位签章 年 月 日
施工单位签章 年 月 日	监理单位签章 年 月 日

表1-23 图纸会审记录

工程名称			
建设单位		设计单位	
施工单位		监理单位	
图纸名称及图号	主要内容		结论意见
建设单位签章		设计单位签章	
项目负责人: 年 月 日		项目负责人: 年 月 日	
施工单位签章		监理单位签章	
技术负责人: 年 月 日		总监理工程师: 年 月 日	

图纸会审记录是施工文件的重要组成部分,和施工图纸具有同等效力,所以图纸会审记录的管理办法和发放范围同施工图管理、发放,并认真实施。图纸会审记录要填写一式五份。图纸会审记录也可用于施工单位的技术负责人组织单位内部的施工技术人员对施工图设计文件进行全面学习和审核。图纸会审记录由主持单位保留并发放,施工单位保留一份各专业图纸会审记录,以备后期施工时查阅。

在施工图设计文件交予建设单位投入使用前或使用后,均会出现由于建设单位要求,或现场施工条件的变化,或国家政策法规的改变原因而引起的设计变更。设计变更必须征得建设单位同意并且办理书面变更手续,凡涉及施工图审查内容的设计变更还必须报请原审查机构审查后再批准实施。设计变更通知单,见表1-24,由建设单位永久保存,施工单位、设计单位长期保存,城建档案馆保存。

表1-24　设计变更通知单

工程名称		变更单编号	
建设单位		施工单位	
设计单位		相关图号	

变更内容及简图：

设计人：年　月　日

设计单位意见：	建设单位意签收：
签字(公章)： 年　月　日	签字(公章)： 年　月　日

施工图审核批机构意见：

签字(公章)：
年　月　日

能力训练

1. 审核某城市道路施工图

(1) 目的：使学生进一步掌握城市道路施工图的审核方法。

(2) 能力要求：要求学生能审核道路施工图。

(3) 准备：一套城市道路施工图；复习道路施工图的组成和识读方法。

(4) 审核要点：

① 审核道路图纸是否完整齐全。

② 审核道路标准是否符合城市规划和交通需求，计算行车速度是否符合规定。

③ 审核道路平面图与纵断面图之间、纵断面图与横断面图之间、图与表之间的材料规格、强度等级、材质、数量、坐标、标高数据是否一致，是否有错、漏、缺。

④ 审核图纸中的尺寸与说明是否齐全、一致。

2. 模拟城市道路施工图会审会议

(1) 目的：使学生进一步掌握城市道路施工图的会审方法。

(2) 能力要求：要求学生能进行道路施工图会审。

(3) 准备：准备一套城市道路施工图；复习道路施工图的识读和审核方法。

(4) 会审目标：

① 能编制施工图会审程序及组织施工图会审现场。

② 能做好会审现场记录。

③ 能客观提出施工图中的一般问题及施工中有待解决的问题。

④ 能编制市政道路施工图会审纪要文件。

习题

一、选择题

1. 图纸会审记录是(　　)的重要组成部分,和施工图纸具有同等效力,所以图纸会审记录的管理办法和发放范围同施工图管理、发放,并认真实施。
　　A. 施工文件　　B. 设计文件　　C. 招投标文件　　D. 监理文件
2. 设计变更必须征得(　　)同意并且办理书面变更手续。
　　A. 监理单位　　B. 施工单位　　C. 代建单位　　D. 建设单位
3. 设计变更中凡涉及施工图审查内容的设计变更还必须报请(　　)审查后再批准实施。
　　A. 原审查机构　B. 施工单位　　C. 代建单位　　D. 建设单位

二、简答题

1. 对中心大道工程的线路总长度进行计算校核。
2. 施工图会审的目的是什么?
3. 图纸会审的一般程序有哪些?
4. 哪些人员必须参加施工图会审?

项目 2

市政道路路基施工

能力目标

(1) 能读懂路基施工图。
(2) 会查阅施工技术规范,能进行道路路基施工技术方案的编制。
(3) 会查阅验收规范等资料,能对路基工程进行质量控制与验收。

项目导读

【参考视频】

本项目从路基施工准备工作开始,分别介绍路基土石方施工、防护与支挡施工、软土路基施工及路基工程的施工质量控制与验收等内容,并以实际道路工程路基施工为例,借助多媒体设备、实训设备、实训现场、实操教学,进一步强化实践性,遵循"做中学,学中做",融理、实为一体。

项目任务

(1) 根据本书配套图集《市政工程施工图案例图集》,依据图号路-8、路-9 进行道路路基施工准备工作,重点包括技术准备、现场准备、物质准备、测量放样等。

(2) 根据工程特点和工程现场实际条件,结合路基的构造特点,采用合理的施工方法、选择合适的施工机械、组织好施工工艺流程、提出保证施工质量和安全的施工技术措施以及施工注意事项。

(3) 根据规范要求提出该路基工程的施工质量控制和检查验收项目和实施。
(4) 项目成果为路基施工技术方案一份。

任务 2.1 路基施工准备

路基施工准备是路基施工的基础,路基施工前应熟悉路基施工图所包括的内容,各部分的主要尺寸及相互关系,明确施工前的准备工作与内容,掌握路基施工的测量放样工作。

2.1.1 路基结构图识读

1. 路基的断面类型

路基是路面的基础,是道路的主体工程,路基贯通道路的全线,具有路线长,工程数量大,穿越不同地貌、地质、水文及街区地段的特点,因此具有不同的断面类型。

路基典型的横断面介绍及示意图可参见本书第 1.4.4 节,在此不做重复讲解。

2. 路基的宽度、高度和边坡坡度

路基分为一般路基和特殊路基。一般路基是指在良好的地质与水文等条件下,填方高度和挖方深度不大的路基。通常一般路基可以结合当地的地形、地质情况,直接选用典型横断面作各横断面图,不必进行个别验算。对于超过规范规定的高填、深挖路基,以及地质和水文等条件不良的路基称为特殊路基。为了确保路基具有足够的强度与稳定性,特殊路基需要进行个别设计和验算。

公路横断面的组成包括行车道、中间带、路肩、边沟、边坡、截水沟、排水沟、支挡防护结构等;城市道路横断面的组成包括车行道、人行道、分隔带、路缘带和设施带等。

路基的宽度取决于道路横断面各组成部分的宽度;路基的高度(包括路中心线填挖高度、路两侧的边坡高度)取决于纵断面设计及地形;路基边坡坡度应根据工程地质、水文条件、路基土的性质、边坡稳定性、横断面经济性及其他安全、美观等因素综合考虑。

1) 路基宽度

城市道路具有不同功能的组成部分,如车行道、人行道、分隔带、路缘带和设施带等。路基宽度应结合道路横断面上的交通组织特点及其布置的路幅形式,对道路上各组成部分所占用的宽度求和,即路基宽度为道路上各组成部分所占用的宽度之和。

2) 路基高度

城市道路横断面关系到交通、环境、城市景观与市政公用设施的协调安排,不仅涉及综合经济问题,而且与环境、社会效益直接相关。因此,要综合考虑交通、环境、沿街建筑,以及路上和路下各种管线、杆柱设施的协调合理安排。

城市道路的路基高度是指路基设计高程与路中线原地面高程之差,又称为路基填挖高度或施工高度。

路基高度是影响路基稳定性的重要因素。它也直接影响到路面的强度和稳定性、路面厚度和结构及工程造价。为此,在取土困难、用地受到限制、地质或水文地质条件不良,不能满足要求时,则应采取相应的排水、防护或加固等处治措施,以确保路基的强度和稳定性。

3) 路基边坡坡度

山区城市道路,为保证路基稳定,路基两侧需做成具有一定坡度的坡面。路基边坡坡度是以边坡的高度 H 与宽度 b 之比来表示的。为方便起见,习惯写成 $1:m$,$m=b/H$,称为坡率,如 $1:0.5$、$1:1.5$,如图 2.1 所示。m 值越大,边坡越缓,稳定性越好,但工程数量

增大,且边坡过缓而暴露面积过大,易受雨、雪侵蚀,反而不利。可见,路基边坡坡度对路基稳定起着重要的作用。

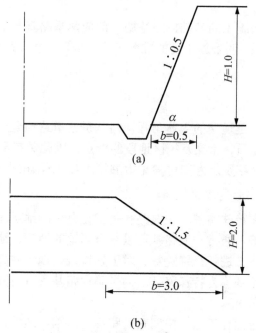

图2.1 路基边坡坡度示意图(单位：m)

(a) 路堑；(b) 路堤

路堤的边坡坡度,应根据填料的物理力学性质、气候条件、边坡高度以及基底的工程地质和水文地质条件等,依据相关规范进行合理的选定。

挖方路基边坡,主要与当地的工程地质、水文地质、地面排水条件、边坡高度及施工方法等因素有关,应综合分析论证确定。

土质路堑边坡形状可分为直线形、上陡下缓折线形、上缓下陡折线形和台阶形四种形式。确定边坡形状,应根据土的组织结构、均匀程度、密实程度、可塑状态及边坡高度,合理地选择。

3. 路基基本要求

道路的路面、路肩都靠路基支撑,有了坚实牢固的路基,才能保证路面、路肩的稳固,才不致在车辆行驶荷载作用和自然因素影响下,发生松软、变形、沉陷、坍塌,所以路基也是整个道路的基础。一条道路的使用品质,不仅与道路的线形、路面的质量有关,同时也与路基的质量有着重要的关系。

路基敷设在地面上,它的稳定受地形、地质、水文和气候及其他市政配套工程质量的影响极大,如果设计和施工不当,均会产生各种病害,导致路基路面的破坏,严重影响交通和行车安全,修复时要耗费更大的人力和物力,故路基应满足三个方面的基本要求。

1) 强度

路基强度是指在车辆荷载的反复作用下,路基对通过路面传布下来的压力的承受能力和对变形的抵抗能力,要求路基能承受这种压力而不产生超过容许限度的变形。

大量实测数据表明,路基强度与稳定性对路面设计影响极大,特别是路基顶部以下

0.8~1.5m 左右深度范围，可视为路面结构的组成部分考虑。

(1) 路基受力。

作用于路面上的车辆荷载、路基路面的自重使路基处于受力状态，图 2.2 是土质路基受力时，在不同深度 Z 范围内的应力分布图。其中，因车辆荷载所引起的应力 σ_1，随着深度 Z 增加而急剧减少，因土基自重所产生的应力 σ_2 则随深度的增长而加大。假设车轮荷载为圆形均布垂直荷载，作用在均质的各向同性的无限半空间体表面，其内部任意点所产生的竖向应力，其计算公式可表示为：

$$\sigma_1 = K \frac{P}{Z^2} \tag{2-1}$$

式中　P——车轮荷载的均布单位压力，kPa；

　　　K——系数，一般取 $K=0.5$；

　　　Z——圆形均布荷载中心下应力作用点的深度，m。

因自重所引起的土基中的应力，考虑到在一定深度以下，同路基自重相比，路面重量影响很小，所以在研究荷载作用深度时，为简化起见，将路面重量略去不计(如当路面很厚时，可考虑将路面重量换算为路基土的相当厚度而计入)，则土自重应为 σ_2 可取填料单位重 γ 与深度 Z 的乘积，表示如下：

$$\sigma_2 = \gamma Z \tag{2-2}$$

(2) 路基工作区。

路基某一深度 Z_a 处，当车轮荷载引起的垂直应力 σ_1 与路基土自重引起的垂直应力 σ_2 相比所占比例很小，仅为 1/10~1/5 时，该深度 Z_a 范围内的路基称为路基工作区。在工作区范围内的路基，对于支承路面结构和车轮荷载影响较大，在工作区范围以外的路基，影响逐渐减少。

路基工作区内，土基的强度和稳定性对保证路面结构的强度和稳定性极为重要，对工作区深度范围内的土质选择，路基的压实度应提出较高的要求。

当工作区深度大于路基填土高度时(图 2.3)，行车荷载的作用不仅施加于路堤，而且施加于天然地基的上部土层。因此，天然地基上部土层和路堤应同时满足工作区的要求，均应充分压实。

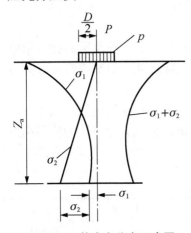

图 2.2　土基应力分布示意图

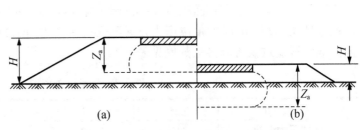

图 2.3　工作区深度与路基填土高度关系

(a) 路堤高度大于 Z_a；(b) 路堤高度小于 Z_a

(3) 路基的力学强度指标。

路基强度是指路基在外荷载及自重作用下,路基土抵抗破坏与变形的承载能力,这种能力与路基质量有很大关系。土基的力学强度指标取决于所采用的地基模型。目前在路面力学计算中采用的模型主要是弹性半空间体地基模型和文克勒地基模型两种。前者采用反映土基应力应变特征的弹性模量 E 和泊松比 μ 作为路基土的刚度指标;后者用地基反应模量 K 表征土基受力后的变形性质。此外,尚有用于表征路基土承载力的参数指标和进行路面结构设计的指标,如加州承载比(CBR)、抗剪强度等。

① 回弹模量。

以回弹模量表征路基土的荷载变形特征可以反映路基土在瞬时荷载作用下的可恢复变形性质。《城市道路工程设计规范》(CJJ 37—2012)规定沥青路面和水泥混凝土路面都以回弹模量作为路基土的强度和刚度指标。为了模拟车轮的作用,常以压入圆形承载板试验的方法测定回弹模量。

用于测定土基回弹模量的方法有柔性承载板与刚性承载板两种,常用刚性承载板法测定土基回弹模量。在土基表面,采用承载板逐级加载、卸载的方法,测出每级荷载相应的回弹变形值,通过计算可求得土基回弹模量值,现行《城市道路路基设计规范》(CJJ 194—2013)规定快速路和主干路路基顶面设计回弹模量值不应小于 30MPa;次干路和支路不应小于 20MPa。《市政工程施工图案例图集》中的道路路基工程回弹模量 E 值规定为不小于 25MPa,当现场不满足要求时,应采取措施提高回弹模量。刚性承载板法测定土基回弹模量的测试记录例表见教材配套学习任务单附录1。

回弹模量计算公式如下:

$$E_0 = \frac{\pi D}{4}(1-\mu_0^2)\frac{\sum p_i}{\sum l_i} \quad (2-3)$$

式中　E_0 ——土基回弹模量,MPa;
　　　μ_0 ——泊松比;土基取 0.35;
　　　D ——承载板直径,mm;
　　　p_i ——各级荷载的单位压力,N;
　　　l_i ——各级荷载的单位压力下对应的回弹弯沉值,mm。

② 加州承载比(CBR)。

加州承载比是早年由美国加利福尼亚(California)提出的一种评定土基及路面材料承载能力的指标。承载能力以材料抵抗局部荷载压入变形的能力表征,并采用高质量标准碎石为标准,以它们的相对比值表示 CBR 值。

试验时,用一个端部面积为 $19.35cm^2$ 的标准压头,以 0.127cm/min 的速度压入土中,记录每贯入 0.254cm 时的单位压力,直至压入深度达到 1.27cm 时为止。标准压力值用高质量标准碎石通过试验求得,其值见表 2-1。

表 2-1　标准压力值 P_s

贯入度/cm	0.254	0.508	0.762	1.016	1.270
标准压力/kPa	7030	10550	13360	16170	18230

CBR 值按式(2-4)计算：

$$\mathrm{CBR} = \frac{p}{P_s} \times 100 \qquad (2-4)$$

式中　p——对应于某一贯入度的土基单位压力，kPa；
　　　P_s——相应贯入度的标准压力，kPa。

③ 抗剪强度。

在路基边坡内，其强度不足以抵抗剪应力的作用时，则相邻两部分土体便将沿某一剪切面(滑动面)产生相对移动，于是边坡破坏、稳定性丧失，这种沿剪切面使土体破坏的现象称为剪切破坏。土体所具有的抵抗剪切破坏的能力称为抗剪强度，土的抗剪强度由如下关系表示：

$$\tau = \sigma \tan\varphi + c \qquad (2-5)$$

式中　τ——土的抗剪强度，kPa；
　　　σ——作用于剪切面上法向应力，kPa；
　　　c——土的黏聚力，kPa；
　　　φ——土的内摩擦角，(°)。

由式(2-5)可知，土体的抗剪强度是由土体的黏聚力及内摩擦角组成的。土的颗粒愈细，黏聚力愈大；砂土的黏聚力很小，基本为零。由于内摩擦力的影响大于黏聚力，因此，土的颗粒愈粗，抗剪强度也就愈高。

影响黏聚力和内摩擦力的因素主要有土颗粒大小、形状，组成土的矿物成分，土的密实度和含水量等，也就是说，土基抗剪强度取决于土的性质与状态。因此，对于土的两个抗剪强度指标，在选用时要符合工程实际，应取原状土测定，因为它们是路基稳定性验算和挡土墙设计时，必不可少的数据。

2) 整体稳定性

对于填挖不大的道路路基，一般不存在整体稳定问题，但当路基填挖较大时，因改变了原地面的天然平衡状态，在地质不良地段甚至加剧了原来的不稳定状态。如修筑在天然斜坡上的路堤，可能因自重作用下滑。又如在路堑地段，由于两侧边坡失去了原土层的支撑，可能引起塌方，类似这些情况都必须采取措施，以保证整个路基的稳定性。

3) 水温稳定性

路基在大气、地面水和地下水的侵蚀作用下，其强度会发生很大的变动。如在路基中积聚一定水分后，会使路基土质松软、密实度降低。在季节性冰冻地区，还会发生周期性冻融，造成路基填土松软和翻浆。因此，路基不仅应具有足够的强度，而且还必须保证在最不利的水和温度作用下，强度不会发生显著的下降，为此，要求路基应具有一定的水温稳定性。

(1) 路基干湿类型及湿度来源。

土质路基(包括地基)干湿类型可分为干燥、中湿、潮湿和过湿 4 种。这 4 种类型表示路基工作区内，即从路基表面向下一定范围里，路基(包括地基)土所处的含水状态。道路路基工作状态以干燥、中湿为宜。

路基的干湿类型，影响其强度与稳定性。路基土所处的状态是由土体的含水量或用稠度指标反映的。含水量取决于湿度的来源及作用的持续时间。导致路基湿度变化的水源有大气降水、地面水、地下水、凝聚水等几种。

(2) 路基干湿类型判定方法。

① 根据分界稠度判定法。

对于原有道路的拓宽和改建，路面设计时应根据路基土的分界稠度确定路基干湿类型。路基的干湿类型应实测不利季节路床顶面以下 800mm 深度内土的平均稠度 w_c，再按表 2-2 路基干湿状态和稠度建议值比较确定。

表 2-2　路基干湿状态的分界稠度建议值

干湿状态 土质类别	干燥状态 $w_c \geq w_{c1}$	中湿状态 $w_{c1} > w_c \geq w_{c2}$	潮湿状态 $w_{c2} > w_c \geq w_{c3}$	过湿状态 $w_c < w_{c3}$
土质砂	$w_c \geq 1.20$	$1.20 > w_c \geq 1.00$	$1.00 > w_c \geq 0.85$	$w_c < 0.85$
黏质土	$w_c \geq 1.10$	$1.10 > w_c \geq 0.95$	$0.95 > w_c \geq 0.80$	$w_c < 0.80$
粉质土	$w_c \geq 1.05$	$1.05 > w_c \geq 0.90$	$0.80 > w_c \geq 0.75$	$w_c < 0.75$

注：w_{c1}、w_{c2}、w_{c3} 分别为干燥和中湿、中湿和潮湿、潮湿和过湿状态路基的分界稠度，w_c 为路床顶面以下 800mm 深度内的平均稠度。

路基的平均稠度 w_c 按下式计算：

$$w_c = \frac{w_L - \overline{w}}{w_L - w_p} \tag{2-6}$$

式中　w_c　——土的平均稠度；

　　　$\overline{w}$　——土的平均含水量；

　　　w_L、w_p ——分别为土的液限、塑限，按现行的《公路土工试验规程》(JTG E40—2007) 中液限塑限联合测定法或搓条法测定。

② 根据临界高度判定法。

对于新建道路，路基尚未建成，无法按上述方法现场勘查路基的湿度状况时，可根据道路自然区划、土质类型、排水条件以及路床表面距地下水位或地表积水水位的高度，按表 2-3 的一般特征确定。当路基的地下水位或地表长期积水位一定的情况下，路基的湿度由下而上逐渐减小，如图 2.4 所示。

表 2-3　路基干湿类型

路基干湿类型	路床顶面以下 800mm 深度内平均稠度 w_c 与分界稠度 w_{ci} 的关系	一般特征
干燥	$w_c \geq w_{c1}$	土基干燥稳定，路面强度和稳定性不受地下水和地表积水影响。路基高度 $H \geq H_1$
中湿	$w_{c1} > w_c \geq w_{c2}$	土基上部土层处于地下水或地表积水影响的过渡带区内。路基高度 $H_2 \leq H < H_1$

续表

路基干湿类型	路床顶面以下800mm深度内平均稠度 w_c 与分界稠度 w_{ci} 的关系	一般特征
潮湿	$w_{c2} > w_c \geqslant w_{c3}$	土基上部土层处于地下水或地表积水毛细影响区内。路基高度 $H_3 \leqslant H < H_2$
过湿	$w_c < w_{c3}$	路基极不稳定,冰冻区春融翻浆,非冰冻区软弹土基经处理后方可铺筑路面。路基高度 $H_0 < H_3$

注：H 为路基相对高度,指不利季节路床顶面距地下水或地表积水水位的高度；地面积水指不利季节积水 20d 以下。

H_1、H_2、H_3 分别为干燥、中湿和潮湿状态的路基临界高度,见《公路沥青路面设计规范》(JTG D50—2006)附录F；划分土基干湿类型以平均稠度 w_c 为主,缺少资料时可参照表中一般特征确定。

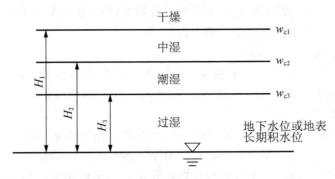

图 2.4 路基分界稠度与临界高度

图 2.4 中：H_1 对应于 w_{c1} 为干燥和中湿状态的临界高度；H_2 对应于 w_{c2} 为中湿和潮湿状态的临界高度；H_3 对应于 w_{c3} 为潮湿和过湿状态的临界高度。

路床表面距地下水位或地表长期积水水位的最小高度称为路基临界高度。

地下水位或地表长期积水水位,可通过道路工程勘察设计野外调查获得。路基高度可从路线纵断面图或路基设计表中查得,扣除预估的路面厚度,可得路床表面距地下水位或地表长期积水水位的高度即为路基相对高度 H。以此时的 H 与区别各种状态的临界高度 H_1、H_2、H_3 比较,便可得该横断面路基干湿类型的判定。

路基临界高度可根据土质、气候因素按当地经验确定(可参照《公路沥青路面设计规范》(JTG D50—2006)附录F)。

(3) 路基最小填土高度。

路基的最小填土高度是指保证路基稳定,根据土质、气候和水文地质条件,所规定的路肩边缘距原地面的最小高度。路基处于中湿状态时的填土高度为路基最小填土高度。路基的最小填土高度计算：

a. 当考虑地下水时：$H_{填} \geqslant H_2 -$ 地下水位标高(地下水埋深)　　　　(2-7)

b. 当考虑地表积水时：$H_{填} \geqslant H_2 +$ 地表水位标高(地表水深)　　　　(2-8)

按路基所处自然区划、土质、地下水位(或地表积水位),一般查相应规范表格确定路基临界高度。当路基不受各种水源影响时,考虑填料性质,一般最小填土高度不小于 0.5m。

4. 路基排水

1) 排水的目的与要求

【参考图文】

水是危害道路的主要自然因素，路基沉陷、冲刷、坍塌等都不同程度地与地表水和地下水的侵蚀有关。道路排水的目的，就是将路基范围内的土基湿度降低到一定的限度以内，保持路基路面常年处于干燥状态，确保路基路面具有足够的强度和稳定性。

道路路基排水包括地表排水和地下排水两大部分。地表排水主要是排出路基范围内的地表径流、地表积水、边坡雨水及道路邻近地带影响路基稳定的地表水。地下排水主要是排出流向路基的地下水或降低地下水位。

路基施工中，必须考虑将影响路基稳定性的地面水，排除和拦截于路基用地范围以外，并防止地面水漫流、滞积或下渗。对于影响路基稳定性的地下水，则应予以隔断、疏干或降低，并引导至路基范围以外的适当地点去。

2) 路基常用的地面排水设施

路基地面排水设施有边沟、截水沟、排水沟、跌水和急流槽、蒸发池、油水分离池和排水泵站等。常用的有边沟、截水沟、排水沟、跌水与急流槽。这些地面排水设施的作用和要求均有所不同。

(1) 边沟。边沟分为路堑边沟和路堤边沟，设置在挖方路基的路肩外侧或低路堤的坡角外侧，多与路中线平行，用以汇集和排除路面、路肩及边坡的水。

边沟应具有合适的纵坡，不宜过陡，以免水流冲刷造成损害；也不宜过缓，造成水流不畅，形成阻滞和淤积。一般情况下，边沟纵坡坡度应与道路路线纵坡一致，不宜小于0.3%。边沟有可能产生冲刷时应进行防护。边沟的横断面形式有梯形、矩形、U形、三角形、碟形等。

(2) 截水沟。截水沟设置在距路堑坡顶外缘或路堤坡脚外缘的一定距离(《公路路基设计规范》(JTG D30—2015)规定距路堑坡顶外缘不小于5m，距路堤坡脚外缘不小于2m)。其作用是：当路基一侧或两侧受较大坡面面积汇水影响时，单边拦截汇集水流并予以排除。

(3) 排水沟。排水沟主要用于把来自边沟、截水沟或其他水源的水流引至桥涵或路基范围以外的指定地点。排水沟一般采用梯形断面，其断面尺寸通常需经过水力水文计算确定。

排水沟的布置离路基应尽可能远些，距路基坡脚不宜小于3~4m，并且结合地形因势利导，平面上力求短捷平顺，以直线为宜；必须转弯时，尽量采用较大半径(10~20m以上)，圆缓顺畅。

(4) 跌水与急流槽。跌水与急流槽是路基地面排水沟渠的特殊形式，用于陡坡地段，沟槽的纵坡可达7%以上(跌水)或更陡(急流槽)，是山区道路路基排水常见的结构物。

跌水是一种将沟底做成台阶状的人工沟渠。当高边坡水位落差较大时，为了消能减速，便于水流安全进入涵洞而不至于冲刷，可设置跌水。如在陡坡路段涵洞的进出口附近连接处，可设置急流槽。

3) 路基常用的地下排水设施

路基地下排水设施有：暗沟、渗沟、渗井、渗水隧道等。常用的有暗沟、渗沟、渗井，特点是排水量不大，主要是以渗流的方式汇集水流，并就近排出路基范围以外。

(1) 暗沟。暗沟的主要作用是把路基工作区范围内和以下较浅的集中泉眼或渗沟所拦截、汇集的水流,排到路基范围之外去。另外暗沟还可用于城市道路路面或分隔带中雨中的排除。

(2) 渗沟。采用渗透方式将路基工作区或以下较浅的大面积地下水汇集于沟内,并沿沟把水排到指定地点,此种地下排水设施统称为渗沟。按照需要排水流量的不同,渗沟大致有 3 种形式:填石渗沟(也称盲沟)、管式渗沟和洞式渗沟。3 种形式均由排水层(碎砾石缝或管、洞)和反滤层所组成。如图 2.5 所示为渗沟构造图。

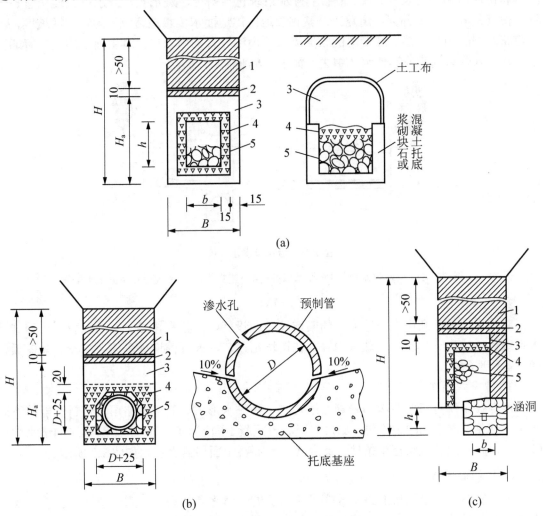

图 2.5 渗沟构造图(单位:cm)

1—夯实黏土;2—双层铺草皮;3—粗砂;4—细砾石;5—碎石(砾石)

(3) 渗井。在平原地区,当路基设计标高不高,但是地下水位较高而影响路基工作区时,可设置竖直方向的排水设施,把附近周围上部的地下水,渗流引排到深部的潜水层或透水层中去。这种起到局部降低路基范围内地下水位的竖向排水设施称为渗井,渗井的下部必须穿过不透水层而深达透水层。

5. 城市道路路面排水

城市道路路面排水的主要任务是迅速将路面和路肩表面的降水排走,以免造成路面积水而影响行车安全。城市道路路面排水系统一般采用管渠形式。根据道路所处地区和构造特点,可分为暗式、明式和混合式3种。

1) 暗式系统

城区道路一般采用暗式(管道)排水,即利用设在地下的相互连通的管道及相应设施,汇集和排除道路的地表水。暗式(管道)排水系统包括街沟、进水孔、雨水口、连接管、干管、检查井6个主要部分,道路上及其相邻地区的地面水依靠道路设计的纵、横坡度,流向道路两侧的街沟,然后顺街沟的纵坡流入沿街沟设置的雨水口,再由地下的连接管通到干管,排入附近河流或其他水体中去,如图2.6所示。

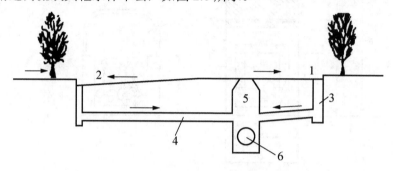

图2.6 暗式排水示意图

1—街沟;2—雨水收水口;3—收水口井;4—连接管;5—检查井;6—雨水干管

2) 明式系统

明式系统是指利用设在地面上的渠道及相应设施,汇集和排除道路的地表水。明式排水系统包括边沟、排水沟、截水沟等,在街坊出入口、人行横道处等还会增设一些盖板、涵洞等构造物。

3) 混合式系统

混合式系统是指即明沟和暗管相结合的一种排水形式。随着道路用混合料性能的不断优化,出现了透水式的结构层,如排水式沥青混凝土面层(OGFC),利用结构层的透水性排除雨水,同时改善道路行车条件。透水式沥青混凝土面层排水示意如图2.7所示。

6. 路基边坡防护

由于岩、土填挖而成的路基改变了原地层的天然平衡状态,裸露于空间并直接承受填土及行车荷载的作用。在各种错综复杂的自然因素及行车的长期作用下,路基可能产生各种变形和破坏。为保证路基的稳定和防治路基病害,除做好路基排水外,还必须根据道路等级、当地条件等因地制宜地采取有效的措施,对各类土、石边坡及软弱地基予以必要的防护与加固。路基防护的重点为边坡防护,特别是沿河路堤、不良水文地质地段的路基和容易受水冲刷的路基边坡。

1) 坡面防护

坡面防护主要用以防护易受自然因素影响而破坏的土质和岩石边坡。常用类型有植物防护、砌石防护和坡面处治。植物防护又称为"生命"防护,以土质边坡为主。砌石防护、坡面处治又称为"无机"防护，以石质路堑边坡为主。坡面防护的常用措施如下。

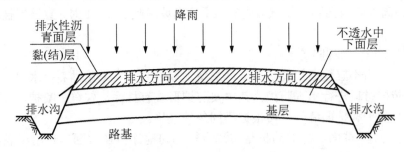

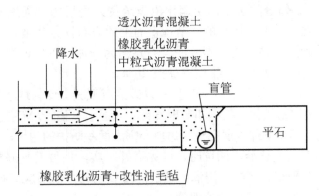

图 2.7 透水式路面排水示意图

(1) 植物防护。植物防护适用于适宜植物生长的土质边坡。其方法主要有种草、铺草皮和植树。植物防护可以减缓地面水流速度，调节边坡的温、湿度，植物根系深入土层，在一定程度上起到了固结和稳定边坡的作用。它具有美化道路环境、工序简单、比较经济等特点。因此，防护工程应优先考虑植物防护。【参考图文】

① 种草。适用边坡坡度不陡于 1∶1，土质适宜种草，不浸水或短期浸水但地面径流速度不超过 0.6m/s 的边坡。

② 铺草皮。适用于坡度不陡于 1∶1 的土质和强风化的岩石边坡。根据具体条件(坡度与流速等)，分别采用平铺(平行于坡面)、水平叠置、垂直坡面或与坡面成一半坡角的倾斜叠植草皮，还可采用片石铺砌成方格或拱式边框，在方格或框内再铺草皮。

铺草皮需预先备料，草皮可就近培育，切成整齐块状，每块草皮的尺寸以 20cm×40cm 为宜，然后移铺在坡面上。铺时应正面向上，并用竹木小桩将草皮钉在坡面上，使之稳固。草皮应随挖随铺，注意相互贴紧。

③ 植树。适用于坡度不陡于 1∶1.5 的土质和全风化的岩石边坡。植树可以降低水流速度，促进泥沙淤积，防止或减轻水流对路基或河岸的冲刷。

④ 其他方法。《公路路基设计规范》(JTG D30—2015)规定植物防护除植草、植草皮、植树方法外，还有三维植被网防护、湿法喷播和客土喷播。三维植被网防护适用于砂性土、土夹石及风化岩石，且坡率缓于 1∶0.75 的边坡防护，三维植被网中的回填土采用客土或土、肥料及含腐殖质土的混合物；湿法喷播适用于土质边坡、土夹石边坡、严重风化岩石坡率缓于 1∶0.5 的路堑和路堤边坡及中央分隔带、立交区、服务区及弃土堆的绿化防护；

客土喷播适用于风化岩石、土壤较少的软质岩石、养分较少的土壤、硬质土壤、植物立地条件较差的高大陡坡面和受侵蚀显著的坡面，当坡率陡于1∶1时，宜设置挂网或混凝土框架。

【参考图文】

(2) 工程防护。

当不宜使用植物防护或考虑就地取材时，常采用砂石、水泥、石灰等矿质防护材料进行工程防护，其主要防护形式有抹面、勾缝、喷护、挂网喷护、砌石防护和护面墙等，可根据不同条件选用。

① 抹面。抹面防护是将混合料均匀地涂抹在坡面，适用于表面易风化，但比较完整，尚未剥落的软质岩石挖方边坡。

② 勾缝和灌浆。勾缝防护是防止雨水沿裂缝侵入岩层内部而造成病害的一种有效方法。它适用于较坚硬的、不易风化的、节理多而细的岩石挖方边坡。

灌浆防护是借砂浆的黏结力把裂开的岩石黏结为一体，以保证岩石边坡稳定的方法。它适用于较坚硬、裂缝较大且较深的岩石挖方边坡。

③ 喷护和挂网喷护。喷护和挂网喷护是以砂浆或混凝土均匀地喷射在坡面上来保护坡面的方法，适用于边坡易风化、裂缝和节理发育、坡面不平整的岩石挖方边坡。对高而陡的边坡，上部岩层较破碎而下部岩层完整的边坡和需大面积防护的边坡，采用此法更为经济。

施工前坡面如有较大裂缝、凹坑时，应先嵌补牢实，使坡面平顺整齐；岩体表面要冲洗干净，土体表面要平整、密实、湿润；喷层厚度要均匀，喷后应养护7～10d，喷层周边与未防护坡面的衔接处应做好封闭处理。

④ 砌石护坡。砌石护坡分为两种：干砌片石护坡、浆砌片石护坡。干砌片石护坡适用于土质路堤边坡或有少量地下水渗出的局部土质堑坡嵌补，边坡坡度不陡于1∶1.25。浆砌片石护坡适用于坡度缓于1∶1的易风化岩石和土质路堑边坡。

⑤ 护面墙。护面墙是浆砌片石的坡面覆盖层，用于封闭各种软质岩层和较破碎的挖方边坡。要求墙面紧贴坡面，表面砌平，厚度可不一。护面墙石料应符合规格。护面墙除自重外，不承受墙背的土压力，故被防护的挖方边坡不宜陡于1∶0.5。分等截面和变截面两种形式。护面墙的高度厚度与路堑边坡的坡度有关。

2) 冲刷防护

沿河路基地段，应采用冲刷防护措施，常用的防护方式分为直接防护和间接防护。

(1) 直接防护。

① 抛石防护。抛石防护常用于浸水且水较深地段的路基边坡防护，为了减小坡脚处的局部冲刷及增加抛石的稳定性，抛石堆的水下边坡不宜陡于1∶1.5，当水较深且流速较快时，不宜陡于1∶3～1∶2。

② 干砌片石护坡。此种护坡用于周期性浸水的河岸或路基边坡防护，一般适用于洪水时水流较平顺，不受主流冲刷且流速小于3m/s的地段。

③ 石笼护坡。如果石笼用于防止岸坡被冲刷时，则可用垒码或平铺于坡面的形式。

(2) 间接防护。采用导流或阻流的方法，改变水流性质，或者迫使主流流向偏离被防护的路段，也可减小流速，缓和水流对被防护路段的作用，改变河槽中冲刷和淤积的部位，以及必要时改变河道等，均属于间接防护。

7. 挡土墙

挡土墙是一种能够抵抗侧向土压力，防止墙后土体坍塌和增加其稳定性的建筑物。

1) 挡土墙的分类

(1) 根据挡土墙在路基横断面上位置的不同分类。

① 路肩挡土墙[图 2.8(a)]。路肩挡土墙，墙顶置于路肩，用以支挡陡坡路堤下滑，抬高道路，收缩坡脚，减少占地，减少填方量。

【参考视频】

② 路堤挡土墙[图 2.8(b)]。路堤挡土墙，挡土墙支撑路堤边坡，墙顶以上还有一定的填土高度，在陡山坡上填筑路堤时，用以支挡路堤下滑；收缩坡脚，避免与其他建筑物相互干扰，减少填方量；沿河路堤不受水流冲刷。

③ 路堑挡土墙[图 2.8(c)]。路堑挡土墙设置在路堑坡底，用以降低边坡高度，减少挖方数量，防止可能坍滑的山坡土体。

(2) 根据挡土墙所采用材料的不同分类。

挡土墙可分为石砌挡土墙、混凝土挡土墙、钢筋混凝土挡土墙、砖砌挡土墙和钢板挡土墙等。

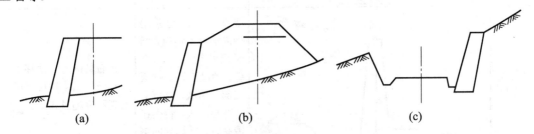

图 2.8 挡土墙的分类

(a) 路肩挡土墙；(b) 路堤挡土墙；(c) 路堑挡土墙

(3) 根据挡土墙结构形式的不同分类。

挡土墙可分为重力式挡土墙、衡重式挡土墙、混凝土半重力式挡土墙、悬臂式挡土墙、扶壁式挡土墙、锚杆式挡土墙、锚定板式挡土墙、加筋土式挡土墙、桩板式挡土墙等。不同类型的挡土墙的特点和适用范围见表 2-4。

表 2-4 挡土墙的特点和适用范围

类 型	结构示意图	特 点	适用条件
重力式挡土墙		依靠墙自重承受土压力，结构简单、施工简便，由于墙身重，对地基承载力的要求高	适用于一般地区、浸水地区和地震地区的路肩、路堤和路堑等支挡工程。墙高不宜超过 12m，干砌挡土墙的高度不宜超过 6m。高速公路、一级公路不应采用干砌挡土墙

续表

类 型	结构示意图	特 点	适用条件
衡重式挡土墙		设置衡重台使墙身重心后移,并利用衡重台上的填土,增加墙身稳定。上墙背俯斜而下墙背仰斜,可降低墙身及减少基础开挖,以及节约墙身断面尺寸	适用于陡山坡的路肩墙、路堤墙和路堑墙(兼有挡落石作用)
混凝土半重力式挡土墙		在墙背设少量钢筋,并将墙趾展宽(保证基底必要的宽度),以减薄墙身,节省圬工	适用于不宜采用重力式挡土墙的地下水位较高或较软弱的地基上。墙高不宜超过8m
悬臂式挡土墙		墙身及基础均采用钢筋混凝土浇筑,断面尺寸较小,由立壁、墙趾板及墙踵板三部分组成。立壁下部弯矩较大,特别在墙高时,需设置的钢筋较多	宜在石料缺乏、地基承载力较低的填方路段采用。墙高不宜超过5m
扶壁式挡土墙		相当于沿悬臂式墙的墙长,每隔一定距离设置一道扶壁,增强墙面板(立壁)与墙踵板的连接,以承受较大的弯矩作用	宜在石料缺乏、地基承载力较低的填方路段采用。墙高不宜超过15m
锚杆挡土墙		由肋柱、挡板和锚杆组成,靠锚杆锚固在山体内拉住肋柱。肋柱、挡板可预制	宜用于墙高较大的岩质路堑地段。可用作抗滑挡土墙。可采用肋柱式或板壁式单级墙或多级墙。每级墙高不宜大于8m,多级墙的上、下级墙体之间应设置宽度不小于2m的平台

续表

类 型	结构示意图	特 点	适用条件
锚定板挡土墙		类似于锚杆式，仅锚杆的固定端用锚定板固定在山体内	宜使用在缺少石料地区的路肩墙或路堤式挡土墙，但不应建筑于滑坡、坍塌、软土及膨胀土地区。可采用肋柱式或板壁式，墙高不宜超过 10m
加筋土挡土墙		由面板、拉筋和填料三部分组成，依靠拉筋填料之间的摩擦力来抵抗侧向土压力，面板可预制	用于一般地区的路肩式挡土墙、路堤式挡土墙。但不应修建在滑坡、水流冲刷、崩塌等不良地质地段。高速公路、一级公路墙高不宜大于 12m，二级及二级以下公路不宜大于 20m
桩板式挡土墙		由柱板的挡板组成，利用深埋的桩柱前土层的被动土压力来平衡墙后主动土压力	用于表土及强风化层较薄的均质岩石地基、挡土墙高度可较大，也可用于地震区的路堑或路堤支挡或滑坡等特殊地段的治理

2) 重力式挡土墙的构造

重力式挡土墙依靠墙的自重支撑土压力，一般多用片(块)石砌筑，其施工数量较大，但其断面形式(图 2.9)简单，施工方便，可以就地取材，适应性较强，因此在我国道路上使用最为广泛，如图 2.10 所示。常用的重力式挡土墙，一般由墙身、基础、排水设施、沉降缝与伸缩缝等部分组成。

【参考视频】

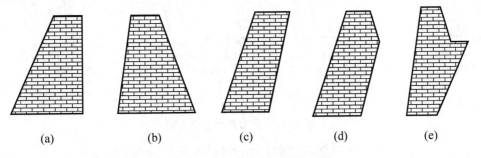

图 2.9 重力式挡土墙的断面形式

(a) 竖直式；(b) 俯斜式；(c) 仰斜式；(d) 折线式；(e) 凸形折线式

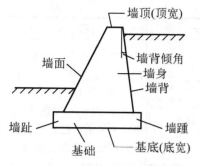

图 2.10 重力式挡土墙构造

(1) 墙身。

① 墙背。

仰斜墙背适用于路堑墙及墙趾处地面平坦的路肩墙或路堤墙。仰斜墙背的坡度不宜缓于 1∶0.3，通常在 1∶0.15～1∶0.25。

俯斜墙背适用于路堤墙、路肩墙。常用 1∶0.15～1∶0.25，不超过 4m 的低墙可用垂直墙背。

凸形折线墙背多用于路堑墙，也可用于路肩墙。上下墙的墙高比一般采用 2∶3。

衡重式墙适用于山区地形陡峻处的路肩墙和路堤墙，也可用于路堑墙。上墙俯斜墙背的坡度 1∶0.25～1∶0.45，下墙仰斜墙背在 1∶0.25 左右，上下墙的墙高比一般采用 2∶3。

② 墙面。

墙面一般均为平面，其坡度应与墙背坡度相协调。墙面坡度直接影响挡土墙的高度。因此，在地面横坡较陡时，墙面坡度一般为 1∶0.05～1∶0.20，矮墙可采用陡直墙面；地面平缓时，一般采用 1∶0.20～1∶0.35 较为经济。

③ 墙顶。

墙顶最小宽度，浆砌挡土墙不小于 50cm，干砌不小于 60cm。浆砌路肩墙墙顶一般宜采用粗石料或混凝土做成顶帽，厚 40mm。如不做顶帽，对路堤墙和路堑墙，墙顶应以大块石砌筑，并用砂浆勾缝，或用 M5 砂浆抹平顶面，砂浆厚 2cm。干砌挡土墙墙顶在 50cm 高度内，应用 M5 砂浆砌筑，以增加墙身稳定。

④ 护栏。

为保证交通安全，在地形险峻地段，或过高过长的路肩墙的墙顶应设置护栏。

(2) 基础。

大部分挡土墙的基础直接修筑在天然地基上。当地基承载力不足，地形平坦而墙身较高时，为了减小基底压应力和增强挡土墙抗倾覆稳定性，常采用扩大基础，将墙趾和墙踵部分加宽成台阶或同时加宽以加大承压面积。如图 2.11 所示。

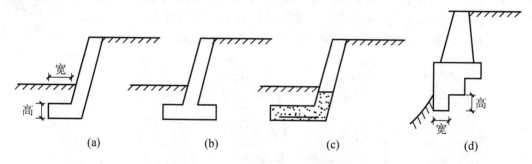

图 2.11 重力式挡土墙基础

(a) 墙趾部分加宽基础；(b) 墙趾和墙踵同时加宽基础；
(c) 钢筋混凝土底板基础；(d) 台阶基础

为了保证挡土墙和稳定性，还必须按要求将基础埋入地面以下适当深度。

(3) 排水设施。

浆砌块(片)石墙身应在墙前地面以上设一排泄水孔[图 2.12(a)]。墙高时，可在墙上部加设一排泄水孔[图 2.12(b)]。孔眼间距一般为 2～3m，对于浸水挡土墙孔眼间距一般 1.0～1.5m，干旱地区可适当加大，孔眼上下错开布置。下排排水孔的出口应高出墙前地面或墙前水位 0.3m。

为防止水分渗入地基，下排泄水孔进水口的底部应铺设 30cm 厚的黏土隔水层。泄水孔的进水口部分应设置粗粒料反滤层，以免孔道阻塞。当墙背填土透水性不良或可能发生冻胀时，应在最低一排泄水孔至墙顶以下 0.5m 的范围内铺设厚度不小于 0.3m 的砂卵石排水层[图 2.12(c)]。

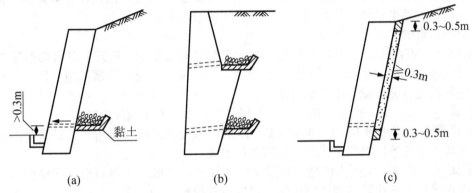

图 2.12 泄水孔及排水层

(a) 仰式；(b) 衡重式；(c) 仰式后设透水层

(4) 沉降缝与伸缩缝。

一般沉降缝与伸缩缝合并设置，沿路线方向每隔 10～15m 设置一道，兼起两者的作用，缝宽 2～3cm，缝内一般可用胶泥填塞，但在渗水量大，填料容易流失或冻害严重地区，则宜用沥青麻筋或涂以沥青的木板等具有弹性的材料，沿内、外、顶三方填塞，填深不宜小于 0.15m，当墙后为岩石路堑或填石路堤时，可设置空缝。

干砌挡土墙，缝的两侧应选用平整石料砌筑，使之形成垂直通缝。

2.1.2 路基施工前准备

施工单位接受施工任务后，即可着手进行施工准备工作。施工单位的施工准备工作千头万绪，涉及面广，必须有计划、按步骤、分阶段进行，才能在较短的时间内为工程的开工创造必要的条件。准备工作的基本任务是了解施工的客观条件，根据工程的特点、进度要求，合理安排施工力量，从人力、物资、技术和施工组织等方面为工程施工创造一切必要条件。

1. 组织准备

组织准备包括建立健全施工组织机构和组建施工队伍。

1) 建立施工组织机构

我国与国际施工惯例接轨，工程建设已全部按照 FIDIC 合同条件进行施工与监理，因此，对一个施工单位来讲，主要是实行项目经理负责制，即项目经理全面负责的目标责任制。

2) 组建施工队伍

根据所承担的工程量的大小和工期要求，安排出总进度计划网络图，并进一步估算出全部工程用工工日数，平均日出工人数，施工高峰期日出工人数，以及技术工种、机械操作工种、普通工种等用工比例，选择能够适应其工程质量、工期进度要求的作业队伍，并与施工劳动作业单位签订劳务合同，实行合同管理。

考虑到所担负工程的具体情况，结合施工队伍施工特点、技术装备情况、技术熟练度和施工能力，施工队伍应进行适当的培训，以满足工程施工的要求。

2. 技术准备

技术准备工作包括施工前的踏勘和调查，全面熟悉设计文件，根据核实的工程数量、工地特点、工期要求及设备准备情况等编制实施性施工组织设计文件等。

1) 踏勘和调查

开工前应根据设计图样和资料进行沿线踏勘和调查，将发现的问题和意见逐一标明，会同设计单位和建设单位进行协调解决，并做出会议纪要。

踏勘和调查的主要内容如下。

(1) 核实工程范围。明确对工程有影响和需要征购的土地、拆迁的各种建筑物或构筑物的确切位置、结构和数量，以及相关公用设施的杆线、管道和附属设施的情况，并了解上述设施与场地有无可能供施工临时使用。

(2) 确定沿线填土、挖土、借土的地价和数量，以及平衡调度土方。

(3) 摸清沿线附近可利用的排水沟渠、河道，以及该地区下水道的管径、流向和以往暴雨后的集水情况等，以便考虑施工期间的排水设施。

(4) 认真核实施工范围内的地下管线及地面设施，并取得可靠资料，在地面标出明显标志，以正确估计在路基的施工碾压时，对地下管线影响的程度。

(5) 改建工程必须核实两侧原有建筑物进出口的标高及原有道路和人行道的结构类型。

(6) 需开挖的部分，应开挖样洞，并核实原工程结构。

2) 全面熟悉设计文件

熟悉、审核施工图样是领会设计意图，明确工程内容，掌握工程特点的重要环节，其主要内容如下。

(1) 进行施工前的现场调查，核对设计计算是否符合实际情况，工程质量能否保证，施工是否有足够的可靠性，对保证安全施工有无影响。

(2) 核对设计是否符合施工条件，有无特殊的材料要求，图纸说明与土建工程设备安装有无矛盾，规定是否明确、齐全，施工中如何交叉衔接，构造物的主要尺寸、位置、标高有无错误。

(3) 通过熟悉设计图样和文件，确定与施工有关的各方面的准备工作，明确在施工中场外所需材料和构件等制备工程项目的安排。

3) 编制实施性施工组织设计文件

实施性施工组织设计，必须具体、详细，以达到直接指导施工的目的，但应避免过于复杂、烦琐。

3. 物质准备

1) 物质准备的主要内容

【参考视频】

物质准备工作可保证施工组织计划的顺利实施。物资准备工作的内容包括材料的准备、配件和制品的加工准备、安装机具的准备、生产工艺设备的准备等。以土方挖掘和运输中的机械准备为例，应合理选用，最大限度地发挥机械施工的功率和功能。常用的土方机械有：推土机、铲运机、平地机、松土机、挖土机等。这些机械常用的作业方式和适用范围见表2-5。

表 2-5 常用土方机械的作业方式和适用范围

机械名称	适用的作业项目			设备图片
	施工准备工作	基本土方作业	施工辅助作业	
推土机	1. 修筑临时道路 2. 推倒树木，铲除草皮 3. 清除积雪、清理建筑碎屑 4. 推缓陡坡地形	1. 高度 3m 以内的路堤和路堑土方工程 2. 运距 10～100m 以内的土方挖运与铺填及压实 3. 傍山坡的半填半挖路基土方	1. 路基缺口土方的回填、基面粗平 2. 取土坑及弃土堆平整工作 3. 配合铲运机作业 4. 斜坡上推挖台阶	
铲运机		运距 60～700m 以内土方挖运、铺填及碾压作业	1. 路基面及场地粗平 2. 取土坑及弃土堆整理工	
平地机	1. 铲除草皮 2. 清除积雪 3. 疏松土壤	1. 修筑 0.75m 以下的路堤及 0.6m 以下的路堑土方 2. 傍山坡半填半挖路基土方	1. 开挖排水沟及山坡截水 2. 平整场地及路基 3. 修刮边坡	
拖式松土机	1. 翻松旧路的路面 2. 清除树根小树墩及灌木丛		1. 在含砾石及坚硬的Ⅲ～Ⅳ类土中做疏松工作 2. 破碎及揭开 6.5m 以内的冻土层	
正铲拖斗挖土机		1. 半径为 7m 以内的土壤挖掘 2. 配合自卸车运土	1. 开挖沟槽及基坑 2. 水下捞土	

2) 物资准备的注意事项

(1) 无出厂合格证明或没有按规定进行复验的原材料、不合格的配件，一律不得进场和使用。严格执行施工物资的进场检查验收制度，杜绝假冒伪劣产品进入施工现场。

(2) 施工过程中要注意查验各种材料、构配件的质量和使用情况，对不符合质量要求、与原试验检测品种不符或有怀疑的，应提出复验的要求。

(3) 进场的机械设备必须进行开箱检查验收，产品的规格、型号、生产厂家和地点、出厂日期等，必须与设计要求完全一致。

4. 施工现场准备

施工现场是参加施工的全体人员为优质、安全、低成本和高速度完成施工任务而进行工作的活动空间；施工现场准备工作是为拟建工程施工创造有利的施工条件和物质保证的基础。其主要内容包括：

(1) 拆除障碍物，搞好三通一平；
(2) 做好施工场地的控制网测量与放线；
(3) 搭建临时供电、供水、交通道路、通信线路和施工用房等各种临时设施；
(4) 安装调试施工机具，做好建筑材料、构配件等的存放工作；
(5) 做好冬雨期施工安排；
(6) 设置消防、保安设施和机构。

5. 试验路段准备

高等级道路以及在特殊地区或采用新技术、新工艺、新材料进行路基施工时，应采用不同的施工方案做试验路段，从中选出路基施工的最佳方案指导全线施工。

试验路段的位置应选在地质条件、断面形式均具有代表性的地段，长度大于100m。通过试验确定：不同机具压实不同填料的最佳含水量、适宜的松铺厚度和相应的碾压遍数、最佳的机械配套和施工组织。

在整个试验段施工时，应加强对有关指标的检测，完工后及时写出试验报告，上报监理工程师审批。

6. 建立自检质量保证体系

为了保证道路工程的施工质量，施工单位必须有高度的质量意识，使所建工程经得起监理的抽检和政府质监部门的检查。因此，必须建立自检质量保证体系。它主要由施工单位的主要负责人、有关的技术质量检查人员、施工设备及检测仪器等组成。

7. 开工报告

以上各项工作准备就绪后，可向监理工程师提出工程开工的申请报告。当监理工程师同意、签发开工令后，施工单位即可正式开工。

2.1.3 路基测量放样

路基施工测量包括中线测量、高程测量和横断面测量。随着路基的开挖与填筑，施工测量要反复进行多次。一般情况下，每填挖1m左右，便要重新进行路基施工测量放样。施工测量的精度必须达到有关规定、规程的基本要求。

1. 中线测量

中线测量就是根据道路控制桩或在道路两旁布设的导线控制点将道路中线恢复，故又称为恢复中线。从道路的踏勘到开始施工这段时间里，常有一部分桩点变位或丢失，为了保证道路中线位置准确，在道路施工测量中，首要任务就是恢复道路中线，即复核原有中桩，把丢失损坏的中桩复原。恢复中线的测量方法与中线测量相同都是用交点坐标和曲线元素来标定的。

经校正恢复的中桩，施工中很难保全。因此，应在施工前根据施工现场的条件，选择不受施工干扰、便于使用、易于保存桩位的地方，测设施工控制桩。其测设方法有平行线法、延长线法和交会法等。

1) 平行线法

平行线法是在路边线1m以外，以中线桩为准测设两排平行于中线的施工控制桩。该法适用于地势平坦、直线段较长的路段。控制桩间距一般取10~20m，桩上应标注被移桩的桩号和移设的距离，用以控制中桩位置和高程。

2) 延长线法

延长线法是在中线延长线上测设方向控制桩。当转角很小时，可在中线的垂直方向测设控制桩。此法适用于地势起伏大、直线段较短的路段。

3) 交会法

交会法是在中线的一侧或两侧选择适当位置设置控制桩或选择永久地物，如电杆、房屋的墙角等，作为控制点。此法适用于地势较开阔、便于距离交会的路段。

上述三种方法均应根据实际情况互相配合使用。无论使用哪种方法测设控制桩,都要绘出示意图、注明有关数据,并做好记录,以便查用。

2. 高程测量

高程测量采用的基本方法是水准测量。依据是勘测设计单位在沿线布设的水准点,这些水准点在使用前需复核。为便于施工和控制精度,在人工结构物附近、高填深挖地段、工程量集中及地形复杂地段需要增加一些水准点;随着路基的不断填筑和开挖,还需要调整水准点的位置,以便于施工放样。增设或调整水准点必须采用附合水准或闭合水准(或三角高程)路线测量,才能满足精度要求。

3. 横断面测量

横断面放样测量包括边桩放样和边坡放样。

1) 边桩放样

边桩放样首先要确定横断面的方向(在直线段为与路中线垂直的方向,曲线段为垂直于所测点的切线方向),然后确定填方断面的坡脚点、挖方断面的坡顶点、半挖半填的坡脚点和坡顶点。路基边桩放样就是在地面上将每一个横断面的路基边坡线与地面的交点,用木桩标定出来,边桩的位置由两侧边桩至中桩的距离来确定。边桩放样的方法大致有三种:图解法、计算法和渐近法。

(1) 边桩的测设方法。

① 图解法。图解法就是直接在横断面图上量取中桩至边桩的距离,然后在实地用皮尺沿横断面方向将边桩丈量并标定出来。这种放样方法一般用于较低等级的、填挖方不大时的道路路基横断面边桩放样。

如横坡较大时,需分段丈量,在量得的点处钉上坡脚桩(或坡顶桩)。每个横断面都放出边桩后,再分别将中线两侧的路基坡脚或路堑的坡顶用灰线连接起来,即为路基填挖边界。在应用此法时,应掌握以下要点:方向要准确,应使量测时的横断面垂直于中线方向;丈量距离时,尺子必须拉平。

② 计算法。计算法就是根据路基填挖高度、边坡率、路基宽度和横断面地形情况,先计算出路基中心桩至边桩的距离;然后,在实地沿横断面方向按距离将边桩放出来。如果施工现场没有横断面设计图,只有施工填挖高度时,可用计算法放样路基横断面边桩。这种方法比图解法精度高,主要用于道路地形平坦或地面横坡较均匀且一致地段的路基横断面边桩放样。

③ 渐近法。渐近法的原理是在分段丈量水平距离的同时,用水准仪、全站仪(高等级道路使用)、经纬仪或其他方法(如抬杆法、钓鱼法)测出该段地面的高程差,最后累计得出边桩点与中桩点的高程差,用公式验证其水平距离是否正确,如有不符,就逐渐移动边桩,直到正确位置为止。这种放样方法的精度高,既可用于高等级道路,又适用于中、低等级道路。

(2) 边桩放样的注意事项。

① 在计算测设边桩距离时,要注意路基设计的尺寸和要求。如路基是否有加宽等;对挖方地段,要注意边沟的设计尺寸及是否有护坡平台,以免边桩放样时漏掉,造成返工事故。

② 在地形复杂路段,最好用仪器进行边桩放样;在曲线段,更应注意使横断面方向与路中线的切线方向垂直。

③ 放完一段边桩后,要进行复核。地面平坦或地面横坡一致时,边桩连线应为一直线或圆缓的曲线,如有个别边桩凸出或凹进,就说明有问题。

④ 在施工过程中，应及时加固保护边桩，并做好明显的标记。

2) 边坡放样

测设出边桩后，为了保证路基填挖边坡能按设计要求进行施工，应把设计边坡在实地标定出来，以指导施工。边坡放样常用方法有麻绳竹竿挂线法和坡度样板法。

(1) 麻绳竹竿挂线法。

如图 2.13 所示，O 为中桩，A、B 为边桩，$CD=b$ 为路基宽度，放样时在 C、D 处竖立竹竿，在高度等于中桩加上高度 H 之处的 C'、D' 用绳索连接，同时由 C'、D' 用绳索连接到边桩 A、B 上，则设计边坡就展现于实地了。

当路堤填土高度不大时，可按图 2.13(a)所示的方法，一次把线挂好。当路堤高度较高时，可采用分层填土、逐层挂线的方法，如图 2.13(b)所示。

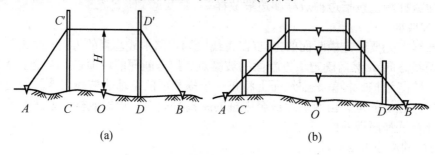

图 2.13 麻绳竹竿挂线法

(2) 坡度样板法。

施工前首先按照边坡坡度做好边坡样板，施工时可比照边坡样板进行放样。样板的形式有活动边坡样板(坡度尺)，如图 2.14 所示。当水准器气泡居中时，边坡尺的斜边所示的坡度正好为设计边坡坡度，可指示与检核路堤的填筑。同理，边坡尺也可指示与检核路堑的开挖；固定边坡样板，如图 2.15 所示。开挖路堑时，在坡顶外侧立固定样板施工时可瞄准样板进行开挖。施工时可用 3m 直尺靠线随时指导开挖及修整边坡、检验坡度。

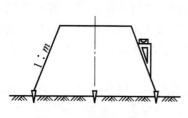

图 2.14 路堤边坡放样

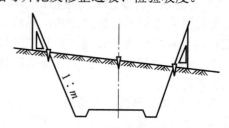

图 2.15 路堑边坡放样

能力训练

1. 看懂图 2.16，并回答以下问题。
   (1) 该路基属于哪种断面类型？
   (2) 该路基的宽度、高度、边坡各是多少？
   (3) 该路基采用了哪种排水方式？路基还有哪些排水方式？
   (4) 该路基是否进行了边坡防护？请提出合适的处理方式。

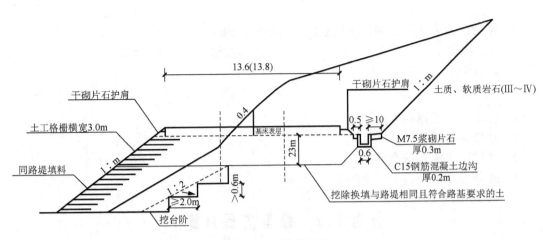

图 2.16 路基施工图

(5) 该路基是否设有支挡结构？如有，采用了哪种形式？这种形式有什么特点？

2. 路基测量放样实训。

(1) 选取《市政工程施工图案例图集》中道路的典型横断面分小组进行测量放样训练。

(2) 结合实训现场场地情况，选择合适的路基横断面测量放样方法。

一、选择题

1. 路基按结构特点分为( )。
   A. 填方路基、挖方路基
   B. 填方路基、挖方路基、半填半挖路基
   C. 填方路基、半填半挖路基
   D. 挖方路基、半填半挖路基

2. 新建道路路基干湿类型判断的依据是( )。
   A. 填方及挖方高度
   B. 地表水及地下水位
   C. 路基临界高度
   D. 含水量

3. 对原有道路扩建和改建时路基的干湿类型判断的依据是( )。
   A. 填方及挖方高度
   B. 地表水及地下水位
   C. 路基临界高度
   D. 平均稠度

4. 路基回弹模量的测定方法是( )。
   A. 重型击实法　B. 灌砂法　C. 刚性承载板法　D. 环刀法

5. 路基地面排水设施常用形式包括( )。
   A. 边沟、蒸发池、排水沟
   B. 边沟、截水沟、排水沟
   C. 截水沟、急流槽、排水沟
   D. 边沟、截水沟、排水泵站

6. 设置在挖方路基的路肩外侧或低路堤的坡角外侧，多与路中线平行，用以汇集和排除路面、路肩及边坡的水的排水设施是( )。
   A. 排水沟　B. 截水沟　C. 边沟　D. 跌水

7. 用于表征土基承载力的参数指标有( )等。
   A. 抗剪强度　B. 抗折强度　C. 回弹模量　D. 地基反应模量
   E. 抗压强度

8. 常用的重力式挡土墙,一般由( )等部分构成。
   A. 墙背　　　B. 墙身　　　C. 伸缩缝　　　D. 墙面
   E. 基础

二、简答题

1. 什么是一般路基?
2. 边坡防护的目的是什么?
3. 边坡防护的方法有哪些?
4. 路基施工的准备工作有哪些?

任务2.2　路基土石方施工

本任务是在读懂路基施工图、做好路基施工准备的前提下,路基施工的主要内容之一。掌握路堤填筑的基底处理、填料选择、路基压实、压实的方法等关键施工环节,掌握路堑开挖的方法和注意事项,掌握施工规范对路基土石方施工的相关规定和要求。

2.2.1　路堤填筑

路堤是由外来材料(土、石、土石混合料)填筑而成的,填筑前的地基状况、填料选择、填筑方式和压实标准、填筑机械等因素均会影响路堤质量,因此路基施工中必须对这些问题予以足够的重视。

【参考视频】

1. 路基填筑施工的工艺流程

路基填筑施工的工艺流程如图2.17所示。

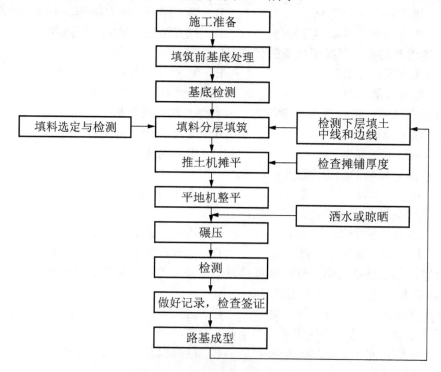

图2.17　路基填筑施工工艺流程图

2. 路基施工方法

(1) 人工和简易机械化施工。它主要是使用手工工具和简易机械化施工。其工效低、劳动强度大、进度慢、工程质量难以保证;适用于机械无法进场的路段,或某些工程目前无法开展机械化作业以及某些辅助性工作。

(2) 水力机械化施工。它是机械化施工方法之一,是运用水力机械(水泵、水枪等),喷射强力水流,冲挖土层并流运至指定地点沉积;适用于电源和水源比较充足,挖掘比较松散的土质集中的土方工程或用于地下钻孔工程;还可用于密实的以砂砾填筑的路堤或基坑(称为水夯法或水沉积法)。水力机械化施工是以人工为主,配以机械或简易机械的一种施工方法,可以减轻劳动强度,提高工作效率,加快施工进度。在我国目前条件下,它仍是一种常用的施工方法。

(3) 爆破施工。爆破施工是石质路基开挖的基本方法,它采用钻岩机钻孔与机械清钻,也是岩石路基机械化施工的必备条件。除岩石路堑开挖外,爆破施工还可用于冻土、泥沼等特殊路基施工,以及清除地面、开石取料等。

(4) 综合机械化施工。使用配套机械,能极大地提高劳动效率,减轻劳动强度,显著地加快施工进度,提高工程质量,降低工程造价,保证施工安全。综合机械化施工是加速道路工程建设,实现道路施工现代化的根本途径。

上述施工方法的选择,应根据工程地质性质、工程量、施工期限以及现有人力和机械设备等因素而定,而且应因地制宜、协调配合与各种方法综合使用。

3. 基底处理

基底处理是保证路堤稳定、坚固极为重要的措施。在路堤填筑前对基底进行处理,能使填土与原来的表土密切结合;能使初期填土作业顺利进行;能使地基保持稳定,增加承载能力;能防止因草皮、树根腐烂而引起的路堤沉陷。基底处理应做好以下几方面的工作。

(1) 做好原地面的临时排水设施,并与永久排水设施相结合。排走的雨水不得流入农田、耕地,也不得引起水沟淤积和路基冲刷,市区施工应将雨水排入下水管道内。当地下水位较高时,应采取疏导、堵截、隔离等措施。

(2) 路堤修筑范围内,原地面的树穴、坑洞等,应用原地的土回填,并按规定进行压实。

(3) 路堤基底原状土的强度不符合要求时,应进行换填。换填深度应不小于30cm,并分层压实到符合规定的压实度。

(4) 原地面横向坡度在 1:10~1:5 时,应先翻松表土再进行填土;原地面横向坡度陡于 1:5 时应做成台阶形,每级台阶宽度不得小于 1m,台阶顶面应做成向内的倾斜坡;在沙土地段可不做台阶,但应翻松表层土。

(5) 路堤基底为耕土或松土时,应先清除有机土、种植土,平整后按规定要求压实。经过水田、池塘或洼地时,应根据具体情况采取排水疏干、挖除淤泥,打砂桩,抛填片石、砂砾石或石灰(水泥)处理等措施,以保证基底的稳固。

(6) 遇有软土地层或土质不良、边坡易被雨水冲刷的地段,当设计未做处理规定时,应办理变更设计,并应制定专项施工方案。

4. 路基土填料选择

1) 路基土的工程性质

(1) 巨粒土。

巨粒土是指粒径大于 60mm，颗粒质量占 50%以上的土组。它有很高的强度及稳定性，是填筑路基的良好材料。其中，漂石土还可用于砌筑边坡。

(2) 粗粒土。

粗粒土是指粒径为 0.074~60mm，颗粒质量占 50%以上的土组。根据粒径大小又分为砾类土和砂类土。

砾类土由于粒径较大，内摩擦力也大，因而强度和稳定性均能满足要求，是良好的路基填筑材料。级配良好或经人工处理后的砾类土，可用于高级路面的基垫层。

砂类土又可分为砂、含细粒土砂(或称砂土)和细粒土质砂(或称砂性土)3 种。

砂和含细粒土砂无塑性，透水性强，毛细上升高度很小，具有较大的摩擦系数，强度和水稳定性均较好。但由于其黏性小，易于松散，压实困难，需用振动法或灌水法才能压实。为克服这一缺点，可添加一些黏质土，以改善其使用质量。

细粒土质砂既含有一定数量的粗颗粒，使路基具有足够的强度和水稳定性，又含有一定数量的细颗粒，使其具有一定的黏性，不致过分松散。细粒土质砂一般遇水干得快，不膨胀，干时有足够的黏结性，扬尘少，容易被压实。因此，细粒土质砂是修筑路基的良好材料。

(3) 细粒土。

细粒土是指粒径小于 0.074mm，颗粒质量占 50%以上的土组。根据粒径大小和土体含有的不利成分，可分为粉质土、黏质土和有机质土。粉质土为最差的筑路材料，它含有较多的粉土粒，干时稍有黏性，但易被压碎，扬尘多，浸水时很快被湿透，易成稀泥。

粉质土的毛细作用强烈，上升速度快，毛细上升高度一般可达 0.9~1.5m，在季节性冰冻地区，水分积聚现象严重，造成严重的冬季冻胀，春融期间出现翻浆，故又称翻浆土。如果遇到粉质土，特别是在水文条件不良时，应采取一定的措施，改善其工程性质。

黏质土透水性很差，黏聚力大，因而干时坚硬，不易挖掘。它具有较强的可塑性、黏结性和膨胀性，毛细管现象也很显著，用来填筑路基比粉质土好，但不如细粒土质砂。浸水后黏质土能较长时间保持水分，因而承载能力小。对于黏质土如果在适当的含水量时加以充分压实和有良好的排水设施，筑成的路基也能获得稳定。

有机质土(如泥炭、腐殖土等)不宜做路基填料，如果遇到有机质土均应在设计和施工上采取适当措施。

(4) 特殊土。

黄土属大孔和多孔结构，具有湿陷性；膨胀土受水浸湿发生膨胀，失水则收缩；红黏土失水后体积收缩量较大；盐渍土潮湿时承载力很低；冻土冻结时土体积膨胀，融化时水分增加，土层软化，强度大大降低。因此，特殊土也不宜做路基填料。

总之，土作为路基建筑材料，砂性土最优，黏性土次之，粉性土属不良材料，最容易引起病害，还有一些特殊土(如黄土、有机质土等)用以填筑路基时，必须采取相应的技术措施，才能保证路基的稳定性。

2) 路堤填料的要求

(1) 不得使用淤泥、沼泽土、泥炭土、冻土、有机土以及含生活垃圾的土做路基填料。

(2) 对液限大于50、塑性指数大于26、可溶盐含量大于5%、700℃有机质烧失量大于8%的土，未经技术处理不得作路基填料。

(3) 填方材料的强度(CBR)值应符合设计要求，其最小强度应符合表2-6规定。

表2-6 路基填料的最小强度

填方类型	路床顶面以下深度/cm	最小强度(CBR)/(%)		
		城市快速路、主干路	次干路	支路
路床	0～30	8.0	6.0	5.0
路基	30～80	5.0	4.0	3.0

(4) 填方中使用房渣土、工业废渣等需经过试验，确认可靠并经建设单位、设计单位同意后方可使用。

(5) 用透水性不良的土填筑路堤时，应控制其含水量在最佳含水量±2%之内。

5. 路堤填筑的基本方法

路堤填筑必须考虑不同的土质，从原地面逐层填起，并分层压实，每层厚度随压实方法和压实机具而定，填筑方法一般有以下几种。

1) 分层填筑法

分层填筑法是按照路堤设计横断面，自下而上逐层填筑的施工方法。它可以将不同性质的土，有规则地分层填筑和压实，获得必要的压实度和稳定性。分层填筑法又可以分为水平分层填筑、纵坡分层填筑。

(1) 水平分层填筑。

填筑时按照横断面全宽分成水平层次，逐层向上填筑。如原地面不平，应由最低处分层填起，每填一层，经压实合格后再填上一层。分层的最大虚铺厚度不应超过30cm(人工夯实虚铺厚度应小于20cm)，填筑至路床顶面最后一层的最小压实厚度，不应小于8cm。路基填土宽度每侧应比设计规定宽50cm，压实宽度不得小于设计宽度，最后削坡。此法施工操作方便、安全，压实质量容易保证。

(2) 纵向分层填筑。

宜于用推土机从路堑取土填筑距离较短的路堤，依纵向分层，逐层向上填筑，原地面纵坡小于20°的地段可用该法施工，如图2.18所示。

【参考视频】

正确的分层填筑方案[图2.19(a)]应满足以下要求：①不同性质的土应分类、分层填筑，不得混填，填土中大于10cm的土块应打碎或剔除；②路基填筑中应做成双向2%～4%的横坡；③为保证水分蒸发和排除，路堤不宜被透水性差的土层封闭；④根据强度与稳定性要求，合理地安排不同土质的层位；⑤为防止相邻两段用不同土质填筑的路堤在交接处发生不均匀变形，交接处应做成斜面，并将透水性差的土填在斜面下部，如图2.20所示。不正确的填筑方案如图2.19(b)所示，其基本特点是强度不均匀、排水不利与不稳定。

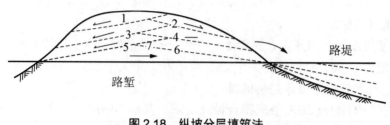

图 2.18 纵坡分层填筑法

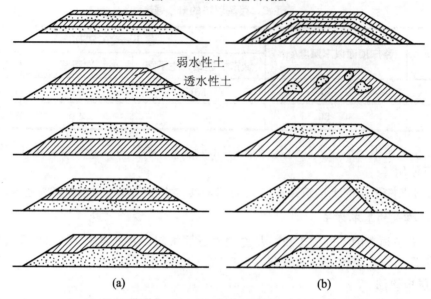

图 2.19 路堤填筑方案

(a) 正确方案；(b) 错误方案

桥涵、挡土墙等结构物的回填土，为防止不均匀沉陷，应严格按设计要求及有关操作规程回填和夯实。

2) 竖向填筑法

竖向填筑法指沿路中心线方向逐步向前深填的施工方法，如图 2.21 所示。路线跨越深谷或池塘时，地面高差大，填土面积小，难以水平分层卸土，以及陡坡地段上半填半挖路基、横坡较陡或难以分层填筑的局部路段，可采用竖向填筑方案。竖向填筑因填土过厚不易压实，应尽可能避免采用，若确需采用，施工时需采取下列措施。

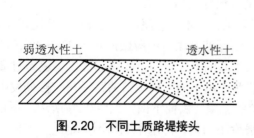

图 2.20 不同土质路堤接头

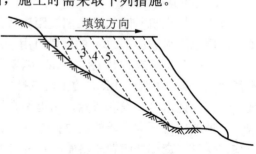

图 2.21 竖向填筑法

(1) 选用高效能压实机械。

(2) 采用沉陷量较小的砂性土或附近开挖路堑的废石方,并一次填足路堤全宽度。

(3) 在底部进行强夯。

3) 混合填筑法

如因地形限制或堤身较高,不能按前两种方法自始至终进行填筑时,可采用混合填筑法(图 2.22)。即路堤下层用竖向填筑,而上层(路基工作区范围)用水平分层填筑,使上部填土经分层压实获得需要的压实度。

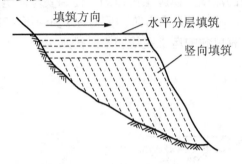

图 2.22　混合填筑法

除了用土做路堤填料外,也可以采用填石路堤或土石路堤形式。

(1) 填石路堤的填筑。其基底处理同填土路堤。石料的强度应不小于 15MPa(用于护坡的不小于 20MPa)。石料的最大粒径不宜超过层厚的 2/3。每层的松铺厚度,高等级道路不大于 0.5m;其他道路不宜大于 1.0m。

高等级道路填石路堤路床顶面以下 50cm 范围内应填筑符合路床要求的土并分层压实,填料最大粒径不得大于 10cm,其他道路填石路堤路床顶面以下 30cm 范围内宜填筑符合路床要求的土并压实,填料最大粒径不应大于 15cm。

【参考视频】

(2) 土石路堤的填筑。其基底处理同填土路堤。土石混合料中石料强度大于 20MPa 时,石块最大尺寸不得超过压实厚的 2/3,否则应剔除;当石料强度小于 15MPa 时,石块最大尺寸不得超过压实层厚,超过的应打碎。

土石路堤必须分层填,分层压实。每层铺填厚度应根据压实机械的类型和规格确定,但不宜超过40cm。

【参考视频】

混合料中石料含量的多少将影响压实效果,所以,当石料含量大于 70%时,应先铺大块石料,且大面向下放平稳,然后铺小块石料、石屑等嵌缝找平,再碾压密实。当石料含量小于 70%时,土、石可混合铺填,但应消除硬质石块集中的现象。

土石混合料填筑高等级道路时,其路床顶面以下 30~50cm 范围内仍应填筑符合路床要求的土,并分层压实,填料最大粒径不大于 10cm,其他道路在路床顶面以下填筑 30cm 的砂类土,最大粒径不大于 15cm。

2.2.2 路堑开挖

路堑是在天然地面上以开挖方式建成的路基。实践证明,开挖方式不合理、防护工程设计不当和施工质量不合格是造成挖方路段路基出现病害的主要原因。因此,施工人员应了解现场地质、水文等多方面情况,切实做好挖方路基施工。

1. 土质路堑的开挖方法

按照不同的掘进方向,路堑开挖方案主要有横向全宽挖掘法、纵向挖掘法和混合挖掘法几种。

1) 横向全宽挖掘法

横向全宽挖掘,就是对路堑的整个宽度和深度,从路堑的一端或两端进行挖掘,如图 2.23(a)所示。一次挖掘的深度,视施工操作的方便和安全而定,一般为 2m 左右。若路堑很深,为了增加工作面,可分成几个台阶,同时在几个不同标高的台阶上进行开挖,如图 2.23(b)所示。每一台阶有单独的运土路线和临时排水沟渠,以免相互干扰、影响工效、造成事故。

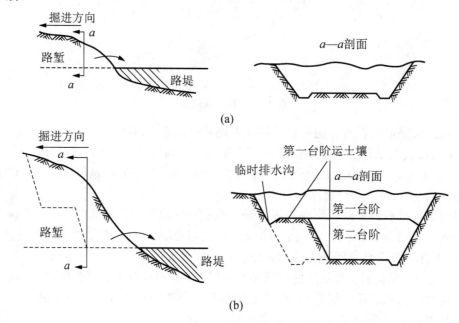

图 2.23 横向全宽挖掘法

(a) 一层横向全宽挖掘法;(b) 多层横向全宽挖掘法

2) 纵向挖掘法

纵向挖掘法又分为分层纵挖法、通道纵挖法和分段纵挖法 3 种。

(1) 分层纵挖法是沿路堑全宽,以深度不大的纵向分层进行挖掘,如图 2.24(a)所示。挖掘的地表应保持倾斜,以利于排水。此方案适用于铲运机和推土机施工。

(2) 通道纵挖法是先沿路堑纵向挖出一条通道,然后再把通道向两侧拓宽[图 2.24(b)],以扩大工作面,并利用该通道作为运土路线及场内排水的出路。

(3) 分段纵挖法是在路堑纵方向选择一个或几个适宜的位置,先从一侧挖成一个或几个出口,把路堑分为两段或几段[图 2.24(c)],再分别于各段沿纵向开挖。

3) 混合挖掘法

当土方量很大时,为扩大工作面,可将横向全宽挖掘法与通道纵挖法混合使用。先沿路堑纵向挖出一条通道,然后沿横向坡面挖掘,以增加开挖坡面[图 2.25(a)],或再沿横向挖出横向通道[图 2.25(b)]。每一开挖坡面的大小,应能容纳一个施工班组或一台机械正常工作。

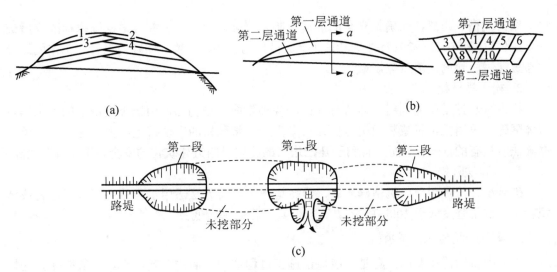

图 2.24 纵向挖掘法

(a) 分层纵挖法(图中数字为挖掘顺序); (b) 通道纵挖法(图中数字为拓宽顺序); (c) 分段纵挖法

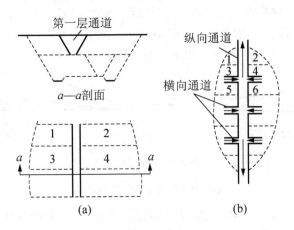

图 2.25 混合挖掘法

注：箭头表示运土与排水方向；数字表示工作面号数。

选择挖掘方案，除考虑当地的地形条件、采用的机具等因素外，还需考虑土层的分布及利用。如利用挖方填筑路堤，则应按不同的土层分层挖掘，以满足路堤填筑的要求。

2. 石质路堑开挖

按开挖难易程度，比较坚硬的路基土(Ⅲ级土)俗称岩石。岩石开挖方法有爆破法、松土法或破碎法。开挖前应根据工程地质勘探资料，按照路基土的类别、风化程度、节理发育程度等来确定开挖方式及开挖工具。对软石和强风化岩石能用机械直接开挖的应采用机械开挖；石方量小，工期允许时，也可采用人工开挖。凡不能使用机械或人工直接开挖的岩石，应采用爆破法开挖。

1) 爆破法开挖

爆破法开挖是用炸药在瞬间产生的爆炸力，来破碎和抛掷岩石。凡采用爆破法开挖的路段，应根据施工范围内外的架空缆线的位置、高度，地下管线的位置、埋深，以及建筑物的结构类型、距离,在确保安全的前提下制定爆破开挖方案。并应根据国家标准《爆破安全规程》(GB 6722—2014)的规定编制爆破材料的购买、运输、储存、保管、工作面划分与布置起爆、除危、清渣等规章制度。

2) 松土法开挖

松土法开挖是充分利用岩体自身存在的各种裂面和结构面,用推土机牵引的松土器将岩体翻碎,再用推土机或装载机与自卸汽车配合,将翻松的岩块搬运出去。松土法避免了爆破法所具有的危险性,而且有利于开挖边坡的稳定及附近建筑物的安全,作业效率也高。

3) 破碎法开挖

破碎法开挖是用破碎机凿碎岩块,再挖运出去。该方法适用于岩体裂缝较多,岩块体积较小,抗压强度低于 100MPa 的岩石,但其工作效率较低。

3. 路堑开挖的注意事项

挖掘中特别需注意的问题是:应保证施工过程或竣工后的有效排水。一般应先开挖排水沟槽,并要求与永久性构造物相结合,并设法排除一切可能影响边坡稳定的地面水和地下水,为此,路堑开挖作业时应注意以下几点。

(1) 由于水是造成路堑各种病害的主要原因,所以,不论采取何种开挖方法,均应保证开挖过程中及竣工后的有效排水(图 2.26),确保施工作业面不积水。开挖路堑时,要在路堑的线路方向保持一定的纵坡度,以利于排水和提高运输效率。

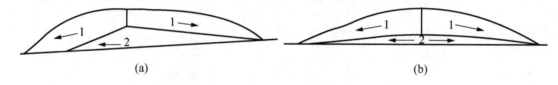

图 2.26 施工时排水

(a) 纵坡路堑;(b) 平坡路堑

(2) 挖土时应自上向下分层开挖,严禁掏洞开挖。作业中断或作业后,开挖面应做成稳定边坡。

(3) 路堑边坡坡度应符合设计规定,如地质情况与原设计不符或地层中夹有易塌方土壤时,应及时办理设计变更。

(4) 机械开挖作业时,必须避开建(构)筑物、管线,在距管道边 1m 范围内应采用人工开挖;在距直埋缆线 2m 范围内必须采用人工开挖,且宜在管理单位监护下进行。

(5) 严禁挖掘机等机械在电力架空线路下作业。需在其一侧作业时,垂直及水平安全距离应符合表 2-7 的规定。

表 2-7 挖掘机、起重机(含吊物、载物)等机械与电力架空线路的最小距离

电力架空线路电压/kV		<1	1~15	20~40	60~110	220
最小距离/m	垂直方向	1.5	3.0	4.0	5.0	6.0
	水平方向	1.0	1.5	2.0	4.0	6.0

(6) 土方分层开挖的每层深度,人工开挖宜为 1.5~2m;机械开挖宜为 3~4m。

(7) 弃土、暂存土均不得妨碍各类地下管线等构筑物的正常使用与维护,且避开建筑

物、围墙、架空线等。严禁占压、损坏、掩埋各种检查井、消火栓等设施。

2.2.3 路基压实

1. 土基压实的作用和意义

填土经过挖掘、搬运，原状结构已被破坏，土颗粒之间产生了许多新孔隙，在荷载作用下，可能出现不均匀或过大的沉陷或坍落甚至失稳滑动，在路堑挖方路段，由于天然土体埋藏状态的不同，土体虽未经扰动，但其密实程度不一定符合路基的要求，所以路基土必须进行压实。

理论分析及实践证明，经过压实的土基，其物理力学性质得到很大的改善，可以提高土体的密实度和强度，调节路基水温状况，降低透水性，减少毛细水上升高度，阻止水分积聚，减轻冻胀，避免翻浆；防止不均匀变形，增强对地表水侵蚀的抵抗力，保证路基在不利季节有足够的稳定性。因而，土基压实是路基施工中极其重要的环节，是改善土工程性质的一种经济合理的措施。

2. 路基压实原理

路基土是由土粒、水分和空气组成的三相体系。三者具有各自的特性，并相互制约共存于一个统一体中，构成土的各种物理特性，若三者的组成情况发生改变，则土的物理性质也随之不同。压实路基，就是利用人力与机械的方法，来改变土的结构，以达到提高土的强度和稳定性的目的。路基土受压时，土中的空气大部分被排除土外，土粒则不断靠拢，重新排列成密实的新结构。土粒在外力作用下不断地靠拢，使土的内摩阻力和黏结力也不断地增加，从而提高了土的强度，土的强度与密度的这种关系可由试验加以验证，如图2.27所示。同时，由于土粒不断靠拢，使水分进入土体的通道减少，阻力增加，于是降低了土的渗透性。土的压实过程和结果受到多种因素的影响，包括土的含水量和土物理力学性质与压实功能和压实工具及方法等。弄清这些影响，对于深入理解土的压实原理和指导压实工作，具有重要的意义。

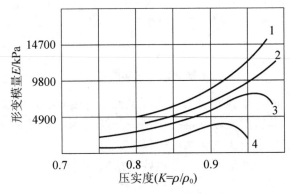

图 2.27 强度与压实度的关系

曲线 1、2、3、4 的含水量分别为：$0.98\omega_o$、$1.0\omega_o$、$1.02\omega_o$、$1.12\omega_o$

3. 影响路基压实的因素

1) 含水量

土中含水量对压实效果的影响显著。当含水量较小时，土中孔隙大都互相贯通，水少而气多，在一定外部压实功能的作用下，虽然土孔隙中气体易被排出，密度可以增大，但由于水膜润滑作用不明显，所做的压实功能不足以克服粒间引力，土粒相对移动困难，因而压实效果比较差；含水量逐渐增大时，水膜变厚，引力变小，水膜起着润滑作用，外部压实功能比较容易使土粒移动，压实效果渐佳；当含水量过大时，孔隙中出现了自由水，压实功能不可能使气体排出，压实功能一部分被自由水抵消，减小了有效压力，压实效果反而降低。在土力学中，由土的击实试验所得的击实曲线如图 2.28 所示。从图中可以看出，曲线有一峰值，此处的干密度 ρ 为最大，称之为最大干密度 ρ_{dmax}；与之相对应的含水量则称为最佳含水量 ω_o。这就得出一个结论：只有在最佳含水量的情况下压实效果最好，才能被击实到最大干密度。用透水性不良的土做填料时，应控制其含水量在最佳含水量±2%之内。

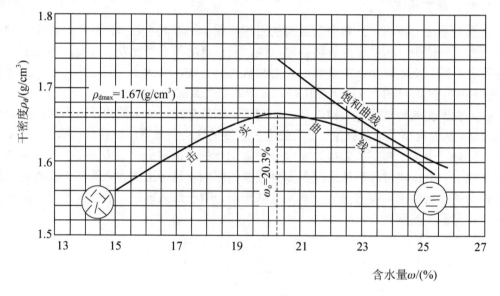

图 2.28 击实曲线

然而，含水量较小时，土粒间引力较大，虽然干密度较小，而其强度可能比最佳含水量时还要高，但是由于其密实度较低，孔隙多，一经饱水，其强度会急剧下降。因此得出结论：在最佳含水量情况下压实的土水稳性最好。

最佳含水量和最大干密度是两个十分重要的指标，对路基设计与施工都很重要。

2) 土质对压实的影响

一般规律是：不同的土质，有不同的 ω_o 与 ρ_{dmax}；分散性（液限、黏性）较高的土，其 ω_o 值较高，ρ_{dmax} 值较低；砂性土的压实效果优于黏性土。无黏性（如砂土）的颗粒粗，成松散状态，水分极易散失，最佳含水量的概念对它没有多大的实际意义。亚砂土和亚黏土的压实性能较好，而黏性土的压实性能较差。

3) 压实功能的影响

压实功能是指压实工具的重量、作用次数或锤落高度、作用时间等。它对压实效果的影响较大。图2.29是压实功能与压实效果的关系曲线，曲线表明，同一种土的最佳含水量ω_0随压实功能的增大而减小，最大干密度ρ_{dmax}随压实功能的增加而增大。在相同含水量条件下，压实功能越大，则土的密实度(即ρ)越大。据此规律，施工中，如果土的含水量低于ω_0而加水有困难时，可采用增加压实功能(重碾或增加碾压次数)的办法来提高其密实度。但是用增加压实功能的办法提高土基压实的效果是有一定限度的，当压实功能增加到一定程度后，土的密实度增加就很有限了，如果超过某一限度，再采用增加压实功能的办法来提高土的密实度，不但经济上不合理，而且由于功能过大，甚至会破坏土基结构，效果适得其反。相比之下，严格控制最佳含水量，要比增加压实功能收效大得多。因此，土基压实施工中，控制最佳含水量是关键，在此前提下，采取分层填土，控制有效土层厚度，必要时适当增大压实功能，才能使土基压实取得良好效果。

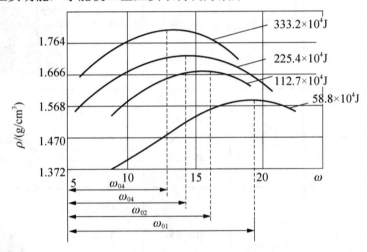

图2.29　不同压实功能下土的ρ-ω关系曲线

ω_{01}、ω_{02}、ω_{03}、ω_{04}—不同压实功能作用下的土的最佳含水量

4) 压实机具和方法对压实的影响

压实机具不同，压力作用深度也不同。夯击式机具作用深度最大，振动式次之，静力碾压式最浅。压实后土体表层密实度最高，随深度增加土的密实度递减。因此，随压实工具的不同，压实的深度效果不同，分层压实时的土层厚度也不同。当采用轻型压实机具时，压实深度较浅，荷载作用时间越长，土的密实度越高，但密实度的增长速度会逐渐减小，这是因为土体在荷载作用下，逐渐密实，强度逐渐提高，变形逐渐减小的缘故。当采用重型压实机具时，密实度随施荷时间增加而迅速增加，土的变形急剧增加；过重的机具，当超过土的强度极限时，会立即引起土体破坏。因此，压实时，宜采用轻、重机具结合，低速运行，来获得理想的压实效果。在路基土石方施工中常用的压实机械的技术特性见表2-8。

表 2-8 常用的压实机械的技术特性

压实机具类型	吨位	适用范围	每层松铺厚度/cm	压实遍数/遍	常用机具图片
机夯 人工夯	0.3t 0.04t	黏质或 非黏质土	20～30	4～8	
羊足碾	6～8t	黏质土	20～30	4～8	
钢质光轮压路机	6～8t 9～10t 10～12t	黏质或 非黏质土	15～20 20～30 25～35	4～8	
轮胎压路机	16 t	黏质或 非黏质土	30～35	4～8	
振动压路机	2t 4.5t 10t 12t 15t	非黏质土	11～20 25～35 30～50 40～55 50～70	2～3 2～3 3～4 3～4 3～4	
夯锤(板)	1t 落高 2m 1.5t 落高 1m 1.5t 落高 2m	黏质或 非黏质土	65～80 60～70 70～90	3～5 3～4 3～4	

综上所述，在土基压实施工中，必须控制土的最佳含水量，根据土质和压实机具的性能，通过试验，确定合适的分层碾压摊铺厚度、碾压次数以及碾压机具的行驶速度等，以获得最佳的压实效果。

4. 填石和土石路基的压实

1) 压实机理

当路基填料中石料含量≥70%时，称为填石路基；当采用石料含量为30%~70%时，称为土石混填路基。两者的压实机理与土质类似，主要差别在于石质的压实以及石质和土质的相互作用。石质压实表现为外力作用使石与石之间镶紧，包含下述几个过程：排列过程、填装过程、分离过程和夯实过程。这四个过程虽然是同时发生，但填装过程和夯实过程明显，分离过程和排列过程不明显。水仅对混合料中的细料起作用，外力作用功不能使某个石块内部组成改变，只能使石块之间及填隙料嵌挤、咬合，减少填石的空隙率。

因此，填石和土石路基压实应重点考虑外力作用功、级配，保证石块之间能充分靠近，填隙料能充分填满石块之间空隙，同时填隙料能充分受到挤压而密实。

2) 压实的质量控制

土石混填、填石路基的压实既要防止细粒土过量振实，又要避免石料"顶天立地"或过度碾碎石料，同时土石不能产生离析。目前一般采用50t凸块振动压路机、50t冲击压路机、30~50t压路机控制压实。

土石混填、填石路基控制压实一般根据试验路段得出不同的吨位压路机、土石比例的压实度-压实遍数关系曲线，采用碾压遍数、沉降量观测（包括相邻两遍碾压高差不超过3~5mm）、局部位置用灌砂法检查等综合方法控制碾压。

填石路堤在压实前，应先用大型推土机推铺平整，个别不平处，应用人工配合找平。采用的压路机宜选用工作质量12t以上的重型振动压路机、2.5t以上的夯锤或8t以上的轮胎压路机。碾压时要求均匀压实，不得漏压。

土石路堤的压实要根据混合材料中巨粒土含量的多少来确定。当巨粒土含量较少时，应按填土路基的压实方法进行压实；当巨粒土含量较大时，应按填石路基的压实方法压实。不论何种路堤，碾压都必须确保均匀密实。

5. 土基压实标准

从影响压实的主要因素分析可知，最大干密度ρ_{dmax}是土基压实的一项重要指标，它与土的强度和稳定性有十分密切的关系，反映了土基内在质量。因此，一般都用它来衡量土压实的质量。但是土基野外施工，受客观条件限制，不能达到室内标准击实试验所得的最大干密度ρ_{dmax}。因此，应根据工程实际需要与可能，拟定压实标准，使其满足工程的设计要求，我国以压实度作为控制土基压实的标准。压实度是工地实际达到的干密度与室内标准击实试验所得的最大干密度的比值。土质路基压实应采用重型击实标准控制。

$$K = \rho / \rho_{dmax} \times 100\% \tag{2-9}$$

式中：K——路基压实度，(%)；

ρ——路基压实后的干密度，(g/cm³)；

ρ_{dmax}——土的标准最大干密度，(g/cm³)。

显然，K值越接近100%，表示对压实质量的要求越高。土路基的最低压实度应符合表2-9的要求。

表2-9 路基压实度标准

填挖类型	路床顶面以下深度/cm	道路类别	压实度(重型击实)	检验频率 范围	检验频率 点数	检验方法
挖方	0~30	城市快速路、主干路	95			
		次干路	93			
		支路及其他小路	90			
填方	0~80	城市快速路、主干路	95			细粒土用环刀法，粗粒土用灌水法或灌砂法
		次干路	93	1000m²	每层1组(3点)	
		支路及其他小路	90			
	>80~150	城市快速路、主干路	93			
		次干路	90			
		支路及其他小路	90			
填方	>150	城市快速路、主干路	90			
		次干路	90			
		支路及其他小路	87			

《城市道路工程设计规范》(CJJ 37—2012)中对土质路基的压实度要求又提出了更高的要求，见表2-10。

表2-10 土质路基压实度

| 填挖类型 | 路床顶面下深度/cm | 路基最小压实度/% | | | |
		快速路	主干路	次干路	支路
填方	0~80	96	95	94	92
	80~150	94	93	92	91
	>150	93	92	91	90
零填方或挖方	0~30	96	95	94	92
	30~80	94	93	—	—

6. 路基压实工作组织要点

路基土的压实是以压实原理为依据，以尽可能小的压实功能获得良好的压实效果为目的，必须严格按操作规程进行施工。其路基压实工作现场组织要点如下。

(1) 碾压前应对填土层的松铺厚度，平整度和含水量进行检查，符合要求方可进行碾压。

(2) 压实机具应采用先轻后重，轻重结合的方式，以便能适应逐渐增长的土基强度。

(3) 碾压速度宜先慢后快，以免松土被机械推走，压路机最快速度不宜超过4km/h。

(4) 碾压工作直线段由两边向中间，小半径曲线段由内侧向外侧，纵向进退式进行；一般碾轮每次要重叠15~20cm，约碾压5~8遍至表面无显著轮印，应做到无漏压、无死角，确保碾压均匀，且达到要求的密实度为止。

(5) 使用夯锤压实时，首遍各夯位宜紧靠，或间距不得大于15cm，次遍夯位应压在首遍夯位的缝隙上，夯实至规定压实度。

(6) 为保证达到规定的压实度，在压实施工过程中应经常进行压实工作的控制与检查，以便及时调整压实工作。

① 确定压实后要求达到的干密度。在室内取现场土样用规定的击实试验法求出最大干

密度 ρ_{dmax} 和最佳含水量 ω_o，再根据道路等级、路基填挖情况、填筑的层位、地区的自然条件，按规范要求确定压实度 K，则压实后要求达到的干密度为 $K\rho_{dmax}$。

② 合理选择压实机具，并根据土质和压实机具的效能，经试压后确定每层填土的松铺厚度和碾压遍数。

③ 压实过程中严格控制土的含水量接近最佳含水量。含水量过大时，应将土翻开晾晒至理想的含水量(或掺石灰、水泥等)再进行碾压；含水量过低时，需均匀加水至合适含水量再进行碾压。可在前一天于取土地点浇洒或将土运至路堤再用水浇洒，并拌和均匀。加水量可按下式估算：

$$W = (\omega_o - \omega)Q / (1+\omega) \tag{2-10}$$

式中　W ——所需加水量，kg；
　　　ω ——天然土的含水量；
　　　ω_o ——最佳含水量；
　　　Q ——需加水的土的质量，kg。

在压实过程中，应经常检查密实度是否符合要求。密实度试验方法可采用环刀法、蜡封法、灌水法(水袋法)、灌砂法或核子密度湿度仪法。环刀法适用于细粒土，灌砂法适用于各类土。核子密度湿度仪应与环刀法、灌砂法等进行对比标定后才可应用。

每一压实层均应检验压实度，合格后方可填筑其上一层。

检验取样频率每 1000m²，抽检 1 组(3 点)，必要时可增加检查点数，以防止压实不足处漏检。

碾压(夯击)完成以后，立即测定其含水量和湿密度，计算干密度和压实度，并按规范规定判断是否达到压实度标准。

一般土的最大干密度介于 1.6~1.9g/cm³ 之间，压实度每差 1%，反映在干密度的绝对值上只差 0.018g/cm³ 左右，因此在工地施工检查压实密度时，取样和测定过程都需要非常注意，否则就容易出现误判的情况。

(7) 城市道路路基范围内有大量地下管线，这是城市道路的特点之一，因而在城市道路沟槽回填土施工中还应注意以下几点。

① 回填土应保证涵洞(管)、地下建(构)筑物结构安全和外部防水层及保护层不受破坏。

② 预制涵洞的现浇混凝土基础强度及预制件装配接缝的水泥砂浆强度达 5MPa 后，方可进行回填。砌体涵洞应在砌体砂浆强度达到 5MPa，且预制盖板安装后进行回填；现浇钢筋混凝土涵洞，其胸腔回填土宜在混凝土强度达到设计强度 70%后进行，顶板以上填土应在达到设计强度后进行。

③ 涵洞两侧应同时回填，两侧填土高差不得大于 30cm。

④ 对有防水层的涵洞靠防水层部位应回填细粒土，填土中不得含有碎石、碎砖及大于 10cm 的硬块。

⑤ 涵洞位于路基范围内时，其顶部及两侧回填土应符合下列要求。

a. 管顶以上 50cm 范围内不得用压路机压实。

b. 管道胸腔回填土的压实度不得小于 93%。

c. 管顶以上 25cm 范围内填土压实度不得小于 85%；25~50cm 范围内的压实度不得小于 87%。

d. 当管顶至路床覆土厚度大于或等于 80cm 时，管顶以上 50～80cm 范围内填土的压实度，对城市快速路、主干路不得小于 93%；对次干路及以下道路不得小于 90%。

e. 当管顶以上覆土厚度小于 80cm 时，应对回填材料进行改性，或对管道进行加固。

f. 土壤最佳含水量和最大干密度应经试验确定。

g. 回填过程不得劈槽取土，严禁掏洞取土。

能力训练

1. 分组编制路基施工技术方案一份。

(1) 根据《市政工程施工图案例图集》中道路工程特点和工程现场实际条件，结合路基的构造特点，选择合适的施工方法、合理的施工机械，组织施工工艺流程，提出保证施工质量和安全的施工技术措施和施工注意事项。

(2) 根据规范要求提出该路基工程的施工质量控制和检查验收项目和实施。

(3) 参考其他道路路基施工方案编制路基施工技术方案。

(4) 能力训练成果：路基施工技术方案一份。

2. 分组进行刚性承载板法测试路基土回弹模量实训。

(1) 分组利用刚性承载板法测试设备进行路基土回弹模量测试实训。

(2) 按规范填写测试记录。

(3) 进行测试数据的整理和计算，并进行测试结果分析。

习题

一、选择题

1. 路基填土中，不宜选用的填料为(　　)。
   A. 土石混合料　　　　　　　B. 砂
   C. 砂性土　　　　　　　　　D. 粉性土

2. 填方路基应事先找平，当地面坡度陡于(　　)时，需修成台阶形式。
   A. 1∶10　　　　　　　　　　B. 1∶5
   C. 1∶6　　　　　　　　　　 D. 1∶8

3. 对一定压实功作用下土的密实度与含水量之间关系说法错误的是(　　)。
   A. 当土的实际含水量等于最佳含水量时，土的密实度有最大值
   B. 当土的实际含水量小于最佳含水量时，随含水量增加，密实度增加
   C. 当土的实际含水量大于最佳含水量时，随含水量增加，密实度增加
   D. 压实到最佳密实度是土体水稳定性最好

4. 路基碾压时出现局部弹簧，可采用(　　)。
   A. 翻挖晾干、换土、掺灰　　B. 减轻碾压
   C. 减少碾压遍数　　　　　　D. 不用处理

5. 路基压实中，应待压实土层的含水量在最佳含水量( )范围内进行碾压。
   A．±1%　　　B．±2%　　　C．±3%　　　D．±4%
6. 一般情况下，路基的压实采用的标准是( )。
   A．轻型击实　　B．重型击实　　C．压实系数　　D．压实度
7. 路基施工基本方法中，工效最低的是( )。
   A.人工施工　　　　　　　B.简易机械化施工
   C.爆破施工　　　　　　　D.水力机械化施工
8. 下列关于土质路基施工时，路堤填筑方案说法有误的一项是( )。
   A．土质路堤填筑方案按填土顺序可分为分层平铺和竖向填筑
   B．分层平铺是土质路堤填筑方案的基本方案
   C．竖向填筑方案相对分层填筑方案，填土更易压实
   D．竖向填筑指沿道路纵向或横向逐步向前填筑

二、判断题

1．土是三相体系，路基压实的过程是通过排出土孔隙中的空气和水，迫使土颗粒排列更为紧密的过程。　　　　　　　　　　　　　　　　　　　　　　　　( )
2．土基压实时，最佳含水量随着压实功能的增大而增大。　　　　　　( )
3．路基的压实效率影响路基路面的性质，土的最佳含水量越小，路基的压实效果越好。　　　　　　　　　　　　　　　　　　　　　　　　　　　　( )
4．为保证压实功能不变，压路机碾压速度增加，碾压遍数也要增加。　( )
5．天然状态下的土，其含水量一般接近最佳值，因此组织快速施工，随挖随填，及时进行压实，对于提高土基效果具有一定作用。　　　　　　　　　　( )
6．土基压实时，压实功越大越好。　　　　　　　　　　　　　　　　( )

任务2.3　挡土墙施工

本任务是介绍路基支挡结构挡土墙的施工，掌握重力式挡土墙、加筋土挡墙、钢筋混凝土挡土墙的原材料要求、施工工艺和流程。

2.3.1　石砌重力式挡土墙的施工

石砌重力式挡土墙施工中，主要材料片石或块石要符合规范要求，砂浆强度应不低于M5。砌筑顺序要分层进行，砌筑工艺常采用坐浆法和挤浆法。伸缩缝每隔10～15m设置一道，并应设置为垂直通缝。各层之间的垂直灰缝应相互交错，水平灰缝应平行。所有砌缝要求做到砂浆饱满密实。

1. 材料要求

(1) 片石。片石质地均匀、无裂缝、不易风化，抗压强度不低于25MPa。在地震区及严寒地区，不能低于30MPa。应具有两个大致平行的面，其厚度不应小于15cm，其中一条边长不小于30cm，体积不小于0.01m³。

(2) 砂浆。砂浆一般用水泥、砂和水拌和而成，也可用水泥、石灰、砂与水拌和，或石灰、砂与水拌和而成。它们分别简称为水泥砂浆、混合砂浆和石灰砂浆。砂浆强度等级代表其抗压强度。拌制砂浆必须符合设计要求，一般不得低于 M5。勾缝用砂浆应比砌筑用增高 1 级。

2. 施工工艺及要求

1) 准备工作

浆砌前应做好一切准备工作，主要包括：工具配备，按照设计图纸检查和处理基底，放线，安放脚手架、跳板等施工设施，清除砌石上的尘土、泥垢等。

2) 砌筑顺序

砌筑时应分层进行。底层极为重要，它是以上各层的基石，若底层质量不符合要求，就会影响以上各层。较长的砌体除分层外，还要分段砌筑，两相邻段的砌筑高差不应超过 1.2m，分段处应设在沉降伸缩缝的位置。分层砌筑时，要先角石，后边石或面石，最后才填腹石。

3) 砌筑工艺

浆砌原理是利用砂浆胶结片石，使之成为整体，常用坐浆法和挤浆法等方法砌筑。

(1) 坐浆法。坐浆法也称为铺浆法，砌筑时先在下层砌体面上铺一层厚薄均匀的砂浆，压下砌石，借石料自重将砂浆压紧，并在灰缝上加以必要的插捣和用力敲击，使砌石完全稳定在砂浆层上，直至灰缝表面出现水膜。

(2) 挤浆法。挤浆法除基底为土质的第一层砌体外，每砌一块石料，要先铺底浆，再放石块，经左右轻轻揉动几下后，再轻击石块，使灰缝砂浆被压实。在已砌筑好的石块侧面安砌时，要在相邻侧面先抹砂浆，后砌石，并向下及侧面用力挤压砂浆，使灰缝挤实，砌体被贴紧。

4) 砌筑要求

砌体外圈定位行列与转角石应选择表面较平、尺寸较大的石块，浆砌时，长短相间并与里层石块咬紧，上、下层竖缝错开，缝宽要小于或等于 3cm，分层砌筑要将大块石料用于下层，每处石块形状及尺寸要合适。竖缝较宽者可塞以小石子，但不能在石下用高于砂浆层的小石块支垫。排列时，要将石块交错，坐实挤紧，尖锐凸出部分敲除。

5) 砌缝要求

(1) 错缝砌体在段间、层间的垂直灰缝应互相交错，压叠成不规则的灰缝叫错缝，每段上、下层及段间的垂直距离在 8cm 以上。

(2) 通缝指砌体的垂直灰缝。它是砌体受力的薄弱环节，其承压能力较好，受剪、抗拉、受扭的能力极差，砌体最容易在此损坏，所以砌体对通缝要求较高，不仅要求砂浆饱满密实，成缝时还不允许有干缝、瞎缝及大缝。

(3) 勾缝包括平缝、凹缝和凸缝等。勾缝具有防止有害气体和风、雨、雪等侵蚀砌体内部，延长构筑物使用年限及装饰外形美观等作用。设计无特殊要求时，勾缝应采用凸缝或平缝，勾缝应用 1:(1.5~2) 的水泥砂浆，要嵌入砌缝内约 2cm。勾缝前，要先清理缝槽，用水冲洗湿润，勾缝要保持砌后的自然缝，不要有瞎缝、丢缝、裂纹和黏结不牢等现象。

2.3.2 加筋土挡土墙施工

加筋土挡土墙既是柔性结构，可承受地基较大的变形；又是重力式结构，可以承受荷载的冲击、振动作用。加筋土挡土墙施工简便、外形美观、占地面积少，而且对地基的适应性强。它主要适用于缺乏石料的地区和大型填方工程。

加筋土挡土墙施工前要核对道路、桥梁设计图纸，测量人员按照道路、桥梁的施工中心线、高程控制点进行挡土墙平面与高程控制测量及施工测量。

对加筋挡土墙的施工要求主要包括以下方面。

(1) 加筋土土料按照设计规定选土，就近取土，不能用白垩土、硅藻土和腐殖土。施工前要对所用土料进行物理、力学试验。

(2) 按照设计规定选择筋带材料，施工前对筋带材料进行拉拔、直剪、延伸复测试验，其指标符合设计规定后方可使用。采用钢质拉筋时，按设计规定做防腐处理。

(3) 控制加筋土的填土层厚度和压实度，每层虚铺要≤25cm，压实度要符合设计规定，并要大于95%(重型击实)。

(4) 当填土中设有土工布时，土工布搭接宽度为30～40cm，并按照设计要求留出折回长度。

(5) 挡土墙板缝在填土前，要贴铺土工布，土工布必须超出缝边30cm以上，且贴铺平整、牢固。

(6) 安装预制挡土墙板前，应进行测量定线，安装挡土墙板，要向路堤内倾斜，其垂直度应控制在约1%，并设测斜观测点。

(7) 预制板安装后，经校测无误，浇筑基础槽口混凝土。

(8) 加筋土填土开始后，按设计要求铺土工布、筋带，并做记录，铺土碾压，每层应测压实度，并按照施工方案观测挡土墙板的位移，并做记录。

2.3.3 薄壁式挡土墙施工

薄壁式挡土墙是钢筋混凝土结构，属轻型挡土墙。薄壁式挡土墙的施工流程包括：测量放线、挡墙基槽开挖、挡墙基础模板在垫层(找平层)上支安模板、挡墙钢筋成型、浇筑挡墙混凝土基础、挡墙板安装、浇筑挡土墙顶混凝土、墙帽与护栏安装八个步骤。

(1) 测量放线。测量放线严格按照道路施工中线、高程点控制挡墙的平面位置和纵断面高程。

(2) 挡墙基槽开挖。挡墙基槽开挖时不得扰动基底原状土，若有超挖，应回填原状，并按照道路击实标准夯实。确保基槽边坡稳定，防止塌方。做好排降水设施，保持基底干槽施工。对土坑、树坑应回填砂石、石灰土并夯实，以免基底不均匀沉降。对基底淤泥、腐殖土应清理干净，用回填性能较好的土或石灰土并夯实。

(3) 挡墙基础模板在垫层(找平层)上支设模板。模板必须牢固，不得松动、跑模和下沉。模板拼缝严密不漏浆，模内保持清洁。

(4) 挡墙钢筋成型。钢筋表面应当清洁，不得有锈皮、油渍、油漆等污垢。钢筋必须调直，调直后的钢筋表面不得有使钢筋截面积减少的伤痕。

钢筋弯曲成型后，表面不得有裂纹、鳞落或断裂等现象。所使用钢筋的种类、等级、规格、直径及各部尺寸经抽样检验均应符合设计要求。

绑扎成型时，绑丝必须扎紧，不得有松动、折断、位移等情况，绑丝头必须弯曲背向模板。

焊接成型时，焊前不得有水锈、油渍，焊缝处不得咬肉、裂纹、夹渣，焊药皮应敲除净。绑扎或焊接成型的网片或骨架必须稳定牢固，杯槽部位钢筋在浇筑混凝土时不得松动和变形。

(5) 浇筑挡墙混凝土基础。浇筑挡墙混凝土基础时，混凝土配合比要符合设计强度要求。混凝土要振捣密实，杯槽部位更应加强振捣。预埋件按设计位置与基础钢筋焊牢，以避免振捣混凝土时发生变形和位移。

(6) 挡墙板安装。当基础混凝土强度达到设计强度标准的75%后，方可安装挡土墙板。符合设计强度要求，外观没有缺楞、掉角、裂缝的墙板，方可安装。悬臂式墙板嵌入杯槽内，填实高强度细粒式混凝土，其强度不小于30MPa，并将墙板预埋钢板或钢筋与基础预埋件焊接牢固，焊接完成后进行复测，并对焊缝做检查，合格后填写验收记录单，进行防腐处理后，才能浇筑混凝土。扶壁式墙板就位后，即刻将墙板预埋件与基础预埋件焊牢后，同样封上混凝土。墙板间灌缝混凝土一定要振捣密实，两侧夹板卡牢，不得漏浆。板缝用原浆勾缝，要密实、平顺、美观。

(7) 浇筑挡土墙顶混凝土。测量人员按道路纵断面高程控制模板高程。模板内侧压紧薄泡沫塑料条，严禁跑浆。浇筑前，将墙顶凿毛并刷素浆，有利于混凝土上下结合。

(8) 墙帽与护栏安装。墙顶帽石坐浆饱满，安装牢固，护栏与帽石联结稳固，防锈漆涂刷均匀，颜色一致。

能力训练

1. 识读图 2.30 回答以下问题。
(1) 图中挡土墙为哪种形式的挡土墙？
(2) 图中哪些段落设有挡土墙？
(3) 从纵断面图上可得知哪些标高？
(4) K4+620 桩号处挡土墙的墙面标高为_____m、基础底面标高为_____m、地面标高为_____m、路面标高为_____m、挡土墙墙高为_____m，挡土墙每隔_____设置沉降缝。
(5) 从横断面图和挡土墙尺寸表可知，除_____以及_____基础采用加筋外，其余均为_____基础。
(6) 图中挡土墙墙背为_____，坡度为_____，墙面与墙背_____。
(7) 图中挡土墙设置有_____泄水孔，坡度为_____，间隔为_____m。
(8) 墙顶地面设有_____。
2. 分小组交叉进行重力式挡土墙施工技术交底，并填写记录。

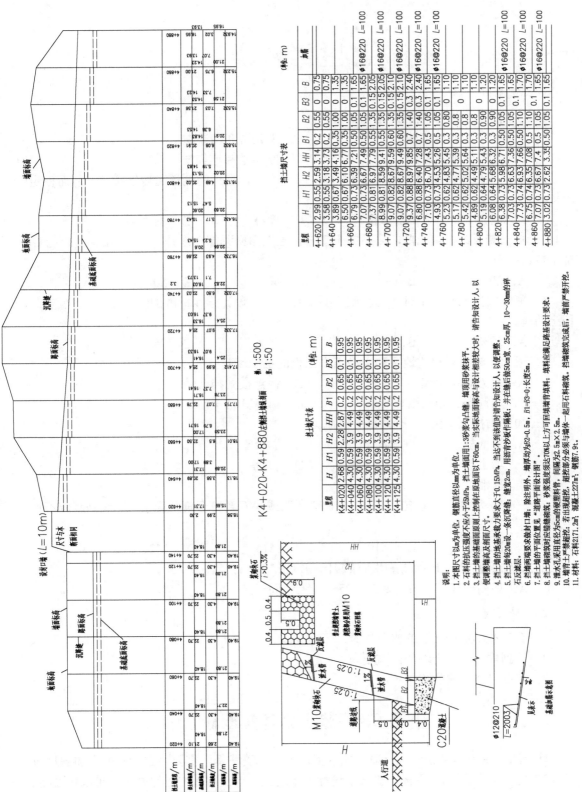

图 2.30 挡土墙施工图

市政道路工程施工

习 题

一、选择题

1. 石砌重力式挡土墙砌筑工艺常采用( )。
   A. 坐浆法和挤浆法 B. 灌浆法和清浆法
   C. 分层法和乱层法 D. 断层法和连续法
2. 加筋土挡墙借助于拉筋与填土间的( )作用，把土的侧压力传给拉筋，从而稳定土体。
   A. 嵌挤 B. 级配 C. 摩擦 D. 剪力
3. 挡土墙板缝在填土前，要贴铺土工布，土工布必须超出缝边( ) cm 以上，且贴铺平整、牢固。
   A. 20 B. 30 C. 40 D. 50
4. 薄壁式挡土墙施工时，当基础混凝土强度达到设计强度标准的( )后，方可安装挡土墙板。
   A. 60% B. 65% C. 70% D. 75%
5. 适用于缺乏石料的地区和大型填方工程的挡土墙是( )。
   A. 重力式挡土墙 B. 锚定板式挡土墙
   C. 加筋土式挡土墙 D. 悬臂式挡土墙
6. 加筋土挡土墙由( )四部分组成。
   A. 墙面板 B. 肋板
   C. 填土 D. 拉筋
   E. 基础
7. 石砌重力式挡土墙施工中，主要材料片石或块石要符合规范要求，砂浆强度应不低于( )。
   A. M5 B. M10 C. M15 D. M20
8. 石砌重力式挡土墙勾缝用砂浆应比砌筑用( )。
   A. 增高一级 B. 增高二级 C. 同一级 D. 均可

二、简答题

1. 石砌重力式挡土墙的坐浆法？
2. 石砌重力式挡土墙的砌筑要求？
3. 薄壁式挡土墙的施工流程？

任务 2.4 软土路基处理施工

软土路基由于强度较低，一般不能直接在上面修筑路基，需要经过特殊处理加固后方可修筑路基，其加固后，可按一般方法进行路基施工。软土路基加固的关键是排水和固结。本任务主要是介绍各种软土路基的处理方法。

在软土地基上修筑路基，若不加处理，将会发生路基失稳或过量沉陷，导致道路破坏或不能正常使用。所谓软土，从广义上讲，就是指强度低、压缩性高的软弱土层。当土的含水量大于35%，天然孔隙比大于或等于1.0，十字板剪切强度小于或等于35kPa时称为软土，习惯上常把淤泥、淤泥质土、软黏性土称为软土。它的特性主要表现为天然含水量高、孔隙比大、压缩性高、抗剪强度低。

2.4.1 软土路基施工的准备工作

(1) 进行详细的现场调查，依据工程地质勘察报告核查特殊土的分布范围、埋置深度和地表水、地下水状况，根据设计文件、水文地质资料编制专项施工方案。
(2) 做好路基施工范围内的地面、地下排水设施，并保证排水通畅。
(3) 进行土工试验，提供施工技术参数。
(4) 湖、塘、沼泽等地的软土路基宜在枯水期施工。

2.4.2 常用软土路基处理方法

1. 换填土层法

换填土层法是采用人工、机械或爆破等方法，将基底一定深度及范围内的软土层挖除，换以强度大、稳定性好的砂砾、卵石、碎石、石灰土、素土等回填，并分层压实至规定的密实度的方法。换填砂垫层，可起到加速软弱土层排水固结，提高承载力，减少沉降量的作用。换填土层施工应符合下列要求。

(1) 填筑前，应排除地表水，清除腐殖土、淤泥。
(2) 填料宜采用透水性土。处于常水位以下部分的填土，不得使用非透水性土壤。
(3) 填土应由路中心向两侧按要求分层填筑并压实，层厚宜为15cm。
(4) 分段填筑时，接槎应按分层做成台阶形状，台阶宽不宜小于2m。
(5) 砂垫层置换时，砂垫层应宽出路基边脚0.5～1.0m，两侧以片石护砌。

当软土层厚度小于3.0m，且位于水下或为含水量极高的淤泥时，可使用抛石挤淤法。抛石挤淤法即直接在路基基底抛投片石，将软土层挤出路基范围，以提高路基强度。抛石挤淤法应符合下列要求。

(1) 应使用不易风化石料，石料中尺寸小于30cm的粒径含量不得超过20%。
(2) 抛填方向应根据道路横断面下卧软土地层坡度而定。坡度平坦时自地基中部渐次向两侧扩展；坡度陡于1∶10时，自高侧向低侧抛填，并在低侧边部多抛投，使低侧边部约有2m宽的平台顶面。
(3) 抛石露出水面或软土面后，应用较小石块填平、碾压密实，再铺设反滤层填土压实。

2. 反压护道法

反压护道法是在路堤的两侧或一侧填筑一定宽度的护道，达到使路堤稳定的目的。反压护道法应符合下列要求。

(1) 反压护道的高度宜为路堤高度的1/2，宽度应通过稳定性验算确定，且应满足路堤施工后沉降的要求。反压护道所用的填筑材料应符合路堤填料的要求。
(2) 采用反压护道时，护道宜与路基同时填筑。当分别填筑时，必须在路基达到临界高度前将反压护道筑完。
(3) 压实度应符合设计规定，且不应低于最大干密度的90%。

3. 土工材料处理法

土工合成材料具有加筋、防护、过滤、排水、隔离等功能，利用土工合成材料的抗拉、抗剪强度好，可改善施工机械的作业条件，均匀支承路堤荷载，减小地基的沉降和侧向位移，提高地基的承载力。土工合成材料的种类有：土工网、土工格栅、土工模袋、土工织物、土工复合排水材料、土工垫等。土工材料处理法应符合下列要求。

(1) 土工材料应由耐高温、耐腐蚀、抗老化、不易断裂的聚合物材料制成。其抗拉强度、顶破强度、负荷延伸率等均应符合设计及有关产品质量标准的要求。

(2) 土工材料铺设前，应对基面压实整平。宜在原地基上铺设一层30～50cm厚的砂垫层。铺设土工材料后，运、铺料等施工机具不得在其上直接行走。

(3) 每压实层的压实度、平整度经检验合格后，方可于其上设铺土工材料。土工材料应完好，发生破损应及时修补或更换。

(4) 铺设土工材料时，应将其沿垂直于路轴线展开，并视填土层厚度选用符合要求的锚固钉固定、拉直，不得出现扭曲、折皱等现象。土工材料纵向搭接宽度不得小于30cm，采用锚接时其搭接宽度不得小于15cm，采用胶结时其胶接宽度不得小于5cm，胶结强度不得低于土工材料的抗拉强度。相邻土工材料横向搭接宽度不得小于30cm。

(5) 路基边坡留置的回卷土工材料，其长度不得小于2m。

(6) 土工材料铺设完后，应立即铺筑上层填料，其间隔时间不得超过48h。

(7) 双层土工材料上、下层接缝应错开，错缝距离不得小于50cm。

4. 排水固结法

在直径约7cm的圆筒状编织袋里装满砂，然后放入用锤击、振动、射水等方式形成的孔中，利用砂井将土内的水分排除，以尽快地提高地基强度的方法称为袋装砂井法。袋装砂井法应符合下列要求。

(1) 宜采用含泥量小于3%的粗砂或中砂作填料。砂袋的渗透系数应大于所用砂的渗透系数。

(2) 砂袋存放使用中不得长期曝晒。

(3) 砂袋安装应垂直入井，不得扭曲、缩颈、断割或磨损，砂袋在孔口外的长度应能顺直伸入砂垫层不小于30cm。

(4) 袋装砂井的井距、井深、井径等应符合设计要求。

若用带沟槽的塑料芯板作为排水板代替砂井的砂做成排水井，称为塑料排水板法。塑料排水板法应符合下列要求。

(1) 塑料排水板应具有耐腐性、柔韧性，强度与排水性能应符合设计要求。

(2) 塑料排水板贮存与使用中不得长期暴晒，并应采取保护滤膜措施。

(3) 塑料排水板敷设应直顺，深度符合设计规定，超过孔口长度应伸入砂垫层不小于50cm。

5. 挤密法

路基中成孔后，在孔中灌以砂、石等材料，捣实而成直径较大的桩体，利用挤紧作用，使地基土粒彼此靠紧，孔隙减少，而且孔被填满和压紧，形成桩体，桩体具有较高的承载能力，群桩的面积约占松散土加固面积的 20%，以使桩和原土组成复合地基，达到加固的目的。

孔中灌砂，形成砂桩，它与前述砂井相比，形式相仿，但作用不同。砂井的作用是排水固结，井径较小而间距较大；砂桩的作用是将地基土挤紧，井径较大，而间距宜小。砂井适用于过湿软土层，而砂桩适用于处理松砂、杂填土和黏粒含量不大的普通黏性土，也可有效地防止砂土基底的振动液化。

砂桩法应符合下列要求。
(1) 砂宜采用含泥量小于 3%的粗砂或中砂。
(2) 应根据成桩方法选定填砂的含水量。
(3) 砂桩应砂体连续、密实。
(4) 桩长、桩距、桩径、填砂量应符合设计规定。

若在成孔中灌以碎石，则形成碎石桩。碎石桩法应符合下列要求。
(1) 宜选用含泥砂量小于 10%、粒径 19~63mm 的碎石或砾石作桩料。
(2) 应进行成桩试验，确定控制水压、电流和振冲器的振留时间等参数。
(3) 应分层加入碎石(砾石)料，观察振实挤密效果，防止断桩、缩颈。
(4) 桩距、桩长、灌石量等应符合设计规定。

6. 加固土桩法

加固土桩是用某种专用机械将软土地基内局部范围的软土主体用无机结合料加固、稳定，使桩体与桩间的软土形成复合地基。改良后的加固土桩起置换作用，并具有应力集中效应，以减少地基的总沉降。常用的粉喷加固土桩法应符合下列要求。
(1) 石灰应采用磨细Ⅰ级钙质石灰(最大粒径小于 2.36mm、氧化钙含量大于 80%)；宜选用 SiO_2 和 Al_2O_3 含量大于 70%，烧失量小于 10%的粉煤灰、普通或矿渣硅酸盐水泥。
(2) 工艺性成桩试验桩数不宜少于 5 根，获取钻进、拉斗、搅拌、喷气压力与单位时间喷入量等参数。
(3) 确定固化剂喷入形式(浆液或粉体)选择施工机械纵组合，与浆液搅拌、供浆或控制粉喷的要求。
(4) 柱距、桩长、桩径、承载力等应符合设计规定。

能 力 训 练

分小组讨论并回答下列问题。
(1) 应从哪几方面做好软土路基施工的准备工作？
(2) 简述砂桩法和砂井法处理软土路基的异同点。
(3) 土工合成材料的作用有哪些？

习 题

1. 以下( )不属于挤密法处理软土路基。
   A．砂桩　　　　B．水泥桩　　　　C．排水板　　　　D．抛石法

2. 以下( )方法不属于排水固结法处理软土路基。
   A. 砂桩　　　B. 砂井　　　C. 排水板　　　D. 抛石法
   E. 反压护道

3. 软土具有( )等特点。
   A. 天然含水量高、透水性差、孔隙比大
   B. 天然含水量高、透水性差、孔隙比小
   C. 天然含水量低、透水性好、孔隙比大
   D. 天然含水量高、透水性好、孔隙比大

4. 土工合成材料具有( )等功能。
   A. 加筋　　　B. 过滤　　　C. 排水
   D. 合成　　　E. 隔离

5. 当软土层厚度小于 3.0m，且位于水下或为含水量极高的淤泥，可使用抛石挤淤法。即直接在路基基底( )，将软土层挤出路基范围，以提高路基强度。
   A. 换填土层　　B. 排水固结　　C. 抛投片石　　D. 反压护道

6. 反压护道的高度宜为( )，宽度应通过稳定性验算确定，且应满足路堤施工后沉降的要求。
   A. 路堤高度的 1/2　　　　B. 路堤高度的 1/3
   C. 路堤宽度的 1/2　　　　D. 路堤宽度的 1/3

任务 2.5 路基工程施工质量控制与验收

道路路基施工过程中为了保证施工质量进行中间检查，检查不合格不得进行下一道工序的施工；在遇到不利季节的施工时应采取保证施工质量的措施；路基工程完工后，由施工单位会同监理单位按设计文件和施工规范要求对路基工程进行竣工验收。

2.5.1 路基季节性施工

1. 路基雨期施工

在我国南方地区，雨期时间较长，雨期施工无法避免，必须合理组织，以保证工程质量和进度。

1) 雨期施工前的准备工作

雨期施工的路基工程，应根据工程的特点，进行详细的现场调查研究，组织计划，合理安排机具，集中人力，组织快速施工，分段突击。本着完成一段再开一段的原则，当日进度当日完成，做到随挖、随填、随压。施工便道要保持晴雨畅通，注意在居住地、库房、车辆机具停放地修建临时排水设施，保证雨期作业的场地能及时排除地面水，不被洪水淹没。

2) 雨期填筑路堤

在雨期填筑路堤，应选用透水性好的碎石土、卵石土、砂砾、石方碎渣和砂类土作为填料，含水量过大无法晾干的土不得用作雨期施工填料。

路堤应分层填筑，每一层应做成 2%～4%的排水横坡，整平压实，以防积水。对当日能填筑的土,应大堆存放,并设法防止雨淋,保证不被雨水浸泡。

3) 雨期开挖路堑

雨期开挖路堑应分层开挖,每层均应设置排水纵横坡、排水沟,使雨水及时排出。

4) 雨期施工技术措施

(1) 修建晴雨天畅通无阻的施工便道。

(2) 修建临时截水、排水设施,做到雨后能迅速排除施工范围内的积水。

(3) 备用土料应堆置在高地,料堆周边应挖排水沟,备有防雨苫布,雨前应及时覆盖,储备一定数量透水性好的填料(砂砾土、石屑土、砂土)。

(4) 缩短作业面,当天填土应当天压实成型,压实层顶面应平整,横坡宜为4%(双向);挖方路堑应从上至下分段、分层开挖,土质路基每开挖层的纵坡不得小于2%,横坡不得小于4%,每层均应开挖临时排水沟,并做到排水通畅。挖至路床设计高程上30~50cm时应停止开挖,将横坡修整成4%,并加深两侧临时排水沟,做到雨后顶面无积水、排水通畅。

2. 路基冬期施工

昼夜平均温度在-3℃以下并连续10d以上时,需要进行路基施工的情况称为路基冬期施工。昼夜平均气温虽然上升到-3℃以上,但冻土未完全融化时,也可看作冬期施工的情况。路基冬期施工应采取适当的冬期施工技术措施。

1) 冬期施工前的准备工作

根据冬期施工项目的先后次序,编制冬期施工组织计划。编制冬期施工组织计划时应考虑如下要点。

(1) 冬期施工项目在冰冻前进行现场放样,保护好控制桩并做出明显标记,防止其被冰雪掩埋和冻胀移位。

(2) 冰冻前应全部清除路基范围内的树根、草皮和杂物,挖好坡地上填方台阶,并修通现场施工便道。

2) 冬期填筑路堤

(1) 路堤填料应选用未冻结的砂类土、碎(卵)石土、石块石渣等透水性良好的土。

(2) 填土前应先清除地面的积雪、冰块,并根据设计需要决定是否刨出冻层,再分层夯实。

(3) 用砂、砂砾、石块填筑路基,若室外平均气温高于-5℃时,连续填土高度不受限制;低于-5℃时,则连续填土高度不得超过表2-11规定的值。

表2-11 温度低于-5℃时的连续填土高度限值

温度范围/℃	填土高度/m	温度范围/℃	填土高度/m
-10~-5	4.5	-20~-16	2.5
-15~-11	3.5		

(4) 填筑路堤,应按横断面全宽作业,每层松厚应按正常减少20%~30%,且最大松铺厚度不得超过30cm。压实度不得低于正常时的施工要求。当天填土,当天压实。

(5) 填土后立即铺筑高级路面或次高级路面的路基严禁用冻土填筑。路床顶以下范围内，不得用冻土填筑。容许使用冻土的也必须与好土掺匀，严禁集中使用冻土。

2.5.2 路基工程质量检查验收

路基工程完工后，由施工单位会同监理单位按设计文件和施工规范要求对路基工程进行检查验收。

1. 中间检查

施工过程中当每一分项、分部工程完成后，应按设计文件及施工规范等进行中间检查。如路基原地面处理完毕，应检查基底处理情况；边坡加固前，应对加固方法、加固形式、填挖方边坡加固的适用性和边坡坡度是否适当等进行检查；若发现已完工路基受水浸淹损坏、取土及弃土超过设计、意外的填土下陷、填挖方边坡坍塌需增加土方及边坡加固工程数量时应进行中间检查。此外，在路基渗沟回填土前、路基换土工作完成后、各类防护加固工程基坑开挖后必须进行中间检查验收，检查不合格不得进行下一道工序的施工。

2. 竣工验收

对路基进行竣工验收时，应对以下项目进行检查、验收：路基的平面位置、路基宽度、标高、横坡和平整度；边坡坡度及加固设施；边沟等排水设施的尺寸及沟底纵坡；防护工程的修建位置和尺寸，填土压实度及表面弯沉值；隐蔽工程记录等。这些项目的具体评定应依据《城镇道路工程施工与质量验收规范》(CJJ 1—2008)进行。

土方路基(路床)质量检验应符合下列规定：

1) 主控项目

(1) 路基压实度应符合表2-9的规定。

检查数量：每1000m^2、每压实层抽检1组(3点)。

检验方法：查检验报告(环刀法、灌砂法或灌水法)。

(2) 弯沉值不得大于设计规定。

检查数量：每车道、每20m测1点。

检验方法：弯沉仪检测。

2) 一般项目

土路基允许偏差应符合表2-12的规定。

表2-12 土路基允许偏差

项目		允许偏差	检验频率			检验方法
			范围/m	点数		
路床纵断高程/mm		−20 +10	20	1		用水准仪测量
路床中线偏位/mm		≤30	100	2		用经纬仪、钢尺量取最大值
平整度/mm	路基各压实层	≤20	20	路宽/m	<9	1	用3m直尺和塞尺连续量两尺，取较大值
				9~15	2	
	路床	≤15		>15	3	

续表

项目	允许偏差	检验频率			检验方法
		范围/m	点数		
路床宽度/mm	不小于设计值+B	40	1		用钢尺量
路床横坡	±0.3%且不反坡	20	路宽/m	<9: 2 9～15: 4 >15: 6	用水准仪测量
边坡	不陡于设计值	20	2		用坡度尺量,每侧1点

注：B 为施工时必要的附加宽度。

填石路堤质量应符合下列要求。

1) 主控项目

压实密度应符合试验路段确定的施工工艺，沉降差不得大于试验路段确定的沉降差。

检查数量：每 $1000m^2$，抽检 1 组(3 点)。

检验方法：水准仪量测。

2) 一般项目

(1) 路床顶面应嵌缝牢固，表面均匀、平整、稳定，无推移、浮石。

检查数量：全数检查。

检验方法：观察。

(2) 边坡应稳定、平顺，无松石。

检查数量：全数检查。

检验方法：观察。

(3) 填石方路基允许偏差应符合表 2-13 的规定。

表 2-13 填石方路基允许偏差

项目		允许偏差	检验频率			检验方法
			范围/m	点数		
路床纵断高程/mm		−20 +10	20	1		用水准仪测量
路床中线偏位/mm		≤30	100	2		用经纬仪、钢尺量取最大值
平整度/mm	各压实层	≤30	20	路宽/m	<9: 1 9～15: 2 >15: 3	用3m直尺和塞尺连续量两尺,取较大值
	路床	≤20				
路床宽度/mm		不小于设计值+B	40	1		用钢尺量
路床横坡		±0.3%且不反坡	20	路宽/m	<9: 2 9～15: 4 >15: 6	用水准仪测量
边坡		不陡于设计值	20	2		用坡度尺量,每侧1点

注：B 为施工必要的附加宽度。

砌体挡土墙质量检验应符合下列规定。
1) 主控项目
(1) 地基承载力应符合设计要求。
检查数量：每道墙基槽1组(3点)。
检验方法：查触(钎)探检测报告、隐蔽验收记录。
(2) 砌块(砖)、石料强度应符合设计要求。
检查数量：每品种、每检验批1组(3块)。
检验方法：查试验报告。
(3) 砂浆平均抗压强度等级应符合设计规定，任一组试件抗压强度最低值不得低于设计强度的85%。
检查数量：同一配合比砂浆，每50m³砌体中，做1组(6块)，不足50m³按1组计。
检验方法：查试验报告。
2) 一般项目
(1) 挡土墙应牢固，外形美观，勾缝密实、均匀，泄水孔通畅。
(2) 砌筑挡土墙允许偏差应符合下表2-14的规定。

表2-14 砌筑挡土墙允许偏差

项目		允许偏差、规定值			检验频率		检验方法
		料石	块石、片石	预制块(砖)	范围	点数	
断面尺寸/mm		0 +10	不小于设计规定		20m	2	用钢尺量，上下各1点
基底高程/mm	土方	±20	±20	±20		2	用水准仪测量
	石方	±100	±100	±100			
顶面高程/mm		±10	±15	±20		2	
轴线偏位/mm		≤10	≤15	≤15		2	用经纬仪测量
墙面垂直度		≤0.5%H且≤20mm	≤0.5%H且≤30mm	≤0.5%H且≤30mm	20m	2	用垂线检测
平整度/mm		≤5	≤30	≤30		2	用2m直尺和塞尺量
水平缝平直度/mm		≤10	—	—		2	用20m线和钢尺量
墙面坡度		不陡于设计规定				1	用坡度板检验

注：表中H为构筑物全高。

路基其余各部分的质量检验标准详见规范《城镇道路工程施工与质量验收规范》(CJJ 1—2008)。

能力训练

分小组讨论并回答以下问题。
(1) 路基分几个阶段控制施工质量？

(2) 土质路基的主要检查项目有哪些？检查的方法和频率？

(3) 砌筑挡土墙主要检查项目有哪些？检查的方法和频率？

习题

一、选择题

1. 土方路基(路床)质量检验的主控项目包括( )。
   A．压实度和弯沉值　　　　　B．压实度和路基宽度
   C．路基高程和弯沉值　　　　D．回弹模量和加州承载比

2. 石方路基(路床)质量检验的主控项目包括( )。
   A．弯沉值　　　　　　　　　B．压实度
   C．路基高程　　　　　　　　D．回弹模量

3. 路基压实度的检查频率是每1000m^{2}的点数是( )。
   A．由质量检查人员确定的　　B．每层一组(2 点)
   C．每层一组(3 点)　　　　　D．由监理工程师确定的

4. 路基的弯沉指标用( )方法检验。
   A．3m 直尺　　B．承载板　　C．环刀法　　D．弯沉仪

5. 以下( )是土路床横坡的允许偏差。
   A．±0.3%且不反坡　　　　　B．±0.3%或不反坡
   C．±0.5%且不反坡　　　　　D．±0.5%或少量反坡

6. 浆砌料石、砖、砌块挡土墙的断面尺寸允许偏差要求为( )mm。
   A．-10~0　　B．-5~10　　C．0~+5
   D．0~+10　　E．不小于设计规定

7. 路基几何尺寸的构成要素有( )。
   A．压实度　　B．宽度　　C．平整度
   D．边坡坡度　　E．弯沉

二、简答题

1. 路基施工雨季施工前的准备工作有哪些？
2. 路基什么条件下进入冬期施工？

项目 3

市政道路基(垫)层施工

能力目标

(1) 读懂路面结构图中基层部分内容，能就图中相关技术问题与设计方进行沟通。
(2) 掌握道路基层测量放样及参与基层施工准备工作的能力。
(3) 会查阅施工技术规范，具备进行道路基层施工技术方案编制的能力。
(4) 会查阅验收规范等资料，具备对基层工程进行质量控制与验收的能力。

项目导读

路面基(垫)层是路面结构层中重要的组成部分，基层整体强度的大小和好坏，会直接影响到整个路面，特别是沥青路面的使用性能和寿命，其质量是非常重要的。为此本项目从识读基层施工图领会设计意图、测量放样两个施工准备工作入手，把目前常用的无机结合料稳定类基层和碎、砾石类基层的施工作为两个实体工程施工任务，最后完成基层施工质量控制与验收任务。

通过对以上项目和任务相关知识的介绍，结合工程实例模拟训练，同时借助多媒体设备、实训设备、实训现场、实操训练，形成"做中学，学中做"理实一体的教学过程。最后给定实际的基层工程施工图，由学生完成各个任务单规定的内容，并结合施工员岗位考核相关习题作为本项目能力训练与考核，以确保达到项目能力目标。

项目任务

(1) 根据本书配套图集《市政工程施工图案例图集》，图号路-8、路-9 进行道路基层施工准备工作，重点对基层与路基施工准备工作的不同之处进行描述。

(2) 根据工程特点和工程现场实际条件，结合路基的构造特点，选择合适的施工方法、合理的施工机械，组织施工工艺流程，提出保证施工质量和安全的施工技术措施和施工注意事项。

(3) 根据规范要求提出该基层的施工质量控制和检查验收项目和实施方案。

(4) 对案例图集中的道路基层施工技术方案进行编制时可参考其他道路稳定类基层施工方案。

(5) 项目成果为道路基层施工技术方案一份。

任务 3.1　道路基(垫)层施工准备

本任务是基层施工的基础,基层施工前应熟悉路面结构图所包括的内容,路面结构的组成、基(垫)层的作用、基(垫)层的材料与类型、各类基层的强度特点等,掌握稳定类基层的施工,熟悉粒料类基层施工。

3.1.1　路面结构图识读

路面是由各种坚硬材料铺筑在路基顶面,供车辆直接在其表面行驶的层状结构物,具有承受车辆重量、抵抗车轮磨耗和保持道路表面平整的作用。

路面结构施工图是表达各结构层的材料和设计厚度,用以指导路面施工的图样,如图 3.1(a)所示。当路面结构类型单一时,可在标准横断面上用竖直引出线标注,如图 3.1(b)所示;当路面结构类型较多时,可在路段不同的结构分别绘制路面结构图,并标注材料符号(或名称)及厚度,如图 3.1(c)所示。

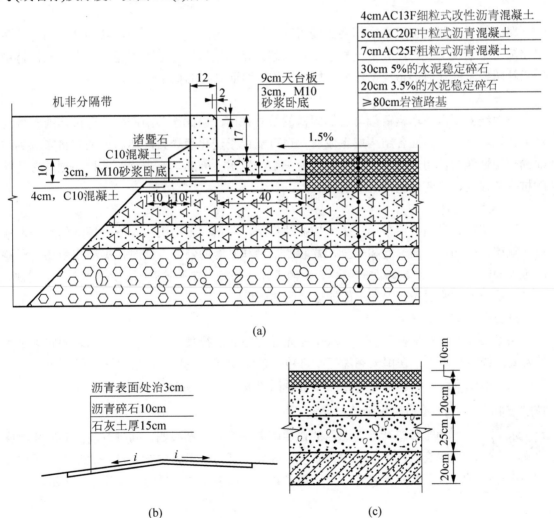

图 3.1　路面结构图

1. 路面工程特点及对路面的要求

路基是路面结构的基础，具有足够强度与稳定性的路基可为路面结构长期承受车辆荷载提供重要的保证。路基和路面是不可分离的整体，应综合考虑其工程特点，综合解决两者的强度、刚度及稳定性等工程技术问题。

路面是道路的主要组成部分，良好的路面能够保证车辆高速、安全、舒适地行驶，并能节约运输费用，充分发挥道路的功能。为满足行车的使用要求，提高行车速度，增强行车的安全性和舒适性，降低运输成本，延长道路的使用寿命，要求路面具有下述一系列性能。

1) 强度和刚度

路面强度是指路面结构整体及各结构层抵抗在各种荷载作用下产生的应力(压应力、拉应力、剪应力)及破坏(裂缝、变形、车辙、沉陷、波浪)的能力。刚度是指其抵抗变形的能力。

2) 稳定性

路面结构暴露在大气之中，会受到气温、降水与湿度变化的影响，其物理、力学性质也将随之不断发生变化，处于一种不稳定状态。路面结构经受这种不稳定状态，而保持结构设计所要求的几何形态及物理力学性质，称为路面结构的稳定性。

3) 耐久性

路面结构要承受车辆荷载与自然因素的重复作用，由此而逐渐产生疲劳破坏或塑性变形的累积。此外，路面各结构层组成材料也可能由于老化而导致破坏。这些都将影响到路面的使用性能与使用寿命，增加路面的养护维修费用。因此，要求路面结构必须具有足够的抗疲劳强度、抗变形能力及抗老化能力。

4) 表面平整度

不平整的路表面会使车辆产生附加振动作用，并增大行车阻力。这种振动作用会造成行车颠簸，影响行车的速度和安全、驾驶的平稳和乘客的舒适。同时，振动作用还会对路面施加冲击力，从而加剧路面的破坏、车辆机件的损坏及轮胎的磨损，并增大油料的消耗。而且，不平整的路面还会因积水而加速路面的破坏。

5) 表面抗滑性能

路面表面要求既平整又粗糙，汽车在光滑的路面上行驶时，车轮与路面之间缺乏足够的附着力或摩擦阻力，在雨天高速行车，或紧急制动或突然启动，或爬坡、转弯时，车轮易产生空转或打滑，致使车速降低，油料消耗增多，甚至引起严重的交通事故。

2. 路面结构层的划分

【参考图文】

由于行车荷载对路面的作用随着深度而逐渐减弱，同时路基的湿度和温度状况也会影响路面的工作状况，因此从受力情况、自然因素等对路面作用程度的不同及经济角度考虑，一般将路面分成若干层来铺筑，如图3.2所示。

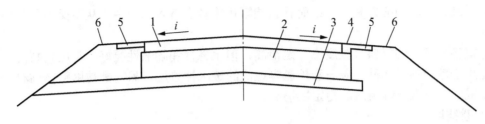

图 3.2 路面结构层次划分示意图

i—路拱横坡度；1—面层；2—基层(有时包括底基层)；3—垫层；4—路缘石；5—加固路肩；6—土路肩

1) 面层

直接承受车轮荷载反复作用和自然因素影响的结构层叫面层，可由一至三层组成。面层应具备足够的强度和稳定性，同时还应具备耐磨性和不透水性。表面层应具备较高的抗滑性和平整度。面层对车辆行驶的安全、迅速、舒适关系最大。对于高等级道路，常用较高级的材料来铺筑，如水泥混凝土、沥青混凝土、沥青碎石混合料等。高等级路面的面层常由二至三层组成，分别称为表面层、中面层和下面层。中、低级路面(如砂石路面)面层上所设的磨耗层和保护层也包括在面层之内。

2) 基层

基层设置在面层之下，并与面层一起将车轮荷载的反复作用传递到底基层、垫层和土基中。因此，对基层材料的要求是应具有一定的抗压强度、密度、耐久性和扩散应力的能力(即应有较好的板体性)。由于基层不直接与车轮接触，故一般对基层材料的耐磨性不予严格要求，但因基层本身不能阻挡地下水和地表水的侵入，所以基层结构应具有足够的水稳定性。底基层设置在基层之下，并与基层一起传递车轮荷载反复作用，起次要承重作用。

基层按所用的材料可分为无机结合料稳定类(也称半刚性)、粒料类、沥青类等，各种常用基层、底基层分类见表 3-1。

表 3-1　各种常用基层、底基层分类

无机结合料稳定类	水泥稳定类		包括水泥稳定砂粒、砂粒土、碎石土、未筛分碎石、石屑
	石灰稳定类		包括石灰稳定土(石灰土)、天然砂粒土、天然碎石土以及用石灰稳定级配砂粒和级配碎石
	石灰工业废渣类	石灰粉	包括石灰粉煤灰(二灰)、石灰粉煤灰土(二灰土)
		石灰	包括石灰煤渣、石灰煤渣土、石灰煤渣碎石
粒料类	嵌锁型		包括泥结碎石、泥灰结碎石、填隙碎石等
	级配型		包括级配碎石、级配砾石、级配砂砾等
沥青类	沥青混合料(沥青碎石)		
	沥青灌入式碎石		

3) 垫层

垫层是底基层和土基之间的层次，它的主要作用是加强土基、改善基层的工作条件。垫层往往是为蓄水、排水、隔热、防冻等目的而设置的，所以通常设在路基处于潮湿和过湿以及有冰冻翻浆的路段。在地下水位较高地区铺设的垫层能起隔水作用，称隔离层；在冰冻较深地区铺设的垫层能起防冻作用，称防冻层。此外，垫层还能扩散由基层传下来的应力，以减小土基的应力和变形；而且也能阻止路基土挤入基层中，从而保证了基层的结构性能。

修筑垫层所用的材料，强度不一定很高，但水稳性和隔热性要好，常用材料有两类：一类是用松散粒料，如砂、砾石和炉渣等组成的透水性垫层；另一类是用整体性材料，如石灰土或炉渣石灰土等组成的稳定性垫层。

4) 联结层

联结层是在面层和基层之间设置的一个层次。它的主要作用是加强面层与基层的共同作用或减少基层的反射裂缝。实践证明，对于交通繁重的道路和高速公路，不论哪一种基层，一般都要设置联结层才能保证面层有较好的使用效果。否则，路面会出现早期开裂。联结层所采用的方式一般是沥青贯入式和沥青碎石。

应当指出，不是任何路面结构都需要上述几个层次，而应根据具体情况设定。而且，层次的划分也不是一成不变的。例如，在道路改建中，旧路的面层可成为新路面的基层。此外，为了保护沥青路面的边缘，一般要求基层比面层每边宽出 25cm；垫层也要比基层每边宽出 25cm，并大于上一层的结构厚度。

3. 路面分类

【参考图文】

按面层使用材料分，可分为沥青类路面、水泥混凝土路面、粒料路面、块料路面等。

按强度构成原理分，可分为嵌锁类、级配类、结合料稳定类和铺砌类路面。

按荷载作用下的力学性质分，可分为柔性路面、半刚性路面和刚性路面。

1) 柔性路面

结构整体刚度较小，在荷载作用下产生较大弯沉变形，结构本身的抗弯拉强度较低，通过结构层传递到土基的荷载单位压力较大。这类路面主要是指由各种粒料类基层和各类沥青面层组成的结构体系。

2) 半刚性路面

半刚性路面在前期具有柔性路面的特征，后期强度大幅度的增长，但最终强度低于水泥混凝土。其力学性质介于柔性与刚性路面之间。常用水泥、石灰等无机结合料稳定各种粒料以及含有水硬性结合料的工业废渣铺筑。一般是把在这种基层上铺筑的沥青路面称为半刚性路面，而把这种基层称为半刚性基层。

3) 刚性路面

刚性路面主要是指用水泥混凝土作面层或基层的路面结构。水泥混凝土与其他道路材料相比具有抗弯拉强度高、弹性模量高、刚度大的特点。在荷载作用产生的竖向变形很小时，可使结构层处于弹性的板体工作状态。这类路面结构主要靠混凝土的抗弯和抗拉强度承受车辆荷载作用。由于板体的扩散及分布荷载作用，使传递到板下基础上的单位压力较小。

这种以力学特性为标准分类的方法主要是为了从结构层功能原理和设计方法等方面进行区分，并没有绝对的定量分界界限。近年来，随着材料科学的发展，正在逐步改变这种路面属性。如水泥混凝土路面在保持其具有高强优势的前提下，降低其刚度，以改善行车性能。沥青材料的改性研究也可使沥青路面材料的力学性质及气候稳定性得到改善与大幅度的提高。

3.1.2 道路基(垫)层测量放样

道路基(垫)层测量放样的精度要求要比路基施工阶段高。为了保证精度、便于测量，通常在路面施工之前，将道路两侧的导线点和水准点引到路基上。导线点和水准点一般设置在桥梁、通道的桥台上或涵洞的压顶石上，以防止被破坏。引测的导线点和水准点，要进行附合或闭合，精度应满足一、二级导线和五等水准测量的要求。

路面基层施工测量工作包含恢复中线、放样高程和边线测量。

1. 路面基层中桩和边桩的测设

根据道路两侧的施工控制桩，按照施工控制桩钉桩的记录和设计路面宽度，推算出施工控制桩距路面边线(侧石内侧边线)和路面中心的距离，然后自施工控制桩沿横断面方向分别量出中线至路面边线的距离，即可定出路面边桩和道路中桩。同时可按路面设计宽度尺寸复测路面边桩到路中线的距离，对边桩和中桩进行校核如图3.3所示。

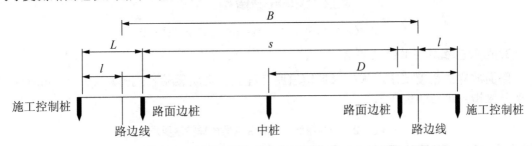

图3.3 中桩和边桩的测设

B—路基设计宽度；l—施工控制桩距路边线的距离；s—路面设计宽度；
L—施工控制桩到路面边桩的距离，$L = \dfrac{B-s}{2} + l$；D—施工控制桩到中桩的距离，$D = \dfrac{B}{2} + l$

2. 路拱放样

1) 直线形路拱的放样

(1) 计算中桩填挖值，即中桩桩顶实测高程与路面各层设计高程之差。

(2) 计算路面边线桩填挖值，即边线桩桩顶实测高程与路面基层设计高程之差。

(3) 根据计算成果，分别在中桩、边桩上标定挂线，即得到路面基层的横向坡度。如果路面较宽，可在中间加点。

施工时，为了使用方便，应预先将各桩号断面的填挖值计算好，以表格形式列出，供放样时直接使用。

2) 抛物线形路拱的放样

施工时，可采用"平砖法"控制路拱形状。即在边桩上依路中心高程挂线后，按路拱曲线大样图所注的尺寸[图3.4(a)]及路面结构大样图[图3.4(b)]，在路中两侧一定距离处[图3.4(c)]，在距路中150cm、300cm和450cm处分别向下量5.8cm、8.2cm、11.3cm，放置平砖，并使平砖顶面正处在拱面高度，铺撒碎石层时，以平砖为标志就可找出设计的拱形。实施施工中使用更多的是路拱样板，随时可检测路拱误差。在曲线部分测设面边桩和下平砖时，应根据设计图样做好内侧路面加宽和外侧路拱超高的测设工作。

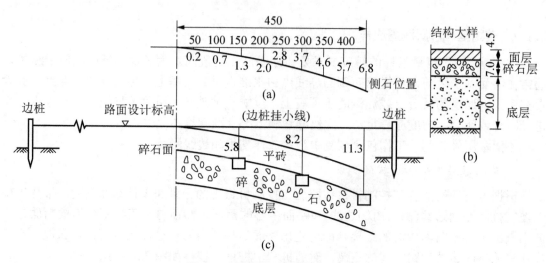

图 3.4　路拱样板放样(单位：cm)

(a) 路拱曲线；(b) 路面结构；(c) 平砖法路拱放样

3. 路面基层放样的精度要求

路面放样的精度要求，根据《城镇道路工程施工与质量验收规范》(CJJ 1—2008)要求主要技术指标可参照表 3-2。

表 3-2　城镇道路基层和底基层放样精度要求

序号	检查项目	基层	底基层
1	中线平面偏位/mm	≤20	
2	纵断高程/mm	±15	±20
3	宽度/mm	不小于设计规定值+B	
4	横坡	±0.3%且不反坡	

注：B 为施工时必要的附加宽度。

能力训练

1. 看懂《市政工程施工图案例图集》中道路工程图，并回答以下问题。
(1) 该图的名称是什么？绘图比例是多少？
(2) 该道路工程的路面各结构层的类型、厚度和横坡各是多少？
(3) 该道路工程路面从力学特性分属于哪一类？
(4) 该道路工程路面横坡是如何确定的？
2. 分小组用"平砖法"进行抛物线型路拱放样实训。

习题

一、选择题

1. 路面结构各层次中，主要起调节和改善土基水温状况作用的是(　　)。
　　A．面层　　　　B．基层　　　　C．垫层　　　　D．联结层

2. 道路各结构层次从上到下正确的一项是( )。
   A. 面层、联结层、垫层
   B. 面层、基层、整平层、土基
   C. 面层、基层、垫层、联结层、土基
   D. 面层、联结层、基层、垫层、土基
3. 为保护路面边缘，基层至少应比面层( )。
   A. 每边宽 0.5m   B. 每边宽 0.25m
   C. 每边宽 0.2m   D. 每边宽 0.15m
4. 柔性路面结构层次中，基层主要起( )的作用。
   A. 承受竖向力   B. 承受水平力
   C. 承受水平和竖向力   D. 整平
5. 下列对路面使用要求的说法中正确的是( )。
   A. 路面应具有足够的强度和刚度
   B. 路面应具有足够的稳定性，能长期承受温度、湿度变化和荷载的作用
   C. 路面应具有足够的粗糙度，因而应适当降低平整度
   D. 路面应具有足够的耐久性，使路面在外界因素作用下耐疲劳、耐老化
   E. 路面应与周围环境相协调
6. 路面结构整体及各结构层抵抗在各种荷载作用下产生的应力及破坏的能力是指路面的( )。
   A. 强度   B. 挠度   C. 刚度   D. 耐久性
7. 路面结构层次中直接与行车和大气相接触的表面层次是( )。
   A. 面层   B. 基层   C. 垫层   D. 结构层
8. 沥青路面结构层次中的承重层是( )。
   A. 面层   B. 基层   C. 垫层   D. 防水层
9. 按荷载作用下的力学性质划分，路面可分为( )。
   A. 柔性路面、刚性路面、半刚性路面
   B. 柔性路面、半柔性路面、半刚性路面
   C. 柔性路面、刚性路面、半柔性路面
   D. 半柔性路面、刚性路面、半刚性路面
10. 路面的最基本的功能是( )
   A. 为车辆提供快速、安全、舒适和经济的行驶环境
   B. 给道路使用者留下美好的印象
   C. 防治路基出现滑坡、崩塌等病害
   D. 承受车辆荷载的垂直力，并下传给地基

二、判断题

1. 垫层设在底基层和土基之间，起排水、隔水、防冻、防污等作用。 ( )
2. 垫层的主要功能是承受车辆荷载的垂直力。 ( )
3. 路面是用各种材料或混合料，分单层或多层铺筑在路基顶面供车辆行驶的层状构造物。 ( )

4. 路面是道路的主要组成部分，它的好坏会直接影响行车速度。　　　　（　　）

任务 3.2　道路基（垫）层施工

本任务是在读懂路面结构施工图、做好基层施工准备的前提下，掌握各类基层的材料要求、施工方法、施工工艺、施工注意事项等环节，掌握施工规范对基层施工的相关规定和要求。

3.2.1　稳定类基层概述

1. 常用稳定类基层的定义

稳定类基层又称为半刚性基层，目前常用的是石灰稳定类、水泥稳定类和石灰工业废渣稳定类。这类基层具有强度与刚度较大、水稳性与抗冻性较好、可充分利用地方材料等优点；同时也有收缩系数较大、抗变形能力较低、透水性差、表面易积水、破裂后不能愈合等缺点。

1) 石灰稳定类基层

在粉碎的或原来松散的土（包括各种粗粒土、中粒土和细粒土）中，掺入足够数量的石灰和水，通过拌和得到的混合料经摊铺压实及养生后，当其抗压强度或耐久性符合规定要求时，称为石灰稳定类基层。

用石灰稳定细粒土得到的混合料，简称石灰土。石灰土的干缩和温缩特性十分明显，且都会导致裂缝，强度未充分形成时表面会遇水软化产生唧浆冲刷等损坏，已被严格禁止用于高等级道路路面基层，只能用作底基层。

用石灰稳定粗粒土或中粒土得到的混合料，视所用原材料而定，原材料为天然砂砾土时，简称石灰砂砾土；原材料为天然碎石土时，简称为石灰碎石土。

2) 水泥稳定类基层

在粉碎的或原来松散的土（包括各种粗粒土、中粒土和细粒土）中，掺入足够数量的水泥和水，通过拌和得到的混合料经摊铺压实及养生后，当其抗压强度和耐久性符合规定要求时，称为水泥稳定类基层。

用水泥稳定细粒土得到的混合料，简称水泥土。水泥土的干缩系数、干缩应变和温缩系数都明显大于水泥稳定粒料，所产生的收缩裂缝也比水泥稳定粒料严重得多，水泥土强度未充分形成时表面会遇水软化，导致沥青路面龟裂破坏；水泥土的抗冲刷能力低，表面会遇水软化，易产生唧浆冲刷现象，导致路面裂缝、下陷扩展。为此只能用作高等级道路的底基层。

用水泥稳定粗粒土或中粒土得到的混合料，视所用原材料，可简称水泥稳定碎石、水泥稳定砂砾等。

3) 石灰工业废渣类基层

在粉碎的或原来松散的土（包括各种粗粒土、中粒土和细粒土）中加入一定比例的石灰与工业废渣，经加水拌和、压实和养生后得到一种强度和耐久性都有很大提高并符合规范规定的要求的混合料，称为石灰工业废渣稳定土（简称石灰工业废渣）。

石灰工业废渣材料可分两大类：石灰粉煤灰类和石灰其他废渣类。其中应用最多最广的是石灰和粉煤灰类。用石灰和粉煤灰稳定细粒土(含砂)得到的混合料，简称二灰土，俗称"三渣"。用石灰和粉煤灰稳定级配砂砾和级配碎石时，分别简称为二灰砂砾和二灰碎石。二灰土有良好的力学性能、板体性、水稳性和一定的抗冻性，其抗冻性比石灰土高很多。同时也具有明显的收缩特性，但比水泥土和石灰土小。也被严格禁止用于高等级道路路面基层，只能用做底基层。

2. 半刚性基层的材料要求

1) 土

(1) 级配：基层用土要易于粉碎，满足一定的级配，便于碾压成型。

(2) 最大粒径：水泥、石灰稳定土用作市快速路、主干路基层和底基层时，颗粒最大粒径不应超过37.5mm，用作其他道路基层时，颗粒的最大粒径不应超过37.5mm，用作底基层时，颗粒的最大粒径不应超过53mm。

(3) 颗粒组成：用水泥稳定类混合料作基层时，土的均匀系数应大于5，一般选用均匀系数大于10的土。水泥稳定类混合料的粒料范围及技术指标应符合表3-3的要求。工业废渣稳定类混合料的集料颗粒组成应符合表3-4的要求。

表3-3 水泥稳定类混合料的粒料范围及技术指标

项 目		通过质量百分率/(%)			
		底基层		基层	
		次干路	快速路、主干路	次干路	快速路、主干路
筛孔尺寸 /mm	53	100	—	—	—
	37.5	100	—	100	—
	31.5	—	90~100	90~100	100
	26.5	—	—	—	90~100
	19	—	67~90	67~90	72~89
	9.5	—	—	45~68	47~67
	4.75	50~100	50~100	29~50	29~49
	2.36	—	—	18~38	17~35
	1.18	—	—	—	—
	0.60	17~100	17~100	8~22	8~22
	0.075	0~50	0~30	0~7	0~7
	0.002	0~30	—	—	—
液限/(%)		—	—	—	<28
塑性指数		—	—	—	<9

表 3-4 砂、砾、碎石级配

筛孔尺寸/mm	通过质量百分率/(%)			
	级配砂砾		级配碎石	
	其他	快速路、主干路	其他	快速路、主干路
37.5	100	—	100	—
31.5	85～100	100	90～100	100
19.0	65～85	85～100	72～90	81～98
9.50	50～70	55～75	48～68	52～70
4.75	35～55	39～59	30～50	30～50
2.36	25～45	27～47	18～38	18～38
1.18	17～35	17～35	10～27	10～27
0.60	10～27	10～25	6～20	8～20
0.075	0～15	8～10	0～7	0～7

(4) 液、塑性指数：水泥稳定类时，塑性指数为宜为 10～17；石灰稳定类时，塑性指数宜为 10～15。

(5) 硫酸盐、有机质含量：水泥稳定时，有机质含量不应大于 2%；硫酸盐含量不应大于 0.25%；石灰稳定类的土的有机质含量不应超过 10%。

(6) 压碎值：基层(底基层)所用的碎、砾石应具有一定的抗压能力，对城市快速路、主干路基层与底基层不得大于 30%；对其他道路基层不得大于 30%；对底基层不得大于 35%。

2) 水泥

应选用初凝时间大于 3h、终凝时间不小于 6h 的 32.5 级、42.5 级普通硅酸盐水泥、矿渣硅酸盐、火山灰硅酸盐水泥。水泥应有出厂合格证与生产日期，复验合格方可使用。若贮存期超过 3 个月或受潮，应进行性能试验，合格后方可使用。

3) 石灰

石灰的技术指标应符合表 3-5 的要求。应尽量缩短石灰的存放时间。石灰在野外存放时间较长时，应覆盖防潮。高等级道路的基层(底基层)宜采用磨细生石灰。

表 3-5 石灰的技术指标

项目		类别	钙质生石灰			镁质生石灰			钙质消石灰			镁质消石灰		
		等级	Ⅰ	Ⅱ	Ⅲ	Ⅰ	Ⅱ	Ⅲ	Ⅰ	Ⅱ	Ⅲ	Ⅰ	Ⅱ	Ⅲ
有效钙加氧化镁含量/(%)			≥85	≥80	≥70	≥80	≥75	≥65	≥65	≥60	≥55	≥60	≥55	≥50
未消化残渣含 5mm 圆孔筛的筛余/(%)			≤7	≤11	≤17	≤10	≤14	≤20	—	—	—	—	—	—
含水量/(%)			—	—	—	—	—	—	≤4	≤4	≤4	≤4	≤4	≤4
细度	0.71mm 方孔筛的筛余/(%)		—	—	—	—	—	—	0	≤1	≤1	0	≤1	≤1
	0.125mm 方孔筛的筛余/(%)		—	—	—	—	—	—	≤13	≤20	—	≤13	≤20	—
钙镁石灰的分类筛，氧化镁含量/(%)			≤5			>5			≤4			>4		

4) 粉煤灰

粉煤灰中 SiO_2、Al_2O_3 和 Fe_2O_3 总量大于 70%；烧失量不大于 10%。粉煤灰的细度应满足 90%通过 0.3mm 筛孔，70%通过 0.075mm 筛孔，比表面积不宜大于 2500cm^2/g 的要求。

干粉煤灰堆放时应加水，以防止飞扬造成污染。湿粉煤灰的含水量不宜超过 35%。使用时，应将凝固的粉煤灰打碎或过筛，同时清除有害杂质。

5) 水

无有害物质，人、畜饮用的水均可使用。

3. 稳定土基层混合料的强度要求

无机结合料稳定类基层包括石灰类、水泥类、石灰工业废渣类。各类基层施工前，所使用的石灰、水泥、碎(砾)石、细粒土、粉煤灰等原材料应满足相关规范规定的技术要求，同时应认真做好稳定土基层混合料组成设计，以满足强度和耐久性以及稳定的效果。稳定土基层混合料组成设计的主要内容是确定无机结合料的剂量及混合料最佳含水量和最大密实度。无机结合料剂量是指结合料质量占全部土颗粒的干质量的百分率，即结合料剂量=结合料质量/干土质量。目前，采用无侧限抗压强度作为稳定土的强度指标。稳定土的抗压强度标准见表 3-6。

表 3-6 稳定土的抗压强度标准

层位		高速和一级公路 城市快速路和主干道/MPa	其他/MPa
基层	水泥稳定类	3.0～4.0	2.5～3.0
	石灰稳定类	—	≥0.8
	石灰工业废渣类	0.8～1.1	0.6～0.8
底基层	水泥稳定类	1.5～2.5	1.5～2.0
	石灰稳定类	≥0.8	0.5～0.7
	石灰工业废渣类	≥0.6	≥0.5

考虑施工现场质量的波动性，工地实际采用的结合料剂量应比室内试验确定的剂量多 0.5%～1.0%。

近年来，土壤固化剂在道路基层上推广应用。凡能改善和提高土壤技术性能的材料称为土壤固化剂，土壤固化剂可分为液粉状、粉状。用土壤固化剂固化路面基层和底基层时，其固化类混合料的强度标准见表 3-7。

表 3-7 固化类混合料的强度标准

层位	固化剂类别		道路等级	
			城市快速路和主干路	城市次干路和支路
基层	液粉	水泥类	3～4	2～3
		石灰类	—	≥0.8
		水泥石灰类	3～4	2～3
		石灰粉煤灰类	≥0.8	≥0.6
	粉状固化剂		3～4	2～3

续表

层位	固化剂类别		道路等级	
			城市快速路和主干路	城市次干路和支路
底基层	液粉	水泥类	≥1.5	≥1.5
		石灰类	≥0.8	0.5～0.7
		水泥石灰类	≥1.5	≥1.5
		石灰粉煤灰类	≥0.5	≥0.5
	粉状固化剂		≥1.5	≥1.5

3.2.2 稳定类基层施工

1. 石灰稳定类基层施工

石灰稳定类基层施工根据施工拌和方式的不同可分为路拌法和厂拌法。一般高等级道路半刚性基层多采用厂拌法施工，低等级道路多采用路拌法施工。

1) 路拌法施工

【参考视频】

石灰稳定土一般采用路拌法，在城镇人口密集区，应使用厂拌石灰土，不得使用路拌法。石灰稳定土施工工序为：准备下承层与施工放样→备料→摊铺→拌和洒水→整形→碾压→养生及交通管制。

(1) 准备下承层与施工放样。施工前应对下承层(土基或底基层)按质量验收标准进行验收，合格后，才能进行中线放样，并在两侧路面边缘外 0.3～0.5m 处设指示桩，在指示桩上标出基层(底基层)边缘设计标高及松铺厚度位置。

(2) 备料。根据各路段基层(底基层)的宽度、厚度及预定的干密度，计算各路段需要的干燥集料数量。根据混合料的配合比、材料的含水量以及运输车辆的吨位，计算各种材料每车料的堆放距离。对于以袋为计量单位的石灰等结合料，应计算出每袋结合料的堆放距离。

准备使用的石灰应提前 2～3d 洒水，使石灰充分消解，未能消解的石灰块应用孔径为 10mm 的筛筛除。在潮湿多雨地区施工时，应采取有效措施使细粒土、结合料免受雨淋。

(3) 摊铺。摊铺施工包括土料层摊铺和石灰摊铺。

土料层摊铺前，应保持下承层表面湿润。摊铺过程中，应尽量使集料或土摊铺均匀，不出现离析现象。根据试验或试验路段确定的松铺系数(松铺系数为松铺厚度除以压实厚度)，宜取 1.65～1.70。计算松铺土料层的厚度，摊铺厚度不符合要求时，应予以调整。摊铺好的土层上，除了洒水车外，严禁其他车辆通行。

石灰摊铺应均匀，均匀铺完后，应检查石灰的松铺厚度，并校核石灰用量是否合适。

(4) 拌和洒水。使用灰土拌和机或稳定土拌和机"干拌"1～2 遍，使石灰分布到全部土中，不要求完全拌和好，而是预防加水过程中石灰成团。然后边洒水边拌和，进行"湿拌"。

洒水车洒水时，不要中断，不得在正进行的路段上掉头或停留。拌和机械在洒水车后配合进行。拌和过程中，应及时检查混合料的含水量，一般宜比最佳含水量略大 1%～2%，拌和直至水量足够、混合料颜色及含水量均匀为止。

在路基上铺拌时应随时检查拌和深度，严禁在底部留有"素土"夹层，应防止过多破坏土基表面，以免影响混合料的石灰剂量及底部压实。

(5) 整形。混合料拌和均匀后应立即用平地机进行初平。一般在直线段，由两侧向路中心刮平；在曲线段，由内侧向外侧刮平。然后，用轮胎压路机、轮胎拖拉机或平地机快速碾压一遍。

不平整的地方，用齿耙把表面5cm耙松；必要时，用新拌的混合料找平，再进行碾压。每次整平碾压，均需按要求调整坡度和路拱。

为避免出现薄层贴补，在总厚度满足要求的情况下，摊铺时宜"宁高勿低"；整平时，宜"宁刮勿补"。

(6) 碾压。整形后当混合料处于最佳含水量不超过1%～2%范围时，进行碾压。如表面水分不足，应适当洒水。

在人工摊铺和整形的情况下，应先用拖拉机6～8t两轮压路机或轮胎压路机碾压1～2遍，再用重型轮胎压路机、振动压路机或12t以上的三轮压路机进行碾压。初压时，碾压速度以20～30m/min为宜；灰土初步稳定后，以30～40m/min为宜。

【参考视频】

直线和不设超高的平曲线段，应由两侧向中心碾压；设超高的平曲线段，应由内侧向外侧碾压。碾压过程中，石灰土的表面应始终保持湿润，如表面蒸发太快，应及时补充水分，防止表面开裂。同时如发现有"弹簧"、松散、起皮等现象，应及时翻开重新拌和，或用其他方法处理，使其达到质量要求。

碾压结束之前，用平地机终平一次，使高程、路拱和超高符合设计要求，局部低洼之处不得找补，以免出现薄层贴补现象。

(7) 养生及交通管制。养生期应采取洒水保湿措施，在铺筑上层之前，至少养生7d时间。养生方法根据情况可采用洒水、覆盖等方法。养生期间应封闭交通。

养生期结束，应立即施工上层，以免产生收缩裂缝；或先铺一封层，开放交通，待基层充分开裂后，再施工上层，以减少反射裂缝。

(8) 纵、横接缝均应设直槎。纵向接缝宜设在路中线处做成阶梯形，梯级宽不得小于1/2层厚。应尽量减少横向接缝。

2) 集中拌和法(厂拌法)

集中拌和法一般是在中心站用强制式拌和机、双转轴桨叶式拌和机等设备进行集中拌和。用稳定土摊铺机、沥青混凝土摊铺机或水泥混凝土摊铺机进行摊铺。

【参考视频】

(1) 拌和。稳定土混合料正式拌制时，应将土块粉碎，使最大尺寸不超过20mm。配料要准确，拌和要均匀，加水量要略大于最佳含水量的1%左右，混合料运到现场摊铺碾压时，应正好接近最佳含水量。成品料运到现场摊铺前应覆盖，以防水分蒸发。

(2) 摊铺。石灰土每次摊铺长度宜为一个碾压段。当分层摊铺时，应先将下层顶面拉毛，再摊铺上层混合料。摊铺机的生产能力应与拌和机的生产能力相适应。应尽量减少摊铺机摊铺过程中停机待料的情况。石灰土混合料的压实系数应通过试铺试压求得。

【参考视频】

(3) 厂拌法的其他施工工序要求与路拌法相同。

2. 水泥稳定类基层施工

城镇道路中使用水泥稳定土类材料，宜集中拌制法施工。

厂拌法的施工工序：施工准备和放样→运输→摊铺→整形→碾压→接缝和调头处的处理→养生。

【参考视频】

(1) 施工准备和放样。水泥稳定土的施工准备和放样要求同石灰稳定土一样。

(2) 运输。常用大吨位自卸式汽车进行运输，运输时，应采取措施防止水分损失。运输车的数量应与拌和机的生产能力、摊铺机的生产能力相适应。应尽量减少摊铺机摊铺过程中停机待料的情况。

(3) 摊铺。水泥稳定土类材料自搅拌至摊铺完成，不得超过3h。按当班施工长度计算用料量。

分层摊铺时，应在下层养护7d后，方可摊铺上层材料。松铺系数施工前应通过试验确定，水泥土的压实系数宜为1.53～1.58；水泥稳定砂砾的松铺系数宜为1.30～1.35。

【参考视频】

(4) 整形。要求同石灰土基层施工。

(5) 碾压。宜用12～18t压路机做初步稳定碾压，混合料初步稳定后用大于18t的压路机碾压，至表面平整、无明显轮迹，且达到要求的压实度。要求在水泥初凝时间到达前碾压成活。

为满足水泥稳定土表面的平整，对于砂(砾)质土，适宜用轮胎压路机或铜轮压路机；对于砂质黏土，适宜用轮胎压路机；振动压路机适用性较广，且压实效果良好，现已被广泛用于工程中。压路机不得在已完成的或正在碾压的路段上"掉头"或急刹车，以避免破坏基层表面。

(6) 接缝和掉头处的处理。用摊铺机摊铺混合料时，不宜中断，如因故中断时间超过2h，应设置横向接缝，摊铺机应驶离混合料末端；人工将末端含水量合适的混合料弄整齐，紧靠混合料放两根方木，方木的高度应与混合料的压实厚度相同，整平紧靠方木的混合料；方木的另一侧用砂砾或碎石回填约3m长，其高度应高出方木几厘米；将混合料碾压密实；在重新开始摊铺混合料之前，将砂砾或碎石和方木除去，并将下承层顶面清扫干净。摊铺机返回到已压实层的末端，重新开始摊铺混合料；如摊铺中断后，未按上述方法处理横向接缝，而中断时间已超过2h，则应将摊铺机附近及其下面未经压实的混合料铲除，并将已碾压密实高程和平整度符合要求的末端挖成与路中心线垂直并垂直向下的断面，然后再摊铺新的混合料。在不能避免纵向接缝的情况下，纵缝必须垂直相接，严禁斜接，在前一幅摊铺时，在靠中央的一侧用方木或钢模板作支撑，方木或钢模板的高度应与稳定土层的压实厚度相同；养生结束后，在摊铺另一幅之前，拆除支撑木(或板)。

(7) 养生。水泥稳定土经拌和、压实后，用洒水养护也可帆布、粗麻袋等覆盖保持湿润；采用乳化沥青养护时，应在其上撒布适量石屑，养护期间应封闭交通。经7d养护后才能铺上一层结构层。

3. 石灰工业废渣类基层施工

石灰工业废渣类混合料宜采用强制式搅拌机在搅拌厂集中拌制而成。集中拌和及运输时，应符合下列要求。

【参考视频】

(1) 搅拌时应先将石灰、粉煤灰搅拌均匀，再加入砂砾(碎石)和水搅拌均匀。混合料含水量宜略大于最佳含水量。

(2) 拌制石灰粉煤灰砂砾均应做延迟时间试验，确定混合料在贮存场存放时间及现场完成作业时间。

(3) 混合料含水量应适视气候条件适当调整。

石灰工业废渣类基层的施工工序及要求与水泥稳定类一致，并应符合下列要求。

(1) 混合料在摊铺前其含水量宜为最佳含水量的±2%。

(2) 混合料每层最大压实厚度为20cm，且不宜小于10cm。

(3) 养护期间宜封闭交通。需通行的机动车辆应限速，严禁履带车辆通行。

4. 施工中注意的问题

1) 施工季节

无机结合料稳定类结构层宜在春末或夏季组织施工，施工期的最低气温应在5℃以上，并保证在冻前有一定的成型期，即第一次重冰冻(-5～-3℃)到来之前半个月至一个月(水泥类)及一个月至一个半月(石灰与二灰类)完成，若不能完成则应覆盖上层，以防止冻融破坏。在雨季施工水泥稳定类结构层时，应特别注意气候变化，防止水泥混合料遭雨淋。同时应采取措施排除表面水，避免运到路上的集料过分潮湿。

2) 水泥稳定类材料施工作业长度的确定

确定水泥稳定类混合料的作业长度，应综合考虑水泥的终凝时间，因此，施工时必须采用流水作业法，各工序必须紧密衔接，尽量缩短从拌和到完成碾压之间的延迟时间。一般情况下，每一流水作业段长度以200m为宜。

3) 机械设备生产能力协调配套

这里包括两个方面的含义：第一是机械本身生产能力的配套，以形成真正的机械化施工流程，充分发挥各种机械的效能；第二是施工组织调度，配套组织合理、科学，工序间衔接有序，以充分体现机械运行间的协调性。

4) 控制和保持最佳含水量

在稳定混合料中，无论是水泥土，还是石灰土或二灰土等都要求在规定时间内完成整个作业过程，其主要原因是为了保证这些材料的初凝期，而水分又是其重要条件。要实现此目标，其一是拌和设备能按规范要求加入定量的拌和用水，并保持混合料与水的均匀混合，使各材料颗粒间含有合适的水分；其二是减少运输过程中水分的丢失，尤其是气候炎热时应采取防止水分丢失的措施，如缩短运输周期、覆盖防晒苫布或采取增加1%～2%含水量的预防措施；其三是尽快摊铺、尽快碾压，减少水分丢失，一旦水分丢失要适量洒水。

5) 摊铺机的作业速度调整

摊铺机摊铺作业的关键是保持其连续不间断地作业。为此，进行摊铺作业前应有足够的混合料运到施工现场，一旦开始摊铺，就要求连续不断地进行。如果出现其他原因影响供料，造成供料不足，现场指挥调度人员应及时了解原因并采取果断措施，适当调整作业速度，以维持不间断作业。若因供料停机时间长，则应按摊铺作业结束来处理工作面。

3.2.3 粒料类基层施工

1. 粒料类基层分类

粒料类基层按强度构成原理可分为嵌锁型与级配型。嵌锁型包括泥结碎石、泥灰结碎石、填隙碎石等；级配型包括级配碎石、级配砾石、符合级配的天然砂砾、部分砾石经轧制掺配而成的级配砾、碎石等。

1) 级配碎(砾)石基层

级配碎(砾)石基层粗、细碎石集料和石屑各占一定比例的混合料,当其颗粒组成符合密实级配,经拌和、摊铺、碾压成型及养生后,其抗压强度或稳定性、密实度符合规定要求时,称为级配碎石。当混合料改为粗、细砾石和砂时称为级配砾石。级配碎(砾)石可作为城市次干路及其以下道路基层。

2) 填隙碎石基层

用单一尺寸的粗碎石做主骨料,形成嵌锁作用,用石屑填满碎石间的孔隙,增加密实度和稳定性,这种结构的基层称为填隙碎石基层。

2. 级配型粒料基层的材料要求

(1) 轧制碎石的材料,可为各种类型的岩石(软质岩石除外)、砾石。轧制碎石的砾石粒径应为碎石最大粒径的 3 倍以上,碎石中不应有黏土块、植物根叶、腐殖质等有害物质。

(2) 碎石中针片状颗粒的总含量不应超过 20%。

(3) 级配碎石及级配碎砾石颗粒范围和技术指标应符合规范的要求。

(4) 级配碎石及级配碎砾石石料的压碎值:用作基层时,城市快速路、主干路不大于 26%,次干路不大于 30%,次干路及以下 35%;用作底基层时,城市快速路、主干路不大于 30%,次干路不大于 35%,次干路及以下 40%。

(5) 碎石应为多棱角块体,软弱颗粒含量应小于 5%;扁平细长碎石含量应小于 20%。

(6) 用做次干路及其以下道路底基层时,级配中最大粒径宜小于 53mm,用作基层时最大粒径不得大于 37.5mm。

(7) 天然砂砾应质地坚硬,含泥量不得大于砂质量(粒径小于 5mm)的 10%,砾石颗粒中细长及扁平颗粒的含量不得超过 20%。

(8) 级配砂砾及级配砾石的颗粒范围和技术指标宜符合规范要求。

3. 级配碎(砾)石基(垫)层施工

一般采用路拌法施工,为保证质量,宜采用机械摊铺符合级配要求的厂拌级配碎石或级配碎砾石。

级配碎石路拌法的施工工艺如图 3.5 所示。级配碎石基层厂拌法的施工工艺如图 3.6 所示。

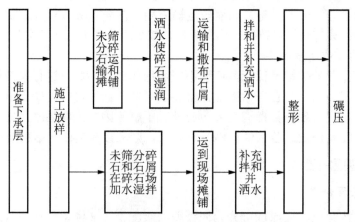

图 3.5 级配碎石路拌法的施工工艺

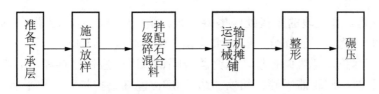

图 3.6 级配碎石基层厂拌法的施工工艺

(1) 准备下承层。级配碎(砾)石的下承层的要求同稳定类基层。

(2) 施工放样。在下承层上恢复中线。直线段每 15~20m 设一桩，平曲线段每 10~15m 设一桩，并在两侧路肩边缘外 0.3~0.5m 设指示桩。逐个断面进行高程测量，并在指示桩上标记结构层的设计高度。

(3) 备料。根据各路段基层或底基层的宽度、厚度及预定的干密度和压实系数，计算所需要的各种集料的数量，根据运料车辆的车厢体积，计算每车材料的堆放间距。

(4) 运输和摊铺集料。集料装车时，应控制每车料的数量基本相同。同一料场的路段，运输应由远到近按计算的间距堆放，堆放的时间不宜过长，一般仅提前数天。料堆间每隔一定距离应留缺口用以排水。

【参考视频】

应事先通过试验确定集料的压实系数，一般人工摊铺时为 1.40~1.50，平地机摊铺时为 1.25~1.35。

采用粗细不同的多种集料时，应将粗集料铺在下面，并处于湿润状态，再将细集料铺在上面。级配碎石的未筛分碎石摊铺平整后，在其较湿润的情况下，向上运送石屑，用平地机并辅以人工将石屑均匀摊铺在碎石层上，或用石屑撒布机将石屑直接均匀撒布在碎石层上。

摊铺碎石每层应按虚厚一次铺齐，颗粒分布应均匀，厚度一致，不得多次找补。检查松铺材料层的厚度，必要时应进行减料或补料工作。

(5) 拌和及整形。对于级配碎石，应用稳定土拌和机拌和。若没有，也可用平地机或多铧犁与缺口圆盘耙配合拌和。对于级配砾石，可采用平地机拌和。

拌和时，稳定土拌和机应拌 2 遍以上，且深度应到级配碎石层底，在最后一遍拌和前，可先用多铧犁贴底面翻拌一遍。用平地机拌和时，平地机宜翻拌 5~6 遍，使石屑均匀分布于碎石料中。平地机拌和的作业长度为 300~500m。拌和结束后，混合料的含水量应均匀，并较最佳含水量大 1%左右，并且没有颗粒离析现象。

用拖拉机、平地机和轮胎压路机在已初平的路段上碾压一遍，找出潜在的不平整的地方，进行处理。最后用平地机进行整平和整形。在整平中，应禁止车辆通行。

(6) 碾压。整平后，应根据材料的含水量适当洒水，当含水量满足要求时，应立即用 12t 以上三轮压路机、振动压路机或轮胎压路机进行碾压。应由两侧向路中心，小半径曲线由内侧向外侧进行碾压，后轮应重叠 1/2 轮宽，且须超过两段的接缝处。一般需碾压 6~8 遍，碾压至缝隙嵌挤密实，稳定坚实，表面平整，轮迹小于 5mm。压路机的碾压速度头两遍宜为 25~30m/min，以后为 35~40m/min。路面两侧区域应多压 2~3 遍。

严禁在已完成或正在碾压的路段上掉头或急刹车。

含有土的级配碎(砾)石层，应进行滚浆碾压，直到表层没有多余的细土泛出为止，然后将表层薄层土(或滚浆)清除干净。

(7) 接缝处理。作业段的衔接处应搭接拌和。第一段拌和后,应留 5~8m 先不碾压,等第二段施工时,将留下的部分一起加水拌和,整平后进行碾压。

施工时,应尽量避免纵向接缝。当必须分幅铺筑时,应搭接拌和。前半幅全宽碾压密实,后半幅拌和时,应将前半幅相邻处的边部 0.3m 左右搭接拌和,整平后一起碾压。

(8) 养护。未铺装上层前,对已成活的碎石基层应保持养护,不得开放交通。

能力训练

分组编制无机结合料稳定类基层施工技术方案一份。

(1) 根据《市政工程施工图案例图集》图号路-8 进行该工程基层施工准备工作。重点描述与路基工程不同的准备工作。

(2) 根据工程特点和工程现场实际条件,结合基层的材料组成与构造特点,选择合适的施工方法、合理的施工机械,组织施工工艺流程,提出保证施工质量和安全的施工技术措施和施工注意事项。

(3) 根据规范要求提出该基层的施工质量控制和检查验收项目和实施。

(4) 参考其他道路类似基层的施工方案编制本工程的施工技术方案。

(5) 能力训练成果:无机结合料基层施工技术方案一份。

习题

一、选择题

1. 石灰工业废渣基层应分层铺筑,每层最小厚度为( )。
　　A. 10cm　　B. 20cm　　C. 30cm　　D. 50cm

2. 无机结合料基层施工期间一日中最低气温应在( )以上,并在第一次重冰冻到来之前完成。
　　A. 0℃　　B. 5℃　　C. 10℃　　D. 15℃

3. 石灰土基层混合料的压实含水量应控制在最佳含水量的( )。
　　A. ±2%　　B. ±1%　　C. ±3%　　D. ±5%

4. 无机结合料稳定土层至少在保持潮湿状态下养生( )天。
　　A. 5　　B. 7　　C. 14　　D. 28

5. 道路中采用无机结合料稳定类基层属于( )基层。
　　A. 刚性　　B. 柔性　　C. 半刚性　　D. 松散性

6. 以下不属于无机结合料稳定类基层材料的是( )。
　　A. 水泥稳定类基层　　　　B. 沥青稳定类基层
　　C. 石灰稳定类基层　　　　D. 工业废渣稳定类基层

7. 某无机结合料稳定类基层压实厚度为 30cm,松铺系数为 1.4,则松铺厚度为( )。
　　A. 40cm　　B. 42cm　　C. 44cm　　D. 45cm

二、判断题

1. 三渣基层是石灰、煤渣和土按一定比例混合加水拌和压实而成的基层。( )

2. 石灰土强度高,板体性好,因而可用于高等级道路路面的基层。   (   )
3. 用水泥、石灰等无机结合料处治的土或碎石及含有水硬性结合料的工业废渣修筑的基层称为半刚性基层。   (   )
4. "三渣"包括煤、石灰、粗骨料和土。   (   )
5. 级配碎石基层的施工有路拌法和中心站集中厂拌法两种。   (   )

任务 3.3 道路基(垫)层施工质量控制与验收

道路基(垫)层的质量控制可分为原材料标准试验、不同类型基(垫)层施工过程质量控制和外形尺寸管理三个方面。在遇到不利季节的施工时应采取保证施工质量的措施。基层完工后,由施工单位会同监理单位按设计文件和施工规范要求对基层进行质量检验。

3.3.1 道路基层季节性施工

1. 雨期施工

1) 施工准备

(1) 以预防为主,掌握天气预报和施工主动权。
(2) 工期安排紧凑,集中力量打歼灭战。
(3) 做好排水系统,防排结合。
(4) 准备好防雨物资,如篷布、罩棚等。
(5) 加强巡逻检查,发现积水、挡水处,及时疏通。

2) 施工质量控制

(1) 对稳定类材料基层,应坚持拌多少、铺多少、压多少、完成多少的原则。
(2) 下雨来不及完成时,要尽快碾压,防止雨水渗透。
(3) 在多雨地区,应避免在雨期进行石灰土结构层的施工;石灰稳定中粒土和粗粒土施工时,应采用排除表面水的措施,防止集料过分潮湿,并应保护石灰免遭雨淋。
(4) 雨季施工水泥稳定土,特别水泥土结构层时,应特别注意天气变化,防止水泥和混合料遭雨淋。
(5) 降雨时应停止施工,已摊铺的水泥混合料应尽快碾压密实。
(6) 路拌法施工时,应排除下承层表面的水,防止集料过湿。

2. 冬期施工

1) 施工准备

(1) 在冬期施工中,既要防冻,又要快速,以保证质量。
(2) 科学合理进行施工部署,尽量将基层施工安排在上冻前完成。
(3) 做好防冻覆盖和挡风、加热、保温工具等物资及措施准备。

2) 冬施避害措施

(1) 石灰稳定土类基层及石灰、粉煤灰稳定土类基层,宜在进入冬期前 30~45d 完成施工。

(2) 水泥稳定土(粒料)类基层，宜在进入冬期前 15～30d 完成施工。

(3) 级配颗料和稳定类基层冬季施工，应根据规范要求结合施工环境最低温度加入一定浓度的盐水，以降低冰点。

3.3.2 道路基层的质量要求

道路基层和底基层的质量控制可分为原材料标准试验、施工过程质量控制和基层(底基层)质量检查验收三个方面。

1. 原材料标准试验

组织道路基层和底基层施工前以及在原材料(包括土)或混合料发生变化时，必须对拟采用的材料进行基本性质试验，以评定材料质量是否符合要求，以及某种土是否适宜用水泥或石灰稳定。

对用作基层和底基层的原材料，一般应按表 3-8 所列的试验项目及方法进行检验。

表 3-8 基层原材料的试验项目及方法

试验项目	材料名称	目的	频度	仪器和试验方法
含水量	土、砂砾、碎石等集料	确定原始含水量	每天使用前测 2 个样品	烘干法或含水量快速测定仪，酒精法
颗粒分析	砂砾、碎石等集料	确定级配是否符合要求，确定材料配合比	每种土使用前测 2 个样品。使用过程中每 2000m^3 测 2 个样品	筛分法(含土材料用湿筛分)
液限、塑限	土、级配碎(砾)石在 0.5mm 以下的细土	求塑性指数，审定是否符合规定	每种土使用前测 2 个样品。使用过程中每 2000m^3 测 2 个样品	搓条法测塑限
相对密度、吸水率	砂砾、碎石等	评定粒料质量，计算固定体积率	使用前测 2 个样品，使用过程中每 2000m^3 测 2 个样品，碎石种类变化重做 2 个样品	多孔网篮或容积 1000cm^3 以上的比重瓶
压碎值	砂砾、碎石等	评定石料的抗压碎能力是否符合要求	使用前测 2 个样品，使用过程中每 2000m^3 测 2 个样品，碎石种类变化重做 2 个样品	压碎值仪
有效氧化钙、氧化镁	石灰	确定石灰质量	做材料组成设计和生产使用时分别测 2 个样品，以后每月测 2 个样品	
水泥强度等级和初终凝时间	水泥	确定水泥质量是否适宜应用	做材料组成设计时测一个样品，料源或强度等级变化时重测	

对初步确定使用的基层或底基层混合料，包括掺配后不用结合料稳定的材料，应按表 3-9 所列的试验项目及方法进行检验。

表 3-9　基层混合料的试验项目及方法

试验项目	目的	仪器和试验方法
重型击实试验	求最佳含水量和最大干密度,以规定工地碾压时的合适含水量和应该达到的最小干密度,确定制备试验试件所采用的含水量和干密度	重型击实试验仪
承载比	求工地预期干密度下的承载比,确定材料是否适宜做基层或底基层	路面材料测试仪
抗压强度	进行材料组成设计,选定最适宜于用水泥或石灰稳定的土,规定施工中所用的结合料剂量,为工地提供评定质量的标准	路面材料测试仪

注：表中所列试验方法应符合现行有关试验规程的规定。

2. 施工过程质量控制

施工过程质量控制的主要项目有含水量、集料级配、石料压碎值、结合料剂量、拌和均匀性、压实度、弯沉值等。

3. 检查验收

1) 无机结合料类基层和底基层质量检验

(1) 主控项目。

① 原材料质量检验应符合《城镇道路工程施工与质量验收规范》(CJJ 1—2008)的要求。

② 基层、底基层的压实度应符合下列要求。

a. 城市快速路、主干路基层大于或等于 97%,底基层大于或等于 95%。

b. 其他等级道路基层大于或等于 95%,底基层大于或等于 93%。

检查数量：每 1000m^2,每压实层抽检 1 点。

检验方法：根据混合料组成情况选用环刀法、灌砂法或灌水法。

③ 基层、底基层试件做 7d 无侧限抗压强度,应符合设计要求。

检查数量：每 2000m^2 抽检 1 组(6 块)。

检验方法：现场取样试验。

(2) 一般项目。

① 表面应平整、坚实、无粗细骨料集中现象,无明显轮迹、推移、裂缝,接槎(缝)平顺,无贴皮、散料、浮料。

② 基层及底基层允许偏差应符合表 3-10 的规定。

表 3-10　无机结合料稳定类基层及底基层允许偏差

项目		允许偏差	检验频率			检验方法
			范围	点数		
中线偏位/mm		≤20	100m	1		用经纬仪测量
纵断高程 /mm	基层	±15	20m	1		用水准仪测量
	底基层	±20				
平整度 /mm	基层	≤10	20m	路宽/m	<9	1	用 3m 直尺和塞尺连续量两尺取较大值
				9~15	2	
	底基层	≤15		>15	3	

续表

项目	允许偏差	检验频率		检验方法
		范围	点数	
宽度/mm	不小于设计规定+B	40m	1	用钢尺量
横坡	±0.3%且不反坡	20m	路宽/m <9 : 2 9～15 : 4 >15 : 6	用水准仪测量
厚度/mm	±10	1000m²	1	用钢尺量

注：B 为施工时必要的附加宽度。

2) 级配碎(砾)石基层和底基层施工质量检验

(1) 主控项目。

① 碎石与嵌缝料质量及级配应符合《城镇道路工程施工与质量验收规范》(CJJ 1—2008)的有关规定。

检查数量：按不同材料进场批次，每批次抽检不应少于 1 次。

检验方法：查检验报告。

② 级配碎石压实度，基层不得小于 97%，底基层不应小于 95%。

检查数量：每 1000m² 抽检 1 点。

检验方法：灌砂法或灌水法。

③ 弯沉值：不应大于设计规定。

检查数量：设计规定时每车道、每 20m，测 1 点。

检验方法：弯沉仪检测。

(2) 一般项目。

① 外观质量：表面应平整、坚实，无推移、松散、浮石现象。

检查数量：全数检查。

检验方法：观察。

② 级配碎石及级配碎砾石基层和底基层的偏差应符合表 3-11 的有关规定。

表 3-11 级配粒料类基层和底基层允许偏差

项 目		允许偏差	检验频率		检验方法
			范围	点 数	
中心偏移/mm		≤20	100m	1	用经纬仪测量
纵断高程/mm	基层	±15	20m	1	用水准仪测量
	底基层	±20			
平整度/mm	基层	≤10	20m	路宽/m <9 : 1 9～15 : 2 >15 : 3	用 3m 直尺和塞尺连续量两尺，取较大值
	底基层	<15			
宽度/mm		不小于设计规定+B	40m	1	用钢尺量
横坡		±0.3%且不反坡	20m	路宽/m <9 : 2 9～15 : 4 >15 : 6	用水准仪测量
厚度/mm	砂石	+20，-10	1000m²	1	用钢尺量
	砾石	+20，-10%层厚			

注：B 为施工时必要的附加宽度。

能力训练

分小组讨论并回答以下问题。
(1)《市政工程施工图案例图集》中的路面基层的质量从哪几方面控制？
(2) 无机结合料基层质量检验的一般项目有哪些？简述其检查的方法和频率。
(3) 级配类粒料基层质量检验的一般项目有哪些？简述其检查的方法和频率。

习题

一、选择题

1. 无机结合料基层质量检验的关键项目为(　　)。
   A．压实度和强度　　　　　　　B．厚度与宽度
   C．压实度与坡度　　　　　　　D．压实度与厚度
2. 粒料类基层质量检验的关键项目为(　　)。
   A．压实度和强度　　　　　　　B．厚度与宽度
   C．压实度与弯沉　　　　　　　D．压实度与厚度
3. 检查三渣基层密实度用(　　)较适宜。
   A．环刀法　　　　　　　　　　B．承载板法
   C．灌砂法　　　　　　　　　　D．弯沉
4. 稳定土的强度指标是(　　)。
   A．抗拉强度　　　　　　　　　B．抗折强度
   C．无侧限抗压强度　　　　　　D．以上都不是
5. 石灰、粉煤灰类混合料基层的检测项目中主要检查项目为(　　)。
   A．平整度　　B．厚度　　C．无侧限抗压强度　　D．宽度
6. 级配碎石基层的检测项目中主要检查项目为(　　)。
   A．宽度　　B．厚度　　C．中线高程　　D．弯沉值
7. 石灰土类基层的检测项目中主要检查项目为(　　)。
   A．平整度　　B．厚度　　C．压实度
   D．强度　　E．横坡
8. 砂石基层的压实密度的检验方法标准要求的是(　　)。
   A．灌砂法　　B．环刀法　　C．灌水法
   D．蜡封法　　E．核子密实度仪法

二、简答题

1. 对道路基层和底基层的质量控制，主要有哪些方面？
2. 冬季基层施工时的避害措施有哪些？

项目 4

市政道路沥青面层施工

能力目标

(1) 能够根据设计要求正确选择沥青面层材料,并准确计算材料用量。
(2) 读懂沥青路面结构图,能就图中相关技术问题与设计方进行沟通。
(3) 有完成沥青面层测量放样及参与施工准备工作的能力。
(4) 会查阅施工技术规范,能进行沥青面层施工技术方案编制。
(5) 能够根据质量验收标准进行沥青面层工序验收与评定。

项目导读

本项目从识读路面结构图领会设计意图和测量放样两个施工准备工作入手,介绍常用的沥青路面施工方法和新型沥青面层施工方法,最后完成沥青路面施工质量控制与验收任务。

项目任务

(1) 根据教材配套《市政工程施工图案例图集》图号路-8,进行道路沥青路面施工准备工作,重点描述与路基、基层施工准备的不同工作内容。
(2) 根据工程特点和工程现场实际条件,结合本工程沥青面层的构造特点,采用合适的施工方法、选择合适的施工机械、科学的组织施工工艺流程,并提出保证沥青面层施工质量、安全的施工技术措施和施工注意事项。
(3) 根据规范要求提出该沥青面层的施工质量控制并检查验收项目和实施。
(4) 参考其他道路沥青类面层施工方案编制本工程沥青面层施工技术方案。
(5) 项目成果为沥青面层施工技术方案一份。

任务 4.1 沥青面层施工准备

本任务是沥青面层施工的基础,施工前应熟悉沥青路面结构图所包括的内容、沥青路面对材料的要求,掌握沥青路面测量等准备工作,了解沥青路面的病害与防治。

4.1.1 沥青路面结构图识读

1. 沥青路面的分类

沥青路面是用沥青材料作结合料粘接矿料修筑面层与各类基层与垫层组成的路面结构。沥青路面有多种分类方法。

1) 按强度构造原理分类

按强度构成原理可将沥青路面分为密实和嵌挤两大类。

(1) 密实类沥青路面的集料级配按最大密实原则设计,颗粒尺寸多样,其强度和稳定性主要取决于混合料的黏聚力和内摩阻力。

(2) 嵌挤类沥青路面采用的是颗粒尺寸较为均一的集料,路面的强度和稳定性主要由集料颗粒之间相互嵌挤所产生的内摩阻力决定,而黏聚力只起次要作用。嵌挤类沥青路面比密实类路面的热稳定性要好,但孔隙率大、易渗水,因而耐久性差。

2) 按施工工艺分类

沥青路面按施工工艺可分为层铺法、路拌法和厂拌法。

(1) 层铺法是沥青和集料分层撒铺、碾压成型的路面施工方法。其具有工艺设备简单、功效较高、施工进度快、造价低等优点;其缺点是需要经过炎热夏季行车碾压之后路面才能成型,因此成型期较长。用这种方法修筑的路面有沥青表面处治路面和沥青贯入式路面。

【参考视频】

(2) 路拌法是指在路上用人工或机械将矿料和沥青材料就地拌和、摊铺、碾压密实而形成的沥青面层施工方法。路拌法因就地拌和,沥青材料在矿料中分布均匀,缩短了路面的成型期。因矿料是冷料,需黏稠度较低的沥青材料黏结,所以路面强度较低。

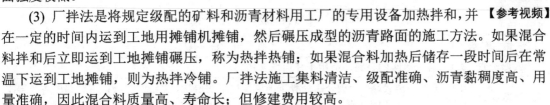
【参考视频】

(3) 厂拌法是将规定级配的矿料和沥青材料用工厂的专用设备加热拌和,并在一定的时间内运到工地用摊铺机摊铺,然后碾压成型的沥青路面的施工方法。如果混合料拌和后立即运到工地摊铺碾压,称为热拌热铺;如果混合料加热后储存一段时间后在常温下运到工地摊铺,则为热拌冷铺。厂拌法施工集料清洁、级配准确、沥青黏稠度高、用量准确,因此混合料质量高、寿命长;但修建费用较高。

3) 按沥青路面的技术特性分类

按沥青路面的技术特性,可将其分为沥青混凝土路面、沥青碎石路面、沥青贯入式路面、沥青表面处治路面等。近年来,在工程实践中,沥青玛蹄脂碎石混合料路面、多孔隙沥青混凝土路面、多碎石沥青混凝土路面等新型沥青混凝土路面都得到了一定的应用。

【参考视频】

(1) 沥青混凝土路面。用不同粒径的碎石、天然砂或破碎砂、矿粉和沥青按一定比例在拌和机中热拌所得的混合料称为沥青混合料。如这种混合料的矿料部分具有严

格的级配要求,且矿料中含有适量矿粉,混合料是按最佳密实级配配置的(空隙率小于10%),混合料压实后达到规定的强度时,就称为沥青混凝土。按级配原理选配的矿料与适量沥青拌和均匀,经摊铺压实而成的路面称为沥青混凝土路面。

(2) 沥青碎石路面。由几种不同大小的矿料(所用矿料为开级配),掺有少量矿粉或不加矿粉,用沥青作结合料,按一定比例配合,均匀拌和,拌和后混合料的孔隙率大于10%,称为厂拌沥青碎石。沥青碎石经摊铺碾压成型的路面称为沥青碎石路面。

(3) 沥青贯入式路面。沥青贯入式路面是在初步压实的碎(砾)石上,用沥青浇灌,再分层撒铺嵌缝料和浇洒沥青,并通过分层压实而形成的一种较厚的路面面层,其厚度通常为40~80mm。

沥青贯入式路面强度高、稳定性好、施工简便、不易产生裂缝,但沥青材料在矿料中不易洒布均匀,因此强度不均匀。

根据沥青材料贯入深度不同可分为深贯入式(60~80mm)和浅贯入式(40~50mm)。为了防止表面水的渗入,需加封层密闭表面空隙,以增强路面的水稳性和耐用性。如果封层采用拌和法施工,则其下部宜采用贯入法,常称为沥青上拌下贯式路面。

(4) 沥青表面处治路面。沥青表面处治路面是用沥青和集料按层铺法或拌和法铺筑而成的厚度不超过3cm的沥青路面。沥青表面处治的作用是保护下层路面结构层、防水、抗磨耗、防滑和改善碎(砾)石路面的使用品质。

为保证矿料间良好的嵌锁作用,同一层的矿料颗粒尺寸应力求均匀,最大粒径应与表处层的厚度相同,且所用沥青需有一定的稠度。

沥青表面处治的施工应在寒冷季节(日最高温度低于15℃)到来之前半个月结束,以确保当年能在一定的高温条件下,通过行车碾压使路面成型。

沥青表面处治根据厚度的不同可分为单层式、双层式和三层式。

2. 沥青路面对材料的要求

1) 沥青

沥青材料包括道路石油沥青、改性沥青、乳化沥青、液体石油沥青等。

(1) 道路石油沥青。各个等级道路石油沥青的适用范围应符合表4-1的规定。

表4-1 道路石油沥青的适用范围

沥青等级	适 用 范 围
A级沥青	各个等级的公路,适用于任何场合和层次
B级沥青	(1) 高速公路、一级公路沥青下面层及以下的层次,二级及二级以下公路的各个层次 (2) 用作改性沥青、乳化沥青、乳化改性沥青、稀释沥青的基质沥青
C级沥青	三级及三级以下公路的各个层次

沥青路面采用的沥青标号,宜按照公路等级、气候条件、交通条件、路面类型,以及在结构层中的层位和受力特点、施工方法等,结合当地的使用经验,经技术论证后确定。

对高等级城市道路、服务区、停车区等行车速度较慢的路段,尤其是汽车荷载剪应力大的层次,宜采用稠度大、60℃黏度大的沥青;对冬季寒冷的地区或交通量小的道路宜选用稠度小、低温延度大的沥青;对温度日温差、年温差大的地区宜注意选用针入度指数大的沥青。当高温要求与低温要求发生矛盾时优先考虑满足高温性能的要求。

(2) 改性沥青。改性沥青可单独或复合采用高分子聚合物、天然沥青及其他改性材料制作。制造改性沥青的基质沥青应与改性剂有良好的配伍性，其质量宜符合 A 级或 B 级道路石油沥青的技术要求。

各类聚合物改性沥青对沥青性能的改善各不相同，SBS 改性沥青的高温、低温性能都好，且有良好的弹性恢复性能；SBR 改性沥青的低温性能较好；EVA 及 PE 改性沥青的特点是高温性能改善明显。

(3) 乳化沥青。乳化沥青适用于沥青表面处治、沥青贯入式路面，修补裂缝，喷洒透层、粘层与封层等。

乳化沥青的类型根据集料品种及使用条件选择，阳离子乳化沥青可适用于各种集料品种，阴离子乳化沥青适用于碱性石料。

(4) 液体石油沥青。液体石油沥青适用于透层、粘层及拌制冷拌沥青混合料。液体石油沥青宜采用针入度较大的石油沥青，使用前按先加热沥青后加稀释剂的顺序，掺配煤油或轻柴油，经适当的搅拌、稀释而成。根据使用目的与场所，可选用快凝、中凝、慢凝的液体石油沥青。

2) 矿料

沥青混合料所用的矿料有碎石、破碎砾石、石屑、砂和矿粉。

(1) 粗集料。沥青面层所用粗集料应按规范规定的粒径规格生产和使用。粗集料应洁净、干燥、表面粗糙，而且应具有足够的强度和耐磨性，颗粒形状接近立方体并有多棱角。当单一规格集料的质量指标达不到要求，而按集料配合比计算的质量指标符合要求时，工程上允许使用。

集料质量差是目前道路建设中特别严重的问题，突出的表现是材料脏、粉尘多、针片状颗粒含量高、级配不规格等。道路施工所用集料多取自社会料场，各料场质量、规格参差不齐，使用时离散性严重，导致实际级配与配合比设计有很大的差距，这是造成沥青路面早期损坏的重要原因。为提高集料质量，可要求石料加工场配备冲击整形设备以减少集料的针片状颗粒含量，有条件的石料加工场应在生产过程中采用水洗法减少集料的粉尘含量。

沥青路面用粗集料应优先选用石灰岩等碱性石料加工，但石灰岩等碱性石料往往满足不了高等级道路沥青路面表面层对磨光值的要求，为此可选用玄武岩、辉绿岩、安山岩等非碱性石料加工粗集料，当使用花岗岩、砂岩等酸性石料加工的粗集料时，必须掺加消石灰、水泥或经石灰水处理后使用。

(2) 细集料。沥青路面用细集料包括天然砂、石屑、机制砂。细集料应洁净、干燥、无风化、无杂质，并有适当的颗粒级配。细集料的洁净程度，天然砂以小于 0.075mm 含量的百分数表示，石屑和机制砂以砂当量(适用于 0~4.75mm)或亚甲蓝值(适用于 0~2.36mm 或 0~0.15mm)表示。

天然砂可采用河砂或海砂，通常宜采用中、粗砂。砂的含泥量超过规定时应水洗后使用，海砂中的贝壳类材料必须筛除。天然砂在施工时容易压实，路面成型好是其很大的优点，但天然砂与沥青的黏附性较差，呈浑圆状，使用太多对高温稳定性不利。热拌密级配沥青混合料中天然砂的用量不宜超过集料总量的 20%，SMA 和 OGFC 混合料不宜使用天然砂。

石屑是采石场破碎石料时通过4.75mm或2.36mm的筛下部分，它虽然棱角性好，但石屑中粉尘含量很多，强度很低，扁片含量及碎土比例很大，且施工性能较差，不宜压实，路面残留空隙率大，在使用中还有继续细化的倾向。为此采石场在生产石屑的过程中应配备抽吸设备。

机制砂是选用优质石料采用专用的制砂机生产的细集料，机制砂粗糙、洁净、棱角性好，应该予以推广使用。

(3) 填料。沥青混合料的矿粉必须采用石灰岩或岩浆岩中的强基性岩石等憎水性石料经磨细得到。矿粉应干燥、洁净，能自由地从矿粉仓流出。拌和机回收的粉料不宜作为矿粉使用，以确保沥青混合料的质量。

3．沥青路面结构

1) 面层

沥青混凝土面层的常用厚度和适宜层位见表4-2。

表4-2 沥青混凝土面层的常用厚度和适宜层位

面层类别	骨料最大粒径/mm	常用厚度/mm	适宜层位
粗粒式沥青混凝土	26.5	60～80	双层式或三层式面层的下面层
中粒式沥青混凝土	19	40～60	三层式面层的中面层或双层式的下面层
	16		双层式或三层式面层的上面层
细粒式沥青混凝土	13.2	25～40	双层式或三层式面层的上面层
	9.5	15～20	(1) 沥青混凝土面层的磨耗层(上层) (2) 沥青碎石等面层的封层和磨耗层
	4.75	10～20	自行车道与人行道的面层

(1) 沥青混凝土面层的常用厚度和适宜层位可按使用要求结合各城市实践经验选用。

(2) 热拌、热铺的沥青碎石可用作双层式沥青面层的下层或单层式面层。做单层式面层时，为了达到防水和平整度要求，应加铺沥青封层或磨耗层。沥青碎石的常用厚度为50～70mm。

(3) 沥青贯入式碎(砾)石可做面层或沥青混凝土路面的下层。做面层时，应加铺沥青封层或磨耗层，沥青贯入式面层常用厚度为40～80mm。

(4) 沥青表面处治主要起防水层、磨耗层、防滑层或改善碎(砾)石路面的作用。常用厚度为15～30mm。

2) 基层

基层是路面结构中的承重层，主要承受车辆荷载的竖向力，并把由面层下传的应力扩散到土基，故基层应具有足够的、均匀一致的承载力和刚度。基层受自然因素的影响虽不如面层强烈，但沥青类面层下的基层应有足够的水稳定性，以防基层湿软后变形过大导致面层损坏。用于基层的材料主要有以下两种材料。

(1) 整体型材料。

整体型材料主要是指无机结合料稳定粒料,主要包括石灰粉煤灰稳定砂砾、石灰稳定砂砾、石灰煤渣、水泥稳定碎砾石等。其强度高,整体性好,适用于交通量大、轴载重的道路工业废渣混合料的强度、稳定性和整体性均较好,适用于各种路面的基层。使用的工业废渣应性能稳定、无风化、无腐蚀。

(2) 嵌锁型和级配型材料。

① 级配碎(砾)石。碎石应达到密实稳定。为防止冻胀和湿软,应控制粒径小于 0.5mm 的颗粒的含量和塑性指数。在中湿和潮湿路段,用作沥青路面的基层时,应掺石灰。符合标准级配要求的天然砂砾可用作基层。不符合标准级配要求时,只宜用作底基层或垫层,并应按路基干、湿类型适当控制粒径小于 0.5mm 的颗粒含量。为便于碾压,砾石最大粒径宜不大于 60mm。

② 泥灰结碎(砾)石。泥灰结碎石适用于中湿和潮湿路段,掺灰量为其含土量的 8%~12%。骨料的粒径宜小于或等于 40mm,并不得大于层厚的 0.7 倍。嵌缝料应与骨料的最小粒径衔接。

③ 水结碎石。碎石的粒径宜小于或等于 70mm,并不得大于层厚的 0.7 倍。掺灰量为粒径小于 0.5mm 的颗粒含量的 8%~12%。

3) 垫层

垫层是介于基层和土基之间的层位,其作用为改善土基的湿度和温度状况,保证面层和基层的强度稳定性和抗冻胀能力,扩散由基层传来的荷载应力,以减小土基所产生的变形。因此,通常在土基湿、温状况不良时设置。垫层材料应具备良好的水稳定性。

(1) 路基经常处于潮湿或过湿状态的路段,以及在季节性冰冻地区产生冰冻危害的路段应设垫层。

(2) 垫层材料有粒料稳定土和无机结合料稳定土两类。粒料包括天然砂砾、粗砂、炉渣等。采用粗砂或天然砂砾时,粒径小于 0.075mm 的颗粒含量应小于 5%;采用炉渣时,粒径小于 2mm 的颗粒含量宜小于 20%。

(3) 垫层厚度可按当地经验确定,一般宜大于或等于 150mm。

4. 沥青路面结构组合的基本原则

(1) 面层、基层的结构类型及厚度应与交通量相适应。交通量大、轴载重时,应采用高等级面层与强度较高的结合料稳定类材料基层。

(2) 层间结合必须紧密稳定,以保证结构的整体性和应力传递的连续性。面层与基层之间应按基层类型和施工情况洒布透层沥青、粘层沥青或采用沥青封层。

(3) 各结构层的材料回弹模量应自上而下递减,基层材料与面层材料的回弹模量比应大于或等于 0.3,土基回弹模量与基层(或底基层)的回弹模量比宜为 0.08~0.4。

(4) 层数不宜过多。

(5) 在半刚性基层上铺筑面层时,城市主干路、快速路应适当加厚面层或采取其他措施,以减轻反射裂缝。

4.1.2 沥青面层施工测量

沥青路面面层施工前应测量放样，测量放样包括平面控制与高程测量。施工中往往在路边石、路缘石未安装完成前进行面层作业。所以，应通过平面测量放样，支设方木来控制面层平面位置，为摊铺机作业设置导向线。同时通过支挡既可避免混合料的浪费，也可防止面层边部碾压时推移。标高测定的目的是确定下层表面高程与设计高程相差之确切数值，以方便在挂线时纠正到设计值或保证施工层厚度。高程测量放样时，除应对挂线桩位测量放样外，更应通过两侧挂线桩位的高程放样用拉线，尺量的方法来确定该断面多个点高程。综合分析每一断面多点高程或与施工层设计高程之差值，既要保证施工层的厚度，又要将标高控制在允许范围内。当厚度与标高发生冲突时，应优先考虑施工厚度。同时高程放样时不应忘记实测松铺系数。

在沥青路面施工中，多采用"走钢丝"的方法来铺设下面层，具体是在摊铺找平器两边超过 20~30cm 范围内，沿路线纵向每隔 10~20m 布设钢钎，通过高程测量，放样用钢丝绳挂起基准线，使传感器触件在基准线上的滑动来控制下面层厚度与标高。在施工放样中要检测钢丝的松紧及合理布设钢钎。根据下层顶面高程和每层设计高程以及试验段得出的松铺系数，确定松铺高度，设置摊铺机水平传感导线，导线采用 2mm 不锈钢丝，用张紧器张紧，张紧力不小于 800N，架设长度不大于 150m。中、上面层施工使用非接触平衡梁，将下面层作为基准面，采用等厚法施工应加强对其厚度的测量，以一定面积内混合料用量求其平均厚度，控制材料用量。

能 力 训 练

分小组讨论并回答以下问题。
(1) 沥青路面的分类有哪些？
(2) 沥青路面对主要材料有何要求？

习 题

一、选择题

1. 沥青混凝土和沥青碎石最主要的区别是( )。
   A. 压实后剩余空隙率不同　　　　B. 矿粉用量不同
   C. 集料最大粒径不同　　　　　　D. 油石比不同
2. 沥青混合料用粗集料与细集料的分界粒径尺寸为( )mm。
   A. 1.18　　　　　　　　　　　　B. 2.36
   C. 4.75　　　　　　　　　　　　D. 5
3. 按强度构成原理可将沥青路面分为( )两大类。
   A. 悬浮　　　B. 骨架　　　C. 嵌挤
   D. 密实　　　E. 空隙

4. 沥青贯入式路面一般采用( )。
   A．层铺法　　　B．拌和法　　　C．上拌下贯　　　D．贯入法
6. 沥青碎石是属于( )型结构的。
   A．密实　　　　B．稳定　　　　C．嵌挤　　　　　D．半密实半嵌挤
7. 沥青混凝土路面，主要含有( )而使黏结力大大增加。
   A．细集料　　　B．矿粉　　　　C．石膏　　　　　D．稠度较低的沥青
8. 沥青混合料所用的矿料包括( )
   A．碎石　　　　B．卵石　　　　C．石屑
   D．砂　　　　　E．矿粉

二、判断题

1. 沥青路面比水泥路面要好。　　　　　　　　　　　　　　　　　　　　　　（　）
2. 沥青路面越厚，油石比越大，其高温稳定性越好。　　　　　　　　　　　　（　）
3. 沥青混合料的主要成分是沥青和矿料。　　　　　　　　　　　　　　　　　（　）
4. 沥青路面用细集料包括天然砂、机制砂、石屑等。　　　　　　　　　　　　（　）

三、简答题

1. 沥青表面处治的作用有哪些？
2. 各类聚合物改性沥青对沥青性能的改善作用有哪些？

任务 4.2　沥青面层现场施工

本任务是在读懂沥青路面施工图、做好沥青混合料路面施工准备的前提下，用不同的施工方法进行沥青面层的施工，以及沥青混合料拌和、运输、摊铺、压实、接缝等程序中的施工方法与工艺。

4.2.1　热拌沥青混合料路面施工

1. 沥青混合料

用不同粒级的碎石、天然砂或破碎砂、矿粉和沥青按一定比例在拌和机中热拌所得的混合料称为沥青混合料。若混合料的矿料部分具有严格的级配要求，经压实后所得的混合料具有规定的强度和孔隙率时，可称作沥青混凝土。

【参考视频】

热拌沥青混合料(HMA)适用于各种等级道路的面层。其种类应按集料公称最大粒径、矿料级配、孔隙率划分，并应符合表 4-3 的要求。应按工程要求选择适宜的混合料规格、品种。

沥青混凝土具有很高的强度和密实度，在常温下具有一定的塑性。它的强度和密实度是各种沥青矿料混合料中最高的，密实沥青混凝土的透水性很小、水稳性好，有较强的抵抗自然因素和行车作用的能力，因此，它的使用寿命长、耐久性好。沥青混凝土面层是适

合现代高速汽车行驶的一种优质高级柔性面层,铺在坚实基层上的优质沥青混凝土面层可以使用20~25年,国外的重交通道路和高速公路,主要采用沥青混凝土做面层。沥青混凝土在我国城市道路和高等级道路上也得到了广泛的应用。

表4-3 热拌沥青混合料种类

混合料类型	密级配			开级配		半开级配	公称最大粒径/mm	最大粒径/mm
	连续级配	间断级配		间断级配				
	沥青混凝土	沥青稳定碎石	沥青玛蹄脂碎石	排水式沥青磨耗层	排水式沥青碎石层	沥青碎石		
特粗式	—	ATB-40	—	—	ATPB-40	—	37.5	53.0
粗粒式	—	ATB-30	—	—	ATPB-30	—	31.5	37.5
	AC-25	ATB-25	—	—	ATPB-25	—	26.5	31.5
中粒式	AC-20	—	SMA-20	—	—	AM-20	19.0	26.5
	AC-16	—	SMA-16	OGFC-16	—	AM-16	16.0	19.0
细粒式	AC-13	—	SMA-13	OGFC-13	—	AM-13	13.2	16.0
	AC-10	—	SMA-10	OGFC-10	—	AM10	9.5	13.2
砂粒式	AC-5	—	—	—	—	—	4.75	9.5
设计孔隙率/(%)	3~5	3~6	3~4	>18	>18	6~2	—	—

注:设计孔隙率可按配合比设计孔隙率设计要求适当调整。

粗粒式沥青混凝土通常用于铺筑面层的下层,它的粗糙表面使它与上层良好黏结,也可用于铺筑基层,从提高沥青面层的抗弯拉疲劳寿命的角度出发,采用粗粒式沥青混凝土做底面层明显优于采用沥青碎石。

中粒式沥青混凝土主要用于铺筑面层的中层,或用于铺筑单层面层。C型中粒式沥青混凝土能使面层表面有较大的粗糙度,在环境不良路段可保证汽车轮胎与面层有适当的附着力,或在高速行车时可使面层表面的摩擦系数降低的幅度小,有利于行车安全;但其空隙率和透水性较大,因此耐久性较差,不是用作表面层的理想材料。F型中粒式沥青混凝土可具有良好的摩擦系数,但表面构造深度常达不到要求。

对于面层的上层,在城市道路上使用最广的是细粒式沥青混凝土。与中粒式和粗粒式沥青混凝土相比,细粒式沥青混凝土的均匀性较好,并有较高的抗腐蚀稳定性。只要矿料的级配组成合适,并满足其他技术要求,细粒式沥青混凝土就具有足够的抗剪切稳定性,可以防止产生推挤、波浪和其他剪切形变。但细粒式沥青混凝土的表面构造深度通常达不到要求。

综上所述,沥青混凝土路面具有以下优点。

(1) 施工质量符合要求的沥青混凝土路面的强度高,能承担各种繁重的交通运输任务。

(2) 具有良好的平整度,表面坚实、无接缝,因此,行车平稳、舒适、噪声小,且经久耐用。

(3) 透水性小,因而比其他各种沥青面层更能防止表面水渗入路面结构层。

(4) 沥青混凝土混合料通常集中在工厂或中心站，用机械加工拌制，石料的配合比以及沥青用量都得以严格控制，质量容易得到保证。

(5) 可以大面积施工，现场操作方便，完成后可以及时通车。

(6) 沥青混凝土面层的可施工期较沥青表面处治和沥青贯入式要长。

2. 热拌沥青混合料施工

热拌沥青混合料路面采用厂拌法施工，集料和沥青均在拌和机内进行加热与拌和，并在热的状态下摊铺碾压成型。其施工顺序如下。

【参考视频】

1) 施工准备

施工前的准备工作主要包括原材料的质量检查、施工机械的选型和配套、拌和厂选址与备料、下承层准备、试验路铺筑等工作。

【参考视频】

(1) 原材料的质量检查。沥青、矿料的质量应符合前述有关的技术要求。

(2) 施工机械的选型和配套。根据工程量大小、工期要求、施工现场情况、工程质量要求等条件按施工机械应互相匹配的原则，确定合理的机械类型、数量及组合方式，使沥青路面的施工连续、均衡。施工前应检修各种施工机械，以便在施工中能正常运行。

(3) 拌和厂选址与备料。由于拌和机工作时会产生较大的粉尘、噪声等污染，再加上拌和厂内的各种油料及沥青为可燃物，因此拌和厂的设置应符合国家有关环境保护、消防安全等规定，一般应设置在空旷、干燥、运输条件良好的地方。拌和厂应配备实验室及足够的试验仪器和设备，并有可靠的电力供应。拌和厂内的沥青应分品种、分标号密闭贮存。各种矿料应分别堆放，不得混杂。矿粉等填料不得受潮。各种集料的贮存量应为日平均用量的5倍左右，沥青与矿粉的贮存量应为日平均用量的两倍。

(4) 下承层准备。下承层按规范验收合格后清理干净杂物，并检查路缘石、进水井盖及其他构筑物是否安装稳固，若存在问题应予以处理。

(5) 试验路铺筑。城市的快速路、主干路沥青路面在大面积施工前应铺筑试验路；其他等级道路在缺乏施工经验或初次使用重要设备时，也应铺筑试验路段。试验路的长度根据试验目的确定，通常在100～200m。热拌沥青混合料路面的试验路铺筑分试拌、试铺及总结三个部分。

① 通过试拌确定拌和机的上料速度、拌和数量、拌和时间及拌和温度等，验证沥青混合料目标生产配合比，提出生产用的矿料配合比及沥青用量。

② 通过试铺确定透层沥青的标号和用量、喷洒方式、喷洒温度，确定热拌沥青混合料的摊铺温度、摊铺速度、摊铺宽度、自动找平方式等操作工艺，确定碾压顺序、碾压温度、碾压速度及遍数等压实工艺，确定松铺系数和接缝处理方法等；建立用钻孔法及核子密度仪法测定密实度的对比关系，确定粗粒式沥青混凝土或沥青碎石路面的压实密度，为大面积路面施工提供标准方法和质量检查标准。

③ 确定施工产量及作业段长度，制订施工进度计划，全面检查材料质量及施工质量，落实施工组织投入管理体系、人员、通信联络及指挥方式等。

试验路铺筑结束后，施工单位应就各项试验内容提出试验总结报告，取得主管部门的批准后方可用以指导大面积沥青路面的施工。

2) 沥青混合料拌和

热拌沥青混合料必须在沥青拌和厂(场、站)采用专用拌和机拌和。

(1) 拌和设备与拌和流程。拌和机拌和沥青混合料时，先将矿料粗配、烘 【参考视频】

干、加热、筛分、精确计量,然后加入矿粉和热沥青,最后强制拌和成沥青混合料。若拌和设备在拌和过程中集料烘干与加热为连续进行,而加入矿粉和沥青后的拌和为间歇(周期)式进行,则这种拌和设备为间歇式拌和机。若矿料烘干加热与沥青混合料拌和均为连续进行,则为连续式拌和机。

间歇式拌和机拌和质量较好,而连续式拌和机拌和速度较高。当路面材料多来源、多处供应或质量不稳定时,不得用连续式拌和机拌和。高等级道路的沥青混凝土宜采用间歇式拌和机拌和。自动控制、自动记录的间歇式拌和机在拌和过程中应逐盘打印沥青及各种矿料的用量和拌和温度。

(2) 拌和要求。拌和时应根据生产配合比进行配料,严格控制各种材料的用量和拌和温度,确保沥青混合料的拌和质量。热拌沥青混合料的搅拌及施工温度应符合表 4-4 的要求。

表 4-4　热拌沥青混合料的搅拌及施工温度　　　　　　　　　单位:℃

施工顺序		石油沥青的标号			
		50 号	70 号	90 号	110 号
沥青加热温度		160~170	155~165	150~160	145~155
矿料加热温度	间隙式搅拌机	集料加热温度比沥青温度高 10~30			
	连续式搅拌机	矿料加热温度比沥青高 5~10			
沥青混合料出料温度①		150~170	145~165	140~160	135~155
混合料贮料场贮存温度		贮料过程中温度降低不超过 10			
运输到现场温度①≥		145~165	140~155	135~145	130~140
混合料摊铺温度①≥		140~160	135~150	130~140	125~135
开始碾压的混合料内部温度①≥		135~150	130~145	125~135	120~130
碾压终了的表面温度②≥		80~85	70~80	65~75	60~70
		75	70	60	55
开通交通的路表面温度≤		50	50	50	45

注:1. 沥青混合料的施工温度采用具有金属探测针的插入式数显温度计测量。表面温度可采用表面接触式温度计测定。当用红外线温度计测量表面温度时,应进行标定。
　　2. 表中未列入的 190 号、160 号及 30 号沥青的施工温度由试验确定。

聚合物改性沥青混合料搅拌及施工温度应经试验确定。通常宜较普通沥青混合料温度提高 10~20℃。SMA 混合料的施工温度应经试验确定。

沥青混合料的拌和时间以混合料拌和均匀、所有矿料颗粒全部被均匀裹覆沥青为度,一般应通过试拌确定。间歇式搅拌机每盘的搅拌周期短、宜少于 45s,其中干拌时间不宜少于 5~10s。改性沥青和 SMA 混合料的搅拌时间应适当延长。

拌和机拌和的沥青混合料应色泽均匀一致、无花白料、无结团成块或严重粗细料离析现象,不符合要求的混合料应废弃并对拌和工艺进行调整。拌和的沥青混合料不立即使用时,可存入成品贮料仓,存放时间以混合料温度符合摊铺要求为准。

---

① 常温下宜用低值。低温下宜用高值。
② 视压路机类型而定,轮胎压路机取高值,振动压路机取低值。

3) 沥青混合料运输

热拌沥青混合料宜采用吨位较大的自卸汽车运输。汽车车厢应清扫干净，并在内壁涂一薄层油水混合液。从拌和机向运料车上放料时，应每放一料斗混合料挪动一下车位，以减小集料离析现象。运料车应用篷布覆盖以保温、防雨、防污染，夏季运输时间短于 0.5h 时可不覆盖。混合料运料车的运输能力应比拌和机拌和或摊铺机摊铺能力略有富余。施工过程中，摊铺机前方应有运料车在等候卸料。运料车在摊铺机前 10～30cm 处停住，不得撞击摊铺机，卸料时运料车挂空挡，靠摊铺机推动前进，以利于摊铺平整。

【参考视频】

4) 沥青混合料摊铺

将混合料摊铺在下承层上是热拌沥青混合料路面施工的关键工序之一，内容包括摊铺前的准备工作、摊铺机各种参数的选择与调接、摊铺作业等工作。

(1) 摊铺前的准备工作。

摊铺前的准备工作包括下承层准备、施工测量及摊铺机检查等。

【参考视频】

摊铺沥青混合料前应按要求在下承层上浇洒透层、粘层或铺筑下封层。热拌沥青混合料面层下的基层应具有设计规定的强度和刚度，有良好的水温稳定性，干缩和温缩变形应较小，表面平整、密实，高程及路拱横坡符合设计要求且与沥青面层结合良好。沥青面层施工前应对其下承层做必要的检测，若下承层受到损坏或出现软弹、松散或表面浮尘时，应进行维修。下承层表面受到泥土污染时应清理干净。

摊铺沥青混合料前应提前进行标高及平面控制等施工测量工作。标高测量的目的是确定下承层表面高程与设计高程相差的确切数值，以便挂线时纠正为设计值以保证施工层的厚度。平面测量的目的是便于控制摊铺宽度和方向。

每工作日的开工准备阶段，应对摊铺机的刮板输送器、闸门、螺旋布料器、振动梁、熨平板、厚度调节器等工作装置和调节机构进行检查，在确认各种装置及机构处于正常工作状态后才能开始施工，若存在缺陷和故障时应及时排除。

(2) 摊铺机参数的选择与调整。

调整、确定摊铺机的参数摊铺前应先调整摊铺机的机构参数和运行参数。其中机构参数包括熨平板的宽度、摊铺厚度、熨平板的拱度、初始工作仰角、布料螺旋与熨平板前缘的距离、振捣梁行程等。

摊铺机的摊铺带宽度应尽可能达到摊铺机的最大摊铺宽度，这样可减少摊铺次数和纵向接缝，提高摊铺质量和摊铺效率。确定摊铺宽度时，最小摊铺宽度不应小于摊铺机的标准摊铺宽度，并使上、下摊铺层的纵向接缝错位 30cm 以上。摊铺厚度是用两块 5～10cm 宽的长方木为基准来确定，方木长度与熨平板纵向尺寸相当，厚度为摊铺厚度。定位时将熨平板抬起，方木置熨平板两端的下面，然后放下熨平板，此时熨平板自由落在方木上，转动厚度调节螺杆，使之处于微量间隙的中立值。摊铺机熨平板的拱度和工作初始仰角根据各机型的操作方法调节，通常要经过试铺来确定。

大多数摊铺机的布料螺旋与熨平板前缘的距离是可变的，通常根据摊铺厚度、沥青混合料组成、下承层的强度与刚度等条件确定。摊铺正常温度、厚度为 10cm 的粗粒式或中粒式沥青混合料时，此距离调节到中间值。若摊铺厚度大，沥青混合料的矿料粒径大、温度偏低时，布料螺旋与熨平板前缘的距离应调大；反之，此距离应调小。

通常条件下，振捣梁的行程控制为4～12mm。当摊铺层较薄、矿料粒径较小时，应采用较小的振捣行程；反之，应采用较大的行程。

(3) 摊铺作业。

摊铺机的各种参数确定后，即可进行沥青混合料路面的摊铺作业。摊铺作业的第一步是对熨平板加热，以免摊铺层被熨平板上黏附的粒料拉裂而形成沟槽和裂纹，同时对摊铺层起到熨烫的作用，使其表面平整无痕。加热温度应适当，过高的加热温度将导致熨平板变形和加速磨耗，还会使混合料表面泛出沥青胶浆或形成拉沟。

摊铺快速路和主干路沥青路面时，所采用的摊铺机应装有自动或半自动调整摊铺厚度及自动找平的装置，有容量足够的受料斗和足够的功率推动运料车，有可加热的振动熨平板，摊铺宽度可调节。通常采用两台以上摊铺机成梯队进行联合作业，相邻两幅摊铺带重叠30～60mm，相邻两台摊铺机相距10～20m，以免前面已摊铺的混合料冷却而形成冷接缝，摊铺机在开始受料前应在料斗内涂刷防止黏结的防粘结剂，避免沥青混合料冷却后黏附在料斗上。

摊铺机必须缓慢、均匀、连续不间断地进行摊铺，摊铺过程中不得随便变换速度或中途停顿，摊铺速度宜为2～6m/min。摊铺机螺旋布料器应不停顿地转动，两侧应保证有不低于布料器高度2/3的混合料，并保证在摊铺的宽度范围内不出现离析。

摊铺机自动找平时，中、下面层宜采用一侧钢丝绳引导的方式控制高程，上面层宜采用摊铺前、后保持相同高差的雪橇式摊铺厚度控制方式(雪橇式为接触式，非接触式的平衡梁也是较为常见的摊铺机厚度控制方式)。经摊铺机初步压实的摊铺层平整度、横坡等应符合设计要求。沥青混合料的松铺系数根据混合料类型、施工机械等通过试压或根据实践经验确定。在沥青混合料摊铺过程中，若出现横断面不符合设计要求、构造物接头部位缺料、摊铺带边缘局部缺料、表面明显不平整、局部混合料明显离析及摊铺机有明显拖痕时，可用人工局部找补或更换混合料等方法，但不应由人工反复修整。

控制沥青混合料的摊铺温度是确保摊铺质量的关键之一。城市的快速路与主干路的施工气温低于10℃，其他等级道路施工气温低于5℃时，不宜摊铺热拌沥青混合料。必须摊铺时，应提高沥青混合料拌和温度，并符合低温摊铺要求。运料车必须覆盖以保温，尽可能采用高密度摊铺机摊铺，并在熨平板加热摊铺后紧接着碾压，缩短碾压长度。

沥青混合料的松铺系数应根据混合料类型、施工机械和施工工艺等应通过试验段确定，试验段长不宜小于100m。松铺系数可按照表4-5进行初选。

表4-5 沥青混合料的松铺系数

种类	机械摊铺	人工摊铺
沥青混凝土混合料	1.15～1.35	1.25～1.50
沥青碎石混合料	1.15～1.30	1.20～1.45

5) 沥青混合料的压实

【参考视频】

碾压是热拌沥青混合料路面施工的最后一道工序，若前述各工序的施工质量符合要求、耐碾压质量达不到要求，则将前功尽弃，达不到路面施工的目的。压实的目的是提高沥青混合料的密实度，从而提高沥青路面的强度、高温抗车辙能力及抗疲劳特性等路用性能。压实是形成高质量沥青混凝土路面的又一关键工序。碾压工作包括碾压机械的选型与组合，碾压温度，碾压速度的控制，碾压遍数，碾压方式及压实质量检查等。

热拌沥青混合料的压实应符合下列规定。

(1) 应选择合理的压路机组合方式及碾压步骤，以达到最佳碾压效果。沥青混合料压实宜采用钢筒式静态压路机与轮胎压路机组合或钢筒式静态压路机与振动压路机组合的方式压实。

(2) 压实应按初压、复压、终压(包括成型)三个阶段进行，压路机应以慢而均匀的速度碾压。

① 初压应符合下列要求。

a. 初压温度应符合表 4-4 的有关规定，以能稳定混合料，且不产生推移、发裂为度。

b. 碾压应从外侧向中心碾压，碾速稳定均匀。

c. 初压应采用轻型钢筒式压路机碾压 1～2 遍。初压后应检查平整度、路拱，必要时应修整。

② 复压应紧跟初压连续进行，并应符合下列要求。

a. 复压应连续进行，碾压段长度宜为 60～80m。当采用不同型号的压路机组合碾压时，每一台压路机均做全幅碾压。

b. 密级配沥青混凝土宜优先采用重型的轮胎压路机进行碾压，碾压到要求的压实度为止。

c. 对大粒径沥青稳定碎石类的基层，宜优先采用振动压路机复压。厚度小于 30mm 的沥青层不宜采用振动压路机碾压。相邻碾压带重叠宽度宜为 10～20cm。振动压路机折返时应先停止振动。

d. 采用三轮钢筒式压路机时，总质量不宜小于 12t。

e. 大型压路机难以碾压的部位，宜采用小型压实工具进行压实。

③ 终压温度应符合表 4-4 的有关规定。终压宜选用双轮钢筒式压路机，碾压至无明显轮迹为止。

(3) 碾压过程中碾压轮应保持清洁，可对钢轮涂刷隔离剂或防粘剂，严禁刷柴油。当采用向碾压轮喷水(可添加少量表面活性剂)方式时，必须严格控制喷水量应成雾状，不得漫流。

(4) 压路机不得在未碾压成型路段上转向、调头、加水或停留。在当天成型的路面上，不得停放各种机械设备或车辆，不得散落矿料、油料等杂物。

6) 接缝处理

整幅摊铺无纵向接缝，只要认真处理好横向接缝，就能保证沥青上面层有较高的平整度。由于横向接缝为冷接缝，处理难度较大，但处理的好与坏将直接影响路面的平整度，为此可以采取以下措施。

(1) 在已成型沥青路面的端部，先用 6m 直尺检查，将平整度超过 3mm 的部分切去，挖除干净，并将切面上的污染物用水洗刷干净，再涂以粘层沥青，基本干后，摊铺机再就位。

(2) 在熨平板开始预热前，量出接缝处沥青层的实际厚度，根据松铺系数算出松铺厚度。熨平板应预热 15~20min，使接缝处原路面的温度在 65℃以上。开始铺筑的速度要慢，一般为 2m/min。

(3) 碾压开始前，将原路面上的沥青混合料清除干净，接缝处保持线条顺直，固定一台振动压路机处理接缝。由于路堤较高，中央分隔带处有路缘石，路面中间部分采用横向碾压，两侧采用纵向碾压；一般为静压 2 遍，振压 2 遍，用 6m 直尺检查平整度，发现高时就刮平；发现低时就填以细混合料，反复整平碾压，直至符合要求。横压时钢轮大部分压在原路面上，逐渐移向新铺路面，前后 5~6 遍；纵压时应使压路机的后轮超出接缝 3~6m。一般振压 2 遍，静压 2~3 遍即可符合要求。

4.2.2 沥青表面处治路面施工

沥青表面处治，是用沥青和细粒料按层铺法或拌和法施工的厚度不超过 3cm 的薄层路面面层。由于处治层很薄，一般不起提高强度的作用，其主要作用是抵抗行车磨耗和大气作用，增强防水性，提高路面平整度，改善行车条件。

【参考视频】

层铺法(喷撒法)表面处治除在轻交通道路上用作沥青面层外，还可在旧沥青面层或水泥混凝土路面上用作封层，以封闭旧面层的裂缝和改善旧面层的抗滑等性能。层铺法表面处治的突出优点是摩擦系数和表面构造深度大，有利于高速车辆行驶安全。此外，它有良好的抗温度裂缝性能。层铺法表面处治要求有严格的施工工艺，使用的碎石应该干燥、清洁，并最好能在撒布前先用液体沥青预拌，以保证碎石表面无尘土和无石粉以增强碎石和沥青的黏结力。一些国家在老路面上用聚合物改性沥青做封层(实际上是单层或双层表面处治)，大大提高了路面的使用性能，延长了使用寿命。但这种方法进行表面处治存在石料容易散失的缺点，因此国内外都有采用混合式表面处治的。混合式表面处治通常是双层式，下层采用喷撒法施工，上层采用预拌沥青混合料或沥青乳液砂浆。

拌和法是我国从 20 世纪 60 年代开始推广渣油表面处治以来，就习惯采用的表面处治方法。拌和法表面处治的优点是集料不易散失，但其摩擦系数和表面构造深度都比层铺法表面处治小，其抗温度裂缝性能也不如层铺法表面处治。

在铺筑沥青表面处治时，各种基层表面绝对不能有任何砂土或石灰粉煤灰薄层。水泥稳定土和石灰稳定基层表面不能有薄层找补，即贴皮现象。因为在道路投入使用后，薄层砂土和薄层找补都可能导致表面处治面层搓动和脱落(即脱皮现象)。为使喷撒法沥青表面处治经久耐用，它的下承层必须有很均匀的表面结构。实践证明，在具有均匀表面结构的下承层上做表面处治，使用十年后，仍然处于满意状态。

沥青表面处治最常采用层铺法施工。按照洒布沥青及铺撒矿料的层次多少，沥青表面处治可分为单层式、双层式和三层式三种。单层式为洒布一次沥青，铺撒一次矿料，厚度为 10~15mm；双层式为洒布二次沥青，铺撒二次矿料，厚度为 20~25mm；三层式为洒布三次沥青，铺撒三次矿料，厚度为 25~30mm。层铺法沥青表面处治施工，一般采用"先油后料"法，即先洒布一层沥青，再铺撒一层矿料。双层式表面处治同三层式施工工艺，但减少一次洒沥青、铺撒集料与碾压。单层式表面处治也与三层式类似，但减少二次洒沥青、铺撒集料与碾压。三层式沥青表面处治一般施工程序如图 4.1 所示。

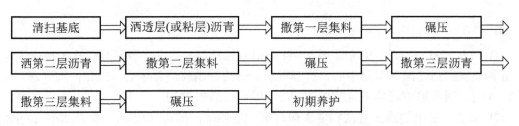

图 4.1 三层式沥青表面处治一般施工程序

1. 下承层准备

在表面处治层施工前,应将路面基层清扫干净,使基层的矿料大部分外露,并保持干燥。对有坑槽、不平整的路段应先修补和平整,若基层整体强度不足,应先予以补强。

2. 浇洒沥青

在透层沥青充分渗透,或在已做透层或封层并已开放交通的基础表面清扫后,应按要求的数量浇洒第一层沥青。洒布沥青应符合下列要求。

(1) 沥青的浇洒温度应根据施工气温及沥青标号来选择,石油沥青的洒布温度宜为 130~170℃,煤沥青的洒布温度宜为 80~120℃。乳化沥青可在常温下洒布。

(2) 沥青要洒布均匀,不应有空白或积聚现象。采用汽车洒布机洒布时,应根据单位面积沥青用量,选定洒布机排挡和油泵机挡。洒布汽车行驶的速度要均匀。若采用手摇洒布机洒布沥青,应根据施工气温和风向调节喷头离地面的高度和移动的速度,以保证沥青洒布均匀,并应按洒布面积来控制单位沥青用量。当发现浇洒沥青后有空白、缺边时,应及时进行人工补洒,当有沥青积聚时应刮除。

(3) 沥青浇洒的长度应与集料撒布机的能力相配合,避免沥青浇洒后等待较长时间才撒布集料。

(4) 前后两段浇洒的接槎应搭接良好。在每段接槎处,可用铁板或建筑纸等横铺在本段起洒点前及终点后,其长度宜为 1~1.5m。当需要分幅浇洒时,纵向搭接宽度宜为 10~15cm。浇洒第二、三层沥青的搭接缝应错开。

(5) 除阳离子乳化沥青外,不得在潮湿的集料、基层或旧路面上浇洒沥青。

(6) 对道路人工构造物及各种管井盖座、侧平石、路缘石等外露部分以及人行道道面等,洒油时应加遮盖,防止污染。

3. 撒布集料

第一层集料在浇洒主层沥青后应立即进行撒布,按规定用量一次撒足,不宜在主层沥青全段洒布完成后进行。撒布集料可采用集料撒布机或人工撒布。撒布集料应符合下列要求。

(1) 当使用乳化沥青时,集料撒布应在乳液破乳之前完成。

(2) 撒布集料后应及时扫匀,应覆盖施工路面,厚度应一致,集料不应重叠,也不应露出沥青。当局部有缺料时,应及时进行人工找补。局部过多时,应将多余集料扫出。

(3) 前幅路面浇洒沥青后,应在两幅搭接处暂留 10~15cm 宽度不撒石料,待后幅浇洒沥青后一起撒布集料。

4. 碾压

(1) 撒布一段集料后，应立即用6～8t钢筒双轮压路机碾压，碾压时每次轮迹应重叠约30cm并应从路边逐渐移至路中心，然后再从另一边开始移向路中心，以此作为一遍，宜碾压3～4遍。碾压速度开始不宜超过2km/h，以后可适当增加。

(2) 第二、三层的施工方法和要求应与第一层相同，但可采用8～10t压路机。当使用乳化沥青时，第二层撒布规格为S12(5～10mm)的碎石作嵌缝料后尚应增加一层封层料，其规格为S14(3～5mm)，用量为3.5～5.5m^3/(1000m^2)。

碾压结束后即可开放交通，但应禁止车辆快速行驶(速度不超过20km/h)，要控制车辆行驶的路线，使路面每个幅宽获得均匀碾压，加速处治层稳定成型。对局部泛油、松散、麻面等现象，应及时处理。乳化沥青表面处治应待破乳后水分蒸发并基本成型后方可通车。在通车初期应设专人指挥交通或设置障碍物控制行车，并使路面全部宽度均匀压实。在路面完全成型前应限制行车速度不超过20km/h。

5. 初期养护

沥青表面处治施工后应进行初期养护。当发现有泛油时，应在泛油处补撒嵌缝料，嵌缝料应与最后一层石料规格相同，并应扫匀。当有过多的浮动集料时，应扫出路面，并不得搓动已经黏着在位的集料。如有其他破坏现象，也应及时进行修补。

4.2.3 沥青贯入式路面施工

沥青贯入式路面是一种较早使用的沥青面层。它在道路上的应用已有数十年的历史，它的厚度通常是40～80mm(但用作基层时，其厚度可以是100mm)。沥青贯入式碎石是靠矿料颗粒间的嵌锁作用以及沥青的黏结作用获得所需的强度和稳定性，沥青既是黏结剂，又是防水剂。沥青贯入式面层具有较高的强度和较大的荷载分布能力，在柔性路面的整体强度中，起着重要的作用。

沥青贯入式碎石是一种多孔隙的结构，尤以下部粗碎石之间的孔隙为大。作为面层，沥青贯入式碎石面层必须有封面料做成封层，类似于沥青表面处治，以密闭其表面，减少表面水透入路面结构层，并提高贯入式面层本身的耐用性。

即使沥青贯入式碎石面层的表面做成封层，雨季表面积水仍可能渗入，特别是新铺筑的贯入式面层透水尤为严重。由于沥青贯入式碎石层具有大量孔隙透入贯入式碎石层中的水，如不能及时排出，贯入式碎石层就可能成为一个蓄水层，水较长时间滞留在贯入式结构层中，会促使沥青从矿料颗粒表面剥离，严重影响贯入式面层的质量和使用寿命。滞留在贯入式结构层中的水反复冻融，危害作用更大。一旦贯入式面层成为蓄水层，就使水有充分的时间和数量影响基层的性质，导致路面强度降低，甚至破坏。因此，在使用贯入式面层时，应该特别注意路面结构层的排水。

由于贯入式面层的多孔隙性，作为贯入式面层的基层宜是密实结构的，特别是基层表面应该是密实的。如基层材料也是多孔隙的和大孔隙的，夏季高温时期面层中的沥青可能下流到基层中。面层中沥青数量减少，会影响面层的使用寿命，如基层比较软弱，行车荷载可能将贯入式面层下部的大碎石压进(部分地)基层，也可能将较软弱的基层材料压挤进贯入式层下部大碎石间的孔隙。这种互相挤压的结果，贯入面层就会变形，从而使碎石形成的嵌锁作用可能遭到破坏，对贯入式面层的强度和稳定性造成很不利的影响。因此采用无机结合料稳定粒料基层作为贯入式面层基层较好。

施工质量不佳的贯入式面层的主要损坏现象是封面料散失。在封面料已经散失或大部分散失的贯入式面层上，重新封面，往往能得到良好的效果。

沥青贯入式面层质量的影响因素还有泛油情况和平整度。泛油通常是表面沥青过多所引起。嵌缝料数量过多，在主层石料上单独形成一层，且嵌缝料被压碎得过多，使后一次喷洒的沥青难以下贯，也会导致泛油现象。泛油使面层表面软化、变形、光滑，使行驶条件变坏。

沥青贯入式碎石层(含面层和基层)的施工往往难于保证质量，其原因如下。

(1) 碎石堆放过程中易被尘土和雨水污染，污染的碎石不能与沥青相黏结。

(2) 除非用碎石摊铺机摊铺主层碎石，否则碎石层的平整度和高程都难以控制在规范允许的误差范围内。

(3) 沥青用量难于控制准确，难于避免喷洒重叠。

因此，在高等级道路上一般不采用贯入式碎石做底面层。一些发达国家的道路上已不再采用贯入式碎石这种结构层，而改用沥青碎石混合料。

由于贯入式碎石结构层施工要求的机械设备较少，也较简单，施工进度较快，这种形式的路面结构层在我国一般道路的建设中仍被广泛应用。沥青贯入式路面一般施工程序如图 4.2 所示。

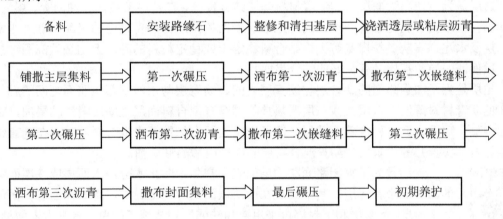

图 4.2　沥青贯入式路面一般施工程序

撒布主层集料。第一次撒布时应避免颗粒大小不均匀，并应检查松铺厚度。松铺厚度松铺系数为 1.1～1.2，可经试铺实测确定。边撒布边检验路拱与平整度。撒布后严禁车辆在铺好的集料层上通行。

碾压。主层集料撒布后应采用 6～8t 钢筒式压路机进行初压，使集料碾压稳定，然后检查路拱和纵向坡度，如不符合要求，应调整找平再压，至集料无显著推移为止。然后再用 10～12t 压路机碾压密实，直至主层集料嵌挤紧密，无显著轮迹为止。要注意掌握碾压适度。过碾则过分压碎集料，破坏嵌挤且沥青贯入受阻；欠碾则主层集料不稳定、不紧密，既影响强度，又使浇灌的沥青容易流失。

浇洒第一遍沥青。主层集料碾压完毕后，应立即浇洒第一层沥青，浇洒方法、要求同沥青表面处治相同。当采用乳化沥青贯入时，为防止乳液下漏过多，可在主层集料碾压稳定后，先撒布一部分上一层嵌缝料，再浇洒主层沥青。

撒布第一遍嵌缝料。主层沥青浇洒后，应立即均匀撒布第一层嵌缝料，嵌缝料撒布后应立即扫匀，不足处应找补。当使用乳化沥青时，嵌缝料撒布必须在乳液破乳前完成。

碾压。嵌缝料扫匀后应立即用 8~12t 钢筒式压路机碾压，直至稳定为止。碾压时随压随扫，使嵌缝料均匀嵌入。

浇洒第二遍沥青。撒布第二遍嵌缝料，完成碾压后，再浇洒第三层沥青，并撒布封层料，施工要求与撒布嵌缝料相同，最后碾压采用 6~8t 压路机碾压 2~4 遍后，开放交通。

其他类型贯入式路面，参照工艺流程图的相应遍数进行。施工方法和要求与第一遍施工相同。

沥青混合料拌和层。加铺沥青混合料拌和层时，应紧跟贯入层施工，使上、下层成为整体。当贯入部分采用乳化沥青时，应待其破乳、水分蒸发且成形稳定后方可铺筑拌和层。当拌和层与贯入部分不能连续施工，又要在短期内通行施工车辆时，贯入层部分的第二遍(其他类型贯入层则为其相应遍数)嵌缝料应增加 2~3 m^3/(1000 m^2)。在摊铺拌和层沥青混合料前，应清除贯入层表面的杂物、尘土以及浮动石料，再补充碾压一遍，并应浇洒粘层沥青。

最后碾压。最后碾压宜采用 6~8t 压路机进行，使路面平整，外形符合设计要求。

4.2.4 沥青透层、粘层和封层施工

透层是为了使沥青面层与非沥青材料基层结合良好，在基层上浇洒石油沥青、煤沥青、液体沥青或阳离子乳化沥青而形成的透入基层表面的薄层。沥青路面的级配砂砾、级配碎石基层及水泥、石灰、粉煤灰等无机结合料稳定土或稳定粒料的基层上均必须浇洒透层沥青，以保证面层和基层具有良好的结合界面。

粘层是为了加强路面的沥青层与沥青层之间、沥青层与水泥混凝土路面之间的粘接而洒布的沥青材料薄层。双层式或三层式热拌热铺沥青混合料面层之间应喷洒粘层油，或在水泥混凝土路面，沥青稳定碎石基层、旧沥青路面层上加铺沥青混合料层时。在既有结构和路缘石、检查井等构筑物与沥青混合料层的连接层喷洒粘层油。

【参考视频】

封层是为了封闭路面结构层的表面空隙，防止水分浸入面层或基层而铺筑的沥青混合料薄层。其中铺筑在面层表面的称为上封层，铺筑在面层下面的称为下封层。上封层和下封层可采用拌和法或层铺法施工的单层式沥青表面处治，也可采用乳化沥青稀浆封层。

1. 透层施工

1) 材料要求和用量

透层沥青宜采用慢裂的洒布型乳化沥青，也可采用中、慢凝液体石油沥青或煤沥青。透层沥青的稠度宜通过试洒确定。表面致密的半刚性基层表面宜采用渗透性好的较稀的透层沥青，级配砂砾、级配碎石等粒料基层宜采用较稠的透层沥青。用于制作透层用乳化沥青的沥青标号应根据基层的种类、当地气候等条件确定。施工中应根据基层类型选择渗透性好的液体沥青、乳化沥青做透层油。

【参考视频】

2) 透层施工程序及要求

(1) 透层施工程序。

透层施工工艺流程如图 4.3 所示。

图 4.3 透层施工工艺流程

(2) 施工要求。

① 沥青洒布。

a. 浇洒透层前，路面应清扫干净，然后用 2～3 台鼓风机(或其他机械)沿路纵向向前将浮尘吹干净，尽量使基层表面骨料外露，以利于乳化沥青与基层的粘接。对喷洒区附近的结构物和树木表面及人工构造物应加以保护，以免溅上沥青受到污染。

b. 透层应紧接在基层施工结束、表面稍干后浇洒。当基层完工后时间较长，表面过分干燥时，应在喷洒乳化沥青前 1h 左右，用洒水车在基层表面少量洒水润湿表面，并待表面稍干后浇洒透层沥青。

c. 透层沥青应采用沥青洒布车喷洒，喷洒时应保持稳定的速度和喷洒量。沥青洒布车在整个洒布宽度内必须喷洒均匀。路面太宽时，应先洒靠近中央分隔带或路中间的一个车道，由内向外，一个车道接着一个车道喷洒，下一个车道与前一个车道原则上不重叠或少重叠，但不能露白，露白处需用人工喷洒设备补洒。洒布车要完一个车道停车后，必须立即用油槽接住排油管滴下的乳化沥青，以防局部乳化沥青过多，污染基层表面。在铺筑沥青面层之前，若局部地方尚有多余的透层沥青未渗入基层时，应予清除。

d. 如遇大风或即将降雨时，不得浇洒透层沥青；气温低于 10℃ 时，也不宜浇洒透层沥青。

e. 应按设计的沥青用量一次浇洒均匀，当有遗漏时，应用人工补洒；透层沥青洒布后应不致流淌，渗透入基层一定深度，不得在表面形成油膜。

f. 浇洒透层沥青后，严禁车辆、行人通过。

② 撒石屑。

a. 在无机结合料粒料基层上浇洒透层沥青后，若不能及时铺筑面层、并需开放施工车辆通行时，应撒铺适量的石屑或粗砂，并将透层沥青用量增加 10%。

b. 石屑要求坚硬、清洁、无风化、无杂质、活性物质含量低、岩性宜为石灰岩、人工轧制的砂。采用的粒径规格为 S_{13} 或 S_{14}，并控制小于 0.6mm 的含量不超过 5%。其中 S_{14} 适宜在气温 10～20℃ 的范围，S_{13} 适宜气温在 20～35℃ 的范围使用。前一幅石屑撒布应与后一幅搭接的边缘留出约 20cm 宽，不撒布石屑。留待铺下一幅路时搭接，石屑可少量露黑，可有潮迹。

③ 碾压。撒布石屑或粗砂后，应用 6～8t 钢筒式压路机静力稳压 1～2 遍，压路机应行驶平稳，并不得刹车或调头。当通行车辆时，应控制车速。在铺筑沥青面层前如发现局部地方透层沥青剥落，应予修补，当有多余的浮动石屑或砂时也应予扫除。

透层洒布后应尽早铺筑沥青面层。当用乳化沥青作透层时，洒布后应待其充分渗透、水分蒸发后方可铺筑沥青面层，此段时间不宜少于 24h。

④ 养护。

a. 施工单位应对洒好透层、粘层或封层油的基层和面层保持好状态，以便与后续工作相衔接。

b. 碾压完毕后原则上封闭交通 7d，必须行驶的施工车辆最少在 12h 后才可上路，并保证车速低于 5km/h，不得刹车或调头，7d 至 1 个月内亦要控制车辆行驶，1 个月后可开放正常交通。7d 后若摊铺下面层时,只需将下封层上的多余石屑扫去即可进行下面层的摊铺。

从养生期间到后一层铺筑完之前,洒过透层油的表面,应采用路帚拖扫的办法养护,并防止产生车辙。

2. 粘层施工

1) 材料要求和用量

【参考视频】

粘层油宜采用快裂或中裂乳化沥青、改性乳化沥青,也可采用快、中凝液体石油沥青。

粘层油品种和用量应根据下卧层的类型通过试洒确定。当粘层油上铺筑薄层大孔隙排水路面时,粘层油的用量宜增加到 0.6～1.0L/m²。沥青层兼做封层的粘层油宜采用改性沥青或改性乳化沥青,其用量不宜少于 1.0L/m²。

2) 粘层施工工艺

粘层沥青用沥青洒布车喷洒,在路缘石、雨水进水口、检查井等局部应用刷子人工涂刷。路面有脏物尘土时应清除干净。当有粘黏的土块时,应用水刷净,待表面干燥后浇洒。浇洒过量处应予刮除。当气温低于 10℃或路面潮湿时,不得浇洒粘层沥青。浇洒粘层沥青后,严禁除沥青混合料运输车以外的其他车辆、行人通过。粘层沥青洒布后应紧接铺筑沥青层,但乳化沥青应待破乳、水分蒸发完后铺筑沥青层。

3. 封层施工

【参考视频】

1) 材料要求和用量

封层油宜采用改性沥青或改性乳化沥青。集料质地坚硬、耐磨、洁净、粒径级配应符合要求。用于稀浆封层的混合料其配合比应经设计、试验,符合要求后方可使用。

采用拌和法沥青表面处治作为上封层及下封层时,下封层宜采用砂粒式沥青混凝土(AC-5),厚度宜为 1.0cm,上封层宜采用密实式的中粒式或细粒式沥青混凝土混合料,按热拌沥青混合料路面的要求铺筑。

2) 封层施工工艺

采用拌和法铺筑上封层,其施工工艺和要求与热拌沥青混合料完全相同;下封层宜采用层铺法表面处治或稀浆封层法施工。沥青(乳化沥青)和集料用量应根据配合比设计确定,沥青应洒布均匀、不露白,封层应不透水。

能力训练

分小组编制热拌沥青混合料施工技术方案一份。

(1) 根据教材附图进行沥青面层施工准备工作。重点为现场准备、物质准备、测量放样等工作。

(2) 根据工程特点和工程现场实际条件,结合沥青面层的构造特点,选择合理的施工方法、合适的施工机械及施工工艺流程,并提出保证施工质量和安全的施工技术措施和施工注意事项。

(3) 参考其他道路沥青面层施工方案编制施工技术方案。

(4) 能力训练成果为热拌沥青混合料面层施工技术方案一份。

习 题

一、选择题

1. 沥青表面处治通常采用(　　)施工。
   A. 路拌法　　　B. 厂拌法　　　C. 层铺法　　　D. 拌和法
2. 当采用 70 号石油沥青时，热拌沥青混合料运输到现场温度，不得低于(　　)℃。
   A. 150　　　　B. 140　　　　C. 135　　　　D. 130
3. 沥青路面施工中，当符合下列(　　)情况时应浇洒透层沥青。
   A. 沥青路面的级配砂砾、级配碎石基层
   B. 水泥、石灰、粉煤灰等无机结合料稳定基层
   C. 旧沥青路面层上加铺沥青层
   D. 水泥混凝土路面上铺筑沥青层
   E. 旧水泥混凝土路面上铺筑沥青层
4. 沥青混合料在运输过程中出现(　　)情况时应予以废弃。
   A. 已离析的混合料
   B. 硬化在运输车箱内的混合料
   C. 在夏季中午高温时运输的混合料
   D. 低于规定铺筑温度的混合料
   E. 被雨淋的混合料
5. 沥青表面处治宜选择在(　　)施工。
   A. 雨期　　　　B. 潮湿季节　　　C. 干燥季节
   D. 冬期　　　　E. 较热季节
6. 热拌沥青混合料路面应待摊铺层完全自然冷却，混合料表面温度低于(　　)℃后，方可开放交通。需要提早开放交通时，可洒水冷却降低混合料温度。
   A. 50　　　　B. 30　　　　C. 20　　　　D. 40
7. 沥青路面施工方法有(　　)。
   A. 层铺法　　　B. 厂拌法　　　C. 滑模摊铺法
   D. 轨道摊铺法　E. 路拌法
8. 下列沥青类路面中，(　　)结构是采用层铺法施工的。
   A. 沥青混凝土　B. 沥青碎石　　C. SMA　　　　D. 沥青贯入式

二、判断题

1. 沥青路面施工时，高温要求与低温要求发生矛盾时，优先考虑满足低温要求。
   (　　)
2. 沥青路面施工时，碾压温度高的沥青混合料要比碾压温度低的沥青混合料困难大得多。
   (　　)
3. 秋季是沥青路面施工的有利季节。　　　　　　　　　　　　　　(　　)

任务4.3 特殊沥青面层施工

本任务介绍了几种特殊沥青混合料的组成要求，以及SMA沥青路面、OGFC路面、彩色沥青混凝土路面施工过程中拌和、运输、摊铺、碾压及接缝处理等施工要点。

4.3.1 SMA沥青路面施工

自从第一条SMA路面于20世纪60年代在德国修建以来，便以其优良的抗车辙性能和抗滑性能闻名于世，至今在欧美地区的应用已经有40多年的历史。近来SMA在我国的实际应用也比较广泛。SMA即沥青玛蹄脂碎石，是由沥青、矿粉、纤维稳定剂及少量细集料组成的沥青玛蹄脂结合料，填充于间断级配的粗细集料碎石骨架的间隙形成的一种沥青混合料。简单地说，SMA是由互相嵌挤的粗集料骨架和沥青玛蹄脂两大部分组成的。

SMA是一种新型的路面材料，具有良好的路用性能：除具有良好的表面功能、抗滑、抗高温、车辙、减少低温开裂、平整度高、噪声小、能见度好等特点外，SMA还具有路面抗变形能力强、不透水、使用寿命长、维修养护小等优点，同时SMA还可以减薄表面层厚度，易于施工和维修。由于沥青玛蹄脂具有上述各项优点，因此较广泛的应用在高等级道路的建设中。

1. SMA原材料组成要求

SMA是近年来在国际上出现的一种非常引人注目的新型沥青混合料。影响SMA质量的因素很多，其中原材料的质量是决定因素，因此施工时要严格控制原材料的质量，对其质量严格按有关规范要求进行检验、检测。

1) 沥青结合料

SMA混合料中沥青结合料的质量必须满足沥青玛蹄脂的需要，要有较高的黏度，符合一定的要求，以保证有足够的高温稳定性和低温韧性。在我国，必须采用符合"重交通量道路沥青技术要求"的沥青。

2) 粗集料

从SMA的成型机理可以知道，SMA之所以有较高的高温稳定性，是基于含量甚多的粗集料之间的嵌挤作用。集料嵌挤作用的好坏很大程度上取决于集料石质的坚韧性，集料的颗粒形状和棱角性。粗集料的这些性质是SMA成败与否的关键。因此用于SMA的粗集料必须符合抗滑表层混合料的技术要求，同时SMA对粗集料的抗压碎要求高，粗集料必须使用坚韧的、粗糙的、有棱角的优质石料。

3) 细集料

细集料虽然在SMA中只占很少的比例，但对SMA的性能影响也较大。通常认为机制砂较天然砂有良好的棱角性和嵌挤性，对提高混合料的高温稳定性有好处。细集料采用坚硬、洁净、干燥、无风化、无杂质并有适当级配的人工轧制的玄武石或石灰岩细集料。

4) 填料

填料采用石灰岩碱性石料经磨细得到的矿粉，必须干燥清洁。SMA中矿粉的用量在

10%左右，矿粉用量多，一方面可以增大矿料的比表面积，从而裹覆较多用量的沥青；另一方面，矿粉增加了SMA玛蹄脂劲度，有助于增强SMA高温抗流变能力。

5) 抗剥落剂

由于玄武岩与沥青的黏结力只有3~4级，而规范规定不得低于4级，因此，沥青中要掺抗剥落剂。一般掺量为沥青用量的0.3%~0.4%。

6) 稳定剂

SMA的沥青用量较多，为了防止施工时混合料中沥青析漏，需要在混合料中加入纤维稳定剂，一般可采用木质素絮状纤维，掺量为沥青混合量总质量的0.3%~0.4%。

2. SMA混合料的拌和

在拌和前，首先要采用强制搅拌法把抗剥落剂按沥青质量的0.4%均匀地掺入沥青中。具体方法如下。

(1) 将一定容积的沥青放入强制式搅拌箱内，根据沥青密度计算出沥青质量，称量沥青质量的0.4%的抗剥落剂倒入搅拌箱内，开动搅拌叶片搅拌2min后，把搅拌均匀的沥青抽进沥青储存罐备用。在使用时，可以利用几个沥青储存罐用泵力循环法再次搅拌。

(2) 在SMA拌和时，沥青温度应加热至165~170℃，集料温度应为180~200℃，混合料出厂温度应为170~185℃，超过195℃的混合料应废弃。拌和时，应先加入矿料，紧接着加入矿粉，干拌7~10s，在这期间加木质纤维，干拌后加沥青，湿拌约36s后出料，总拌和时间应为60~70s。特别注意木质纤维的添加与沥青的添加应前后顺序连接不间断，即木质纤维若不添加，沥青在称量斗内存放，暂不放入拌锅中，以免出现废料，并且要注意校核每锅混合料中木质纤维素的添加量，木质纤维素的添加量是否准确是决定SMA混合料拌和质量好坏的重要因素。

3. SMA混合料的运输

SMA的运输采用大吨位自卸车运输。运输车辆要在车厢上设专用温度检查孔，车厢内清洗干净；装料时，汽车应前后移动分三堆装料，减少粗集料的分离现象。料车要覆盖好，用来保温、防雨、防尘，若在气温偏低时施工，最好加一层棉被。运料车的总运量应大于拌和能力。

4. SMA混合料的摊铺

SMA的摊铺一般整幅采用沥青摊铺机成梯队一次性铺筑，接触式或非接触式自动找平控制平整度、横坡、厚度，纵缝采用热接缝，两台摊铺机的熨平板重叠10~20cm，松铺系数一般为1.1~1.2。在开始铺筑时，熨平板的预热温度≥100℃，混合料温度≥160℃，熨平板夯实等级采用振动频率5.0级，振捣频率4.5级，两台摊铺机的间距在5m左右。由于改性沥青SMA混合料的黏性很大，摊铺过程中不易产生离析现象，摊铺过程中一般不允许补料，只要设专人处理摊铺机后面的个别油斑即可。另外，连续稳定的摊铺是保证上面层平整度的关键。摊铺结束后，要及时清理接料斗、螺旋及熨平板上的剩余料。

5. SMA混合料的碾压

SMA碾压时，一般不允许采用胶轮压路机，以防止将沥青结合料搓揉挤压上浮。SMA在初压时一般不会产生推移现象，可以直接开振动，振动碾压4~5遍，最后静压一遍消除

轮迹。初压时混合料温度应≥150℃，碾压段长度控制在30m左右，终压结束温度≥110℃，振动碾压时采用高频低幅，即保证压实度，又不致将碎石集料压碎。另外，摊铺和碾压在施工过程中均不应停顿，机械加油和加水都要交替进行。

6. 接缝处理

接缝是影响路面平整度的重要因素之一。SMA路面接缝处理比普通沥青混合料难，由于冷却后的SMA混合料非常坚硬，应设法防止出现冷裂缝。为了提高平整度，一般切割成垂直面，可在路面完工后，稍停一停，在其尚未冷却之前切割好。

具体做法是：将3cm直尺沿路线纵向靠在已施工段的端部，伸出端部的直尺呈悬臂状；以已施工路面与直尺脱落点定出接缝位置，用锯缝机割齐后铲除废料，并用水将接缝处冲洗干净；新混合料摊铺前，涂抹粘层油，并用熨平板在已摊铺的表面层上预热，再下料摊铺。接缝处碾压应尽快处理，先纵向在5～10m来回碾压，再横向2～4m碾压，最后按正常的速度进行纵向碾压。

7. 注意问题

为了确保SMA面层的质量，应采取以下措施。

(1) 加强各种原材料的质量检测。重视SMA配合比组成设计，优化生产配合比。

(2) 进行多次试拌和试铺工作，确保正式摊铺质量。

(3) 对试验仪器、测量仪器、拌和设备、计量系统、温度计等进行检查和标定。

(4) 编制详细的施工技术方案。每一道工序都要有专人负责，每一个技术指标都要有专人或相关人员控制。加强检测，发现问题及时解决。

(5) SMA摊铺施工时，应保持一个适当的摊铺速度，过快和过慢都会影响质量，摊铺速度过慢会引起压实过度造成玛蹄脂上浮，摊铺速度过快会造成压实度不足和渗水，比较适宜的速度为1.2～2.5m/min。

(6) 拌和时要特别注意矿粉的称量精度，矿粉含水率应≤1%，以免黏堵矿粉的称量精度，使矿粉放料速度慢而产生溢料和拌和能力下降；还要特别注意木质纤维的称量精度，以免用量不准或添加不上而产生废料。

4.3.2 OGFC路面施工

OGFC透水沥青混合料于20世纪50年代被研制出来，是一种具有高空隙率的开级配混合料。OGFC排水性沥青混凝土路面指的就是在不透水的沥青混凝土层面上铺筑孔隙率高达20%左右的沥青混凝土抗滑表层，使雨水通过该层内部的连通孔隙沿路面横坡排出路外，而不至于在路表面形成膜和径流的路面结构。

该技术于1960年始于美国，欧洲则开始于1980年。日本真正实施于1987年，1993年成立了排水性铺装研究会，1996年日本道路协会编制出版了《排水性铺装技术指南》(草案)，用于指导施工。

OGFC透水性沥青混合料修筑的道路其优点主要有以下几点。

(1) 可迅速将路表雨水排除，确保雨天行车时车轮与路面的接触，提高了行车安全。

(2) 可以降低噪声，改善沿途环境。车辆在行驶过程中产生的噪声声波一方面可以在OGFC路面内连通孔隙中传播的过程中发生膨胀和扩展，将声能转化为热能的形式而削弱；另一方面通过 OGFC 路面表层宏观构造产生漫反射等综合效应，使得行车噪声显著降低。

1. 材料及施工准备

1）粗集料

粗集料应具有良好的颗粒形状，洁净、干燥、无风化、无杂质，具有足够的强度、耐磨耗性。排水性路面粗集料为 4.75mm 以上的集料。粗集料占到集料总量的 80%左右，比普通密级配沥青混合料高出 20%～30%。

2）细集料

细集料应洁净、干燥、无风化、无杂质，并由适当的颗粒组成。排水性路面集料占集料总重的 10%左右，用河砂或石屑均可。排水性沥青混合料中 2.36～4.75mm 粒径为断级配。

3）填充料

填充料使用水泥厂生产的石灰岩矿粉，用量为集料总重的 5%左右。为改变集料与沥青间的黏附性，可掺加消石灰或水泥，掺加量以占填充料总量的 40%～60%为宜。根据日本成熟经验与日本《排水性铺装技术指南》，基质沥青宜采用低强度等级、稠度大的沥青，以增强混合料的黏结力。基质沥青一般采用 70 号重交沥青，排水性路面的油石比一般在 5%左右，其中基质沥青占 84%～90%，改性剂占 10%～16%，使用 TPS 改性剂后，沥青混合料中无须再添加其他稳定剂和抗剥落剂。排水性沥青混凝土路面因是开级配，孔隙率大、沥青易老化、耐久性差，为了增大其内部黏结力，增加混合料强度，应采用低强度等级、稠度大的沥青。施工中采用的沥青针入度应取 40～50(0.1mm)为宜。

4）改性沥青

一般采用高黏度透水沥青，排水性路面要求改性沥青的 25℃韧度和抗拉强度分别达到 20N·m 和 15N·m 以上，60℃黏度达到 20000Pa·s 以上。

5）纤维

欧美部分国家在开级配沥青磨耗层中添加纤维，主要是为了确保油膜厚度及防止滴漏。其种类为植物性纤维、矿物性纤维或化学纤维等。添加量为混合物中外添加物重量的 0.1%～0.5%或沥青混合料重量的 1%左右。

6）抗剥落剂

抗剥落剂一般用消石灰，其添加量约为矿粉的 50%以内，或者用其他类型的成熟化学抗剥落剂。

2. 施工准备

铺筑排水性路面前，在密级配的沥青混凝土中，只能给面层表面喷洒一层掺有橡胶的改性乳化沥青，起到提高层间的黏结性与封水作用。施工需在摊铺前 12h 洒布，以使其充分破乳，不易粘轮。改性乳化沥青中蒸发残留物含量不宜太高，太高会使得机械行进阻力大，而且引起上面层油石比增大。

3. 混合料的拌和

1）温度控制

由于 OGFC 混合料使用的粗集料较多、细集料较少，集料易热，集料温度控制较难。

因此需对喷燃器的燃料供给严加控制，或者采取提高细集料供给量或调整仪表显示值与实测值误差的对策。通过前两次试铺工作，发现OGFC混合料因产量低，细集料用量少，导致温度难以控制。混合料温度过高，易产生沥青的流淌，温度过低则施工作业困难，因此工作中的温度控制尤为重要。一般来说，矿料加热温度为180℃±5℃。由于粗集料散热快，应随拌和、随放料，检测温度时车厢内混合料顶堆上的温度与料堆下的温度相差不应超过3～5℃。

2) 存放时间

由于OGFC混合料细集料少，散热快，不能像普通沥青混合料那样较长时间储存，长时间存放会出现沥青流淌现象，并会使得混合料表面结硬壳。

3) 拌和周期

OGFC混合料拌和时间参数为：集料、改性剂同时进拌锅干拌10s，然后加入沥青和矿粉，并湿拌40s出锅。拌和锅的混合料应均匀，无离析、花白、结块等现象，一个完整的拌和循环约为75s。因此较之生产密级配沥青混合料，沥青拌和设备的生产能力将降低至60%左右。另外，由于OGFC为间断级配，粗集料用量较多，对计量等待时间、热仓的储存量也相应进行调整。

4. 混合料的运输及摊铺

1) 运输

(1) 应具备足够的大吨位运输车辆，满足施工要求。

(2) OGFC混合料黏性较大，运输车底部需涂较多的油水混合物。

(3) 为使OGFC混合料保持高温，摊铺温度不低于160℃，运输车使用双层篷布用以保温。

(4) 运输车辆到达现场后卸料，均由专人指挥，料车卸料时，在距摊铺机10～30cm处以空挡停车，由摊铺机迎上推动前进。

2) 摊铺

(1) 摊铺机摊铺前，必须先预热40min左右，使熨平板温度达到100℃以上，方可摊铺。

(2) 采用两台摊铺机梯队联合摊铺时，靠边缘的摊铺机走在前面，两外侧采用超声波移动式平衡梁找平，另一台摊铺机紧紧跟后，相隔3～5m，中间重叠10～15cm，内侧采用纵波仪在已铺面上走"雪橇"，外侧采用移动式平衡梁找平。

(3) OGFC混合料产量低，摊铺机速度较慢，一般控制在1.0～2.0m/min，使拌和设备的生产能力与摊铺机速度相适应，保证摊铺过程的匀速、缓慢、连续不间断。

(4) OGFC混合料粗集料多，应调整好振捣和振动级数，确保足够的初始密实度，且不振碎集料。

(5) 摊铺过程中，设专人检查铺筑厚度及均匀度，发现局部拖痕等问题应及时处理，同时调整摊铺工艺，改善摊铺效果。

(6) 由于OGFC混合料属于间断级配，粗集料粒径单一，因此比其他级配混合料易摊铺，表面均匀、外观效果好，不易出现离析。

5. 混合料的碾压

(1) 由于 OGFC 路面与 SMA 路面级配要求相近,其压实工艺也相近。初压、复压阶段须采用刚性碾压,因为橡胶轮变形大,它与路面接触时局部呈封闭状态,当轮胎驶离路面时易导致热的沥青结合料被上吸堵塞路面孔隙,同时钢轮压路机碾压过程中均不开振动,以保持路面有 18%~22% 的孔隙率。终压阶段采用胶轮压路机,起稳固混合料与消除轮迹作用。

(2) 碾压顺序。初压采用振动式压路机,静压 2 遍,速度控制在 1.5~2.0km/h,紧跟摊铺机进行,初压温度一般控制为 150~160℃。复压采用双钢轮振动压路机,静压 2 遍,速度为 2.0km/h 左右,复压紧跟初压进行,两段的界限一般重叠 3~5m。终压采用胶轮压路机,碾压 1~2 遍,终压必须在路表温度降至 55℃ 左右时进行,否则出现粘轮现象。可以喷洒少量水防止粘轮。

(3) 松铺系数。由于 OGFC 混合料路面的孔隙率须保持为 18%~22%,其碾压机械吨位、遍数、碾压温度一定要控制好;否则很容易出现压实超密现象,造成松铺系数测不准,路面厚度不足。

6. 接缝处理

在施工缝及构造物两端的连接处操作应仔细,接缝应紧密、平顺。

铺筑纵向接缝时,接缝铺筑成梯形。在铺另一幅前将缝边缘清扫干净,并涂洒少量沥青漆。碾压时先在已压实路面上行走,碾压新铺层的 10~15cm,然后压实新铺部分,再伸过已压实路面 10~15cm,接缝应压实紧密。上、下层纵缝应错开 15cm 以上,表层纵缝应顺直,并尽可能留在车道区画线位置上。

相邻两幅及上下层的横向接缝均应错位 1m 以上。横向接缝的碾压先用双钢轮压路机进行横向碾压。碾压时压路机应位于已压实的混合料面层上,伸入新铺层的宽度宜为 15cm,然后每压 1 遍向新铺混合料移动 15~20cm,直至全部在新铺层上为止,再改为纵向碾压。横向施工缝采用平接缝,在铺筑邻近面层时需将接缝处再加热。加热时应避免将面层直接暴露在火焰下,接缝处需充分压实,粘接紧密。

7. 注意问题

OGFC 路面施工的技术和工艺有以下需注意的问题:

(1) 原材料加工难。由于 OGFC 路面粗集料粒径单一,数量比例大,10~15mm 规格间隔小,工厂加工产量低,需提前考虑加工问题。

(2) 配合比设计难。为保证设计孔隙率要求,改变级配中 2.36mm 筛孔通过量±3% 左右,获得 3 个级配,选定后要反复调整级配,马歇尔试验才能达到孔隙率要求和得出合适的沥青用量。

(3) 温度控制难。OGFC 路面粗集料多,易热,温度很难控制,必须考虑拌和楼喷油装置或增加细集料或找温度差等对策。

(4) 拌和时间长,产量低,摊铺速度慢,且混合料不可长时间储存,各环节要协调好。

(5) 空隙率难保证。压路机械吨位,碾压遍数,碾压温度控制要严,否则易出现压实超密现象。

(6) 造价高。每吨 TPS 改性剂价格为 4 万元，造价是同厚度同面积密级配混合料的 3 倍。

(7) 孔隙大，沥青老化快，使用年限短。国外 OGFC 路面设计年限一般为 4～7 年，此为制约其发展的一个瓶颈。

(8) 抗剪切性能差。该结构路面不易铺筑在弯道大、纵坡大或重载交通地段，宜用于小车专用线或旅游线。

(9) 养护难。粉尘污物易堵塞孔隙，需用专用的高压冲洗和吸尘设备。

(10) 局限性。铺筑 OGFC 路面应根据当地的地理环境及气候条件，有条件地推广应用，不宜应用在风沙大、降雨少的地区。排水性路面的最大问题是，路面本身的磨损和环境中粉尘污物对孔隙的堵塞，排水功能随时间降低直至丧失排水功能。

(11) 在 OGFC 排水性路面的中面层设计中，不仅要考虑封水问题，同时还要考虑强度问题。

4.3.3 彩色沥青混凝土路面施工

彩色沥青混凝土路面是指脱色沥青或人工调配的浅色胶结料与各种颜色的石料、色料和添加剂等材料在特定的温度条件下拌和而成的各种色彩沥青混合料，再经过摊铺、碾压而形成具有一定强度和路用性能的非黑色沥青混凝土路面。

【参考视频】

在道路中采用彩色沥青混凝土铺设路面，具有两大功能：其一，具有美化城市、改善道路环境，提高城市品位的效果，多用于城市街道、广场、风景区、公园和旅游观光地；其二，具有强化交通警示，疏导交通流量，使交通管理直观化的作用，应用于区分不同功能的路段或车道，以提高驾驶员的识别效果，增加道路的通行能力和交通安全。

从 20 世纪 50 年代起，欧洲国家就开始尝试研究应用彩色沥青混凝土路面。在这方面的探讨我国始于 20 世纪 70 年代，但进展缓慢，且在道路上的应用较少。到 20 世纪 90 年代，彩色沥青混凝土才作为一种新型的路面面层材料被开发并广为应用，也由此营造出新世纪交通的时代气息，引起了人们广泛的兴趣和关注。

1. 原材料要求

彩色沥青混凝土的原材料主要有：脱色沥青，集料，填料和颜料。由于其多用于景观铺筑，而这些工程的特点是要求路面平整、美观，强度不必太高，所以多采用 AC-10F、AC-5F 型级配。使用集料规格一般为 5～10mm、3～5mm 及机制砂、天然砂，填料多采用石灰岩矿粉。对于胶结料，可以直接使用彩色沥青，也可以使用脱色沥青并掺加颜料。

1) 集料

用于彩色沥青混凝土面层的粗集料应具有良好的颗粒形状，洁净、干燥、无风化、无杂质，具有足够的强度、耐磨耗性，并与脱色沥青黏附力强。由于 5～10mm 集料针片状含量、黏附性等指标不易检测，所以在选择石料的时候尤其要注意原岩的选择。由于酸性石料与沥青的黏附性差、水稳定性不好，宜选用碱性石料。对于石料性质，可以采用同产地、同料厂的较大粒径石料进行试验作为参考。

沥青混凝土的细集料可采用天然砂、机制砂，不宜使用石屑。细集料应洁净、干燥、无风化、无杂质，并由适当的颗粒组成。由于天然砂一般风化严重，含泥量较高，所以《公路沥青路面施工技术规范》(JTG F 40—2004)中明确规定,热拌密级配沥青混凝土中天然砂使用量通常不宜超过细集料总量的 20%,从而对于天然砂的使用有所限制。因此在机制砂的质量能够保证的前提下,彩色沥青混凝土细集料可以完全使用机制砂。机制砂是指选用优质石料,并采用专用制砂机械制造的水洗砂。目前,大多数石料厂家的机制砂实质上是石料厂破碎石料时通过 4.75mm 或 2.36mm 筛孔的石屑。这两种细集料从外观看,石屑含土量偏多,级配不均匀,砂当量试验结果也有很大差异。另外,细集料应与胶结料有良好的黏结能力,这一点是由生产机制砂所用的原岩决定的。

2) 填料

填料的重要作用是与胶结料组成胶浆,填充于集料间的孔隙中,并将矿料颗粒黏结在一起,使沥青混凝土具有抵抗荷载和环境因素作用的能力。在彩色沥青混凝土中,填料有两种:一种是矿粉,另一种是彩色的颜料。经实践证明,完全使用颜料,一方面将大大提高混凝土的成本,另一方面颜料在性能上不同于矿粉,完全不使用矿粉,混凝土黏结性及强度均不足,难以压实。此外,从沥青混凝土的路用性能和产品颜色上考虑,最好不使用拌和机的回收粉。

3) 胶结料

胶结料是构成彩色沥青混凝土结构的重要材料,直接决定了沥青路面的高温稳定性、低温抗裂性、耐久性。沥青用量的多少,对路面抗滑性及施工和易性具有重要影响。彩色沥青路面中的脱色沥青除了要满足以上性能要求外,还要降低自身颜色深度,以最大限度使沥青混凝土的色彩艳丽,满足施工的景观要求。

脱色沥青同普通沥青一样在低温状态下可以长期存放,但是不同批次制作的脱色沥青混合使用前应先搅拌均匀,并经检验合格方可使用。脱色沥青在储存、使用及存放过程中应有良好的防水措施,并应避免雨水进入沥青中,影响沥青使用性能及混凝土质量。

4) 颜料

颜料的传统用途在于配置涂料、油墨,以及着色塑料和橡胶。随着印染助剂及印染技术的发展,颜料开始涉入纺织品着色领域。颜料按化学组成来分类,可分为无机颜料与有机颜料两大类。由于彩色沥青混凝土在生产中的特殊性,对于颜料不仅要求其颜色、遮盖力、着色力,还要考虑其稳定性,尤其是耐热性。在高温环境下使用,有机颜料会发生分解反应,其结晶形态也可能变化,形式更完整的、结晶度更大的晶体,导致其颜色变化。总体来说,无机颜料的耐候耐光耐热性远比一般有机颜料强。在沥青混合料生产中,由于颜料直接接触高温沥青及集料,所以要求颜料耐热性要高于沥青混凝土生产时集料最高加热温度。按照《公路沥青路面施工技术规范》(JTG F 40—2004)规定,间歇式拌和机集料最高加热温度为 190℃,所以要采取一个简单实验来考察颜料的耐热性:将所选几种同样颜色但结构不同的颜料在 180℃烘箱中静置 2h,再将放入烘箱前的颜色与取出后颜色进行对比,选择色差变化最小的颜料即可。此外,颜料的不同颗粒大小会使颜色发生变色,遮盖力、着色力的强弱也会随之而变。这些都是在选择颜料时应着重注意的问题。

2. 混合料的拌和

彩色沥青混合料与普通沥青混合料拌和基本相似,但应着重注意以下事项。

(1) 拌和前，应将搅拌站的拌和缸、沥青输送管道、运输车、施工机械设备等清洗干净。

(2) 原材料性能稳定，使生产目标配合比能最大限度地接近设计配合比。

(3) 由于色粉比重大，在混合料中具有着色、分散、吸附、稳定、增黏的作用，添加时需要考虑其对环境的影响，生产前应根据目标配合比计算出每盘混合料色粉用量，用聚乙烯塑料袋装好，拌和中由人工辅助加入。

(4) 拌和温度应控制在 160~170℃，拌和时间比普通沥青混合料多 10s，出料应及时检查粒料和颜色是否均匀。

3. 混合料的运输及摊铺

【参考视频】

(1) 彩色沥青混合料与普通沥青混合料运输和摊铺各道工艺基本相同。

(2) 为提高界面黏结力和减少雨水渗到路面结构，摊铺前基层应清扫干净，喷洒乳化沥青，其用量为 0.3~0.5kg/m^2。

(3) 开始摊铺时，根据工作安排，考虑到混合料的生产、运输、摊铺和碾压能力，将摊铺机的工作速度严格控制在 2.0~2.5m/min，确保摊铺连续，并做到全幅摊铺不间断一次性成型，以保持色泽一致，粒料均匀、美观。

4. 混合料的碾压

1) 碾压组合方式

彩色沥青混合料在压实过程中同样要按照初压、复压、终压三个阶段进行。初压温度应控制在 130~145℃，终压温度不低于 70℃。碾压过程中应按"紧跟、慢压、高频、低幅"的原则进行。经试验确定碾压组合方式。

2) 碾压过程中应注意事项

(1) 为防止压路机碾压过程中出现粘料现象，在压路机的水箱中加入适量洗衣粉(0.15kg/m^3)对钢轮进行适当的润滑，可以避免钢轮压路机的粘料现象。

(2) 为防止彩色沥青面层受到污染，在碾压前必须用水冲去黏附在压路机钢轮上的杂物及砂土，确定碾压设备清洁后方可允许进行碾压。碾压结束后，温度必须冷却至常温才能开放交通。

5. 国内应用分析与问题

当前，我国已将彩色沥青的胶结料基本研制成功，进入铺筑试验阶段。但是对于彩色沥青技术还有许多工作要做，举例如下。

(1) 彩色沥青的成本较普通沥青昂贵许多，因此如何进一步降低彩色沥青的成本是需要解决的问题。

(2) 彩色沥青路面的色彩主要是由集料和颜料确定的，因此如何选择与颜料同色或浅色且性能合格的集料，如何选择色泽鲜艳且耐久、价格不高的颜料，还需要进行一系列调查、试验工作。

(3) 建立和完善彩色沥青胶结料产品的标准和性能评价指标，尽快编写出彩色沥青路面的设计与施工规范。

以上这些问题尚待进一步深入研究,才能使彩色沥青路面技术走向成熟。

彩色沥青路面不耐脏,不易维护清洁,尤其淡色沥青路面。这主要是由于各种施工引起的扬尘及机动车的黑色轮胎污染。因此,彩色沥青路面不适合用在车流量大的城市路面,而适用于公园道路、景观广场等。另外,彩色沥青造价昂贵,比普通黑色沥青高出 20 倍左右,因此彩色沥青路面目前只在景区道路和城市交叉口等特殊路段铺设。

能力训练

分小组讨论并回答以下问题。
(1) 为确保 SMA 面层的质量,应该采取什么措施?
(2) OGFC 路面在施工中应注意什么?

习题

一、选择题

1. 沥青玛蹄脂碎石的简称是( )。
   A. SAC　　　　　B. SBS　　　　　C. SMA　　　　　D. AC-16
2. OGFC 排水性沥青混凝土路面指的就是在不透水的沥青混凝土层面上铺筑孔隙率高达( )左右的沥青混凝土抗滑表层。
   A. 15%　　　　　B. 20%　　　　　C10%　　　　　D25%
3. SMA 是指( )。
   A. 沥青碎石　　　　　　　　　　B. 沥青玛蹄脂碎石
   C. 透水式沥青混凝土　　　　　　D. 彩色沥青
4. 沥青玛蹄脂碎石的集料是( )。
   A. 连续级配　　B. 密级配　　C. 半开级配　　D. 间断级配
5. SMA 的细集料应用( )。
   A. 河砂　　　　B. 海砂　　　　C. 山砂　　　　D. 机制砂
6. OGFC 是指( )。
   A. 沥青碎石　　　　　　　　　　B. 沥青玛蹄脂碎石
   C. 透水式沥青混凝土　　　　　　D. 彩色沥青
7. SMA 适用于在高等级道路路面做( )使用。
   A. 表面层　　　B. 中面层　　　C. 下面层　　　D. 上基层

二、简答题

1. OGFC 透水性沥青混合料修筑的道路的优点有哪些?
2. 道路中采用彩色沥青混凝土铺设路面的作用有哪些?

任务 4.4 沥青面层施工质量控制与验收

路面工程进行施工质量的控制与检查是建成高质量路面的有效保证,除了控制原材料质量外,铺筑现场质量控制也很重要;在遇到不利季节的施工时,应采取保证施工质量的措施;面层完工后,由施工单位会同监理单位按设计文件和施工规范要求对沥青面层进行质量检验。

沥青路面施工质量控制包括所用原材料的质量检验、施工过程中各工序间的质量控制及检查验收。

4.4.1 施工准备阶段的质量控制

1. 原材料质量检查

质量好的原材料是保证路面质量的关键因素。施工单位在开工前,应根据设计要求确定原材料的来源。在工程施工开始前以及施工过程中发生材料来源或规格变化时,必须对材料来源、材料质量和数量、供应计划、材料场堆放及贮存条件等进行检查。施工前材料的质量检查应以同一料源、同一次购入并运至生产现场(或贮入同一沥青罐、池)的相同规格品种的集料、沥青为"一批"进行检查。材料试样的取样数量与频率按现行有关试验规程的规定进行,每批材料的质量应符合规范的要求。

在沥青路面开工前,施工单位对所选用的原材料,如沥青和各种规格的矿料的物理性质、级配等进行试验,并报监理工程师审核,特别是沥青等主要材料,施工单位除重视进行材料试验外,还应经监理工程师、质量监督站或工程质量检测中心对试验结果进行认可。

2. 设备检查

机械设备是保证路面施工质量的另一个重要因素,在施工前必须对拌和厂及沥青路面施工机械和设备的配套情况、性能、计量精度等进行认真细致的检查。不得采用不符合规定要求的施工机械和设备。

3. 施工放样及下承层检查

施工放样包括标高测量与平面控制两项内容。沥青路面开工前,监理工程师应对施工单位的施工放样自检报告进行复核、审批。要求承包人对下承层(基层或中、下面层)按规范要求检查。

4. 铺筑试验路段

在正式施工前应铺筑试验段。试验路段的长度宜为 100~200m,宜选择在直线段上,通过试验段的铺筑,取得各种施工控制参数。监理工程师应对试验路段施工的全过程进行监理,检查试验路段的施工质量,并对施工单位提出的试验总结报告进行审批。

4.4.2 施工过程中的质量检查及控制标准

1. 施工过程中的材料检查内容及要求

施工中的材料检查,是在每批材料进场时在进行过检查及批准的基础上,施工过程中再抽查其质量稳定性(变异性)。施工单位在施工过程中必须经常对各种施工材料进行抽样试验。材料检查的另一项重要内容是矿料级配精度和油石比计量精度。对计量系统装置要经常进行检查标定。

2. 施工过程中质量检查及控制标准

施工过程中的质量检查包括工程质量及外形尺寸两部分。其检查内容、频率、质量标准批符合规定要求。当检查结果达不到规定要求时，应追加检测数量，查找原因，作出处理。

对沥青混凝土和沥青碎石混合料，尤其应注意以下几点。

(1) 在沥青混合料拌和厂必须对拌和均匀性、拌和温度、出厂温度及各个料仓的用量进行检查，取样进行马歇尔试验，检测混合料的矿料级配和沥青用量。

(2) 混合料铺筑现场必须对混合料质量及施工温度进行实测，随时检查厚度、压实度和平整度，并逐个断面测定形成尺寸。

(3) 施工厚度的质量控制，除应在摊铺及压实时量取，并测量钻孔试件厚度外，还应校检由每一天的沥青混合料总量与实际铺筑的面积计算出的平均厚度。

(4) 施工压实度的检查以钻孔法为准。用核子密度仪检查时，应通过与钻孔密度的标定关系进行换算，并增加检测次数。

4.4.3 沥青路面施工质量检查验收

1. 热拌沥青混合料面层质量检验

1) 主控项目

(1) 热拌沥青混合料质量检验。

① 道路用沥青的品种、标号应符合国家现行有关标准和《城镇道路工程施工与质量验收规范》(CJJ 1—2008)第 8.1 节的有关规定。

检查数量：按同一生产厂家、同一品种、同一标号、同一批号连续进场的沥青(石油沥青每 100t 为 1 批，改性沥青每 50t 为 1 批)每批次抽检 1 次。

检验方法：查出厂合格证，检验报告并进场复验。

② 沥青混合料所选用的粗集料、细集料、矿粉、纤维稳定剂等的质量及规格应符合《城镇道路工程施工与质量验收规范》(CJJ 1—2008)第 8.1 节的有关规定。

检查数量：按不同品种产品进场批次和产品抽样检验方案确定。

检验方法：观察、检查进场检验报告。

③ 热拌沥青混合料、热拌改性沥青混合料、SMA 混合料，查出厂合格证、检验报告并进场复验，拌和温度、出厂温度应符合《城镇道路工程施工与质量验收规范》(CJJ 1—2008)第 8.2.5 条的有关规定。

检查数量：全数检查。

检验方法：查测温记录，现场检测温度。

④ 沥青混合料品质应符合马歇尔试验配合比技术要求。

检查数量：每日、每品种检查 1 次。

检验方法：现场取样试验。

(2) 热拌沥青混合料面层质量检验。

① 沥青混合料面层压实度,对城市快速路、主干路不应小于96%,对次干路及以下道路不应小于95%。

检查数量:每1000m² 测1点。

检验方法:查试验记录(马歇尔击实试件密度,试验室标准密度)。

② 面层厚度应符合设计规定,允许偏差为-5～10mm。

检查数量:每1000m² 测1点。

检验方法:钻孔或刨挖,用钢尺量。

③ 弯沉值:不应大于设计规定。

检查数量:每车道、每20m,测1点。

检验方法:弯沉仪检测。

2) 一般项目

(1) 表面应平整、坚实、接缝紧密、无枯焦;不应有明显轮迹、推挤裂缝、脱落、烂边、油斑、掉渣等现象,不得污染其他构筑物。面层与路缘石、平石及其他构筑物应接顺,不得有积水现象。

① 检查数量:全数检查。

② 检验方法:观察。

(2) 热拌沥青混合料面层允许偏差应符合表4-6的规定。

表4-6 热拌沥青混合料面层允许偏差

项目		允许偏差	检验频率		检验方法
			范围	点数	
纵断高程/mm		±15	20m	1	用水准仪测量
中线偏位/mm		≤20	100m	1	用经纬仪测量
平整度/mm	标准差σ值	快速路、主干路 ≤1.5	100m	路宽/m <9 : 1 9～15 : 2 >15 : 3	用测平仪检测,见注1
		次干路、支路 ≤2.4			
	最大间隙	次干路、支路 ≤5	20m	路宽/m <9 : 1 9～15 : 2 >15 : 3	用3m直尺、塞尺连续量取两尺,取较大值
宽度/mm		不小于设计值	40m	1	用钢尺量
横坡		±0.3%且不反坡	20m	路宽/m <9 : 2 9～15 : 4 >15 : 6	用水准仪测量

续表

项目		允许偏差	检验频率		检验方法
			范围	点数	
井框与路高差/mm		≤5	每座	1	十字法,用直尺、塞尺量取最大值
抗滑	摩擦系数	符合设计要求	200m	1	摆式仪
				全线连续	横向力系数测试车
	构造深度	符合设计要求	200m	1	砂铺法
					激光构造深度仪

注:1. 测平仪为全线每车道连续检测每100m计算标准差 σ;无测平仪时可采用3m直尺检测;表中检验频率点数为测线数。
2. 平整度、抗滑性能也可采用自动检测设备进行检测。
3. 底基层表面、下面层应按设计规定用量洒泼透层油、粘层油。
4. 中面层、底面层仅进行中线偏位、平整度、宽度、横坡的检测。
5. 改性(再生)沥青混凝土路面可采用此表进行检验。
6. 十字法检查井框与路面高差,每座检查井均应检查。十字法检查中,以平行于道路中线,过检查井盖中心的直线做基线,另一条线与基线垂直,构成检查用十字线。

2. 粘层、透层与封层质量检验

1) 主控项目

透层、粘层、封层所采用沥青的品种、标号和封层粒料质量、规格应符合《城镇道路工程施工与质量验收规范》(CJJ 1—2008)第8.1节的有关规定。

① 检查数量:按进场品种、批次,同品种、同批次检查不应少于1次。

② 检验方法:查产品出厂合格证、出厂检验报告和进场复检报告。

2) 一般项目

(1) 透层、粘层、封层的宽度不应小于设计规定值。

① 检查数量:每40m抽检1处。

② 检验方法:用尺量。

(2) 封层油层与粒料洒布应均匀,不应有松散、裂缝、油丁、泛油、波浪、花白、漏洒、堆积、污染其他构筑物等现象。

① 检查数量:全数检查。

② 检验方法:观察。

3. 沥青表面处治施工质量检验

1)主控项目

沥青、乳化沥青的品种、指标、规格应符合设计和《城镇道路工程施工与质量验收规范》(CJJ 1—2008)的有关规定。

① 检查数量:按进场批次。

② 检验方法:查出厂合格证、出厂检验报告、进场检验报告。

2) 一般项目

(1) 集料应压实平整，沥青应洒布均匀、无露白，嵌缝料应撒铺、扫墁均匀，不应有重叠现象。

(2) 沥青表面处治允许偏差应符合表 4-7 的规定。

表 4-7　沥青表面处治允许偏差

项目	允许偏差	检验频率			检验办法
		范围	点数		
纵断高程/mm	±15	20m	1		用水准仪测量
中线偏位/m	≤20	100m	1		用经纬仪测量
平整度/mm	≤7	20m	路宽/m	<9	1	用 3m 直尺、塞尺连续量两尺，取较大值
				9~15	2	
				>15	3	
宽度/mm	不小于设计值	40m	1		用钢尺量
横坡	±0.3%且不反坡	20m	路宽/m	<9	2	用水准仪测量
				9~15	4	
				>15	6	
厚度/mm	+10，-5	1000 m²	1		钻孔，用钢尺量
弯沉值	符合设计要求	设计要求	—		弯沉仪测定
沥青总用量/(kg/m²)	±0.5%总用量	每工作日、每层	1		T0982

4. 沥青贯入式面层质量检验

1) 主控项目

(1) 沥青、乳化沥青、集料、嵌缝料的质量应符合设计及《城镇道路工程施工与质量验收规范》(CJJ 1—2008)的有关规定。

① 检查数量：按不同材料进场批次，每批检 1 次。

② 检验方法：查出厂合格证及进场复检报告。

(2) 压实度不应小于 95%。

① 检查数量：每 1000 m² 抽检 1 点。

② 检验方法：灌砂法、灌水法、蜡封法。

(3) 弯沉值，不得大于设计规定。

① 检查数量：按设计规定。

② 检验方法：每车道、每 20m，测 1 点。

(4) 面层厚度应符合设计规定，允许偏差为 5~15mm。

① 检查数量：每 1000m² 抽检 1 点。

② 检验方法：钻孔或刨坑，用钢尺量。

2) 一般项目

(1) 表面应平整、坚实。石料嵌锁稳定、无明显高低差、嵌缝料、沥青应洒布均匀。无花白、积油、漏浇、浮料等现象，且不应污染其他构筑物。

① 检查数量：全数检查。
② 检验方法：观察。
(2) 沥青贯入式面层允许偏差应符合表 4-8 的规定。

表 4-8　沥青贯入式面层允许偏差

项目	允许偏差	检验频率			检验办法
		范围	点数		
纵断高程/mm	±15	20m	1		用水准仪测量
中线偏位/m	≤20	100m	1		用经纬仪测量
平整度/mm	≤7	20m	路宽/m	<9	1	用 3m 直尺、塞尺连续量两尺，取较大值
				9～15	2	
				>15	3	
宽度/mm	不小于设计值	40m	1		用钢尺量
横坡	±0.3%且不反坡	20m	路宽/m	<9	2	用水准仪测量
				9～15	4	
				>15	6	
井框与路面高差/mm	≤5	每座	1		十字法，用直尺、塞尺量最大值
沥青总用量	±0.5%	每工作日、每层	1		T0982

能力训练

分小组讨论并回答以下问题。
(1) 热拌沥青混合料检查验收包括哪些方面的内容？
(2) 透层、粘层与封层质量检验有哪些项目？
(3) 沥青表面处治施工质量检验有哪些项目？
(4) 沥青贯入式面层质量检验有哪些项目？

习题

1. 在正式施工前应铺筑试验段。试验路段的长度宜为(　　)m。
   A．50～100　　B．100～200　　C．200～300　　D．300～400
2. 沥青混合料面层压实度，对于城市快速路、主干路不应小于(　　)。
   A．95%　　B．96%　　C．97%　　D．98%
3. 热拌沥青混合料面层平整度，对城市快速路、主干路的允许偏差应小于(　　)mm。
   A．1　　B．1.5　　C．2　　D．2.5
4. 沥青混凝土面层的厚度允许偏差为(　　)mm。
   A．±5　　B．±3　　C．±10　　D．-5～10

5. 沥青混凝土面层横坡的允许偏差为(   )。
   A．±0.5%且不反坡　　　　B．±0.5%或不反坡
   C．±0.3%且不反坡　　　　D．±0.3%或不反坡
6. 沥青路面施工质量的控制和检查所涉及的内容主要有(   )。
   A．材料的质量检查　　　　B．施工质量控制与检查
   C．路面的外形检查　　　　D．施工机械的选择
   E．施工人员的学历层次
7. 沥青路面面层检查验收时的各项指标涉及(   )。
   A．路面的厚度　　　　　　B．路面的压实度
   C．路面的平整度　　　　　D．路面的渗水系数
   E．路面的稳定性
8. 沥青混凝土面层主要检查项目是(   )。
   A．平整度　　B．厚度　　　C．弯沉值
   D．中线高程　E．压实度
9. 沥青路面抗滑能力的大小主要与(   )有关。
   A．粗糙程度　B．平整度　　C．渗透性　　D．横坡大小
10．下面(   )是测定路表平整度的设备。
   A．摆式摩擦系数仪　　　　B．横向力系数测定车
   C．连续弯沉测定仪　　　　D．3m 直尺

项目 5

市政道路水泥混凝土面层施工

能力目标

(1) 读懂路面结构图中水泥混凝土部分内容，能就图中相关技术问题与设计方进行沟通。

(2) 有水泥混凝土面层测量放样及参与施工准备工作的能力。

(3) 会查阅施工技术规范，能对水泥混凝土面层施工技术方案的施工关键环节进行编制并具有技术交底的能力。

(4) 会查阅验收规范等资料，有对水泥混凝土面层工程进行质量控制与验收的能力。

项目导读

水泥混凝土面层是刚性路面的代表。施工质量的好坏直接会影响行车的安全、舒适、经济和耐久性。本项目从识读路面施工图领会设计意图、测量放样两个施工准备工作入手，把常用的施工方法归为普通水泥混凝土施工，而把其他形式归为另一类，最后完成水泥混凝土施工质量控制与验收任务。

通过对以上四个项目任务相关知识的介绍，结合工程实例模拟训练，同时借助多媒体设备、实训设备、实训现场、实操训练，形成"做中学，学中做"理实一体的教学过程。最后给定实际的水泥混凝土面层施工图，由学生完成各个任务单规定的内容，并结合施工员岗位，考核相关习题作为本项目能力训练与考核，以确保达到项目能力目标。

项目任务

(1) 会进行水泥混凝土面层施工准备工作。

(2) 对人工加小型机具施工方法的施工工艺流程、保证施工质量和安全的施工技术措施和施工注意事项、施工质量控制和检查验收项目进行技术交底。

(3) 项目成果为道路水泥混凝土面层施工技术交底记录一份。

任务5.1 水泥混凝土面层施工准备

本任务是水泥混凝土面层施工的基础,施工前应熟悉水泥混凝土面层结构图所包括的内容,水泥混凝土路面结构及要求。掌握水泥混凝土路面的接缝与构造、测量等准备工作,熟悉水泥混凝土路面的破坏状态,了解混凝土板厚是如何确定的。

5.1.1 水泥混凝土路面结构图识读

水泥混凝土路面通常是指以水泥与水拌和成的水泥浆为结合料,以碎(砾)石、砂为集料,再添加适当的外加剂,有时掺加料拌制成的混凝土铺筑面层的路面。包括普通混凝土、钢筋混凝土、连续配筋混凝土、钢纤维混凝土、水泥混凝土预制块和碾压混凝土等面层板和基(垫)层所组成的路面。目前采用最广泛的是就地浇筑的普通混凝土路面,简称混凝土路面。

所谓普通混凝土路面,是指除接缝区和局部范围(边缘和角隅)外,面层内均不配置钢筋的水泥混凝土路面。与其他类型路面相比,水泥混凝土路面具有强度高、稳定性好、耐久性好、有利于夜间行车等优点,但混凝土路面也存在一些缺点,主要有以下几方面。

(1) 对水泥和水的需要量大,这对水泥供应不足和缺水地区带来较大困难。

(2) 有接缝。这些接缝不但增加施工和养护的复杂性,而且容易引起行车跳动,影响行车的舒适性。

(3) 开放交通较迟。要经过不少于14d的湿治养生,才能开放交通。

(4) 修复困难。混凝土路面损坏后,开挖很困难,修补工作量也大,且影响交通。

1. 水泥混凝土路面结构

水泥混凝土路面结构层由混凝土面层、基层、垫层、路基(土基)等所组成,见图5.1。其结构的组合设计应满足在各类交通等级下的强度要求、水稳定性、各结构层强度、厚度及施工碾压要求。

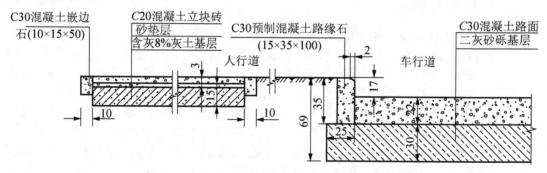

图5.1 水泥混凝土路面结构层示意图(尺寸单位:cm)

1) 路基

在混凝土路面下的路基在自重和车辆荷载作用下,应稳定、密实、均质(包括组成、压实度和湿度)、排水良好,对路面结构提供均匀的支承(不产生过量沉陷和均匀变形)。

2) 基层

水泥混凝土路面板下的基层,主要承受由面层扩散下来的行车荷载和面层渗入水的作用。

(1) 设置基层的作用。
① 防冲刷:基层首先应具有刚度和抗冲刷能力,防止渗水对路基冲刷。
② 防唧泥:由于路基土的塑性变形量大,细料含量多时,受水冲刷后,在荷载作用下,易出现唧泥、错台、板底脱空等病害。
③ 防水:在湿软土基上,铺筑开级配粒状材料,以隔断地下毛细水上升。
④ 防冻:在季节性冰冻地区,用对冰冻不敏感的粒状多孔材料铺筑基层,可以减少路基的冰冻深度,以减轻冻胀的危害,并更有效地防水、防冻,提高耐久性。
⑤ 对混凝土面层施工机械的安装和施工操作提供工作面(侧立模板)。
(2) 基层类型选用。
基层类型宜依照交通等级按表 5-1 选用。各类基层的适宜厚度范围详见表 5-2。

表 5-1 适宜各交通等级的基层类型

交通等级	基 层 类 型
特重交通	贫混凝土、碾压混凝土或沥青混凝土基层
重交通	水泥稳定粒料或沥青稳定碎石基层
中等或轻交通	水泥稳定粒料、石灰粉煤灰稳定粒料或级配粒料基层

表 5-2 各类基层厚度的适宜范围

基层类型	厚度适宜的范围/mm	基层类型	厚度适宜的范围/mm
贫混凝土或碾压混凝土基层	120~200	级配粒料基层	150~200
水泥或石灰粉煤灰稳定粒料基层	150~250	多孔隙水泥稳定碎石排水基层	100~140
沥青混凝土基层	40~60	沥青稳定碎石排水基层	80~100
沥青稳定碎石基层	80~100		

基层的宽度应比混凝土面层每侧至少宽出 300mm(采用小型机具施工时)或 500mm(采用轨模式摊铺机施工时)或 650mm(采用滑模式摊铺机施工时)。路肩采用混凝土面层,其厚度与行车道面层相同时,基层宽度宜与路基同宽。级配粒料基层的宽度也宜与路基同宽。

基层下未设垫层,上路床为细粒土或级配不良砂(承受特重或重交通时),或者细粒土(承受中等交通时),应在基层下设置底基层。底基层可采用级配粒料、水泥稳定粒料或石灰粉煤灰稳定粒料,底基层厚度一般取 200 mm。

3) 垫层
垫层按其在混凝土路面板下的设置作用及材料分为以下几种。
(1) 排水垫层(隔离层):采用颗粒材料或不透水隔离层(土工合成材料及沥青砂等构筑)。
(2) 半刚性垫层(稳定层):常用采用石灰土和颗粒材料层。
(3) 防冻垫层:常用颗粒材料、石灰土、炉渣石灰。当路面总厚度小于最小防冻层厚度要求,可参考表 5-3 而定,其差值应以垫层(防冻层)来补足。

表5-3 水泥混凝土路面最小防冻厚度

路基干湿类型	路基土质	当地最大冰冻深度/m			
		0.50~1.00	1.01~1.50	1.50~2.00	>2.00
中湿路基	低、中、高液限黏土	0.30~0.50	0.40~0.60	0.50~0.70	0.60~0.95
	粉土、粉质低、中液限黏土	0.40~0.60	0.50~0.70	0.60~0.85	0.70~1.10
潮湿路基	低、中、高液限黏土	0.40~0.60	0.50~0.70	0.60~0.90	0.75~1.20
	粉土,粉质低、中液限黏土	0.45~0.70	0.55~0.80	0.70~1.00	0.80~1.30

4) 混凝土面层

(1) 要求。

水泥混凝土面层应具有足够的强度、耐久性、表面抗滑性、耐磨、平整。面层一般采用设接缝的普通混凝土。当面层板的平面尺寸较大或形状不规则时,路面结构下埋有地下设施、高填方、软土地基、填挖交界段的路等有可能产生不均匀沉降时,应采用设置接缝的钢筋混凝土面层。

(2) 板块尺寸。

水泥混凝土路面宽度为纵向接缝的间距,按路面宽度在 3.0~4.5m 宽度范围确定。其长度是相邻横向接缝的间距,需按面层板的类型和厚度选定,普通水泥混凝土面板一般长为4~6m,且面层板的宽长比一般不超 1:1.3,平面尺寸不宜大于 25m^2。而碾压混凝土和钢纤维混凝土面层板长一般为 6~10m,钢筋混凝土面层板长一般为 6~15m。

(3) 厚度。

现行水泥混凝土路面设计规范提出了混凝土路面板厚计算的结构可靠度要求,引入了目标可靠度、结构设计参数与变异水平等级等指标。通过初估混凝土板厚度见表5-4,按规定的程序,分别计算荷载疲劳应力和温度疲劳应力。当荷载疲劳应力和温度疲劳应力之和与可靠度系数的乘积小于且接近混凝土的抗弯拉强度标准值时,初估混凝土板厚度即为设计板厚。当为特重或重交通时,其板的最小厚度为260mm;中等或轻交通时,其最小厚度为220mm。水泥混凝土板厚采用混凝土的抗弯拉强度作为板厚设计控制指标。

表5-4 水泥混凝土面层厚度的参考范围

交通等级	特重			重		
公路等级	高速	一级	二级	高速	一级	二级
变异水平系数	低	中	低	中	低	中	低	中
面层厚度/mm	≥260	≥250	≥240	270~240	260~230	250~220
交通等级	中等			轻		
公路等级	二级	三、四级	三、四级		三、四级	
变异水平系数	高	中	高	中	高	中
面层厚度/mm	210~240	200~230	200~220	≤230		≤220

2. 水泥混凝土路面的破坏现象

混凝土路面在使用过程中受到行车荷载和环境等因素作用,可能出现的破坏类型主要有以下几种。

【参考图文】

1) 断裂

路面板内应力超过水泥混凝土强度时,如板太薄或实际车辆荷载太重,板的平面尺寸太大,地基过大变形使板块底部失去支承,养护期间收缩应力过大,由于材料选用或施工不当、抗折强度未达到设计要求等,将会出现横向或纵向以及板角的断裂和裂缝。

断裂病害的出现,破坏了混凝土板的整体性,而断裂的根本原因是水泥混凝土路面板在行车荷载与温度应力共同作用下产生的板内拉应力超过了混凝土本身的抗弯拉强度,因此断裂作为混凝土结构破坏状态的临界状态。混凝土板厚设计的主要控制指标是混凝土的抗弯拉强度。

2) 唧泥[图 5.2(a)]

唧泥是车辆荷载经过接缝时,基础中部细粒材料从接缝和裂缝处与水一同喷出,板边缘底部会出现脱空的现象。板边缘部分和角隅失去支承,导致在离接缝 1.5~1.8m 处产生横向裂缝或角隅处断裂。

3) 错台[图 5.2(b)]

错台是指接缝两侧出现的竖向相对位移,由于基础过软造成横向接缝或裂缝两侧的路面形成台阶的现象。错台现象降低了行车的平稳和舒适性。如图 5.2 所示。

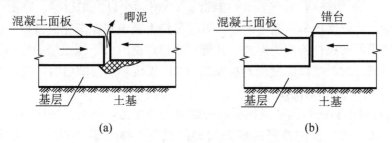

图 5.2 水泥混凝土路面的破坏现象

(a) 唧泥;(b) 错台

4) 传力杆失效

混凝土板施工时传力杆安放不当,路面板因热胀时受到阻碍,不能正常传递荷载,在接缝两侧板上产生裂缝或碎裂。

5) 胀裂

在炎热夏季,路面板膨胀或板的缝隙内落入杂屑,阻碍板的伸长,使横向裂缝处或板缝两侧向上拱起破裂。

3. 水泥混凝土路面接缝的构造与布置

1) 板块划分的意义

水泥混凝土路面的面层是由一定厚度的水泥混凝土板组成,属于大体积工程,当温度变化时,水泥混凝土板难免会发生热胀或冷缩。昼夜温度变化,使混凝土板面和板底出现温度坡差。白天混凝土板顶面的中部形成隆起的趋势,夜间混凝土板的顶面温度低于板底面温度时，会使板的周边及角隅形成翘曲的趋势，板角隅上翘时，会发生板块同地基相脱空的现象。这些变形会受到混凝土面层与垫层之间的摩擦力和黏结力，以及板的自重和车轮荷载等作用，这些荷载应力和温度应力的综合作用，致使板内产生较大的应力，造成混凝土板产生的裂缝或拱胀等破坏。水泥混凝土路面板的划块设缝，使板内应力控制在允许范围内，避免板体产生不规则裂缝。

2) 等厚板

汽车荷载作用于板边产生的弯拉应力大于板中，为了适应荷载应力的变化，早期混凝土路面板的横断面采用不等厚变截面板，板边部比中部厚。这种断面在厚度变化处，容易引起折裂，且给基层和垫层施工带来诸多不便。目前国内外多采用等边厚度的断面形式作为混凝土板厚度。

3) 接缝构造与布设

水泥混凝土路面构造缝分为两大类：纵向接缝和横向接缝。在板缝处应考虑防渗水和传递荷载的功能。板的横缝与纵缝应互相垂直相交，但纵缝两侧的横缝不得互相错位布置，避免出现感应裂缝。

(1) 纵向接缝。

① 纵向施工缝。当一次铺筑宽度小于路面宽度施工时，应设纵向施工缝。纵向施工缝的构造有设拉杆的平缝形式和加拉杆的企口缝形式等。拉杆采用螺纹钢筋，垂直于纵缝，并设于板的中部，其构造如图 5.3(a)所示。

② 纵向缩缝。当一次摊铺两个或者两个以上车道时，路面应增设纵向缩缝，其位置按车道宽度而定。纵缝尽量不要设置在车轮迹位置。纵向缩缝的构造采用设拉杆的假缝形式，其缝锯槽口深度应大于施工缝的槽口深度。采用粒料基层时，槽口深度应为板厚的 1/3；采用半刚性基层时，槽口深度应为板厚的 2/5。其构造如图 5.3(b)所示。

纵缝设置拉杆的目的是为了提供板块的黏结力和拉力，防止板块横向位移。拉杆施工应设在板块中央，最外侧的拉杆距横向接缝的距离不得小于 100mm，并应对拉杆中部 100mm 范围内进行防锈处理。在选用拉杆时，可参照表 5-5。

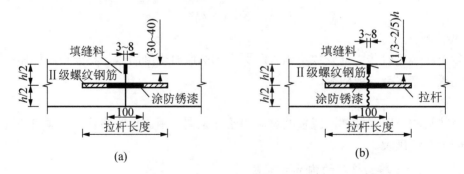

图 5.3 纵缝构造(尺寸单位：mm)

(a) 纵向施工缝(设拉杆的平缝型)；(b) 纵向缩缝(设拉杆的假缝型)

表 5-5　拉杆直径、长度和间距

面层厚度/mm	到自由边或未设拉杆纵缝的距离/mm					
	3.00	3.50	3.75	4.50	6.00	7.50
200～250	14×700×900	14×700×800	14×700×700	14×700×600	14×700×500	14×700×400
260～300	16×800×900	16×800×800	16×800×700	16×800×600	16×800×500	16×800×400

(2) 横向接缝。

① 横向缩缝。横向缩缝是为了避免混凝土板块由于温度和湿度降低而产生不规则的裂缝而设置的。横向缩缝有两种形式,不设传力杆的假缝形式和设传力杆的假缝形式。其构造如图 5.4(a)、图 5.4(b)所示。在特重和重交通公路、收费广场及邻近胀缝或自由端部的 3 条缩缝,应采用设传力杆假缝形式。传力杆设置的目的是为了把荷载应力通过传力杆传从横向接缝一侧传到相邻板块,保证接缝处的传荷能力和路面的平整,防止错台等病害的产生。传力杆采用光圆钢筋。对胀缝和缩缝处的传力杆采用相同的间距和尺寸按表 5-6 选用。最外侧传力杆距纵向接缝或自由边的距离为 150～250mm。对设置在横缝处的传力杆,应在大于传力杆长度的 1/2 范围内涂沥青,以保证板块自由滑动。

【参考图文】

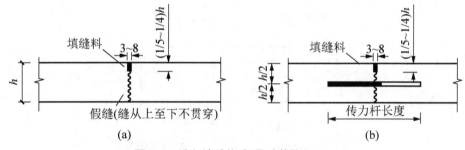

图 5.4　横向缩缝构造(尺寸单位：mm)

(a) 不设传力杆的假缝型；(b) 设传力杆的假缝型

表 5-6　传力杆尺寸和间距

面层厚度/mm	传力杆直径/mm	传力杆最小长度/mm	传力杆最大间距/mm
220	28	400	300
240	30	400	300
260	32	450	300
280	35	450	300
300	38	500	300

② 横向施工缝。每日施工结束,或因故停工 0.5h 以上,需设置横向施工缝。横向施工缝的构造采用设传力杆的平缝形式,如图 5.5 所示。设在胀缝处的施工缝,其构造与胀缝相同。

③ 横向胀缝。水泥混凝土路面在低温施工或选用膨胀性高的集料时,应保证面板在温度升高时有伸缩余地,需设置横向胀缝。胀缝采用滑动传力杆构造,其构造如图 5.6 所示。

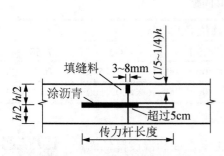

| 图5.5 设传力杆的平缝型 | 图5.6 胀缝构造 |

混凝土路面板的胀缝是最薄弱的,若施工不当,胀缝处的板块常出现碎裂等病害。

我国现行刚性路面设计规范规定,在临近桥涵、隧道口、道路与其他路面或与其他固定构造物相接处,小半径平(竖)曲线、纵坡变化处,以及城市道路在交叉口宽度变化处应设置胀缝。一般设置2~3条。

4) 特殊部位配筋

混凝土自由边缘下基础薄弱或接缝为设传力杆的平缝时,可在面层边缘的下部配置钢筋,如图5.7所示;承受特重交通的胀缝、施工缝和自由边的面层角隅,应配置角隅钢筋如图5.8所示。

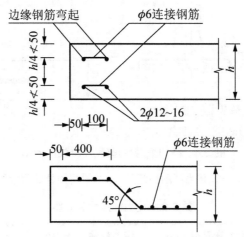

图5.7 边缘钢筋布置(尺寸单位:mm)

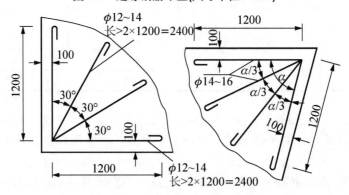

图5.8 角隅钢筋布置(尺寸单位:mm)

5) 交叉口处接缝

相交道路加宽部分的接缝布置，目的是减小应力集中现象，避免出现或少形成锐角和错缝。在加宽和宽度变化路段的终点，此处板宽不宜小于1m，如图5.9所示。在次要道路弯道加宽横断面处的横向接缝，采用胀缝形式。在估计膨胀量大时，应连续设置2~3条设滑动传力杆的胀缝。与胀缝相邻的三条缩缝应设置成设传力杆的假缝形式。

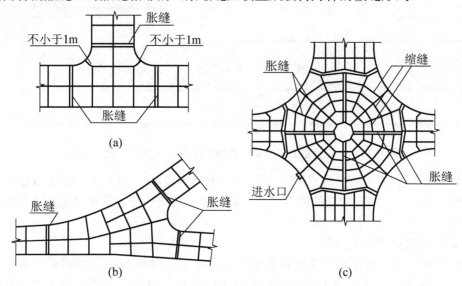

图5.9 交叉口接缝布置示意图

(a) T形交叉；(b) Y形交叉；(c) 十字交叉

6) 板端部处理

(1) 桥头搭板。

混凝土路面板与桥梁连接时，处理不好，往往形成错台，以至汽车在桥头行驶时而产生跳车。道路与桥梁连接处应设置钢筋混凝土搭板，并在搭板与混凝土面层板块之间设置6~10m的钢筋混凝土面层过渡板。搭板一侧放在桥台上，并加设防滑锚固钢筋和搭板上预留灌浆孔。端部锚固结构是为了约束连续配筋混凝土面层的膨胀位移。

(2) 与其他路面相接。

在水泥混凝土路面与沥青路面的相接时，由于沥青路面难以抵御混凝土面层的膨胀推力，易于出现沥青路面的推移拱起，形成接头处的不平整，引起跳车。宜采用如图5.10所示的处理方式。其间应设置至少3m长的过渡段。过渡段的路面采用两种路面呈阶梯状叠合布置，其下面铺的变厚混凝土过渡板厚不得小于200mm。过渡段与混凝土面层相接处的接缝内设置直径25mm、长700mm、间距400mm的拉杆。混凝土面层与沥青路面相邻的1~2条横向接缝应设置胀缝。

4. 其他类型混凝土路面

1) 钢筋混凝土路面

钢筋混凝土路面是指混凝土板内配置有纵向、横向钢筋(或钢丝)网的混凝土路面，其板内钢筋网的主要作用并非为增加板的抗弯强度，而是阻止板的裂缝张开，使板依靠断裂面上的集料嵌锁作用而保证板结构整体强度。

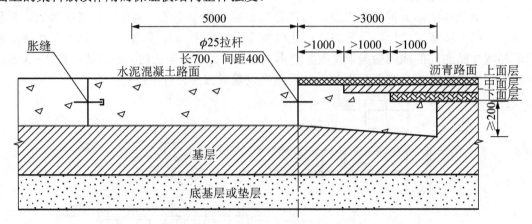

图5.10 混凝土路面与沥青路面相接段的构造(尺寸单位：mm)

钢筋混凝土板的缩缝(横缝)间距较长，一般为10~20m，但最大不超过30m。为保证接缝具有传荷能力，横向接缝按缩缝形式设置，并设置传力杆，其他接缝构造与素混凝土路面相同。

2) 连续配筋混凝土路面

连续配筋混凝土路面是在路面板纵向配有足够数量的不间断连续钢筋，其作用是提高板的抗开裂能力，且配筋量很大的混凝土路面。适用于特大交通量的高等级道路。

【参考图文】

连续配筋混凝土路面的纵向、横向钢筋均应采用螺纹钢筋。由于很少设置横缝，混凝土面层会在温度和湿度变化引起的内应力作用下产生许多横向裂缝。连续配筋混凝土面层的纵向配筋率按允许的裂缝间距(1.0~2.5m)、缝隙宽度(<1.0mm)和钢筋屈服强度确定，通常为0.6%~0.8%。最小纵向配筋率，冰冻地区为0.7%，一般地区为0.6%。

施工中，连续配筋混凝土面层在浇筑中断时需设置施工缝。施工缝采用平缝形式，并设置长度为1m的拉杆增强。拉杆的直径与间距与纵向钢筋相同，以使施工缝两侧的混凝土板块加固成连续的整体。

3) 钢纤维混凝土路面

钢纤维混凝土路面是在混凝土混合料中掺加一定数量钢纤维而碾压形成的路面。它是一种性能优良的路面，由于在混凝土中掺入一定数量的钢纤维，大大提高了混凝土的抗拉强度、抗弯拉强度、抗冻性、抗冲性、抗磨性、抗疲劳性，明显减薄混凝土板的厚度，改善路用性能。但由于其造价比普通混凝土路面高，目前一般多用于地面标高受限制地段的路面、桥面铺装、停车场和旧混凝土路面的加铺层。它作为桥梁铺装层，可以减少铺装厚度，减轻自重。

根据试验研究，钢纤维混凝土的弯拉强度为普通混凝土的1.5~2.0倍，且影响因素甚多，弯拉弹性模量则仅提高5%。钢纤维混凝土路面厚度的设计一般参照普通混凝土路面，通过试算确定。试算时，一般计算板长取5m。钢纤维混凝土面板厚度可以减薄30%~50%而缩缝间距可以增至15~30m，胀缝和纵缝可以不设。

4) 碾压混凝土路面

碾压混凝土路面采用低水灰比混合料,用沥青混凝土摊铺机摊铺成型,用压路机碾压成型的水泥混凝土路面。由于碾压混凝土路面含水量低,并通过强烈振动碾压成型,因此强度高,节省水泥,节约用水,施工速度快、养护时间短。但碾压混凝土路面若直接用作混凝土面板平整度很难达到理想的程度,此外路表的均匀性很难满足要求。因此,碾压混凝土路面适用于次干路、支路的面层板,或作为快速路、主干路的刚性基层。

碾压混凝土面板的厚度设计方法与普通混凝土路面相同,构造缝设置也基本相同,但板块长度一般为6~10m,宽度一般为8~13m,略大于普通混凝土面板尺寸。

5) 混凝土小块铺砌路面

混凝土块料采用高强混凝土材料预制而成,抗压强度约为60MPa,水泥含量350~380kg/m^3。混凝土预制块可采用异形块或矩形块,预制块长度为200~250mm,宽度为100~125mm,长宽比通常为2∶1。预制块的厚度为100~120 mm。预制块下稳平层的厚度为30~50mm。预制块承受磨耗的面积一般小于0.03m^2,厚度至少为60mm,形状有矩形和嵌锁型(不规则形状)两类。这种路面结构由面层、砂整平层(厚30mm)和基层组成,基层要求同装配式混凝土路面。

这种混凝土小块铺砌路面具有结构简单,价格低廉,能承受较大的单位压力,可以铺筑成各种图案以美化道路,同时便于修复等优点。因此,较广泛地用于铺筑停车场、堆场、集装箱码头、城市人行道和街区道路等。

5. 水泥混凝土路面施工方式和机械选择

1) 水泥混凝土路面施工方式

目前,我国水泥混凝土路面的摊铺机械有滑模铺筑、轨道铺筑、三辊轴机组铺筑、小型机具铺筑、碾压混凝土铺筑5种。

(1) 滑模铺筑。

采用滑模摊铺机铺筑混凝土路面的施工工艺。其特征是不架设边缘固定模板,在此机尾部两侧装有模板可随机前进,能兼做摊铺、振捣、压入杆件、切缝、整面和刻划防滑小槽等作业。该工艺工序紧凑,施工质量高,且可分层摊铺,混凝土的铺筑厚度与宽度均具有可调性。

【参考图文】

(2) 轨道铺筑。

采用轨道摊铺机铺筑混凝土路面的一种施工工艺,亦称为轨模式摊铺机施工。它由支撑在平底型轨道上的摊铺机将混凝土拌合物摊铺在基层上,摊铺机的轨道与模板是连在一起的,安装时同步进行,形成的轨模既是路面边缘又是摊铺机的行走轨道,并以轨模为基准控制路面的高程。故安装时必须精确控制高程,做到稳固、顺直、平整、无扭曲。轨模式摊铺机有刮板式、箱式、螺旋式3种类型。螺旋式摊铺机的摊铺质量优于前两种。其摊铺能力较大,箱式适用于摊铺连续配筋或钢筋混凝土路面。

轨道摊铺机的振捣作业应配备振捣棒组、振捣板或振捣梁。其整平饰面可在机上配备往复式滚筒、纵向或斜向抹平。轨模摊铺机选型应根据一次摊铺宽度选择。

(3) 三辊轴机组铺筑。

采用振捣机、三辊轴整平机等机组铺筑混凝土路面的施工工艺。三辊轴整平机实质上属于小型机具的改造形式,是将小型机具施工时的振动梁和滚杠合

【参考视频】

并安装在有驱动力轴的设备上,所以高等级道路施工中,仅靠三辊轴整平机是不能保证混凝土面板中下部振捣密实的,必须同时配备密集排式振捣机施工。其施工程序与小型机具相近,并推荐使用真空脱水工艺和硬刻槽来保证表面的耐磨性和抗滑性。

(4) 小型机具铺筑。

【参考视频】

采用固定模板,人工布料,手持振捣棒、振动板或振动梁振实,棍杠、修整尺、抹刀整平的混凝土路面施工工艺。它也是我国一直来沿用的常规的施工方法。它主要依靠小型机具与人工操作,完成混凝土路面的铺筑过程,难以实施高质量的施工管理,尤其漏振与欠振对混凝土路面的弯拉强度、密实度和匀质性影响很大,因此小型机具施工的混凝土路面在高等级道路上往往无法承受繁重的交通量。

(5) 碾压混凝土路面铺筑。

【参考视频】

采用特干硬性水泥混凝土拌合物,使用沥青摊铺机摊铺、压路机械碾压密实成型的混凝土路面施工工艺。其铺筑流程为:碾压混凝土拌和→运输→卸入沥青摊铺机→沥青摊铺机摊铺→打入拉杆→钢轮压路机初压→振动压路机复压→轮胎压路机终压→抗滑构造处理→养生→切缝→填缝。

此法一直较多用于下面层或基层贫混凝土的施工,与水泥稳定类基层施工相似,现用于面层混凝土施工,对其施工机械与作业要求更加规范。

2) 施工机械选择

综上所述,水泥混凝土路面施工可分为人工加小型机具施工的常规方法与机械化施工两类。改革开放以来,我国公路与城市道路交通运输状况发生了质的变化,实践证明:水泥混凝土路面施工只有采用大型成套摊铺装备和依靠高新技术,才能铺筑出内在质量、表面行驶功能和耐久性均符合各项技术指标要求的路面。

混凝土路面施工的机械化程度是保证路面质量的重要条件。在施工机械选择时,应根据道路等级要求,选用相适应的机械装备,见表5-7。城市道路水泥混凝土路面的施工也可根据相应等级选用。

表5-7 与公路等级相适应的机械装备

摊铺机械装备	高速公路	一级公路	二级公路	三级公路	四级公路
滑模摊铺机	√	√	√	▲	○
轨道摊铺机	▲	√	√	√	○
三辊轴机组	○	▲	√	√	√
小型机具	×	○	▲	√	√
碾压混凝土机械	×	○	√	√	▲
计算机自动控制强制搅拌楼(站)	√	√	√	▲	○
强制搅拌楼(站)	×	○	▲	√	√

注:√应使用;▲有条件的使用;○不宜使用;×不得使用。

由于我国幅员辽阔,各地经济发展不平衡,施工条件存在较大差别,根据目前各地水泥混凝土路面施工的技术水平、技术力量、机械设备以及经济性而言,不少地区仍在采用小型机具施工方法。滑模铺筑自动化程度高,不但提高摊铺质量和施工效率,节省工程投资,还提升了交通行业技术水平,是水泥混凝土路面施工技术的一大变革,具有其他方法不可替代的优越性,故在后述内容中仅对以上两种施工方式作为任务布置。

5.1.2 水泥混凝土面层施工现场准备

1. 选择混凝土拌和场地

拌和场地的选择首先要考虑使运送混合料的运距最短,同时拌和场还应该接近水源和电源。此外,拌和场应有足够的面积,以供堆放砂石材料和搭建水泥库房。根据施工路线的长短和所采用的运输工具,混凝土可集中在一个场地拌制,也可以在沿线选择几个场地,随工程进展情况迁移。

2. 进行材料试验和混凝土配合比设计

根据技术设计要求与当地材料供应情况,做好混凝土各组成材料的试验,进行混凝土各组成材料的配合比设计。

3. 基层的检查与整修

半刚性基层的整修时机很重要,过迟则强度已形成,难以修整且很费工。在旧砂石路面上铺筑混凝土路面时,所有旧路面的坑洞、松散等损坏,以及路拱横坡或宽度不符合要求之处,均应事先翻修调整压实。基层的宽度、路拱与标高、表面平整度和压实度,均应检查其是否符合要求。如有不符之处,应予整修。否则,将使面层的厚度变化过大,而增加其造价,而且会减少其使用寿命。

混凝土摊铺前,基层表面应洒水润湿,以免混凝土底部的水分被干燥的基层吸去,变得疏松从而产生细裂缝。有时也可在基层和混凝土之间铺设薄层沥青混合料或塑料薄膜。

4. 水泥混凝土面层施工测量

路面面层的放样内容仍然是恢复中线、测量边线和放样高程。方法与基层相同。水泥混凝土面层的施工放样要求见表 5-8。

表 5-8 路面面层施工放样要求

序 号	检查项目	允许偏差或规定值
1	中线平面偏位/mm	≤20
2	纵断高程/mm	±15
3	宽度/mm	0,−20
4	横坡/(%)	±0.3 且不反坡

水泥混凝土面层正式铺筑前,多种方法需进行模板的安装,只有保证了模板本身的强度、刚度、尺寸合适及安装位置准确、稳固顺直、接缝紧密,才能保证水泥混凝土面层成型后的各项外形尺寸的准确和线形的美观。因此对模板的安装规范提出了相应的要求。

(1) 支模前应核对路面标高、面板分块、胀缝和构造物位置。
(2) 模板应安装稳固、顺直、平整,无扭曲,相邻模板连接应紧密平顺,不得错位。
(3) 严禁在基层上挖槽嵌入模板。
(4) 使用轨道摊铺机应采用专用钢制轨模。
(5) 模板安装完毕,应进行检验,合格方可使用。其安装质量应符合表 5-9 的规定。

表 5-9 模板安装允许偏差

检测项目 \ 施工方式	允许偏差		
	三辊轴机组	轨道摊铺机	小型机具
中线偏位/mm	≤10	≤5	≤15
宽度/mm	≤10	≤5	≤15
顶面高程/mm	±5	±5	±10
横坡/(%)	±0.10	±0.10	±0.20
相邻板高差/mm	≤1	≤1	≤2
模板接缝宽度/mm	≤3	≤2	≤3
侧面垂直度/mm	≤3	≤2	≤4
纵向顺直度/mm	≤3	≤2	≤4
顶面平整度/mm	≤1.5	≤1	≤2

能力训练

分小组讨论并回答以下问题。
(1) 水泥混凝土路面常见的破坏状态主要有几种?
(2) 水泥混凝土路面接缝的类型有哪些?
(3) 水泥混凝土路面施工前现场准备有哪些工作?

习题

一、选择题

1. 水泥混凝土路面板的断裂是由于( )使板内应力超过混凝土强度。
   A. 混凝土板过厚　　　　　　　B. 混凝土板平面尺寸过大
   C. 混凝土板平面尺寸过小　　　D. 切缝时间太早
2. 汽车行经接缝时,由缝内喷溅出细集料与水的现象称为( )。
   A. 碎裂　　　　　　　　　　　B. 拱起
   C. 错台　　　　　　　　　　　D. 唧泥
3. 水泥混凝土路面的设计指标是( )。
   A. 抗压强度　　　　　　　　　B. 抗弯拉强度
   C. 抗剪强度　　　　　　　　　D. 抗渗强度
4. 水泥混凝土路面横向缩缝的构造一般为( )。
   A. 平缝带拉杆型　　　　　　　B. 假缝,假缝加拉杆型
   C. 企口缝,企口缝加拉杆型　　D. 假缝,假缝加传力杆型
5. 水泥混凝土路面板缝中必须放传力杆的接缝是( )。
   A. 横向缩缝　　　　　　　　　B. 横向施工缝
   C. 纵向施工缝　　　　　　　　D. 以上都不是

6. 水泥混凝土路面的优点有( )。
   A．稳定性好　　B．耐久性好　　C．养护费用少
   D．开放交通早　E．噪声小
7. 普通水泥混凝土面板一般长不超过( )m。
   A．4　　　　　B．5　　　　　C．6　　　　　D．8
8. 防止水泥混凝土路面板块出现横向位移的有效措施是( )。
   A．设置传力杆　　　　　　　B．设置拉杆
   C．设置角隅钢筋　　　　　　D．增强板下基础强度

二、判断题
1．水泥混凝土路面施工时，一般优先选用强度等级为42.5级的普通水泥。　　( )
2．水泥混凝土路面施工的机械化程度是保证路面质量的重要条件。　　　　( )
3．快速路的水泥混凝土路面必须用小型机具铺筑。　　　　　　　　　　　( )
4．测定水泥混凝土立方体试件的抗压极限强度是为了确定混凝土的设计强度。
　　　　　　　　　　　　　　　　　　　　　　　　　　　　　　　　　( )
5．水泥混凝土路面基层板体性好，透水性大，才能不易发生基层软化和唧泥等病害。
　　　　　　　　　　　　　　　　　　　　　　　　　　　　　　　　　( )
6．水泥混凝土路面工程一直以抗压强度作为混凝土配合比设计和施工质量控制的强度指标。　　　　　　　　　　　　　　　　　　　　　　　　　　　　　　( )
7．水泥混凝土路面纵缝中必须设传力杆。　　　　　　　　　　　　　　　( )
8．水泥混凝土路面与沥青路面相接处，一般不需要进行特殊处理措施。　　( )

任务5.2　普通水泥混凝土面层施工

本任务是在读懂水泥混凝土路面施工图、做好水泥混凝土路面施工准备的前提下，用不同的施工方法进行水泥混凝土面层的施工。掌握人工加小型机具及滑模施工两种方法，掌握施工规范对水泥混凝土面层施工的相关规定和要求。

5.2.1　水泥混凝土路面材料技术要求

用于道路水泥混凝土路面面层的混凝土除应符合普通水泥混凝土的材料要求外，在原材料的选择、混凝土混合料技术要求方面应满足一些特殊要求。

1. 原材料的选择

(1) 在大多数情况下优先采用强度等级为42.5级以上的道路硅酸盐水泥或普通硅酸盐水泥，一般道路可使用强度等级为32.5级以上的矿渣水泥。采用机械化铺筑时，宜选用散装水泥。

(2) 为了改善混凝土的技术性能，降低成本，掺用粉煤灰时应满足分级和质量指标的要求，并采用散装灰。

(3) 粗细集料均应质地坚硬、耐久且洁净，级配、压碎值、针片状颗粒含量均应符合要求。粗集料不得使用不分级的统料，应按最大公称粒径的不同采用2～4个粒级的集料进行掺配。卵石的最大公称粒径不宜大于19.0mm；碎卵石的最大公称粒径不宜大于26.5mm；

碎石的最大公称粒径不宜大于 31.5mm。

天然砂宜为中砂，也可使用细度模数为 2.0～3.5 的砂。

(4) 接缝材料接缝材料包括胀缝板和填缝料。胀缝板宜采用厚 20mm、水稳定性好、具有一定柔性的板材制作，且经防腐处理。

填缝材料应与混凝土板壁粘接牢固、回弹性好、适应混凝土板收缩、不溶于水、不渗水、高温时不流淌、低温时不脆裂、耐老化。

2. 水泥混凝土混合料的技术要求

普通混凝土混合料设计时应满足 3 项技术要求。

1) 弯拉强度

弯拉强度是路面混凝土的强度控制指标，所以配制时应采用弯拉强度作为混凝土混合料配合比设计目标。根据道路交通等级确定 28d 设计弯拉强度标准值 f_r，同时满足其相应抗压强度值，具体取值见表 5-10。

表 5-10 混凝土弯拉强度标准值(f_r)

交通等级	特重	重	中等	轻
弯拉强度标准值/MPa	5.0	5.0	4.5	4.0

2) 工作性

混凝土混合物工作性的要求因施工方法而异，不同摊铺方式的混凝土工作性及用水量要求见表 5-11。

表 5-11 不同摊铺方式混凝土工作性及用水量要求

混凝土类型	项目	摊铺方式			
		滑模摊铺机	轨道摊铺机	三轴机组摊铺机	小型机具摊铺
砾石混凝土	出机坍落度/mm	20～40	40～60	30～50	10～40
	摊铺坍落度/mm	5～55	20～40	10～30	0～20
	最大用水量/(kg/m³)	155	153	148	145
碎石混凝土	出机坍落度/mm	25～50	40～60	30～50	10～40
	摊铺坍落度/mm	10～65	20～40	10～30	0～20
	最大用水量/(kg/m³)	160	156	153	150

3) 耐久性

路面混凝土的耐久性包括抗冻性、抗滑性、抗磨性、抗冲击性、耐疲劳性，对混凝土在其 20～30 年内的耐久性和使用寿命而言，仅满足混凝土的弯拉强度是远远不够的。理论研究与实践表明，混凝土的含气量、水灰比及水泥用量与混凝土的耐久性密切相关，应严格控制。路面混凝土含气量应符合表 5-12 的要求。最大水胶比和最小水泥用量亦应满足规范规定的要求。

表 5-12　路面混凝土含气量及允许偏差/(%)

最大公称粒径/mm	无抗冻性要求	有抗冻性要求	有抗盐冻要求
19.0	4.0±1.0	5.0±0.5	6.0±0.5
26.5	3.5±1.0	4.5±0.5	5.5±0.5
31.5	3.5±1.0	4.0±0.5	5.0±0.5

其他用于水泥混凝土面层的混凝土混合料亦应满足规范具体规定的以上 3 项技术要求。

5.2.2　人工加小型机具施工

1. 水泥混凝土面层板的施工程序

水泥混凝土面层板的施工程序为：施工放样→安装模板→设置传力杆→混凝土的拌和与运送→混凝土的摊铺和振捣→接缝的设置→表面整修→混凝土的养生与填缝。

1) 边模的安装

在摊铺混凝土前，应先安装两侧模板。模板宜采用钢制模板，接头处应拼装牢固，而且装拆容易。钢模板可用厚 4～5mm 的钢板冲压制成，或用 3～4mm 厚钢板与边宽 40～50mm 的角钢或槽钢组合构成。钢模板应直顺、平整，每1m 设置一处支撑装置。模板厚度应与混凝土面板厚度相同，模板的顶面与面板设计高程一致。如果采用木模板，木模板直线部分板厚不宜小于 5cm，每 0.8～1m 设一处支撑装置；弯道部分板厚宜为 1.5～3cm，以便弯成弧形，每 0.5～0.8m 设一处支撑装置，模板与混凝土接触面及模板顶面应刨光。模板安装、检查后，在模板内侧面均匀涂刷一薄层脱模剂(如废机油、肥皂液等)，以便于脱模。

侧模按预先标定的位置安放在基层上，两侧用铁钎打入基层以固定位置。模板顶面用水准仪检查其标高，不符合时予以调整。模板的平面位置和高程控制都很重要，稍有歪斜和不平，都会反映到面层，使其边线不齐，厚度不准和表面呈波浪形。因此，施工时必须经常校验，严格控制。

用机械摊铺混凝土时，轨道和模板的安装精度直接影响到轨道式摊铺机的施工质量和施工进度，安装前应先对轨道及模板的有关质量指标进行检查和校正，安装中要用水平仪、经纬仪、皮尺等定出路面高程和线形，每 5～10m 一点，用挂线法将铺筑线形和高程固定下来。

2) 传力杆与拉杆的设置

当两侧模板安装好后，即可设置纵向接缝处的拉杆和横向胀缝处的传力杆。

(1) 纵缝处拉杆的设置。纵缝处拉杆的设置可采用 3 种形式。

① 在模板上设孔，立模后在浇筑混凝土之前将拉杆穿入孔中。

② 拉杆弯成直角形，立模后用铁丝将其一半绑在模板上，予以固定，另一半浇筑在混凝土内，拆模后将外露在已浇筑混凝土侧面上的拉杆弯直。

③ 采用带螺钉的拉杆，一半拉杆用支架固定在基层上，拆模后另一半带螺钉接头的拉杆同埋在已浇筑混凝土内的半根拉杆相接。

(2) 横缝处传力杆的设置。

【参考视频】

1) 混凝土板连续浇筑

混凝土板连续浇筑时设置胀缝传力杆的做法，一般是在嵌缝板上预留圆孔以便传力杆穿过，嵌缝板上面设木制或铁制压缝板条，其旁再放一块胀缝模板，按传力杆位置和间距，在胀缝模板下部挖成倒 U 形槽，使传力杆由此通过。传力杆的两端固定在钢筋支架上，支架脚插入基层内，如图 5.11 所示。

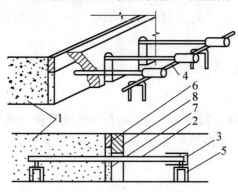

图 5.11　胀缝传力杆的架设(钢筋支架法)

1—先浇的混凝土；2—传力杆；3—金属套管；4—钢筋；
5—支架；6—压缝板条；7—嵌缝板；8—胀缝模板

2) 混凝土板不连续浇筑

对于不连续浇筑的混凝土板在施工结束时设置的胀缝，宜用顶头模板固定传力杆的安装方法。即在端模板外侧增设一块定位模板，板上同样按照传力杆间距及杆径钻成孔眼，将传力杆穿过端模板孔眼并直至外侧定位模板孔眼。两模板之间可用按传力杆一半长度的横木固定，如图 5.12 所示。继续浇筑邻板时，拆除挡板、横木及定位模板，设置胀缝板、压缝板条和传力杆套管。

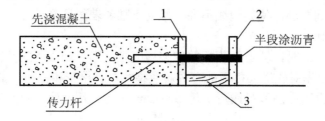

图 5.12　胀缝传力杆的架设(顶头模固定法)

1—端头挡板；2—外侧定位模板；3—固定模板

3) 混凝土混合料的制备

【参考视频】

混合料的制备可采用两种方式：第一，在工地由强制式或自落式搅拌机拌制；第二，在中心工厂集中制备，而后用汽车运送到工地。为了保证水泥混凝土拌合物质量宜通过比对，优选具备资质、混凝土质量稳定的集中搅拌站供应。

在工地现场制备混合料时，应在拌和场地上合理布置拌和机和砂石、水泥等材料的堆放地点，力求提高拌和机的生产率。拌制混凝土时，要准确掌握配合比，特别要严格控制用水量。每天开始拌和前，应根据天气变化情况，测定砂、石材料的含水量，以调整拌制时的实际用水量。每拌所用材料应过秤。量配的精确度对水泥为±1.5%，砂为±2%，碎石为±3%，水为±1%。每一工班应检查材料量配的精确度至少 2 次，每半天检查混合料的坍落度 2 次。混凝土的搅拌时间应按配合比要求与施工对其工作性要求经试拌、确定最佳搅拌时间。每盘最长总搅拌时间宜为 80～120s。

4) 混凝土混合料的运送

(1) 一般要求。

混合料用手推车、翻斗车或自卸汽车运送。运输车辆应洁净，运输中应防止污染并注意防止产生离析现象。合适的运距视车辆种类和混合料容许的运输时间而定。运输的最长时间，以初凝之前并留有足够的摊铺操作时间为限。当不能满足此要求时，应使用缓凝剂。通常，夏季不宜超过 30～40min，冬季不宜超过 60～90min。

【参考视频】

混凝土运至浇筑地点时，如发生离析、严重泌水或坍落度不符合要求时，应进行第二次搅拌，并不得任意加水。确有必要时，可同时加水和水泥，以保持水灰比不变。如二次搅拌仍不合要求，严禁使用。高温天气运送混合料时应采取覆盖措施，以防混合料中水分蒸发。运送用的车箱必须在每天工作结束后，用水冲洗干净。

(2) 运输设备的选择。

运输设备可参考表 5-13 选择。

表 5-13 混凝土运输设备

类型	容许范围/m³	运输距离/m	通道宽度/m
单、双轮手推车	0.10～0.16	30～50	1.6～1.8
机动翻斗车	0.40～1.20	100～500	2.0～3.0
自卸汽车	2.4	500～2000	3.5～4.0
混凝土搅拌运输车	8.9～11.8	500～2000	2.5～3.5

(3) 运输时间的具体规定。

若采用搅拌站拌制水泥混凝土从搅拌站至浇筑地点搅拌料的运输时间不宜超过表 5-14 的规定。

表 5-14 水泥混凝土搅拌料运输时间

气温/℃	无搅拌设施运输/min	有搅拌设施运输/min
30～35	15	45
20～30	30	60
10～20	45	75
5～10	60	90

不同摊铺工艺的混凝土搅拌物从搅拌机出料到运输、铺筑完毕的允许最长时间应符合表 5-15 的规定。

表 5-15 混凝土拌合物出料到运输、铺筑完毕允许最长时间

施工气温/℃	到运输完毕允许最长时间/h		到铺筑完毕允许最长时间/h	
	滑模、轨道	三轴、小机具	滑模、轨道	三轴、小机具
5~9	2.0	1.5	2.5	2.0
10~19	1.5	1.0	2.0	1.5
20~29	1.0	0.75	1.5	1.25
30~35	0.75	0.50	1.25	1.0

(4) 泵送混凝土的要求。

① 混凝土的供应必须保证输送泵能连续工作。

② 输送泵的输送管线尽量采用直管,弯管转弯要平缓,接头严密。

③ 泵送前应先用适量的、与混凝土内成分相同的水泥浆润滑输送管内壁。泵送时间间隔不宜超过 15min。

④ 在泵送过程中,受料斗内应具有足够的混凝土,以防止吸入空气产生阻塞。

5) 摊铺、振捣与整修

(1) 摊铺。

【参考视频】

① 防止混凝土发生离析现象。当运送混合料的车辆运达摊铺地点后,一般直接倒向安装好侧模的路槽内,并用人工找补均匀。自高处向模板内倾泻混凝土时,应注意以下要点。

　　a. 直接倾泻时,其自由倾落高度不宜超过 2m,以不发生离析现象为度。

b. 高度超过 2m 时,应通过串筒、溜管或振动管等辅助设施;高度超过 10m 时,应设置减速装置。

c. 在串筒等出料口下端,混凝土堆积高度不宜超过 1m。

② 有序浇筑。

混凝土摊铺应与钢筋网、传力杆及边缘角隅钢筋的安放相配合,并按照一定厚度、顺序和方向浇筑。当分层浇筑时,应在下层混凝土初凝或能够重塑前完成上一层混凝土浇筑。在倾斜面上浇筑时,应从底处开始逐层扩展升高,保持水平分层。

③ 摊铺厚度。

混凝土摊铺时应考虑混凝土振捣后的沉降量,松铺系数宜控制在 1.10~1.25,使振实后的面层标高同设计相符。摊铺厚度达到混凝土板厚的 2/3 时,应拔出模内钢钎,并填实钎洞。若分两次摊铺时,上层混凝土的摊铺应在下层混凝土初凝前完成,且下层厚度宜为总厚度的 3/5。

(2) 振捣。

浇筑混凝土时,除少量塑性混凝土可用人工捣实外,宜采用振动器振实。混凝土混合料的振捣器具,应由平板振捣器(2.2~2.8kW)、插入式振捣器和振动梁(各 1kW)配套作业。

【参考视频】

混凝土路面板厚在 0.22m 以内时,一般可一次摊铺,用平板振捣器振实。凡振捣不到之处,如面板的边角部、窨井、进水口附近,以及设置钢筋的部位,可用插入式振捣器进行振实,不得过振,且振动时间不宜少于 30s,移动间距不宜大于 50cm;当混凝土板厚较大时,可先插入振捣,然后再用平板振捣,以免出现蜂窝现象。

平板振捣器在同一位置停留的时间一般为 10~15s，应重叠 10~20cm，以达到表面振出浆水，混合料不再沉落为宜。振捣器行进速度应均匀一致。平板振捣后，用带有振捣器的、底面符合路拱横坡的振捣梁，两端搁在侧模上，沿摊铺方向振捣拖平。拖振过程中，多余的混合料将随着振捣梁的拖移而刮去，低陷处则应随时补足。随后，再用直径 75~100mm 的无缝钢管，两端放在侧模上，沿纵向滚压一遍。

必须注意，当摊铺或振捣混合料时，不要碰撞模板和传力杆，以避免其移动变位。

对每一振动部位，必须振到该部位混凝土密实，但又不过振。密实的标志是：混凝土停止下沉，不再冒出气泡，表面呈现平坦、泛浆。一块混凝土板应一次连续浇筑完毕。

(3) 筑做接缝。

① 胀缝。先浇筑胀缝一侧混凝土，取去胀缝模板后，再浇筑另一侧混凝土，钢筋支架浇在混凝土内。压缝板条使用前应涂废机油或其他润滑油，在混凝土振捣后，先抽动一下，随后最迟在终凝前，将压缝板条抽出。抽出时为确保两侧混凝土不被扰动，可用木板条压住两侧混凝土，然后轻轻抽出压缝板条，再用铁抹板将两侧混凝土抹平整。缝隙上部需浇灌填缝料。留在缝隙下部的嵌缝板采用沥青浸制的软木板或油毛毡等材料制成。

【参考视频】

② 横向缩缝即假缝，可用下列两种方法筑做。

a. 切缝法。在混凝土捣实整平后，利用振捣梁将 T 形震动刀准确地按缩缝位置震出一条槽，随后将铁制压缝板放入，并用原浆修平槽边。当混凝土收浆抹面后，再轻轻取出压缝板，并即用专用抹子修整缝缘。这种做法要求谨慎操作，以免混凝土结构受到扰动和接缝边缘出现不平整(错台)。

b. 锯缝法。在结硬的混凝土中用锯缝机(带有金刚石或金刚砂轮锯片)锯割出要求深度的槽口。这种方法可保证缝槽质量，并且不会扰动混凝土结构，但要掌握好锯割时间。过迟因混凝土过硬而使锯片磨损过大且费工，而且更主要的可能在锯割前混凝土会出现收缩裂缝；过早混凝土因还未结硬，锯割时槽口边缘易产生剥落。合适的时间视气候条件而定，炎热而多风的天气，或者早晚气温有突变时，混凝土板会产生较大的湿度或温度坡差，使内应力过大而出现裂缝。锯缝在表面整修后 4h 即可开始。如天气较冷，一天内气温变化不大时，锯割时间可晚至 12h 以上。

③ 纵缝。

纵缝筑做企口式纵缝，模板内壁做成凸榫状。拆模后，混凝土板侧面即形成凹槽。需设置拉杆时，模板在相应位置处要钻成圆孔，以便拉杆穿入。浇筑另一侧混凝土前，应先在凹槽壁上涂抹沥青。

(4) 表面整修与防滑措施。

混凝土终凝前必须用人工或机械抹平其表面。人工抹面拉毛等应在跳板上进行，抹面时严禁在板面上洒水、撒水泥粉。真空吸水完成后即可进行机械抹平，先用带有浮动圆盘的重型抹面机粗抹，再用带有振动圆盘的轻型抹面机或人工细抹一遍。混凝土抹面不宜少于 4 次，先找平抹平，待混凝土表面无泌水时再抹面，并依据水泥品种与气温控制抹面间隔时间。为了满足机械抹平的要求，目前国产的小型电动抹面机有两种装置：装上圆盘即可进行粗光；装上细抹叶片即可进行精光。

【参考视频】

为保证行车安全，混凝土表面应具有粗糙抗滑的表面。最普通的做法是用棕刷沿道路横向在抹平后的表面上轻轻刷毛；也可用金属丝梳子梳成深 1~2mm 的横槽。近年来，国外已采用一种更有效的方法，即在已硬结的路面上，用锯槽机将路面锯割成深 5~6mm、宽 2~3mm、间距 20mm 的小横槽。也可在未结硬的混凝土表面塑压成槽，或压入坚硬的石屑来防滑。

(5) 养生与填缝。

水泥混凝土面层成活后，为防止混凝土中水分蒸发过速而产生缩裂，并保证水泥水化过程的顺利进行，应及时养护。气温较高时，养护不宜少于 14d；低温时，养护期不宜少于 21d。一般用下列两种养生方法。

① 保湿法养生。

混凝土抹面 2h 后，当表面已有相当硬度，用手指轻压不现痕迹时即可开始养生。一般养生采用湿麻袋或草垫，或者 20~30mm 厚的湿砂覆盖于混凝土表面。每天均匀洒水数次，使其保持潮湿状态，至少延续 14d。

② 塑料薄膜覆盖养生。

当混凝土表面不见浮水，用手指按压无痕迹时，即均匀喷洒塑料溶液，形成不透水的薄膜黏附于表面，从而阻止混凝土中水分的蒸发，保证混凝土的水化作用。

填缝工作宜在混凝土初步结硬后及时进行。填缝前，首先将缝隙内泥砂杂物清除干净，然后浇灌填缝料。

实践表明，填料不宜填满缝隙全深，最好在浇灌填料前先用多孔柔性材料填塞缝底，然后再加填料，这样夏天胀缝变窄时填料不至受挤而溢至路面。

混凝土板在达到设计强度的 40% 以后，方可允许行人通行。面层混凝土弯拉强度达到设计强度，且填缝完成后，方能开放交通。

6) 真空脱水工艺

真空吸水工艺是混凝土的一种机械脱水方法。该工艺适用于面板厚度不大于 240mm 混凝土面板施工。在混凝土面层振捣成型后，抹面前立即在混凝土板表面覆盖上真空吸垫，经过真空泵产生负压，一般最大真空度不宜超过 0.085MPa，将混凝土内多余水分和空气吸出，同时由于大气压差作用，在吸垫面层上产生压力，挤压混凝土，使其内部结构达到致密。因而可解决泌水带来的表面水灰比较大、耐磨性不足的问题。施工工艺流程如图 5.13 所示。为了保证真空脱水工艺的施工效果和质量。不仅要保证良好的设备和规范的操作，最重要的是控制最短脱水时间和脱水量。

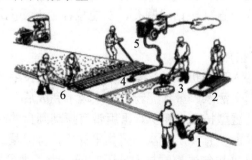

图 5.13 真空脱水工艺路面施工程序示意图

真空脱水工艺也有明显的缺点，最主要的一点是真空脱水后，面板内形成了众多上下贯通的毛细管通道，有损于面板的实际弯拉强度及其在一块面板内的均匀性，且影响平整度。解决这一问题可通过采用(重型)叶片式、圆盘式抹面机或三辊轴机压实整平，使上下贯通的毛细管得到一定程度的修复，同时改进真空脱水后中间低四周高的吸水盆不平整现象。

5.2.3 滑模施工

1. 滑模机械施工准备

道路水泥混凝土路面的滑模摊铺施工是一套复杂完整的大型机械化施工系统。由于其技术标准高，难度大，做好施工前的各项准备工作就显得尤为重要。其包括技术交底和施工组织设计，配备好各种滑模摊铺的施工机械，组织检测施工人员队伍、人工施工机具和模板、接缝施工机具，准备好各种施工原材料，建好搅拌站，有足够的水电供应、良好和充足的运输车辆、基层滑模摊铺场地、运输道路等。充分做好滑模摊铺施工准备工作能达到事半功倍的效果。

【参考视频】

1) 施工前的组织与技术准备

(1) 施工单位应建立高效权威的施工指挥调度机构，确定指挥机构的负责人对工程质量、人员、材料、机械、财务、安全等，进行科学管理。

(2) 在滑模摊铺开始前，施工单位应对施工、试验、机械、管理等岗位的技术人员和各工种技术工人进行培训。未经培训的人员不得单独上岗操作。

(3) 进行施工前技术交底，熟悉各种技术规范和相关标准。这不仅是对工程技术人员的要求，也是能避免机械人员不懂工程的现象的发生。让机械操作手充分熟悉施工要求，同时要求相关人员熟悉计算机、电、气等相关知识，不断摸索，反复优化，取得最佳的施工效果。

(4) 根据施工条件、工期要求、设计意图、合同文件，确定施工方案，编制施工工艺流程，施工组织设计方案。

(5) 加强无线电通信系统，在施工现场，运输车辆，材料供应和搅拌站之间，由施工单位组织统一调度生产，保证整个系统的高效运行，对存在的问题和困难，应及时调度、调整。

2) 施工现场的准备

(1) 应解决施工现场的水电供应、运输道路畅通。还应对施工现场进行交通隔离，拌合料应做好进出场的登记、储存、保管、签发等管理工作，保证原材料品质合格，拌和站供应拌合料应充足，保证滑模摊铺机施工能力。

(2) 下承层必须符合设计、施工和检查验收规范的技术要求。具有足够的水稳定性和冰冻稳定性，有足够的强度和刚度。

(3) 下承层必须提供足够的工作面，保证摊铺机的不间断施工。

3) 现场试验室

滑模摊铺水泥混凝土路面的施工工地应建立现场试验室。施工单位在备料和施工过程中，应对混凝土原材料调查取样、定期抽检和试验分析，提供符合要求的原材料和配合比试验报告，控制拌合物工作性，提供弯拉强度、钻芯劈裂强度、平整度、板厚、构造深度等自检结果。

4) 水泥混凝土混合料

施工单位应对原材料调查取样,定期抽检和试验分析。水泥应检验出厂质量报告单,抽样检验水泥的细度、凝结时间、安定性及3d和28d的抗压强度,其中一项不满足设计要求的,则禁止使用。并进行拌合物的配合比检验和调整:首先按实验室配合比确定的材料在拟采用的搅拌楼中试拌,测其坍落度、含气量、其拌合物的损失及其偏差。再根据料场砂石含水率,调整实验室配合比,在调整过程中,水灰比、水泥用量不得减少,以满足工作性的要求。根据满足工作性配合比,制作混凝土抗压和抗弯拉试件,测定28d的强度或根据压蒸4h快速测定强度推算28d强度。如符合强度要求,则视为试拌配合比;偏低时则采取提高水泥强度等级、降低水灰比、改善集料级配等措施,来提高水泥混凝土的强度。

5) 混凝土搅拌站的准备

(1) 选购搅拌站。

大型混凝土搅拌站分为固定间歇式、移动间歇式、固定连续式、移动连续式4种形式。根据公路工程的特点以及滑模混凝土对拌和质量及混合料的稳定性要求较高,所以目前大多数混凝土搅拌站均采用间歇式搅拌站,拌和方式采用强制式双卧轴及行星轴式搅拌机。

(2) 搅拌站场地的选择及布置。

所选择的混凝土拌和站必须在需施工的公路两侧附近,最好是在施工线路的中间位置。一般情况,滑模混凝土的最大运输半径约为20km,可根据实际施工情况,测定最适宜的运输半径。搅拌站的布置主要包括:砂石料堆场,搅拌站安装场地,水泥罐仓,混凝土实验室,外加剂仓库,施工备件仓库,原材料场地,储水池,变电室或发电站,维修车间,钢筋加工和材料加工场地,食堂进出场道路。施工搅拌站基本要求为功能齐备,道路畅通,经济高效。

(3) 应保证搅拌站的水电供应。

搅拌站的电力系统是滑模式摊铺系统正常工作运转的生命线,为保证施工连续进行,需要在保证正常施工生产条件下有备用供电系统,以防止断电给施工造成的损失。水是混凝土生产中的一种必备的用量很大的原材料,以可饮用水为使用标准。在混凝土施工中,搅拌站和运输车辆以及路面养生施工用水量很大,要充分保证。在搅拌站场地选择中要充分考虑水源。

6) 复桩

路面施工单位应根据设计文件,校核平面和高程控制桩,复测和恢复基层交出的路面中心线、边缘线等全部基本桩号,测量精度应满足相应公路等级路面施工测设规范的规定。

7) 摊铺位置

滑模摊铺机的摊铺宽度和位置应与车道、路肩宽度和画线位置相重合,并保证设置施工基准线所需的宽度。滑模摊铺机履带应行走在基层、底基层或压实稳固的垫层上,不得行走在积水的中央分隔带或湿软土基上。

2. 初设滑模摊铺机工作参数

摊铺开始前,应对摊铺机进行全面性能检查和正确的施工位置参数设定,常用滑模摊铺机的基本技术参数见表5-16。这是滑模摊铺机操作技术中最关键的技术环节之一,也是摊铺机试调当中最重要的内容。实践已证明,工作参数设置不正确,无论如何也不可能摊铺出高质量的路面来。

表 5-16　滑模摊铺机的基本技术参数表

项目	发动机功率/kW	摊铺宽度/m	摊铺厚度/mm	摊铺速度/(m/min)	空驶速度/(m/min)	行走速度/(m/min)	履带数/个	整级自重/t
三车道滑模摊铺机	200~300	12.5~16.0	0~500	0~3	0~5	0~15	4	57~135
双车道滑模摊铺机	150~200	3.6~9.7	0~500	0~3	0~5	0~18	2~4	22~50
多功能单车道滑模摊铺机	70~150	2.5~6.0	0~400 护栏高度 800~1900	0~3	0~9	0~15	2, 3, 4	12~27
路缘石滑模摊铺机	≤80	<2.5	<450	0~5	0~9	0~10	2, 3	≤10

3. 滑模机首次摊铺位置校准

首次摊铺前，应按照路面设计高程、横坡度或路拱测量设定 2~3 根基准线或 4~6 个桩，将 6 个传感器全部挂到两侧基准线上，并检查传感器的灵敏度和反应方向，开动滑模机进入设好的桩位或线位，调整水平传感器立柱高度，使滑模摊铺机挤压底板恰好落在经精确测量设置好的木桩或基准线上，同时，调整好滑模摊铺机机架前后左右的水平度。令滑模摊铺机挂线自动行走，再返回校核 1~2 遍，正确无误后，方可开始摊铺。

4. 初始摊铺路面参数校正

在开始摊铺的 5m 内，必须对所摊铺出的路面标高、边缘厚度、中线、横坡度等技术参数进行复核测量。

(1) 注意检查摊铺中线，在设方向传感器的一侧，用钢尺测量基准线到摊铺机侧模前后的横向距离，消除误差。

(2) 禁止停机较大范围的调整高程、中线和横坡度等，以免严重影响平整度等质量指标。

(3) 滑模机正常摊铺后，应将滑模机工作参数设置固定并保护起来，不允许非操作手更改。

值得注意的是，摊铺中线误差的调整消除，应通过在行进中调整方向传感器横杆距离实现，禁止停机调整，以防止路面出现大幅度调整的棱槽。

5. 拉杆的施工要点

摊铺单车道路面，应视路面的设计要求配置一侧或双侧施打纵缝拉杆的机械装置。侧向拉杆装置的正确插入位置应在挤压底板的中下或偏后部。拉杆打入分手推、滚压、气打几种方式。压力应满足一次打(推)到位要求，不允许多次打入。同时摊铺 2 个以上车道时，除侧向打拉杆装置外，还应在假缝位置中间配置 1 个以上中间拉杆自动插入装置，该装置有机前插和机后插两种。前插时，应保证拉杆的设置位置；后插时，要保证其插入部位混凝土的密实度。带振动搓平梁和振动修复板的摊铺机应选择机后插入式；其他摊铺机可采用机前插入式。打入的拉杆必须处在路面板厚的中间位置。中间和侧向拉杆打入的高低误差不宜大于±3cm；倾斜及前后误差不宜大于±4cm。

6. 滑模摊铺机的摊铺操作要点

1) 摊铺过程

滑模式摊铺机的摊铺过程如图5.14所示。首先，由螺旋摊铺器1把堆积在基层上的水泥混凝土拌合物横向铺开，刮平器2进行初步刮平；然后，振捣器3进行振捣密实，刮平板4进行振捣后整平，以形成密实、平整的表面，搓动式振捣板5对混凝土层进行振实和整平；最后用光面带6对面层进行光面。

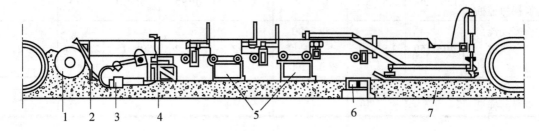

图5.14 滑模式摊铺机摊铺过程示意图

1—螺旋浆摊铺器；2—刮平器；3—振捣器；4—刮平板；5—搓动式振动板；6—光面带；7—混凝土面层

2) 摊铺操作要点

(1) 摊铺应缓慢、匀速、连续不间断的进行。

摊铺速度应根据拌合物稠度和设备性能，控制在0.5～2.0m/min，一般宜为1m/min左右。当料的稠度发生变化时，先调整振捣频率，后改变摊铺速度。不得料多时追赶，然后随意停机等待、间歇摊铺。

(2) 保证进料要求。

① 摊铺中，机手应随时调整松方高度控制板进料位置，开始应略设高些，以保证进料。正常状态下应保持振捣仓内砂浆料位高于振捣棒10cm左右，料位高低上下波动宜控制在±4cm之内。

② 滑模机摊铺时，机前的最高料位不得高于摊铺机前松方控制板顶面，其正常高度应在螺旋布料器叶片最高点以下，亦不得缺料。

③ 机前缺料或料位过高时，宜采用装载机或挖掘机适当布料和送料，布料应与摊铺速度相协调。

④ 采用布料机施工，松铺系数应视坍落度大小由试铺确定。

当坍落度为1～5cm时，松铺系数宜为1.08～1.15。

当坍落度为3cm时，松铺系数宜控制在1.1左右。晴天日照强、风大，取小值；阴天湿度大、无风，可取大值。

采用布料机以外的布料方式摊铺钢筋混凝土路面、桥面或搭板时，禁止任何机械直接开上钢筋网。宜在钢筋网外侧使用挖掘机或吊斗均衡卸料布料，也可使用便桥板凳加吊车汽车直接卸料，挖掘机布料，但均不得缺料。

(3) 控制振捣频率。

摊铺机以正常速度施工时，振捣频率可在6000～11000r/min范围内调整，宜采用9000r/min左右。应注意防止混凝土过振、漏振、欠振。操作机手应根据混凝土稠度的大小，随时调整摊铺速度和振捣频率。当混凝土显得偏稀时,应适当降低振捣频率,加快摊铺速度,但最快不得超过 3m/min,最小振捣频率不得小于 6000r/min;当偏干时,应提高振捣频率,但最大不得大于 11000r/min,并减慢摊铺速度,最小速度宜控制在 0.5~1.0m/min;摊铺机起步时,应先开启振捣棒振捣 2~3min,再行推进。摊铺机脱离混凝土后,应立即关闭振捣棒。

操作机手应随时密切观察所摊铺的路面情况,注意调整和控制摊铺速度、振捣频率,夯实杆、振动搓平梁和抹平板位置、速度和频率。软拉抗滑构造表面砂浆层厚度宜控制在 4mm 左右,硬刻槽路面的砂浆表层厚度宜控制在 2mm 左右。

7. 特殊条件下的摊铺施工

1) 坡面上摊铺的控制

摊铺纵坡较大的路面,上坡时,应将挤压底板前仰角适当调小,同时适当调小抹平板的压力;下坡时,前仰角宜适当调大,抹平板压力也宜适当调大。抹平板合适的压力是当板底 3/4 的长度接触路面时的压力。

2) 弯道与路拱摊铺时的控制

摊铺弯道和渐变路段路面时,单向横坡可使摊铺机跟线摊铺,但应随时观察并调整抹平板内、外侧的抹面距离,防止压垮边缘。摊铺中央路拱时,计算机控制条件下,输入弯道和渐变段边缘及拱中几何参数,计算机自动控制生成路拱;手控条件下,操作机手应根据路拱消失和生成时的几何位置,在给定路段范围内分级逐渐消除或调成设计路拱。

3) 连接摊铺的要点

连接摊铺时,摊铺机一侧履带驶上前次路面的时间应控制在路面养护 7d 以后,最短不得少于 5d。同时,钢履带底部应铺橡胶垫或使用有挂胶履带的滑模摊铺机。纵向连接摊铺路面时,连接纵缝部位应人工进行整修,连接纵缝的横向平整度应符合相应的规定要求。用钢丝刷刷干净黏附在前幅路面上的砂浆,并刷出粗细抗滑构造。

4) 平面交叉口变宽段和匝道路面的施工要点

对平面交叉口、收费站广场或匝道变宽路面,只要摊铺宽度小于滑模摊铺机固定宽度,可采用滑模摊铺机跨一侧或两侧模板施工方式,模板顶面应粘贴橡胶垫,模板顶高程应低于路面高程 3mm。滑模机的振捣仓在模板上部应加隔板,施工时应关闭隔板外侧的振捣棒。

能力训练

分小组交叉进行水泥混凝土小型机具施工技术交底,并填写技术交底记录。

习题

一、选择题

1. 检验水泥混凝土路面的强度标准是( )。
   A. 抗压强度   B. 弯拉强度   C. 抗剪强度   D. 以上都是
2. 平板振捣器振实混凝土时,同一位置停留时间一般为( )s。
   A. 10~15   B. 6~9   C. 4~7   D. 15~20

3. 水泥混凝土路面施工中，水泥混凝土面板达到设计强度的( )以上，方能开放交通。
   A. 50%　　　　B. 80%　　　　C. 90%　　　　D. 100%
4. 水泥混凝土路面板现场养护的方法有( )。
   A. 湿治养护　　B. 塑料薄膜　　C. 恒温养护
   D. 真空养护　　E. 干法养护
5. 水泥混凝土路面施工时，在同一位置振动的时间，以达到拌合物( )等状况时为准，防止过振。
   A. 停止下沉　　B. 与模板齐平　　C. 不离析
   D. 不再冒气泡　　E. 泛出水泥浆
6. 水泥混凝土混合料设计时应满足( )技术要求。
   A. 弯拉强度　　B. 抗冻性　　C. 耐久性
   D. 工作性　　E. 耐疲劳性

二、判断题

1. 水泥混凝土路面施工采用振动器振捣混凝土时，时间越短越好。　　　　( )
2. 水泥混凝土搅拌机装料顺序宜为：水泥→碎石→砂。　　　　　　　　　( )
3. 胀缝应与路面中心线垂直，缝壁必须垂直，缝隙宽度必须一致。　　　　( )
4. 水泥混凝土路面基层板体性好，透水性大，才能不易发生基层软化和唧泥等病害。
　　　　　　　　　　　　　　　　　　　　　　　　　　　　　　　　　( )
5. 切缝施工气温高时，切割时间要迟后，温差大，切缝时间也要迟后。　　( )
6. 滑模式摊铺机铺筑水泥混凝土路面无须架设模板。　　　　　　　　　　( )

任务5.3　其他水泥混凝土面层施工

本任务是了解其他类型的水泥混凝土路面的材料组成、配合比设计、施工方法及程序。

5.3.1　钢纤维混凝土路面施工

目前在世界各国都广泛使用的混凝土材料已经有100多年的应用和发展历史，混凝土是一种抗压强度很高的建筑材料，但是这种建筑材料的主要缺点就是它具有脆性，其抗拉、抗弯强度低，抗冲击性能差，混凝土一旦出现裂纹，整个结构就会遭到破坏。钢纤维混凝土的出现改善了混凝土的这个缺陷，提高了混凝土的抗折强度和抗压强度。钢纤维混凝土面层是指在混凝土面层中掺入钢纤维的水泥混凝土面层。

1. 材料要求

1) 钢纤维的要求

掺入混凝土中的钢纤维，按其制造方法可分为切断纤维、切削纤维、剪断纤维、熔抽纤维四种。按钢纤维的材质可分为低碳钢纤维和不锈钢纤维两种。用于城市道路混凝土路面和桥面的钢纤维，除应满足《混凝土用钢纤维》(YB/T 151—1999)的规定外，还应符合下列技术要求。

(1) 单丝钢纤维抗拉强度不宜小于 600MPa。

(2) 钢纤维长度应与混凝土粗集料最大公称粒径相匹配,最短长度宜大于粗集料最大公称粒径的 1/3;最大长度不宜大于粗集料最大公称粒径的 2 倍,钢纤维长度与标称值的偏差不得超过±10%。

(3) 宜使用经防蚀处理的钢纤维,严禁使用带尖刺的钢纤维,不得使用表面磨损、前后裸露尖端导致行车不安全的钢纤维;不应使用搅拌易成团的钢纤维。

2) 水泥的要求

应采用水泥强度等级在 42.5 级以上的道路硅酸盐水泥或普通硅酸盐水泥。其他同普通水泥混凝土路面的要求相同。

3) 其他材料的要求

钢纤维混凝土粗集料最大公称粒径不应大于 19mm。细集料不得使用淡化海砂。处在海水、海风、氯离子、硫酸根离子环境的或冬季洒除冰盐的路面中应掺阻锈剂,不得掺入氯盐类外加剂,其他粗集料、细集料、水和粉煤灰及外加剂的要求同普通水泥混凝土路面的要求。

2. 配合比设计

钢纤维混凝土的配合比要求与普通混凝土基本一致。钢纤维的体积率为 1.0%~1.2%,拌合物的稠度为 6~12s,水灰比为 0.5 左右,单位用水量为 185~195kg/m³,砂率采用 45%~48%。

3. 施工方法

钢纤维混凝土路面的施工方法与普通混凝土路面基本相同,但钢纤维混凝土应采用强制式拌和机械拌和。钢纤维混凝土路面的厚度、平面尺寸和钢纤维掺量等应符合设计规范及设计图纸的规定。钢纤维混凝土路面的布料与摊铺除应满足滑模、轨道和三辊轴机组摊铺普通混凝土路面的规定外,尚应符合下列规定。

(1) 无论采用何种机械布料与摊铺方式,应保证面板内钢纤维分布的均匀性及结构连续性,在一块面板内的浇筑和摊铺不得中断。

(2) 布料松铺高度应通过试铺确定。拌合物坍落度相同时,应比相同机械施工方式的普通混凝土路面松铺高度高 10mm 左右。

(3) 当采用滑模、轨道、三辊轴机组摊铺钢纤维混凝土时,搅拌场配制的混凝土总拌和生产能力可按式(5-1)计算,并按总拌和能力确定所要求的搅拌楼数量和型号。

$$M = 60\mu b h v_t \tag{5-1}$$

式中 M——搅拌楼总拌和能力,m³/min;

b——摊铺宽度,m;

v_t——摊铺速度,m/min;

h——面板厚度,m;

μ——搅拌楼可靠性系数为 1.2~1.5,根据下述具体情况确定:搅拌楼可靠性高,μ 可取较小值,反之,可取较大值;坍落度要求较低者,应取较大值。

搅拌楼,应优先选配间歇式搅拌楼,也可选用连续式搅拌楼。

(4) 钢纤维混凝土的拌和。

① 应根据拌合物的黏聚性、均质性及强度稳定性试拌确定最佳拌和时间。

一般情况下,单立轴式搅拌机总拌和时间应为80～120s,行星立轴和双卧轴式搅拌机总拌和时间为60～90s,连续双卧轴搅拌楼的最短拌和时间不应短于40s。最长总拌和时间不应超过高限值的两倍。

② 混凝土拌和过程中不得使用沥水、夹冰雪、表面沾染尘土和局部暴晒过热的砂石料。

③ 外加剂应以稀释溶液加入,其稀释用水和原液中的水量要从拌和加水量中扣除。使用间歇搅拌楼时,外加剂溶液浓度应根据外加剂掺量、每盘外加剂溶液筒的容量和水泥用量计算得出。连续式搅拌楼应按流量比例控制加入外加剂。加入搅拌锅的外加剂溶液应充分溶解,并搅拌均匀。有沉淀的外加剂溶液,应每天清除一次稀释池中的沉淀物。

④ 拌和引气混凝土时,搅拌楼一次拌和量不应大于其额定搅拌量的90%。纯拌和时间应控制在含气量最大或较大时。

⑤ 粉煤灰或其他掺合料应采用与水泥相同的输送、计量方式加入。

粉煤灰混凝土的纯拌和时间应比不掺掺合料的延长10～15s。当同时掺用引气剂时,应通过试验适当增大引气剂掺量,以达到规定含气量。

(5) 拌合物的质量检验与控制。

搅拌过程中,拌合物质量检验与控制应符合规范的规定。低温或高温天气施工时,拌合物出料温度应控制在10～35℃。并应测定原材料温度、拌合物的温度、坍落度损失率和凝结时间等指标。

拌合物应均匀一致,有生料、干料、离析或外加剂、粉煤灰成团现象的非均质拌合物严禁用于路面摊铺。一台搅拌楼的每盘之间、各搅拌楼之间,拌合物的坍落度最大允许偏差为±10mm。拌合物坍落度应为最适应摊铺的坍落度值与当时气温下运输坍落度损失值两者之和。

(6) 钢纤维混凝土的拌和,除应满足上述规定外,尚应符合下列规定。

当钢纤维体积率较高,拌合物较干时,搅拌楼一次拌和量不应大于其额定搅拌量的80%。

钢纤维混凝土搅拌的投料顺序和方法应以搅拌过程中钢纤维不产生结团和保证一定的生产率为原则,并通过试拌或根据经验确定。也采用将钢纤维水泥、粗细集料先干拌后加水湿拌的方法;也可采用钢纤维分散机在拌和过程中分散加入钢纤维。

钢纤维混凝土的拌和时间应通过现场搅拌试验确定,并应比普通混凝土规定纯拌和时间延长20～30s,采用先干拌后加水的搅拌方式时,干拌时间不应少于1min。

钢纤维混凝土严禁用人工拌和。零星工程使用少量的钢纤维混凝土时,可采用容量较小的搅拌机拌和,每种原材料应准确称量后加入,不得使用体积计量。采用小容量搅拌机拌和时,钢纤维混凝土总拌和时间应比搅拌楼拌和时间延长1～2min,采用先干拌后加水的搅拌方式时,干拌时间不应少于1.5min。

应保证钢纤维在混凝土中的分散性和均匀性,水洗法检测的钢纤维含量偏差不应大于设计掺量的±15%,检验方法见《公路水泥混凝土路面施工技术细则》(JTG/T F30—2014)。

(7) 钢纤维混凝土拌合物的工作性要求。

① 钢纤维混凝土的坍落度可比表 5-11 的规定值小 20mm。

② 钢纤维混凝土掺高效减水剂时的单位用水量可按规范用表初选,再由拌合物实测坍落度确定。

(8) 钢纤维混凝土路面的振捣与整平。

① 所采用的振捣机械和振捣方式除应保证钢纤维混凝土密实性外,尚应保证钢纤维在混凝土中分布的均匀性。

② 除应满足各交通等级路面平整度要求外,整平后的面板表面不得裸露上翘的钢纤维,表面下 10~30mm 深度内的钢纤维应基本处于平面分布状态。

③ 采用滑模摊铺机,轨道摊铺机铺筑钢纤维混凝土路面时,振捣棒组的振捣频率不应低于 10000r/min,振捣棒组底缘要严格控制在面板表面位置,不得将振捣棒组插入路面钢纤维混凝土内部振捣。

④ 采用三辊轴机组摊铺纤维混凝土路面时,不得将振捣棒组插入路面钢纤维混凝土内部振捣,也不得使用人工插捣。可采用大功率平板式振捣器振捣密实,再采用振动梁压实整平,振动梁底面应设凸棱以利于表层钢纤维和粗集料压入。然后用三辊轴整平机将表面滚压平整,再用 3m 以上刮尺、刮板或抹刀纵横向精平表面。

(9) 钢纤维混凝土路面施工的特殊工艺要求。

① 钢纤维混凝土拌合物从出料到运输、铺筑完毕的允许最长时间不应超过表 5-15 的规定。在浇筑和摊铺过程中严禁因拌合物干涩而加水,但可喷雾以防止表面水分蒸发。

② 必须使用硬刻槽方式制作抗滑沟槽,不得使用粗麻袋、刷子和扫帚制作抗滑构造。

③ 钢纤维混凝土路面的板长应为 6~10m,钢纤维掺量较大可取大值;掺量小取小值。面板长宽比应符合设计要求。

(10) 钢纤维混凝土路面的养护应符合《公路水泥混凝土路面施工技术细则》(JTG F30—2014)的规定。

5.3.2 碾压混凝土路面施工

1. 适用条件

(1) 城市次干路和支路及有条件的街坊路,应使用碾压混凝土施工机械进行施工。

(2) 不得使用体积计量、小型自落滚筒式搅拌机,严禁使用人工控制加水量。

(3) 碾压混凝土也可用于城市快速路、主干路复合式路面的下面层和贫混凝土基层。

2. 施工机具的选择

(1) 应选用预压密实度高的沥青摊铺机,根据路面摊铺宽度可选用 1~2 台。

(2) 自重 10~12t 振动压路机 1~2 台,15~25t 轮胎压路机 1 台,12t 小型振动压路机 1 台。

(3) 双轴卧式混凝土搅拌机或强制式混凝土搅拌机、大吨位自卸汽车、铲车、洒水车、推土机等。

3. 施工组织

(1) 开工前,建设单位应组织设计、施工、监理单位进行技术交底。

(2) 施工单位应根据设计图纸、合同文件、摊铺方式、机械设备、施工条件等,确定

混凝土路面施工工艺流程、施工方案，进行详细的施工组织设计。

(3) 开工前，施工单位应对施工、试验、机械、管理等岗位的技术人员和各工种技术工人进行培训。未经培训的人员不得单独上岗操作。

(4) 施工单位应根据设计文件，测量校核平面和高程控制桩，复测和恢复路面中心、边缘全部基本标桩，测量精度应满足相应规范的规定。

(5) 施工工地应建立具备相应资质的现场实验室，能够对原材料、配合比和路面质量进行检测和控制，提供符合交工检验、竣工验收和计量支付要求的自检结果。

(6) 各种桥涵、通道等构造物应提前建成，确有困难不能通行时，应有施工便道。施工时应确保运送混凝土的道路基本平整、畅通，不得延误运输时间或碾坏基层、桥面。施工中的交通运输应配备专人进行管制，保证施工有序、安全进行。

(7) 摊铺现场和搅拌场之间应建立快速有效的通信联络，及时进行生产调度和指挥。

4. 搅拌场设置

(1) 搅拌场应设置在摊铺路段的中间位置。搅拌场内部布置应满足原材料储运、混凝土运输、供水、供电等使用要求，并尽量紧凑，减少占地。

(2) 搅拌场应保障搅拌、清洗、养生用水的供应，并保证水质。供水量不足时，搅拌场应配置与日搅拌量相适应的蓄水池。

(3) 搅拌场应保证充足的电力供应。电力总容量应满足全部施工用电设备、夜间施工照明及生活用电的需要。

(4) 应确保摊铺机械、运输车辆及发动机等动力设备的燃料供应。离加油站较远的工地应设置油料储备库。

(5) 水泥、粉煤灰储存和供应要求。

① 每台搅拌楼应至少配备 2 个水泥罐仓，如掺粉煤灰应至少配备 1 个粉煤灰罐仓。当水泥的日用量很大，需要两家以上的水泥厂供应水泥时，不同厂家的水泥应清仓再灌，并分罐存放。严禁粉煤灰与水泥混罐。

② 应确保施工期间的水泥和粉煤灰供应。供应不足或运距较远时，应储备和使用袋装水泥或袋装粉煤灰，并准备水泥仓库、拆包及输送入灌设备。水泥仓库应覆盖或设置顶篷防雨，并应设置在地势较高处，严禁水泥、粉煤灰受潮或浸水。

(6) 砂石料储备。

① 施工前，应储备正常施工 10~15d 的砂石料。

② 砂石料场应建在排水通畅的位置，其底部应做硬化处理。不同规格的砂石料之间应有隔离设施，并设标识牌，严禁混杂。

③ 在低温、雨天、大风天及日照强烈的条件下，应在砂石料堆上部架设顶篷或覆盖，数量不应少于正常施工一周的用量。

④ 原材料与混凝土运输车辆不应相互干扰。搅拌楼下应采用厚度不小于 20mm 的混凝土铺装层，并应设置污水排放管沟、积水坑或清洗搅拌楼的废水处理回收设备。

5. 摊铺前材料与设备检查

(1) 在施工准备阶段，应依据混凝土路面设计要求、工程规模，对当地及周边的水泥、钢材、粉煤灰、外加剂、砂石料、水资源、电力、运输等状况进行实地调研，确认符合铺筑混凝土路面的原材料质量、品种、规格，原材料的供应量、供给方式、运距等。通过调研优选，初步选择原材料供应商。

(2) 开工前，工地实验室应对计划使用的原材料进行质量检验和混凝土配合比优选，监理应对原材料抽检和配合比试验验证，报请业主正式审批。

(3) 要按照路面施工进度安排，及时地供给原材料技术指标规定的各种原材料，不合格原材料不得进场。所有原材料进出场应进行称量、登记、保管或签发。

(4) 要将相同料源、规格、品种的原材料作为一批，分批量检验和储存。

(5) 施工前必须对机械设备、测量仪器、基准线或模板、机具工具及各种试验仪器等进行全面的检查、调试、校核、标定、维修和保养。主要施工机械的易损零部件应有适量储备。

6. 路基、基层和封层的检测与修整

(1) 路基应稳定、密实、均质，对路面结构提供均匀的支撑。对软基、高填方、填挖方交界等处的路基段，应进行连续沉降观测，并采取切实有效的措施，保证路基的稳定性。

(2) 垫层、基层除应符合《城镇道路工程施工与质量验收规范》(CJJ 1—2008)的规定外，尚应符合下列技术要求。

① 基层纵、横坡一般可与面层一致，但横坡可略大 0.15%～0.20%，不得小于路面横坡。

② 基层应具有足够的强度和稳定性，并且断面应正确，表面应平整。应根据不同的道路等级，当地的材料资源和经济情况等选择不同的基层材料。

③ 面层铺筑前，应至少提供足够机械连续施工 10d 以上的合格基层。

(3) 面板铺筑前，应对基层进行全面的破损检查，当基层产生纵、横向断裂、隆起或碾坏时，应采取下列有效措施进行彻底修复。

① 所有挤碎、隆起、空鼓的基层应清除，并使用相同的基层料重铺，同时设胀缝板横向隔开，胀缝板应与路面胀缝或缩缝上下对齐。

② 当基层产生非扩展性温缩、干缩裂缝时，应灌沥青密封防水，还应在裂缝上粘贴油毡、土工布或土工织物，其覆盖宽度不应小于 1000mm；距裂缝最窄处不得小于 300mm。

③ 当基层产生纵向扩展裂缝时，应分析原因，采取有效的路基稳固措施根治裂缝，且应在纵向裂缝所在的整个面板内，距板底 1/3 高度增设补强钢筋网，补强钢筋网到裂缝端部不应短于 5m。

④ 基层被碾坏成坑或破损面积较小的部位，要挖除并采用贫混凝土局部修复。对表面严重磨损裸露粗集料的部位，应采用沥青封层处理。

(4) 在城市快速路和主干路的半刚性上基层表面，应喷洒热沥青和石屑做滑动封层，或做乳化沥青稀浆封层。沥青封层或乳化沥青稀浆封层的厚度不应小于 5mm。

(5) 在各等级道路有可能被水淹没浸泡路面的路段，可采用较厚的坚韧塑料薄膜或密闭土工膜覆盖基层防水。

(6) 当封层出现局部损坏时，摊铺前应采用相同的封层材料进行修补，经质量检验合格，并由监理签认后，方可铺筑水泥混凝土面层。

7. 施工工艺流程

碾压混凝土路面的施工工艺流程为：混凝土拌合物的拌和与运输→摊铺机摊铺→碾压→养护→接缝施工。

【参考视频】

由于碾压混凝土拌合物是单位用水量较少的干硬性混合料，为提高拌和质量和施工效率，应采用强制式拌和机拌和。拌合物运到摊铺现场应立即摊铺整形，由于摊铺作业对碾压混凝土路面质量影响很大，所以摊铺应均匀、连续地进行，并在拌合物初凝前完成。摊铺完毕即开始碾压，碾压分初压、复压和终压3个阶段。初压用7～10t振动压路机不开振碾压2遍左右，使混凝土表面稳定。随后振动压路机开振充分碾压，直至达到规定的密实度要求，此阶段为复压。用8～20t的轮胎压路机或振动压路机不开振进行修整碾压，称为终压，目的是消除碾压轮迹和表面出现的拉裂，使表面密实。

能力训练

分小组讨论并回答以下问题。
(1) 对掺入混凝土中的钢纤维长度是如何规定的？
(2) 碾压式混凝土路面设置搅拌站时应考虑哪些方面？
(3) 碾压混凝土路面的施工工艺流程是怎样的？

习题

一、选择题

1. 钢纤维混凝土用钢纤维单丝钢纤维抗拉强度不宜小于(　　)MPa。
   A. 500　　　　　　　　　　　　B. 550
   C. 600　　　　　　　　　　　　D. 650

2. 钢纤维混凝土粗集料最大公称粒径不应大于(　　)mm。
   A. 15　　　　　　　　　　　　B. 19
   C. 25　　　　　　　　　　　　D. 31.5

3. 钢纤维混凝土路面必须使用(　　)制作抗滑沟槽。
   A. 粗麻袋　　　　　　　　　　B. 刷子
   C. 扫帚　　　　　　　　　　　D. 硬刻槽方式

4. 钢纤维混凝土拌合物与普通混凝土拌合物坍落度相同时，应比相同机械施工方式的普通混凝土路面松铺高度高(　　)mm左右。
   A. 10　　　　　　　　　　　　B. 15
   C. 20　　　　　　　　　　　　D. 25

5. 碾压混凝土路面开始碾压即摊铺完毕，碾压分(　　)3个阶段。
   A. 先压、复压和后压　　　　　B. 初压、复压和终压
   C. 轻压、中压和重压　　　　　D. 初压、中压和终压

6. 碾压混凝土拌合物是( )混合料。
   A. 单位用水量较少的塑性
   B. 单位用水量较多的塑性
   C. 单位用水量较少的干硬性
   D. 单位用水量较多的流动性

二、简答题
1. 掺入混凝土中的钢纤维有哪几种？
2. 碾压混凝土路面的适用条件有哪些？

任务5.4 水泥混凝土面层施工质量控制与验收

路面工程进行施工质量的控制与检查是建成高质量路面的有效保证，除了控制原材料质量外，铺筑现场质量控制也很重要；在遇到不利季节的施工时，应采取保证施工质量的措施；面层完工后，由施工单位会同监理单位按设计文件和施工规范要求对水泥混凝土层进行质量检验。

5.4.1 水泥混凝土路面季节性施工

水泥混凝土路面的施工质量受环境因素的影响较大，对高、低温季节以及雨季施工应考虑其特殊性，确保工程的质量。

1. 夏季施工

当混凝土拌合物的温度在30~35℃时，混凝土板的施工应按夏季施工的规定进行。混凝土板的夏季施工，应符合下列规定。

(1) 混凝土拌合物浇筑中应尽量缩短运输、摊铺、振捣、做面等工序时间，浇筑完毕应及时覆盖、洒水养护。

(2) 混凝土拌合物，在运输过程中要加以覆盖，以免水分蒸发。

(3) 搭建临时性遮光挡风设施，搅拌站应有遮荫棚，以避免浇筑的混凝土受到暴晒，同时降低风速，以减少混凝土表面的水分蒸发，防止混凝土干缩而出现裂缝。

(4) 在浇筑混凝土前，模板和基层表面应洒水湿润。

(5) 当气温过高时，应避开中午施工，可在夜间进行施工。

(6) 应注意天气预报，如果遇到阵雨，要暂时停止施工。

2. 冬季施工

混凝土强度的增长主要靠水泥的水化作用。当水结冰时，水泥的水化作用便会停止，而混凝土的强度也就不再增长，而且当水结冰时体积会膨胀，促使混凝土结构松散破坏。所以，施工现场连续5昼夜平均气温小于5℃，或最低气温低于-3℃时需要停止施工。由于特殊情况必须在低温(昼夜平均气温高于5℃，最低气温在-3℃以上时)施工时，要采取以下措施。

(1) 提高拌合物温度，采用高强度等级(32.5以上)快凝水泥，或掺入早强剂或促凝剂，或增加水泥用量，通常情况下不允许对水泥加热，砂石料采用间接加热法，加热温度不能超过40℃。

(2) 混凝土配合时，水灰比≤0.45，坍落度≤1cm，用水量每立方米≤140kg，并应扣除氯盐溶液中砂石料中的含水量。

(3) 路面保温措施。混凝土整修完毕后，表面采用覆盖蓄热保温材料，必要时还应加盖养生暖棚，在满足保温要求同时，还要注意经济性。常用谷草、油毡、锯末覆盖混凝土。具体做法是在混凝土路面成活后，立即铺3mm以下细锯末，厚23cm，上面加较粗锯末或过筛的细土，厚5cm，再加盖草帘，4d后撤出草帘，换盖厚30cm以上的松干土。需要特别注意混凝土板边角的覆盖养护，并要在模板外培土厚30cm左右。冬期养护时间要在28d以上，开放交通强度按照试件决定。

(4) 通常可在路面成活3d后拆除模板，外界气温骤降或有大风时要再延长拆模时间；拆模后边角要继续培土，注意恢复覆盖养护。

(5) 测定水泥、砂、石、水搅拌前的温度，以及混凝土的温度，每台班≥3次；测定混凝土养护过程中的温度，浇筑最初2d内，每隔6h测一次，其余每日夜≥2次；测温孔位置应设在路面边缘，深度大于10cm，温度计插入孔内3min以后读数；要将全部测孔编号并做好测温记录，以便估算混凝土强度。

(6) 冬季水泥混凝土路面施工氯盐掺量。

冬季水泥混凝土路面施工氯盐参量见表5-17。

表5-17 冬季水泥混凝土路面施工氯盐参量

预估10d内室外大气平均温度	白天正温度，夜间-5℃以上	-5℃	-10~-5℃
氯盐掺量占水重/(%)	3	6	10
混凝土硬化最低温度	-2℃	-4℃	-7℃
说明	低温时期	初冬及冬末时期	严冬时期

3. 雨季施工

(1) 经常与气象部门联系，在雨季来临之前，要掌握降雨趋势的中期预报，特别是近期预报的降雨时间和雨量，充分利用不下雨的时间，安排施工。

(2) 做好防雨准备，在搅拌场及砂石料堆场要设置排水设施，搅拌楼的水泥和粉煤灰罐仓顶部通气口、料斗等应有覆盖措施；雨天施工时，应备足防雨篷、帆布、塑料布或薄膜。

(3) 在铺设现场，禁止下雨施工。倘若铺筑现场有水，要及时排除基层积水。

(4) 摊铺中遭遇阵雨时，要立即停止铺筑混凝土路面，并紧急使用防雨篷、帆布或塑料布覆盖尚未硬化的路面；被阵雨轻微冲刷过的路面，可采取硬刻槽或先磨平再刻槽的方式处理；被暴雨冲刷后的路面，平整度严重劣化或损坏的部位，要尽早铲除重铺。

5.4.2 水泥混凝土路面施工质量控制与检查

对路面工程进行施工质量的控制与检查是建成高质量路面的有效保证，应贯穿整个施工过程，对每个施工环节严格控制把关，并对出现的问题立即进行纠正直至停工整顿。

1. 施工过程中的质量管理要求

(1) 水泥混凝土路面无论采用何种铺筑方式,首先都要建立健全质量检测、管理和质量保证体系。应按照铺筑进度做出质检仪器和人员数量动态计划。施工中应按计划落实质检仪器和试验人员,对施工各阶段的各项质量指标做到及时检查、控制和评定,以达到所规定的质量标准,确保施工质量及其稳定性。

(2) 施工全过程的质量动态检测、控制和管理内容应包括施工准备、施工过程中的各项技术指标的检验,出现施工技术问题的报告、论证和解决方法等。

2. 施工过程中的质量控制

施工过程中除原材料质量外,铺筑现场主要做好以下几项。

(1) 混凝土拌合物的和易性,匀质性和各质量参数的稳定性。

(2) 现场铺筑的关键设备,如摊铺机、压路机、布料机、三辊轴整平机、刻槽机、切缝机操作应规范稳定。

(3) 严格控制模板顶面标高保证水泥混凝土面板的厚度,注意模板底面与基层间的填塞,以防漏浆,造成混凝土板侧面的蜂窝、麻面。

(4) 按规范要求的数量制作抗压和抗弯拉试块,以保证混凝土面板的强度。

(5) 严格控制传力杆和拉杆的位置,尤其是传力杆的位置以发挥接缝的作用。

确保水泥混凝土路面施工的各道工序在严格的控制和管理下进行,保证水泥混凝土路面的施工质量。

3. 施工质量检验评定标准

《城镇道路工程施工与质量验收规范》(CJJ 1—2008)对水泥混凝土(包括预制混凝土)面层的质量检验应符合下列规定。

1) 主控项目

(1) 原材料质量符合规范规定。

(2) 混凝土面层质量应符合设计要求,见表5-18。

表5-18 凝土面层质量要求

内容	要求	方法	数量
弯拉强度	符合设计规定	检查试件强度试验报告	每100m³的同配合比的混凝土,取样1次;不足100m³时按1次计。每次取样应至少留置1组标准养护试件。同条件养护试件的留置组数应根据实际需要确定
面层厚度	符合设计规定,允许误差±5mm	检查试验报告、复测	每1000m² 1组(1点)
抗滑构造深度	符合设计要求	铺砂法	每1000m² 1点

2) 一般项目

(1) 水泥混凝土面层应板面平整、密实,边角应整齐、无裂缝,并不得有石子外露和浮浆、脱皮、踏痕、积水等现象,蜂窝麻面面积不得大于总面积的0.5%。

① 检查数量:全数检查。

② 检验方法:观察、检查技术处理方案。

(2) 伸缩缝应垂直、直顺，缝内不得有杂物。伸缩缝在规定的深度和宽度范围内应全部贯通，传力杆应与缝面垂直。
① 检查数量：全数检查。
② 检验方法：观察。
(3) 混凝土路面允许偏差应符合表 5-19 的规定。

表 5-19　混凝土路面允许偏差

项　目		允许偏差与规定值		检验频率		检验方法
		城市快速路、主干路	次干路、支路	范围	点数	
纵断高程/mm		±15		20m	1	用水准仪测量
中线偏位/mm		≤20		100m	1	用经纬仪测量
平整度	标准差σ/mm	1.2	2	100m	1	用测平仪检测
	最大间隙/mm	3	5	20m	1	用 3m 直尺、塞尺连续量两尺，取较大值
宽度/mm		0～20		40m	1	用钢尺量
横坡/(%)		±0.30%且不反坡		20m	1	用水准仪测量
井框与路面高差/mm		≤3		每座	1	十字法，用直尺和塞尺量最大值
相邻板高差/mm		≤3		20m	1	用钢板尺和塞尺量
纵缝直顺度/mm		≤10		100m		
横缝直顺度		≤10		40m	1	用 20m 线和钢尺量
蜂窝麻面面积/(%)		≤2		20m	1	观察和用钢板尺量每 20m 查 1 块板的侧面

能力训练

分小组讨论并回答以下问题。
(1) 水泥混凝土路面夏季施工的措施有哪些？
(2) 水泥混凝土面层质量检验的一般项目有哪些？简述检查的方法和频率。
(3) 水泥混凝土面层质量检验的主控项目有哪些？简述检查的方法和频率。

习　题

1. (　　)是水泥混凝土面层的主要质检项目。
   A．强度与厚度　　　　　　　　B．平整度与弯沉
   C．厚度与横坡　　　　　　　　D．平整度与厚度
2. 水泥混凝土面层冬期养护时间要在(　　)d 以上。
   A．7　　　　B．14　　　　C．41　　　　D．28

3. 水泥混凝土面层抗滑构造深度用( )方法检验。
   A. 摆式仪　　　B. 铺砂法　　　C. 3m 直尺　　　D. 钢尺
4. 水泥混凝土面层平整度用( )方法检验。
   A. 摆式仪　　　B. 铺砂法　　　C. 3m 直尺　　　D. 钢尺
5. 水泥混凝土面层纵断高程用( )方法检验。
   A. 经纬仪　　　B. 投线仪　　　C. 水准仪　　　D. 钢尺
6. 水泥混凝土面层中线偏位用( )方法检验。
   A. 经纬仪　　　B. 投线仪　　　C. 水准仪　　　D. 钢尺
7. 冬期施工时，水泥混凝土拌合物的加热温度不应超过( )。
   A. 20℃　　　B. 35℃　　　C. 40℃　　　D. 60℃
8. 水泥混凝土路面的主要检查项目有抗压强度、抗折强度和( )。
   A. 平整度　　　B. 厚度　　　C. 宽度　　　D. 中线高程

项目 6

附属工程施工

能力目标

(1) 能够进行路缘石安装、人行道的铺装施工。
(2) 能够进行路缘石人行道铺装的质量检控。

项目导读

本项目分别介绍城市道路侧缘石的种类及规格、路缘石的施工方法及步骤、人行道材料种类及规格、人行道施工方法及步骤,以及附属工程质量控制与检查验收。

项目任务

(1) 根据教材配套《市政工程施工图案例图集》,图名路-8、路-9、路-12 至路-16,对平侧石、铺砌式人行道施工工艺流程、保证施工质量和安全的施工技术措施和施工注意事项、施工质量控制和检查验收项目进行技术交底。

(2) 根据规范要求提出该工程路缘石和人行道铺装施工的质量控制和检查验收项目和实施。

(3) 项目成果为路缘石和人行道铺装施工技术交底记录一份。

任务6.1 路缘石和人行道铺装施工

本任务主要介绍路缘石和人行道铺装的施工方法,施工前应了解缘石、人行道板的种类及规格,路缘石安装、人行道面层的施工工序。掌握路缘石和人行道铺装的施工工艺。

6.1.1 路缘石施工

路缘石是指铺设在路面边缘或标定路面界限的界石,也称道牙或缘石。路缘石主要有:立缘石、平缘石和专用路缘石等。也可将立缘石和平缘石制作在一起,制成L形路缘石。

【参考图文】

立缘石又称侧石,是指顶面高出路面的路缘石。在城市道路中,侧石通常设置在沥青类路面的边缘,水泥混凝土路面边缘通常仅设置侧石,同样可起到街沟作用。反光路缘石(贴反光材料)能提高道路夜间能见度,有助于行车安全。

平缘石又称平石,是指顶面与路面平齐的路缘石。侧石和平石是设置在道路路面边缘的界石,可以起到分隔车行道、人行道、隔离带和道路其他部分的作用,还可以起到排除路面水的作用。

专用路缘石要包括弯道路缘石、隔离带路缘石、反光路缘石、减速路缘石等。

1. 侧石的种类及规格

1) 侧石种类

侧石分直线形及弧形两种,直线形用于直线及大半径曲线上,弧形用于小半径曲线上,如路口、分隔带端及小半径圆岛等。

侧石一般均由工厂生产,侧石混凝土强度主要考虑冻融损坏,其抗压强度不得低于C30级。

2) 侧石规格

(1) 直线形侧石。

高阶侧石A型:11/13cm×35cm×80cm。

高阶侧石B型:11/13cm×35 cm×40cm。

普通侧石C型:8/10cm×35cm×80cm。

普通侧石D型:8/10cm×35cm×50cm。

(2) 弧形侧石(表6-1)。

表 6-1 弧形水泥混凝土侧石尺寸表

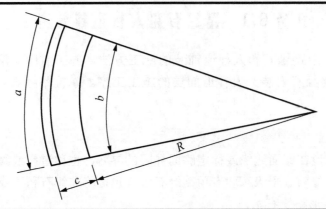

类别	半径 R/cm	断面尺寸/cm	平面尺寸			90°弧用量/块
			a	b	c	
高阶弧形侧石	500	11/13×35	51.4	50.0	13	15
	300	11/13×35	51.4	49.1	13	9
	100	11/13×35	38.3	33.2	13	4
	75	11/13×35	38.3	31.5	13	3
普通弧形侧石	500	8/10×30	51.4	50.3	10	15
	300	8/10×30	51.4	49.6	10	9
	75	8/10×30	38.3	33.0	10	3

2. 路缘石的施工方法及步骤

1) 路缘石的施工工艺流程图(图 6.1)

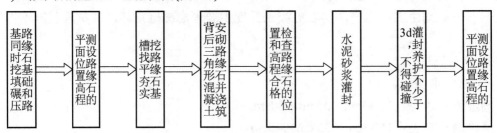

图 6.1 路缘石的施工工艺流程图

2) 路缘石的基础施工要求和测量放线

(1) 路缘石基础应与路基同时填挖和碾压。

(2) 应按测量设定的平面与高程位置刨槽、找平、夯实后安装路缘石。

(3) 核对道路中心线无误后,进行路面边界的放样,确定侧石顶面标高;路缘石安装控制测设,直线段桩距为 10~15m;曲线段为 5~10m;路口为 1~5m;应用经纬仪、水准仪测设。

【参考图文】

(4) 当道路进行改建时,道路改建翻排侧、平石,应做好原有雨水口标高调整,并与原有侧、平石衔接平顺。

3) 侧石的选用和施工

侧石长度在直线段采用 80～100cm;曲线半径大于 15m 时采用长度为 100cm 或 60cm 的侧石;曲线半径小于 15m 或圆角部分,可视半径大小采用长度为 60cm 或 30cm 的侧石。

侧石施工应根据施工图确定的平面位置和顶面标高所放出的样线执行,但对于人行道斜坡处的侧石,一般放低至比平石高出 2～3cm,两端接头(与正常侧石衔接处)则应做成斜坡连接。

4) 安装路缘石

(1) 钉桩挂线后,沿基础一侧把路缘石依次排好。

(2) 侧石、平石的垫层用 1∶3 石灰砂浆找平,虚厚约 2cm,按照放线位置安砌路缘石。应采用 M10 水泥砂浆灌缝。

(3) 曲线部分应按控制桩位进行安砌。

(4) 路缘石调整块应用机械切割成型或以现浇同级混凝土制作,不得用砖砌抹面方式作路缘石调整块。侧石缘头与平石的安砌按图 6.2 执行。

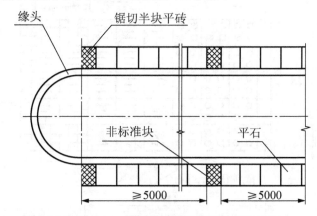

图 6.2 侧石缘头与平石安砌示意图(尺寸单位:mm)

(5) 无障碍路缘石、盲道口路缘石应按设计要求安装。盲道口路缘石设计无要求时,按图 6.3 安砌。

(6) 雨水口处的路缘石应与雨水口配合施工。

5) 回填石灰土

(1) 侧石。在侧石安装前要按照侧石宽度误差的分类分段砌筑,使顶面宽度统一、美观。安装后,按线调整顺直圆滑,侧石里侧用长木板大铁橛背紧,外侧后背用体积比为 2∶8 石灰土,也可以利用修建路面基层时剩余石灰土,回填夯实里侧缝,用体积比为 2∶8 石灰土夯填。侧、平石两侧同时分层回填,在回填夯实过程中,要不断调整侧、平石线,使之最后达到顺直圆滑和平整的要求,夯实后拆除两面铁橛及木板。夯实灰土,外侧宽度不小于 30cm,里侧与路面基层接上。

使用的夯实工具,可以用小型夯实机具夯实,每层厚度不大于 15cm。若侧石里侧缝隙太小,可用铺底砂浆填实;如果侧石埋入路面基层太浅,夯填后背时易使侧石倾斜,此时靠路一侧可用体积比为 1∶3 石灰炉渣,加水拌和夯实成三角形,使侧石临时稳固。

设计采用混凝土后,要按照设计要求的强度等级,现场浇筑捣实,要求表面平整。

(2) 平石。在平石安装后,人工刨槽的槽外一侧沟槽用体积比为 2∶8 石灰土分层填实,宽度≥30cm,层厚不大于 15cm,也可利用路面基层剩余的路拌石灰土填实。外侧经夯实后与路缘石顶面齐平,内侧用上述同样材料分层夯实,夯实后要比缘石顶面低一个路面层厚度,待沥青路面铺筑后与缘石顶面齐平。

使用的夯实工具,可以是洋镐头、铁扁夯等。灰土含水量不足时,要加水夯实。在夯实两侧石灰土过程中,要不断调整缘石线形,保证顺直圆滑。

机械刨槽时,两侧用过筛体积比为 2∶8,石灰土夯实或石灰土浆灌填密实。

6) 勾缝

路面完工后安排侧石勾缝,勾缝前要先修整路缘石,调整至顺滑平整,其位置及高程符合设计要求方可勾缝。可用 M10 水泥砂浆勾缝,勾缝要饱满密实,可为平缝或凹缝,平石不得阻水。路缘石勾缝养护期要在 3d 以上,养护期间不得碰撞。

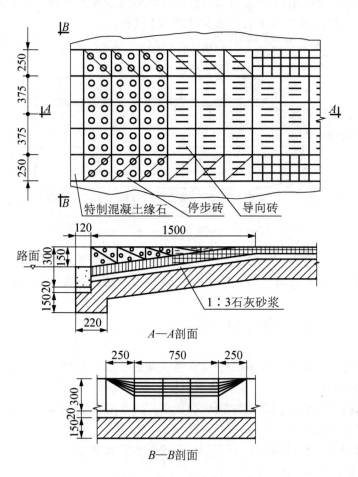

图 6.3 盲道口路缘石安砌示意图(尺寸单位:mm)

7) 倒槽与处理

(1) 人工刨槽：按照桩的位置拉小线或打白灰线，以线为准，按要求宽度向外刨槽，通常为一平铣宽。靠近路面一侧，比线位宽出少许，通常≤5cm，不要太宽以避免回填夯实不好，造成路边塌陷。刨槽深度可以比设计加深1～2cm，以确保基础厚度，槽底要修理平整。

(2) 机械刨槽：按照使用侧、缘石刨槽机，刀具宽度应较侧、缘石宽出1～2cm，按照线准确开槽，深度可以比设计加深1～2cm，以确保基础厚度，槽底要修理平整。

(3) 如果在路面基层加宽部分安装侧、缘石，则将基层平接即可，可免去刨槽工序。

(4) 铺筑石灰土基层侧、缘石下石灰土基础通常在修建路面基层时加宽基层，一起完成。若不能一起完成而需另外刨槽修筑石灰土基础时，则必须用体积比为3∶7的石灰土铺筑夯实，厚度至少15cm，压实度要求≥95%。

6.1.2 人行道铺装施工

人行道为道路两侧、公园、里弄中供行人行走的设施。道路两侧的人行道为道路的组成部分，人行道与绿化带或土路肩相邻时，应按设计要求埋设路缘石、水泥砖或红砖。人行道按照材料可分为沥青混凝土和水泥混凝土两大类。其中水泥混凝土人行道又可分为预制块、连锁砌块和现场浇筑3种。预制板可分为普通板、彩色板和导盲的触感板3种。

【参考图文】

1. 人行道材料种类及规格

(1) 预制人行道板(砖)的规格。

① 普通混凝土预制板，为尺寸490mm×490mm×65mm 及 490mm×245mm×65mm 的表面滚花道板。

② 250mm×250mm×60mm 的混凝土压纹道板。

③ 250 mm×250 mm×60(50)mm 的混凝土彩色压纹道板。

④ 不同形状与尺寸的彩色连锁型人行道板等。

(2) 预制混凝土(大方砖)的规格和适用范围见表6-2。

表6-2 预制混凝土(大方砖)的规格和适用范围

品种	长×宽×厚/mm	混凝土强度/MPa	用途
9格小方块	250×250×50	25	人行道(步道)
16格小方块	250×250×50	25	人行道(步道)
格方砖	200×200×50	20～25	人行步道、庭院步道
格方砖	230×230×40	20～25	人行步道、庭院步道
水泥花砖	200×200×18 单色、多色图案	20～25	人行步道、人行通道

(3) 无障碍人行道板的种类和规格。

无障碍人行道(盲道)板有两种：一种称为导向块材，另一种称为停步块材。两种块材的规格尺寸如图6.4和图6.5所示。

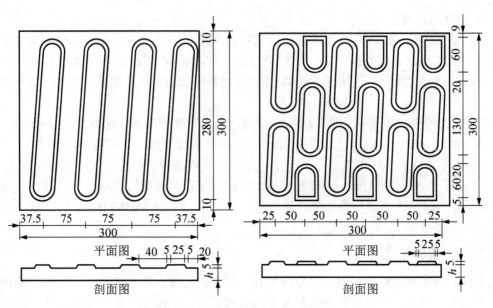

图 6.4 导向块材剖面图(尺寸单位：mm)

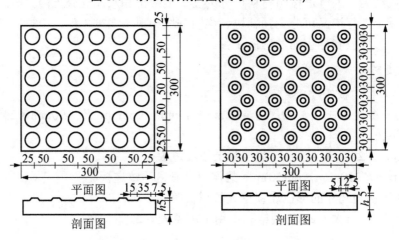

图 6.5 停步块材剖面图(尺寸单位：mm)

(4) 料石石材的物理力学性能。

料石石材的物理力学性能应符合设计规定。设计未规定时，可参用下列主要指标。

① 饱和抗折强度≥9MPa。

② 饱和抗压强度≥120MPa。

③ 抗冻性：冻融循环次数为 50 次，无明显损伤，系数 K≤75%。

④ 磨耗率：洛杉矶法<25%或狄法尔法<4%。

⑤ 坚固性：(硫酸钠侵蚀)质量损失 Q≤15%。

⑥ 吸水率≤1%。

⑦ 硬度≥7.0 莫氏。

⑧ 密度≥2500kg/m^3。

⑨ 孔隙率≤3%。

2. 人行道施工方法及步骤

1) 人行道施工的一般规定

人行道施工时，一般应遵守下列规定。

(1) 对各类市政公用事业管线、地面设施，如消火栓、盖框等，应当按照人行道标高、横坡予以调整，并且要固定好位置，保护好测量标志。

(2) 对沿街房屋有落水管或屋檐滴水路段，要采取防冲刷道面措施，按照设计要求设置落水管接地设施。

(3) 结合布置绿化建筑地段，要先将花坛墙体砌好，再进行人行道施工。

(4) 要与斜坡、踏步、挡土墙等施工结合进行。

(5) 人行道面层的施工，要以侧石顶面为基准，根据设计横坡和宽度放样定线，靠近侧石处的人行道面应高出侧石顶面 5mm。

2) 沥青混凝土面层施工

(1) 一般规定。

① 人行道、自行车道、非机动车道、公园道路、不通行重型车辆的行人广场、运动场地等的沥青面层要平顺、舒适，具有良好的排水性能。

② 人行道、自行车道、公园道路可以铺筑单层细粒式或砂粒式沥青混凝土混合料面层、沥青表面处治面层或空隙率大的沥青碎石混合料透水性面层。

③ 行人道路沥青面层的材料要求应与车行道沥青面层相同，并要选择针入度较高的石油沥青或乳化沥青。行人道路路面沥青用量应比车行道用量增加 0.3%左右。

④ 三幅道以上道路的非机动车道、行人广场，当采用拌和的沥青混合料时，应分双层铺筑，上面层要使用细粒式或砂粒式沥青混凝土混合料。铺筑贯入式路面时应加铺拌和层。

⑤ 沥青混合料的技术指标应符合行人道路设计的规定。

⑥ 浇洒沥青或铺筑混合料时采用防止污染道路附属设施及其他构造物的措施，路缘石、阀门盖座、消防水栓、电杆等道路附属设施按照设计要求预先安装，压路机碾压时不得损坏道路附属设施及其他构造物。使用大型压路机有困难的部位，采用小型振动压路机或振动夯板压实。在不能采用压实机具的地方，使用人工夯实。

(2) 施工步骤。

① 准备工作。清除表面松散颗粒及杂物，覆盖侧石及建筑物防止污染，喷洒乳化沥青或煤沥青透层油一道。次要道路人行道也可以不用透层油。不用透层时，要清除浮土杂物，喷水湿润，整平碾压一遍。与面层接触的侧石、井壁、墙边等部位应涂刷粘层油一道，以利于接合。

② 铺筑面层。检查到达工地的沥青混凝土种类、温度及拌和质量等，冬季运输沥青混凝土必须注意保温。人工摊铺时要计算用量，分段卸料，卸料要卸在钢板上，松铺系数为1.2~1.3。上料时要注意扣锹操作，摊铺时不要踩在新铺混合料上，注意轻拉慢推，搂平时注意粗细均匀，不使大料集中。

③ 碾压。用平碾纵向错半轴碾压，随时用 3m 直尺检查平整度，不平处及粗麻处要及时修整或筛补，趁热压实。碾压不到处要用热夯或热烙铁拍平，或用振动夯板夯实。

④ 接槎。油面接槎应采用立槎涂油热料温边的方法。

⑤ 低温施工。适当采取喷油皮铺热砂措施，以确保人行道面越冬，防止掉渣。

3) 预制水泥砖的铺装

(1) 复测标高。按照设计图纸复核放线,用测量仪器打方格,并以对角线检验方正,然后在桩橛上标注该点面层设计标高。

【参考图文】

(2) 水泥砖装卸。预制块方砖的规格为 5cm×24.8cm×24.8cm 及 7cm×24.8cm×24.8cm,装运花砖时要注意强度和外观质量,要求颜色一致、无裂缝、不缺楞角。要轻装轻卸以免损坏。卸车前应先确定卸车地点和数量,尽量减少小搬运。砖间缝隙为 2mm,用经纬仪钢尺测量放线,打方格时要把缝宽计算在内。

(3) 拌制砂浆。采用 1:3 石灰砂浆或 1:3 水泥砂浆,石灰粗砂要过筛,配合比要准确,砂浆的和易性要好。

(4) 修整基层。挂线或用测量仪器检查基层竣工高程,对≤2m² 的凹凸不平处,当低处≤1cm 时,可填时,可填 1:3 石灰砂浆或 1:3 水泥砂浆;当低处>1cm 时,将基层刨去 5cm,用基层的同样混合料填平拍实,填补前应把坑槽修理平整干净,表面适当湿润,高处应铲平,但如铲后厚度低于设计厚度的 90% 时,应进行反修。

(5) 铺筑砂浆。在清理干净的基层上洒水一遍使之湿润,然后铺筑砂浆,厚度为 2cm,用刮板找平。铺砂浆应随砌砖同时进行。

(6) 铺砌水泥砖。

① 按照桩橛高程,在方格内由第一行砖位纵横挂线绷紧,依线依标准缝宽砌第一行样板砖,然后纵线不动,横线平移,依次照样板砖砌筑。

② 直线段纵线应向远处延伸,以保持纵缝直顺。曲线段砖间可以夹水泥砂浆楔形缝成扇形,也可按照直线段顺延铺筑,然后在边缘处用 1:3 水泥砂浆补齐并刻缝。

③ 砌筑时,砖要轻放,用皮锤(橡胶锤)轻击砖的中心。砖若不平,要拿起砖平垫砂浆重新铺筑,不得向砖底塞灰或支垫硬料,必须使砖平铺在满实的砂浆上稳定无动摇、无任何空隙。

④ 砌筑时砖与侧石应衔接紧密,若有空隙,要甩在临近建筑一边,在侧石边缘与井边有空隙处可用水泥砂浆填满镶边,并刻缝与花砖相仿以保证美观。

(7) 灌缝扫墁用 1:3(体积比)水泥细砂干浆灌缝,可以分多次灌入。第一次灌满后浇水沉实,再进行第二次灌满、墁平并适当加水,直至缝隙饱满。

(8) 养护水泥砖灌缝后洒水养护。

(9) 跟班检查在铺筑整个过程中,班组应设专人不断地检查缝距、缝的顺直度、宽窄均匀度以及花砖平整度,发现有不平整的预制块,应及时进行更换。

(10) 清理每月班后,应将分散各处的物料堆放一起。保持工地整洁。

4) 普通人行道板的精装

普通人行道板(砖)的铺砌方法和要求一般采用放线定位法顺序铺砌,板底紧贴垫层,不得有翘动、虚空现象。

【参考视频】

(1) 下承层准备摊铺垫层前应先将土基整平。人行道路基经检查合格后,方可测量放线,应用经纬仪测设纵横方格网,用钢尺丈量直线。人行道中线或边线,每隔 5~10m 安设一块方砖作为方向、高程控制点。

(2) 铺筑砂浆垫层采用水泥砂浆或石灰砂浆,摊铺宽度要大于铺装面 5~10cm。砂浆随拌随用,水泥砂浆应在初凝前用完。

(3) 铺筑预制板(砖)铺筑预制板(砖)时,将其沿定位挂线顺序平放,用橡胶锤敲打稳定,不得损伤边角。经常用 3m 直尺沿纵、横和对角线方向检查安装是否平整和牢固,并及时修整,不得采用向砖底部填塞砂浆或支垫等方法找平砖面。采用 490mm×490mm 方砖时,铺砌要与侧石垂直的拼缝称为通缝(横缝)。与侧石平行的称为错缝(纵缝)。缝宽≤1cm,侧石接边线缝宽 1cm,并做到缝隙均匀,灌缝饱满。采用橡胶带做方砖伸缩缝时,应将橡胶带放置平正、顺平、紧靠方砖,不得有弯曲或不平现象,缝宽应符合设计要求。铺盲道砖时,将导向行走砖与止步砖严格区分,不得混用。

(4) 灌缝方砖铺砌完成,须经检查合格后,方可进行灌缝。灌缝应用干砂或水泥砂(水泥与砂的比例为 1∶10)干拌混合料,砖缝灌注后应在砖面上泼水,使灌缝料下沉,再灌料补足,直至缝内饱满为止。

(5) 养护人行道砖铺装后的养护期不得少于 3d,养护期内要禁止通行。

5) 彩色板(砖)和触感板(砖)人行道的施工

(1) 彩色人行道方砖要采用刚性或半刚性基层及干拌水泥砂浆粘接层。基层和粘接层的材料、厚度、强度应符合设计要求。基层的施工可按照规程的有关规定执行。

【参考图文】

(2) 彩色道板(砖)在铺砌之前要浇水湿润。将彩色道板(砖)按照定位线逐块坐实于粘接层上,使结成整体。相邻板块贴紧,表面平整,线形顺直,铺砌后应浇水湿润养生。艺术花样和触感板的导向、停步块材铺砌时,要按照设计图形进行施工。

6) 水泥混凝土连锁砌块铺装

(1) 由于连锁砌块条块狭小,所以,平整度的要求更高,块与块的连接必须连锁紧密、齐平,不得有错落现象。

(2) 铺砌不留缝,垫层用粗砂,使用专用的振平板振实,灌缝用细砂,其余操作均同一般水泥砖。

(3) 完工后需要表面平整光洁、图案排列整齐、颜色一致,无麻面或者掉面、缺边现象,纵横坡度要符合设计要求。

7) 现场浇筑混凝土施工

现场浇筑水泥混凝土人行道施工中,要依照以下规定。

(1) 在水泥混凝土人行道基层和面层施工中,可参考水泥混凝土的基层和面层的要求。

(2) 当水泥混凝土面层收水抹面后,应及时分块、滚花压线,花眼边缘与压线平行。通常间距为 5cm,滚花要清晰,花眼深度一致(为 2~3mm),滚花时防止将砂浆带起。

(3) 铺筑、振实、收水抹面、分块压线、滚花等工序,连续施工,工序间隔时间不宜过长,不得中断施工超过 0.5h 以上。

(4) 面层成型后要覆盖洒水养护,当混凝土达到设计强度 80%以上时可停止养护,养护期间应封闭交通。

8) 料石人行道铺装

按设计要求选择石料(应选用花岗岩);基层与路基施工应符合以下规定。

(1) 在检验合格的基层上测量放线:用经纬仪测设纵、横方格网,应用钢尺丈量直线;人行道中线或边线上,要每隔 5~10m 安设一块方砖作为方向、高程控制点。

【参考图文】

(2) 铺砌时需平放，用橡胶锤敲打稳定，不得损伤石料的边角。

(3) 铺砌中随时检查料石是否安装牢固平整，及时修整，修整要重新铺砌，不得采用在料石下部填塞砂浆或支垫方法找平上表面。

(4) 灌缝：料石铺砌完成后，需检查其稳固和平整度，全部合格后即可进行灌缝。应采用砂或水泥：砂(1∶10)干拌混合料，缝灌砂后应在料石面上泼水，使灌缝料下沉，再灌料补足。

9) 曲线段人行道板(砖)的施工

曲线段人行道的道面铺砌，可采用直铺法或扇形铺法进行铺砌，其中彩色人行道板(砖)应采用直铺法进行施工。铺板(砖)后所形成的楔形空缺和边、角空缺可采用同标号水泥混合料就地浇筑，彩色人行道板(砖)应按所需形状切割后拼砌，与预制道板(砖)面平，并进行养护。

能力训练

分小组讨论并回答以下问题。

(1) 路缘石的分类及规格有哪些？

(2) 人行道材料种类及规格有哪些？

习题

1. 路缘石勾缝养护期要在(   )d 以上，养护期间不得碰撞。
   A. 1　　　　B. 2　　　　C. 3　　　　D. 4

2. 人行道面层的施工，要以侧石顶面为基准，根据设计横坡和宽度放样定线，靠近侧石处的人行道面应高出侧石顶面(   )mm。
   A. 2　　　　B. 3　　　　C. 4　　　　D. 5

3. 人行道混凝土面层成型后要覆盖洒水养护，当混凝土达到设计强度(   )以上时可停止养护，养护期间应封闭交通。
   A. 70%　　　B. 80%　　　C. 90%　　　D. 95%

4. (   )是指铺设在路面边缘或标定路面界限的界石。
   A. 花岗石　　B. 大理石　　C. 人工石　　D. 路缘石

5. 侧石混凝土强度主要考虑(   )损坏，其抗压强度不得低于C30级。
   A. 冻融　　　B. 汽车荷载　C. 撞击　　　D. 弯折

6. 人行道面层的施工，要以(   )为基准，根据设计横坡和宽度放样定线。
   A. 侧石顶面　B. 侧石底面　C. 侧石中间　D. 平石顶面

7. 普通人行道板(砖)的铺砌方法和要求一般采用(   )。
   A. 放线定位法顺序铺砌　　　B. 经验法铺砌
   C. 等高线法铺砌　　　　　　D. 坡度线法铺砌

8. 排好侧石后，应先在侧石内侧(靠近人行道一边)(   )。
   A. 用土方坞膀　　　　　　　B. 用石屑坞膀
   C. 用水泥混凝土坞膀　　　　D. 不用坞膀

9. 街坊里弄出入口处的侧石应降低,且( )。
   A. 与平石接平　　　　　　　B. 高出平石 2cm 左右
   C. 高出平石 5cm 左右　　　　D. 低于平石

任务 6.2　附属工程质量控制与检查验收

本任务介绍路缘石安砌的质量控制和检验、人行道铺装质量控制与检验标准。

6.2.1　路缘石安砌质量控制与检验

1. 路缘石安砌质量控制

(1) 路缘石宜由加工厂生产,并应提供产品强度、规格尺寸等技术资料和产品合格证。

(2) 路缘石宜采用石材或预制混凝土标准块。路口、隔离带端部等曲线段路缘石,宜按设计弧形加工预制,也可采用小标准块。

(3) 石质路缘石应采用质地坚硬的石料加工,强度应符合设计要求,宜选用花岗石。剁斧加工石质路缘石允许偏差应符合表 6-3 的规定。

表 6-3　剁斧加工石质路缘石允许偏差

项目		允许偏差
外形尺寸/mm	长	±5
	宽	±2
	厚(高)	±2
外露面西石面整度/mm		3
对角线长度差/mm		±5
剁斧石纹路		应直顺、无死坑

机具加工石质路缘石允许偏差应符合表 6-4 的规定。

表 6-4　机具加工石质路缘石允许偏差

项目		允许偏差/mm
外形尺寸	长	±4
	宽	±1
	厚(高)	±2
对角线长度		±4
外路面平整度		2

(4) 预制混凝土路缘石应符合下列规定。

① 混凝土强度等级应符合设计要求。设计未规定时,不应小于 C30。路缘石弯拉与抗压强度应符合表 6-5 的规定。

表6-5　路缘石弯拉与抗压强度

直线路缘石			直线路缘石(含弧形、L形)		
弯拉强度/MPa			抗压强度/MPa		
强度等级 C_f	平均值	单块最小值	强度等级 C_C	平均值	单块最小值
C_f 3.0	≥3.0	2.4	C_C30	≥30.0	24.0
C_f 4.0	≥4.0	3.2	C_C35	≥35.0	28.0
C_f 5.0	≥5.0	4.0	C_C40	≥40.0	32.0

② 路缘石吸水率不得大于8%。有抗冻要求的路缘石经50次冻融试验(D50)后，质量损失不应小于3%，抗盐冻性路缘石经ND25次试验后，质量损失应小于0.5kg/m²。

③ 预制混凝土路缘石加工尺寸允许偏差应符合表6-6的规定。

表6-6　预制混凝土路缘石加工尺寸允许偏差

项目	允许偏差/mm	项目	允许偏差/mm
长度	+5 −3	高度	+5 −3
宽度	+5 −3	平整度	≤3
		垂直度	≤3

④ 预制混凝土路缘石外观质量允许偏差应符合表6-7的规定。

表6-7　预制混凝土路缘石外观质量允许偏差

项目	允许偏差	项目	允许偏差
缺棱掉角影响顶面或正侧面的破坏最大投影尺寸/mm	≤15	贯穿裂纹	不允许
面层非贯穿裂纹最大投影尺寸/mm	≤10	分层	不允许
可视面粘皮(脱皮)及表面缺损最大面积/mm	≤30	色差、杂色	不明显

⑤ 路缘石基础宜与相应的基层同步施工。

⑥ 安装路缘石的控制桩，直线段桩距宜为10～15m；曲线段桩距宜为5～10m；路口处桩距宜为1～5m。

⑦ 路缘石应以干硬性砂浆铺砌，砂浆应饱满、厚度均匀。路缘石砌筑应稳固、直线段顺直、曲线段圆顺、缝隙均匀；路缘石灌缝应密实，平缘石表面应平顺、不阻水。

⑧ 路缘石背后宜浇筑水泥混凝土支撑，并还土夯实。还土夯实宽度不宜小于50cm，高度不宜小于15cm，压实度不得小于90%。

⑨ 路缘石宜采用M10水泥砂浆灌缝。灌缝后，常温期养护不应少于3d。

2. 路缘石安砌质量检验

1) 主控项目

混凝土路缘石强度应符合设计要求。

① 检查数量：每种、每检验批1组(3块)。

② 检验方法：查出厂检验报告并复验。

2) 一般项目

(1) 路缘石应砌筑稳固、砂浆饱满、勾缝密实，外露面清洁、线条顺畅、平缘石不阻水。

① 检查数量：全数检查。

② 检验方法：观察。

(2) 立缘石、平缘石安砌允许偏差应符合表 6-8 的规定。

表 6-8 立缘石、平缘石安砌允许偏差

项目	允许偏差/mm	检查频率		检验方法
		范围/m	点数	
直顺度	≤10	100	1	用 20m 线和钢尺量①
相邻块高度	≤3	20	1	用钢尺和塞尺量①
缝宽	±3	20	1	用钢尺量①
顶面高程	±10	20	1	用水准仪测量

①表示随机抽样，量 3 点取最大值。

注：曲线段缘石安装的圆顺度允许偏差应结合工程具体制定。

6.2.1 人行道铺筑质量控制与检验

1. 人行道铺筑质量控制

1) 一般规定

(1) 人行道应与相邻构筑物接顺，不得反坡。

(2) 人行道的路基施工应符合规范有关规定。

(3) 人行道的基层施工及检验标准应符合规范的有关规定。

(4) 有特殊要求的人行道，应按设计要求及现场条件制定铺装方案及验收标准。

2) 料石与预制砌块铺砌人行道面层

(1) 料石应表面平整、粗糙，其色泽、规格、尺寸均应符合设计要求，抗压强度不宜小于 80MPa，且应符合表 6-9 的要求。

表 6-9 料石物理性能和外观质量

	项目	允许值	注
物理性能	饱和抗压强度/MPa	≥80	
	饱和抗折强度/MPa	≥9	
	体积密度/(g/cm³)	≥2.5	
	磨耗率(狄法尔法)/(%)	<4	
	吸水率/(%)	<1	
	孔隙率/(%)	<3	
外观质量	缺棱/个	1	面积不超过 5mm×10mm，每块板材
	缺角/个		面积不超过 2mm×2mm，每块板材
	色斑/个		面积不超过 15mm×15mm，每块板材
	裂纹/条	1	长度不超过两段顺延至板边总长度的 1/10(长度小于 20mm 不计)，每块板材
	坑窝	不明显	粗面板材的正面出现蜂窝

(2) 水泥混凝土预制人行道砌块的抗压强度应符合设计规定,设计未规定时,不宜低于30MPa。砌块应表面平整、粗糙、纹路清晰、棱角整齐,不得有蜂窝、露石、脱皮等现象;彩色道砖应色彩均匀。

(3) 料石与预制砌块宜由预制厂生产,并应提供强度、耐磨性能试验报告及产品合格证。

(4) 预制人行道料石、砌块进场后,应经检验合格后方可使用。

(5) 预制人行道料石、砌块铺装应符合有关规范的规定。

(6) 盲道铺砌除应符合规范的有关规定外,尚应遵守下列规定。

① 行进盲道砌块与提示盲道砌块不得混用。

② 盲道必须避开树池、检查井、杆线等障碍物。

(7) 路口处盲道应铺设为无障碍形式。

3) 沥青混合料铺筑人行道面层

(1) 施工中应根据场地环境条件选择适宜的沥青混合料摊铺方式与压实机具。

(2) 沥青混凝土铺装层厚不应小于3cm,沥青石屑、沥青砂铺装层厚不应小于2cm。

(3) 压实度不应小于95%。表面应平整,无明显轮迹。

2. 人行道铺筑检验标准

1) 料石铺砌人行道面层质量检验

(1) 主控项目。

① 路床与基层压实度应大于或等于90%。

a. 检查数量:每100m查2点。

b. 检验方法:环刀法、灌砂法、灌水法。

② 砂浆强度应符合设计要求。

a. 检查数量:同一配合比,每1000m^2取1组(6块),不足1000m^2取1组。

b. 检验方法:查试验报告。

③ 石材强度、外观尺寸应符合设计及规范要求。

a. 检验数量:每检验批抽样检验。

b. 检验方法:查出厂检验报告及复检报告。

④ 盲道铺砌应正确。

a. 检查数量:全数检查。

b. 检验方法:观察。

(2) 一般项目。

① 铺砌应稳固、无翘动,表面平整、缝线直顺、缝宽均匀、灌缝饱满,无翘边、翘角、反坡、积水现象。

② 料石铺砌允许偏差应符合表6-10的规定。

表 6-10　料石铺砌允许偏差

项目	允许偏差	检查频率 范围	检查频率 点数	检查方法
平整度/mm	≤3	20m	1	用 3m 直尺和塞尺连续量取两尺,取最大值
横坡	±0.3%且不反坡	20m	1	用水准仪测量
井框与路面高差/mm	≤3	每座	1	十字法,用直尺和塞尺量,取最大值
相邻块高差/mm	≤2	20m	1	用钢尺量 3 点
纵缝直顺度/mm	≤10	40m	1	用 20m 线和钢尺量
横缝直顺度/mm	≤10	20m	1	沿路宽用线和钢尺量
缝宽/mm	+3 −2	20m	1	用钢尺量 3 点

2) 混凝土预制砌块铺砌人行道(含盲道)质量检验

(1) 主控项目。

① 路床与基层压实度应符合规范的规定。

② 混凝土预制砌块(含盲道砌块)强度应符合设计规定。

a. 检查数量：同一品种、规格、每检验批 1 组。

b. 检验方法：查抗压强度试验报告。

③ 砂浆平均抗压强度等级应符合设计规定,任一组试件抗压强度最低值不应低于设计强度的 85%。

a. 检查数量：同一配合比,每 1000m² 取 1 组(6 块),不足 1000m² 取 1 组。

b. 检验方法：查试验报告。

④ 盲道铺砌应正确。

a. 检查数量；全数检查。

b. 检验方法：观察。

(2) 一般项目

① 铺砌应稳固、无翘动,表面平整、缝线直顺、缝宽均匀、灌缝饱满,无翘边、翘角、反坡、积水现象。

② 预制砌块铺砌允许偏差应符合表 6-11 的规定。

表 6-11　预制砌块铺砌允许偏差

项目	允许偏差	检查频率 范围	检查频率 点数	检查方法
平整度/mm	≤5	20m	1	用 3m 直尺和塞尺连续量取两尺,取最大值
横坡	±0.3%且不反坡	20m	1	用水准仪测量
井框与路面高差/mm	≤4	每座	1	十字法,用直尺和塞尺量,取最大值
相邻块高差/mm	≤3	20m	1	用钢尺量
纵缝直顺差/mm	≤10	40m	1	用 20m 线和钢尺量
横缝直顺差/mm	≤10	20m	1	沿路宽用线和钢尺量
缝宽/mm	+3 −2	20m	1	用钢尺量

3) 沥青混合料铺筑人行道面层的质量检验

(1) 主控项目。

① 路床与基层压实度应符合规范规定。

② 沥青混合料品质应符合马歇尔试验配合比技术要求。

a. 检查数量：每日、每品种检查 1 次。

b. 检验方法：现场取样试验。

(2) 一般项目。

① 沥青混合料压实度不应小于 95%。

a. 检查数量：每 100m 查 2 点。

b. 检验方法：查试验记录(马歇尔击实试件密度，实验室标准密度)。

② 表面应平整、密实，无裂缝、烂边、掉渣、推挤现象，接槎应平顺、烫边无枯焦现象，与构筑物衔接平顺、无反坡积水。

a. 检查数量：全数检查。

b. 检验方法：观察。

③ 沥青混合料铺筑人行道面层允许偏差应符合表 6-12 的规定。

表 6-12　沥青混合料铺筑人行道面层允许偏差

项目	允许偏差		检查频率		检查方法
			范围	点数	
平整度/mm	沥青混凝土	≤5	20m	1	用 3m 直尺和塞尺连续量取两尺，取最大值
	其他	≤7			
横坡	±0.3%且不反坡		20m	1	用水准仪测量
井框与路面高差/mm	≤5		每座	1	十字法，用直尺和塞尺量，取最大值
厚度/mm	+5		20m	1	用钢尺量

能力训练

分小组讨论并回答以下问题。

(1) 路缘石的质量标准有哪些？

(2) 人行道的质量标准有哪些？

习题

一、选择题

1. 立缘石、平缘石安砌的允许偏差，缝宽不得大于(　　)mm。
   A. ±1　　　　B. ±2　　　　C. ±3　　　　D. ±4

2. 立缘石、平缘石安砌的顶面高程允许偏差为(　　)mm。
   A. ±10　　　B. ±20　　　C. ±30　　　D. ±40

3. 路缘石、平石安砌的直顺度要求为( )mm。
   A. ≤5   B. ≤3   C. ≤10   D. -5～20
4. 立缘石、平缘石安砌允许偏差项目包括( )。
   A. 缝宽   B. 顶面高程
   C. 路缘石强度   D. 相邻块高度
   E. 直顺度
5. 侧石、缘石相邻高差的检验，每( )m 量测一点，取最大偏差值。
   A. 15   B. 20   C. 25   D. 30
6. 路缘石宜采用( )水泥砂浆灌缝。
   A. M5   B. M10   C. M15   D. M20
7. 铺砌人行道的砂浆平均抗压强度等级应符合设计规定，任一组试件抗压强度最低值不应低于设计强度的( )。
   A. 75%   B. 85%   C. 90%   D. 95%

二、简答题

1. 料石铺砌人行道的外观要求是什么？
2. 立缘石、平缘石安砌的外观要求是什么？

项目 7

市政道路养护

能力目标

(1) 有识别市政道路路基、路面、附属设施常见病害和采取相应维修方法的能力。
(2) 会查阅养护、施工技术、安全等相关规范资料,对市政道路工程有安全养护作业的能力。

项目导读

一条道路建成后,随着运营时间的推移、交通量的增长和各类设施使用频率的增加,道路和附属设施会出现不同程度的损坏,若不及时进行养护、维修,则会影响道路的安全、快捷、舒适、经济和美观。本项目从市政道路路基、路面、附属设施 3 个任务实施养护工程。

通过对 3 个项目任务相关知识的介绍,结合工程实例模拟训练,同时借助多媒体设备、实训设备、实训现场的实操训练,形成"做中学,学中做"理实一体的教学过程。最后结合给定的实际道路工程,由学生完成各个任务单规定的内容,以确保达到项目能力目标。

项目任务

(1) 组织学生对校园或附近某条道路进行沥青路面损坏调查。
(2) 对检查出的各类病害提出相应养护措施。
(3) 项目成果为某道路沥青路面病害分析报告。

任务 7.1 市政道路路基养护

城市道路养护是城市道路管理的重要环节。本任务是明确道路养护的主要任务、道路养护的范围及等级划分、养护工程分类，掌握路基养护的要求和内容，路基的常见病害成因与防治措施。

7.1.1 市政道路养护工程概述

城市道路养护是城市道路管理的重要环节。道路养护质量的优劣，直接影响交通、安全行车顺畅和运输效率，还涉及道路的使用年限，尤其对城市面貌和市容环境(包括投资环境)有重要影响。

1. 城市道路养护的目的和任务

道路养护应始终坚持"预防为主，防治结合"的原则，遵循"建养并重，协调发展；深化改革，强化管理；提高质量，保障畅通"的指导方针，把建设与养护提到同等重要的位置。

道路养护的主要目的和基本任务如下。

(1) 坚持日常保养，经常保持道路的完好状态，及时修复损坏部分，使道路及其沿线附属设施的各部分保持完好、整洁、美观，保障行车安全、舒适、畅通，以提高社会经济效益。

(2) 采取正确的技术措施，提高养护工作质量，延长道路的使用寿命，以节省建设资金。

(3) 对原有技术标准过低的道路和构造物以及沿线设施进行分期改建和增建，逐渐提高道路的使用质量、服务年限。

2. 城镇道路养护的范围及等级划分

城镇道路的养护应包括道路设施的检测评定、养护工程和档案资料。道路设施应包括车行道、人行道、路基、停车场、广场、分隔带及其他附属设施。

城市道路应分等级养护。按照各类道路在城市中的重要性，本着保证重点、养好一般的原则，将道路分为Ⅰ、Ⅱ、Ⅲ三个等级养护。依据在检查单元(200～500m)内的工程性质、工程规模、工程量、工作量等内容分为保养小修，中修工程，大修工程和改、扩建工程四类。

7.1.2 市政道路路基的养护和基本要求

路基是道路的重要组成部分，是路面的基础。路基质量的优劣，直接影响道路路面的质量、使用年限和服务水平，因此，必须保证道路路基的密实度和稳定性，这也是路面坚实、平整和稳定的基本保证。

路基作为路面的支承结构物，必须具有足够的强度、稳定性和耐久性。城镇道路路基养护内容应包括路基结构、路肩、边坡、挡土墙、边沟、排水明沟、截水沟等。路基的养护应满足以下基本要求。

(1) 路肩应无坑槽、沉陷、积水、堆积物，边缘应直顺、平整。

(2) 土质边坡应平整、坚实、稳定，坡度应符合设计规定。

(3) 挡土墙及护坡应完好，泄水孔应畅通。

(4) 边沟、明沟、截水沟等排水设施的坡度应顺适，无杂草，排水应畅通。

(5) 对翻浆路段应及时维护处理。

7.1.3 路基常见病害及防治措施

1. 路基沉陷

路基沉陷是指路基局部路段在垂直方向产生较大的沉落，形成坑洼和裂缝，或因地基沉降使路基整体下沉。

1) 预防措施

【参考图文】　(1) 填筑前对基底进行彻底清理，挖除杂草、树根，清除表面有机土、垃圾等，对耕地和土质松软的基底进行压实处理。

(2) 宜选用级配较好的粗粒土作为填筑材料，当采用细粒土时，且含水率超过最佳含水率2%以上时，应采取晾晒或掺入石灰、固化材料等技术措施进行处理。

(3) 用不同填料填筑路基时，应分层填筑，在同一层均应采用同类材料，不应混填。土方路基应分层压实，每层的压实厚度不宜超过20cm，路床顶面最后一层的最小压实厚度不应小于8cm，压实机械的功能及碾压遍数应经过试验确定。

(4) 软土地基的路面宜采用沥青混凝土路面或其他宜翻挖的路面，其横坡应适当地提高，防止出现倒坡现象。

2) 治理方法

(1) 对软土地基应视不同情况，采用不同的处理方法。

在表层软土较薄、数量较少的情况下，可采取"换填土层法"，即将湿软土部分挖除，换填强度较大的砂、碎石、灰土、素土等；软基较厚、含水率较大，且有较长的施工期来预压，可采取"竖向排水预压法"，即在软基集中打入塑料排水芯板或砂井，然后堆载预压一段时间。软基有一定厚度且承载力较低，需要提高承载力时，可采用"挤密桩法"，即在软基中成孔后，在孔中灌入砂、碎石、石灰、钢渣等材料，捣实而成直径较大的桩体，或采取加固土桩法。

(2) 在路面铺筑前产生路基下沉，如因路基压实度不够，可用以下方法治理。

填料不符合要求，则应挖出换土；对含水率过大的土，可采用晾晒或均匀掺入石灰粉来降低含水率，对含水率过小的土，则洒水湿润后再进行压实；如压实厚度过大或压实机具压实功不够时，则应翻挖厚度减薄后再进行压实或增大压实功的机具来压实。

(3) 若因地基下沉，可采用超载预压，待路基下沉稳定后再铺筑路面；若工期较紧，可以换置粉煤灰或粉煤灰石灰混合料、聚苯乙烯泡沫塑料砌块等。

2. 路堤失稳

路堤以下软基向两侧挤出，造成路堤坍塌或塌陷现象。

防治措施

(1) 在路堤施工以前，对软基进行处理。

(2) 控制填土速率。

(3) 将失稳路基的松填料清除，然后对软基进行加固处理。常用加固方法有置换土、反压护道、塑料排水板、碎石桩、砂桩及深层加固等。软基加固后再将路基分层填筑,分层压实,也可采用轻质路堤,以减轻压力。

3. 边坡的养护

边坡包括路堑边坡和路堤边坡,是保护路基的重要组成部分。边坡养护与维修的要求是坡面保持平顺、坚实无冲沟,其坡度符合设计规定。

【参考图文】

对于石质路堑边坡,应经常观察坡面岩石风化情况,以及危岩、浮石的变动,发现问题,及时采取适当的措施处理,如清除、抹面、喷浆、勾缝、嵌补、锚固等,避免危及行车、行人安全和堵塞边沟,影响排水。

土质路堑边坡出现冲沟时,应及时用黏土填塞捣实。如出现潜流涌水,可开沟隔断水源,将水引向路基以外。

对于填土路堤边坡形成冲沟和缺口,应及时用黏结性良好的土修补拍实。对较大的冲沟和缺口,修理时应将原边坡挖成台阶形,然后分层填筑压实,并注意与原坡面衔接平顺。对路堤中间部分用粉煤灰填筑的路基,尤应注意加强边坡的养护。发现冲沟、缺口应及时修理,以防止粉煤灰流失,影响路基整体强度和稳定。

对于边坡、碎落台、护坡道等易出现缺口、冲沟、沉陷、塌落或受洪水及边沟流水冲刷时,应根据水流、土质等情况,选用种草、铺草皮、栽灌木林、铺柴束、篱格填石、投放石笼、干砌或浆砌片石护坡等措施,进行防护和加固。

边坡上的植被对保护边坡大有益处,不能铲除,并禁止在边坡上割草、放牧。同时,严禁在边坡上及路堤坡脚、护坡道上挖土取料或种植农作物。

目前,土工合成材料的发展为边坡防护、加固提供了新材料、新技术和新方法。常用于防护与加固的土工合成材料有土工网、土工格栅、防老化的塑料编织布、土工膜袋等。使用上述材料进行边坡防护和加固的突出优点是:施工简便、进度快、造价低、效果好。

4. 挡土墙的养护

挡土墙的日常养护除经常检查其有否损坏外,每年应在春秋两季进行定期检查。北方冰冻严重地区应特别注意检查挡土墙在冰冻融化后墙身及基础的变化情况,以及在冰冻前采取的防护措施的效果。另外,在发生反常气候、地震或重型车辆通过等特殊情况后,应及时进行检查。发现裂缝、断缝、倾斜、鼓肚、滑动、下沉或表面风化、泄水孔堵塞、墙后积水、周围地基错台、空隙等情况,应查明原因,并观察其发展情况,采取相应的措施进行修理加固,并设立技术档案备查。

对已停止发展的挡土墙裂缝、断裂,可将缝隙凿毛,清除碎碴和杂物,然后用水泥砂浆填塞。水泥混凝土或钢筋混凝土挡土墙的裂缝也可用环氧树脂粘合。挡土墙发生倾斜、鼓肚、滑动或下沉时,可选用下列加固措施。

(1) 锚固法。适用于水泥混凝土或钢筋混凝土挡墙。采用高强钢筋作锚杆,穿入预先钻好的孔内,灌入水泥砂浆,固定锚杆,待砂浆达到一定强度后对锚杆进行张拉,并固紧锚头,以此来分担土压力,如图7.1所示。

(2) 套墙加固法。用混凝土在原挡土墙外侧加宽基础,加厚墙身,如图7.2所示。

施工时,先挖除一部分墙后填土,减小土压力,同时要注意新旧基础和墙身的结合。可先凿毛旧基础和旧墙身,必要时设置钢筋锚栓或石榫,以增强连接。墙后回填土必须分层填筑并夯实。

(3) 增建支撑墙加固法。在挡土墙外侧，每隔一定的间距，增建支撑墙。支撑墙的基础埋置深度、尺寸和间距应通过计算确定，如图 7.3 所示。

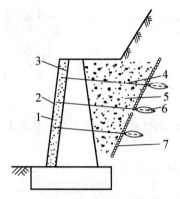
图 7.1 锚固法加固挡土墙

1—现浇混凝土；2—锚头；
3—原墙体；4—预应力钢筋；
5—墙后填土；6—灌入水泥浆；
7—锚固岩基的推算线

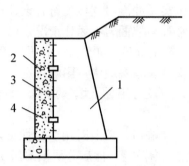
图 7.2 套墙加固挡土墙

1—原挡土墙；2—套墙；
3—钢筋锚栓；4—连系石榫

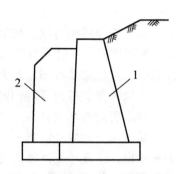
图 7.3 增建支撑墙加固挡土墙

1—原挡土墙；2—支撑墙

(4) 当原挡土墙损坏严重，采用以上加固方法不能达到设计强度要求时，则应考虑将损坏部分拆除重建。为防止不均匀沉降，新、旧挡土墙之间应设置沉降缝，并应注意新、旧挡土墙接头协调。

挡土墙的泄水孔应保持畅通。如有堵塞，应及时疏通；若疏通困难时，应视墙后地下水情况选择适当位置增设泄水孔，或在墙背后沿挡土墙增做墙后排水设施。一般可增设盲沟将水引出路基以外，以防止墙后积水引起土压力增加或冻胀。

当挡土墙表面出现风化剥落时，应将风化表层凿除，露出新槎，再喷涂水泥砂浆保护层。当风化剥落严重时，应将风化部分拆除重砌。

对于锚杆式及加筋土挡土墙，如发现墙身变形、倾斜或肋柱、挡板损坏、断裂等情况，应及时修理、加固或更换。对暴露的锚头、螺母、垫圈应定期涂刷防锈漆，锚头、螺母如有松动、脱落应及时紧固和补充。

对于浸水挡土墙，若受洪水冲刷，出现基础被掏空，但未危及挡土墙本身时可采取抛石加固或用块(片)石将掏空部分塞实并灌浆。当挡土墙本身出现松动、下沉、倒塌、开裂等情况时，应按原样进行修复。

5. 路基翻浆

【参考图文】

路基翻浆多发生在我国北方地区，路基在冰冻春融期，因地下水位高，排水不畅，土质不良，含水过多，造成路基湿软，强度下降，在行车反复作用下，路基出现弹软、裂缝、冒泥浆等翻浆现象。翻浆的影响因素有水分、温度、土质，以及行车载荷、路面因素等多种原因。

1) 翻浆的防治措施

防治翻浆的基本途径是：防止地面水、地下水或其他水分在冻结前或冻结过程中进入路基上部；在化冻期，可将聚冰层中的水分及时排除或暂时蓄积在透水性好的路面结构层中；改善土基及路面结构；采用综合措施防治。

(1) 做好路基排水，提高路基。

良好的路基排水可以防止地面水或地下水浸入路基。使路基土体保持干燥，从而减轻冻结时水分聚流的来源，这是预防和处理地面水类和地下水类翻浆的首要措施。

(2) 铺设隔离层。

隔离层设在路基顶面下 0.5～0.8m 处，其目的在于阻断毛细水上升通道，保持上部土基干燥，防止翻浆发生。地下水位或地面积水位较高，又不宜提高路基时，可铺设隔离层。

(3) 设置路肩盲沟或渗沟。

① 路肩盲沟。为及时排除春融期间路基中的自由水，达到疏干路基上部土体的目的，可在路肩上设置横向盲沟。路肩盲沟适用于路基土透水性较好的地下水类翻浆路段。

② 排水渗沟。为了降低路基的地下水位，可在边沟下设置盲沟或有管渗沟。为了拦截并排除流向路基的层间水，可采用截水渗沟。

(4) 换土。

对因土质不良造成翻浆的路段，可在路基上部换填水稳性好、冰冻稳定性好、强度高的粗颗粒土，以提高土的强度和稳定性。

(5) 改善路面结构层。

① 铺设砂(砾)垫层。砂(砾)垫层是用砂砾、粗砂或中砂做成的垫层。它具有较大的空隙，能隔断毛细水的上升；化冻时能蓄水、排水；冻融过程中体积变化小，可减小路面的冻胀和沉陷。它还具有一定的强度，能将荷载进一步扩散，从而可减小路基的应力和应变。

② 铺设水泥稳定类、石灰稳定类或石灰工业废渣类基(垫)层。这类基(垫)层具有较好的板体性、水稳性和冻稳性，可以提高路面的整体强度，起到减缓和防止路基冻胀和翻浆的作用。但在重冰冻地区潮湿路段，不宜直接采用石灰土，需与其他措施配合应用，如在石灰土下铺设砂垫层等。

③ 设置防冻层对于高级和次高级路面结构层的总厚度除满足强度要求外，还应满足防冻层厚度要求，以避免路基内出现较厚的聚冰带，从而防止产生导致路面开裂的不均匀冻胀。

2) 翻浆路段的养护

翻浆现象是一个四季都在发生变化的过程。在各个季节里，应根据各自不同的现象，采取适当的养护措施，加强预防性的防治工作，以防止或减轻翻浆病害。

(1) 秋季养护。

秋季养护的中心内容是排水，尽可能防止水分进入路基，保持路基处于干燥状态，以减少冬季冻结过程中由于温差作用向路面下土层聚流的水分，这是一项最根本的措施。所以秋季养护工作要做好下列工作。

① 随时整修路面、路肩、边坡。路面应维护好路拱和平整度，如有裂纹、松散、车辙、坑槽、搓板、纵向冲沟等病害，都应及时处理，避免积水。

② 修整地面排水设施，保证地面排水通畅。

③ 检查地下排水设施，保证地下水能及时排出。

(2) 冬季养护。

冬季养护主要是采取措施减轻路基水分在温差作用下向路基上层聚积的程度，同时要防止水分渗入路基。所以冬季养护工作包括以下两方面。

① 应及时清除翻浆路段的积雪。

② 经常上路检查，发现路面出现裂缝、坑槽等要及时修补，融化雪水要及时排除。

(3) 春季养护。

春季是翻浆的暴露时期，在天气转暖的情况下，翻浆发展很快，养护工作中心内容是抢防。

① 在两边路肩上，每隔3～5m交错开挖横沟，沟宽一般为30～40cm，沟深按解冻情况，逐渐加深直到路面底层以下，沟的外口高于边沟沟底。

② 路面坑洼严重的路段，除横向外，还应顺路面边缘加修纵向小盲沟或渗水井。沟或渗水井的深度应至路面底层以下。如交通量不大，也可挖成明沟。

(4) 夏季养护。

夏季是翻浆的恢复期，养护的中心内容是修复翻浆破坏的路基、路面，根治翻浆。

能力训练

分小组讨论并回答以下问题。

(1) 路基发生沉陷的原因有哪些？

(2) 路基沉陷的处理措施有哪些？

(3) 春季路基翻浆如何处理？

习题

1. 路基翻浆现象主要发生在(　　)。

   A．秋季　　　B．冬季　　　C．春季　　　D．秋季

2. 下列不属于防治路基翻浆的措施的有(　　)。

   A．铺设隔离层　B．换土　　　C．砂井　　　D．砸碎石桩

3. 在防治路基翻浆时，秋季养护的重点工作是(　　)。

   A．抢防　　　B．修复　　　C．排水　　　D．防雾

4. 城市道路养护工作根据工程性质、工程规模、工程量、工作量等内容划分为(　　)四类。

   A．小修保养工程　　　　　　B．中修工程
   C．大修工程　　　　　　　　D．改、扩建工程
   E．重点工程

5. 按照各类道路在城市中的重要性，本着保证重点，养好一般的原则，将道路分为(　　)三个等级养护。

   A．Ⅲ、Ⅳ、Ⅴ　　　　　　　B．Ⅰ、Ⅱ、Ⅳ
   C．Ⅱ、Ⅲ、Ⅳ　　　　　　　D．Ⅰ、Ⅱ、Ⅲ

6. 下列说法正确的是( )。
   A. 粉性土的毛细水上升较高
   B. 砂性土的毛细水上升较高
   C. 粉性土含有腐殖质和易容盐不容易形成翻浆
   D. 砂土一般不会发生翻浆
7. 冻胀、翻浆产生的主要原因是( )。
   A. 水源　　　B. 温度　　　C. 行车荷载　　D. 土质
8. 路基的沉陷往往是因为( )。
   A. 填料选择不当　　　　　　B. 压实不足
   C. 原地面为软弱地基　　　　D. 荷载较大
9. 路基崩塌产生的外因是指( )及人为因素。
   A. 气温　　　B. 水　　　C. 地震　　　D. 风力
10. 挡土墙发生倾斜、鼓肚、滑动或下沉时，可选用的加固措施有( )。
    A. 锚固法　　　　　　　　B. 增建支撑墙加固
    C. 套墙加固法　　　　　　D. 全部拆除重建
    E. 加设排水沟

任务 7.2　市政道路路面养护

路面养护是公路养护工作的中心环节，是养护质量考核的首要对象。通过对路面采取预防性和经常性的养护、修理措施使路面保持有一定的强度、刚度及稳定性，使路面结构具有足够的抗疲劳强度以及抗老化形变累积的能力，确保其耐久性，并使路面平整、完好，路拱适度，排水畅通，行车顺适、安全；同时，对原有路面有计划地进行改善，提高其技术状况，以适应运输发展的需要。本任务的内容是掌握沥青路面及水泥混凝土路面的养护要求及病害成因分析与防治措施。

7.2.1　沥青路面养护

1. 沥青路面养护的要求

(1) 沥青路面必须进行经常性和预防性养护。当路面出现裂缝、松散、坑槽、壅包、啃边等病害时，应及时进行保养小修。

【参考视频】

(2) 沥青混合料出厂时应有出厂合格证明。混合料外观应拌和均匀、色泽一致，无明显油团、花白或烧焦。

(3) 铺筑沥青混合料时，大气温度宜在 10℃以上。低温施工时应有保证质量的相应技术措施；雨天时不得施工。

(4) 沥青路面铣刨、挖除的旧料宜再生利用。

(5) 沥青路面面层不得采用水泥混凝土进行修补。

(6) 当沥青路面摊铺面积大于 500m² 时，宜采用摊铺机铺筑。

(7) 沥青路面维修边线、纵横缝接槎宜使用机械切割。

(8) 采用铣刨机铣刨的路面，在修补前应将残料和粉尘清除干净。粘层油宜选择乳化沥青。

(9) 沥青路面平整度、抗滑性能及路面状况的养护质量标准应符合养护规范要求。

2. 沥青路面的保养、小修

一般把清扫保洁、处理、泛油、壅包、裂缝、松散等作为保养作业；修补坑槽、沉陷、处理波浪、啃边等病害作为小修作业。保养、小修是保持路面使用质量、延长路面使用周期的重要技术措施，分初期养护和日常养护两类。

1) 沥青路面初期养护要点

(1) 热拌沥青混合料路面的初期养护。

① 摊铺、压实后的热拌沥青混合料路面，待摊铺层自然冷却，混合料表面温度低于50℃后方可开放交通。

② 纵横向的施工接缝是沥青路面的薄弱环节，应加强初期养护，随时用 3m 直尺查找暴露出来的轻微不平，铲高补低，经拉毛后，用混合料垫平、压实。

(2) 沥青贯入式路面的初期养护。

① 路面竣工后，开放交通时，行驶车辆限速在 15km/h 以下，根据表面成型情况，逐步提高到 20km/h。

② 设专人指挥交通或设置临时路标，按先两边后中间控制车辆易辙行驶，达到全面压实。

③ 应随时将行车驱散的嵌缝料回扫、铺匀、压实，以形成平整密实的上封层。当路面泛油后，要及时补撒与施工最后一层矿料相同的嵌缝料，同时控制行车碾压。

(3) 乳化沥青路面的初期养护。

乳化沥青路面的初期稳定性差，压实后的路面应做好初期养护，设专人管理，按实际破乳情况，封闭交通 2~6h；在未破乳的路段上，严禁一切车辆、人、畜通过；开放交通初期，应控制车速不超过 20km/h，并不得制动和掉头。当有损坏时应及时修补。

2) 沥青路面日常养护要求

(1) 保持路面平整、横坡适度、线形顺直、路容整洁、排水良好。

(2) 加强巡路检查，掌握路面情况，随时排除有损路面的各种因素，及时发现路面初期病害，研究分析病害产生的原因，并有针对性地对病害及时进行维修处理。

(3) 禁止各种履带车和其他铁轮车直接在路上行驶。

(4) 掌握技术资料，建立养护档案。

(5) 根据各地不同季节的气候特点、水和温度变化规律，按照"预防为主、防治结合"的原则，结合本地区成功经验，针对不同季节病害根源，因地制宜，采取有效的技术措施，做好预防性、季节性养护工作。

7.2.2 沥青路面常见病害分析

1. 横向裂缝

1) 现象

【参考图文】

裂缝与路中心线基本垂直，缝宽不一，缝长有贯穿整个路幅的，也有部分路幅的。

2) 原因分析

(1) 施工缝未处理好，接缝不紧密，结合不良。

(2) 沥青未达到适合于本地区气候条件和使用要求的质量标准，致使沥青面层温度收缩或温度疲劳应力(应变)大于沥青混合料的抗拉强度(应变)。

(3) 半刚性基层收缩裂缝的反射缝。

(4) 桥梁、涵洞或通道两侧的填土产生固结，引起地基沉降。

3) 预防措施

(1) 合理组织施工，摊铺作业连续进行，减少冷接缝。冷接缝的处理，应先将已摊铺压实的摊铺带边缘切割整齐、清除碎料，然后用热混合料敷贴接缝处，使其预热软化；铲除敷贴料，对缝壁涂刷 $0.3\sim0.6kg/m^2$ 粘层沥青，再铺筑新混合料。

(2) 充分压实横向接缝。碾压时，压路机在已压实的横幅上，钢轮伸入新铺层 15cm，每压一遍向新铺层移动 15～20cm，直到压路机全部在新铺层为止，再改为纵向碾压。

(3) 根据《公路沥青路面设计规范》(JTG D50—2006)的要求，按本地区气候条件和道路等级选取适用的沥青类型，以减少或消除沥青面层温度收缩裂缝。采用优质沥青更有效。

(4) 桥涵两侧填土充分压实或进行加固处理。工后沉降严重地段事前应进行软土地基处理和合理的路基施工组织。

4) 治理方法

为防止雨水由裂缝渗透至路面结构，对于细裂缝(2～5mm)可用改性乳化沥青灌缝。对大于 5mm 的粗裂缝，可用改性沥青(如 SBS 改性沥青)灌缝。灌缝前，需清除缝内、缝边碎粒料、垃圾，并保持缝内干燥。灌缝后，表面撒上粗砂或粒径 3～5mm 的石屑。

【参考视频】

2. 纵向裂缝

1) 现象

裂缝走向基本与行车方向平行，裂缝长度和宽度不一。

2) 原因分析

(1) 前后摊铺幅相接处的冷接缝未按有关规范要求认真处理，结合不紧密而脱开。

(2) 纵向沟槽回填土压实质量差而发生沉陷。

(3) 拓宽路段的新老路面交界处沉降不一。

3) 预防措施

(1) 采用全路幅一次摊铺，如分幅摊铺时，前后幅应紧跟，避免前半摊铺幅混合料冷却后才摊铺后半幅，确保热接缝。

(2) 如无条件全路幅摊铺时，上、下层的施工纵缝应错开 15cm 以上。前后幅相接处为冷接缝时，应先将已施工压实完的边缘坍斜部分切除，切线须顺直，侧壁要垂直，清除碎料后，宜用热混合料敷贴接缝处，使之预热软化，然后铲除敷贴料，并对侧壁涂刷 $0.3\sim0.6kg/m^2$ 粘层沥青，再摊铺相邻路幅。摊铺时控制好松铺系数，使压实后的接缝结合紧密、平整。

(3) 沟槽回填土应分层填筑、压实，压实度必须达到要求。如符合质量要求的回填土来源或压实有困难时，需做特殊处理，如采用黄砂、砾石砂或有自硬性的高钙粉煤灰或热闷钢渣等。

(4) 拓宽路段的基层厚度和材料需与老路面一致或稍厚。土路基应密实、稳定。铺筑沥青面层前，老路面侧壁应涂刷 $0.3\sim0.6kg/m^2$ 粘层沥青。沥青面层应充分压实。新老路面接缝宜用热烙铁烫密。

4) 治理方法

宽度为 2～5mm 的裂缝可用改性乳化沥青灌缝，大于 5mm 的裂缝可用改性沥青（如 SBS 改性沥青)灌缝。灌缝前，需先清除缝内、缝边碎粒料、垃圾，并保持缝内干燥，灌缝后，表面撒上粗砂或粒径 3～5mm 的石屑。

3. 网状裂缝

1) 现象

裂缝纵横交错，缝宽 1mm 以上，缝距 40cm 以下，面积 $1m^2$ 以上。

2) 原因分析

(1) 路面结构中夹有软弱层或泥灰层，粒料层松动，水稳性差。

(2) 沥青与沥青混合料质量差，延度低，抗裂性差。

(3) 沥青层厚度不足，层间粘接差，水分渗入，加速了裂缝的形成。

3) 预防措施

(1) 沥青面层摊铺前，对下卧层应认真检查，及时清除泥灰，处理好软弱层，保证下卧层稳定，并宜喷洒 $0.3～0.6kg/m^2$ 粘层沥青。

(2) 原材料质量和混合料质量严格按现行《公路沥青路面设计规范》(JTG D50—2006) 的要求进行选定、拌制和施工。

(3) 沥青面层各层应满足最小施工厚度的要求，保证上下层的良好连接；并从设计、施工、养护上采取措施，有效地排除雨后结构层内积水。

(4) 路面结构设计应做好交通量调查和预测工作，使路面结构组合与总体强度满足设计使用期限内交通荷载要求。上基层必须选用水稳定性良好的有粗粒料的石灰、水泥稳定类材料。

4) 治理方法

(1) 如夹有软弱层或不稳定结构层时，应将其铲除；如因结构层积水引起网裂时，铲除面层后，需加设将路面渗透水排除至路外的排水设施，然后再铺筑新混合料。

(2) 如强度满足要求，网状裂缝出自沥青面层厚度不足时，可采用铣削网裂的面层后加铺新料来处理。加铺厚度按现行设计规范计算确定；如在路面上加罩，为减轻反射裂缝，可采取各种"防反"措施进行处理。

(3) 由于路基不稳定导致路面网裂时，可采用石灰或水泥处理路基，或注浆加固处理，深度可根据具体情况确定，一般为 20～40cm。消石灰用量 5%～10%，或水泥用量 4%～6%，待土路基处理稳定后，再重做基层、面层。

(4) 由于基层软弱或厚度不足引起路面网裂时，可根据情况，分别采取加厚、调换或综合稳定的措施进行加强。水稳定性好、收缩性小的半刚性材料是基层首选。基层加强后，再铺筑沥青面层。

4. 反射裂缝

1) 现象

基层产生裂缝后，在温度和行车荷载作用下，裂缝将逐渐反射到沥青层表面，路表面裂缝的位置形状与基层裂缝基本相似。对于半刚性基层以横向裂缝居多，对于在柔性路面上加罩的沥青结构层，裂缝形式不一，取决于下卧层。

2) 原因分析

(1) 半刚性基层收缩裂缝的反射裂缝。

(2) 在旧路面上加罩沥青面层后，原路面上已有裂缝，包括水泥混凝土路面的接缝的反射。

3) 预防措施

(1) 采取有效措施减少半刚性基层收缩裂缝。

(2) 在旧路面加罩沥青路面结构层前，可铣削原路面后再加罩，或采用铺设土工织物、玻纤网后再加罩，以延缓反射裂缝的形成。

4) 治理方法

(1) 缝宽小于 2mm 时，可不做处理。

(2) 缝宽大于 2mm 时，可采用改性乳化沥青或改性沥青(如 SBS 改性沥青)灌缝。

灌缝前需先清除缝内垃圾，缝边碎粒料，并保持缝内干燥。灌缝后撒粗砂或粒径 3～5m 的石屑。

5. 翻浆

1) 现象

基层的粉、细料浆水从面层裂缝或从多空隙率面层的空隙处析出，雨后路表面呈淡灰色。

2) 原因分析

(1) 基层用料不当，或拌和不匀，细料过多。由于其水稳性差，遇水后软化，在行车作用下浆水上冒。

(2) 低温季节施工的半刚性基层，强度增长缓慢，而路面开放交通过早，在行车与雨水作用下使基层表面粉化，形成浆水。

(3) 冰冻地区的基层，冬季水分积聚成冰，春天解冻时翻浆。

(4) 沥青面层厚度较薄，空隙率较大，未设置下封层和没有采取结构层内排水措施，促使雨水下渗，加速翻浆的形成。

(5) 表面处治和贯入式面层竣工初期，由于行车作用次数不多，结构层尚未达到应有密实度就遇到雨季，使渗水增多，基层翻浆。

3) 预防措施

(1) 采用含粗粒料的水泥、石灰粉煤灰稳定类材料作为高等级道路的上基层。粒料级配应符合要求，细料含量要适当。

(2) 在低温季节施工时，石灰稳定类材料可掺入早强剂，以提高其早期强度。

(3) 根据道路等级和交通量要求，选择合适的面层类型和适当厚度。沥青混凝土面层宜采用二层或三层式，其中一层需采用密级配。当各层均为沥青碎石时，基层表面必须做下封层。

(4) 设计时，对空隙率较大、易渗水的路面，应考虑设置排除结构层内积水的结构措施。

(5) 表面处治和贯入式面层经施工压实后，空隙率仍然较大，需要有较长时间借助行车进一步压密成型。因此，这两种类型面层宜在热天或少雨季节施工。

4) 治理方法

(1) 采取切实措施，使路面排水顺畅，及时清除进水孔垃圾，避免路面积水并减少雨水下渗。

(2) 对轻微翻浆路段，将面层挖除后，清除基层表面软弱层，施设下封层后铺筑沥青面层。

(3) 对严重翻浆路段，将面层、基层挖除，如涉及路基，还要对路基处理之后，铺筑水稳性好、含有粗骨料的半刚性材料作基层，用适宜的沥青结构层进行修复，并做好排除路面结构层内积水的技术措施。

6. 车辙

1) 现象

路面在车辆荷载作用下，轮迹处下陷，轮迹两侧往往伴有隆起，如图 7.4 所示，形成纵向带状凹槽。这种现象在实施渠化交通的路段或停车制动频率较高的路段较易出现。

2) 原因分析

(1) 沥青混合料热稳定性不足。矿料级配不好，细集料偏多，集料未形成嵌锁结构；沥青用量偏高；沥青针入度偏大或沥青质量不好。

图 7.4 车辙示意图

(2) 沥青混合料面层施工时未充分压实，在车辆反复荷载作用下，继续压密或产生剪切破坏。

3) 预防措施

(1) 粗集料应粗糙且有较多的破碎裂面。密级配沥青混凝土中的粗集料应形成良好的骨架作用，细集料充分填充空隙，沥青混合料稳定度及流值等技术指标应满足规范要求，高等级道路应进行车辙试验检验，动稳定度对高速公路和城市快速路不小于 800 次/mm，对一级公路和城市主干路不小于 600 次/mm。

(2) 根据当地气候条件按现行《公路沥青路面设计规范》(JTG D50—2006)选用合适标号的沥青，针入度不宜过大。

(3) 施工时，必须按照有关规范要求进行碾压，基层和沥青混合料面层的压实度达到相应要求。

(4) 对于通行重车比例较大的道路，或起动、制动频繁、陡坡的路段，必要时可采用改性沥青混合料，提高抗车辙能力。但在选用时，必须兼顾高低温性能。

(5) 道路结构组合设计时，沥青面层每层的厚度不宜超过混合料集料最大粒径的 4 倍。否则较易引起车辙。

4) 治理方法

(1) 如仅在轮迹处出现下陷，而轮迹两侧未出现隆起时，则可先确定修补范围，一般可目测或将直尺架在凹陷上，与长直尺底面相接的路面处可确定为修补范围的轮廓线，沿轮廓线将 5～10cm 宽的面层完全凿去或用机械铣削，槽壁与槽底垂直，并将凹陷内的原面层凿毛，清扫干净后，涂刷 0.3～0.6kg/m² 粘层沥青，用与原面层结构相同的材料修补，并充分压实，与路面接平。

(2) 如在轮迹的两侧同时出现条状隆起，应先将隆起部位凿去或铣削，直至其深度大于原面层材料最大粒径的 2 倍，槽壁与槽底垂直，将波谷处的原面层凿毛，清扫干净后涂刷 0.3～0.6kg/m² 粘层沥青，再铺筑与面层相同级配的沥青混合料，并充分压实与路面接平。

(3) 若因基层强度不足、水稳性不好等原因引起车辙时，则应对基层进行补强或将损坏的基层挖除，重新铺筑。新修补的基层应有足够强度和良好的水稳性，坚实平整；如原为半刚性基层，可采用早期强度较高的水泥稳定碎石修筑，但其层厚不得小于15cm。修补时应注意与周边原基层衔接良好。

(4) 对于受条件限制或车辙面积较小的街坊道路，可采用现场冷拌的乳化沥青混合料修补。其矿料级配和沥青用量，可参照现行《公路沥青路面设计规范》(JTG D50—2006)确定。

7. 壅包

1) 现象

沿行车方向或横向出现局部隆起。壅包较易发生在车辆经常起动、制动的地方，如停车站、交叉口等。

2) 原因分析

(1) 沥青混合料的沥青用量偏高或细料偏多，热稳定性不好。在夏季气温较高时，不足以抵抗行车引起的水平力。

(2) 面层摊铺时，底层未清扫或未喷洒(涂刷)粘层沥青，致使路面上下层粘接不好；沥青混合料摊铺不匀，局部细料集中。

(3) 基层或下面层未经充分压实，强度不足，发生变形位移。

(4) 在路面日常养护时，局部路段沥青用量过多，集料偏细或摊铺不均匀。

(5) 陡坡或平整度较差路段，面层沥青混合料容易在行车作用下向低处积聚而形成壅包。

3) 预防措施

(1) 在混合料配合比设计时，要控制细集料的用量，细集料不可偏多。选用针入度较低的沥青，并严格控制沥青的用量。

(2) 在摊铺沥青混合料面层前，下层表面应清扫干净，均匀洒布粘层沥青，确保上下层粘接。

(3) 人工摊铺时，由于料车卸料容易离析，应做到粗细料均匀分布，避免细料集中。

4) 治理方法

(1) 凡由于沥青混合料本身级配偏细，沥青用量偏高，或者上下层粘接不好而形成的壅包，应将其完全铣削掉，并低于原路表，然后待开挖表面干燥后喷洒 $0.3\sim0.6\text{kg/m}^2$ 粘层沥青，再铺筑热稳定性符合要求的沥青混合料至与路面平齐。当壅包周边拌有路面下陷时，应将其一并处理。

(2) 如基层已被推挤应将损坏部分挖除，重新铺筑。

(3) 修补时应采用与原路面结构相同或强度较高的材料。如受条件限制，则对于面积较小的修补，可采用现场冷拌的乳化沥青混合料，但应严格控制矿料的级配和沥青用量。

8. 搓板

1) 现象

路表面出现轻微、连续的接近等距离的起伏状，形似洗衣搓板。虽峰谷高差不大，但行车时有明显的频率较高的颠簸感。

2) 原因分析

(1) 沥青混合料的矿料级配偏细，沥青用量偏高，高温季节时，面层材料在车辆水平力作用下，发生位移变形。

(2) 铺设沥青面层前，未将下层表面清扫干净或未喷洒粘层沥青，致使上层与下层粘接不良，产生滑移。

(3) 对旧路面上原有的搓板病害未认真处理即在其上铺设面层。

3) 预防措施

(1) 合理设计与严格控制混合料的级配。

(2) 在摊铺沥青混合料前，需将下层顶面的浮尘、杂物清扫干净，并均匀喷洒粘层沥青，保证上下层粘接良好。

(3) 基层、面层应碾压密实。

(4) 旧路上进行沥青罩面前，需先处理原路面上已发生的搓板病害，否则，压路机无法将搓板上新罩的面层均匀碾压密实，新的搓板现象随即就会出现。

4) 治理方法

(1) 因上下面层相对滑动引起的搓板，或搓板较严重、面积较大时，应将面层全部铲除，并低于原路面，其深度应大于用于修补沥青混合料最大集料粒径的 2 倍，槽壁与槽底垂直，清除下层表面的碎屑、杂物及粉尘后，喷洒 0.3~0.6kg/m² 粘层沥青，重新铺筑沥青面层。

(2) 在交通量较小的街坊道路上，可采用冷拌的乳化沥青混合料找平或进行小面积修补。

(3) 属于基层原因形成的搓板，应对损坏的基层进行修补。

9. 泛油

1) 现象

表面处治和贯入式路面的表面基本上被一薄层沥青覆盖，未见或很少看到集料，路表光滑，容易引起行车滑溜导致交通事故。

2) 原因分析

(1) 表面处治，贯入式使用沥青标号不适当，针入度过大。

(2) 沥青用量过多或集料撒布量过少。

(3) 冬季施工，面层成型慢，集料散失过多。

3) 预防措施

施工前，需根据本地区气候条件参照规范选定合适标号的沥青。

4) 治理方法

在热天气温较高时进行处理最为有效。如轻微泛油，可撒布粒径 3~5(8)mm 的石屑或粗黄砂，撒布量以车轮不粘沥青为度；如泛油较严重，可先撒布粒径 5~10(15)mm 的集料，经行车碾压稳定后再撒布粒径 3~5(8)mm 的石屑或粗黄砂嵌缝。使用过程中，散失的集料需及时回扫或补撒集料。

10. 坑槽

【参考图文】

1) 现象

表层局部松散，形成深度 2cm 以上的凹槽。在水的浸蚀和行车的作用下，凹槽进一步扩大，或相互连接，形成较大较深坑槽，严重影响行车的安全性和舒适性。

2) 原因分析

(1) 面层厚度不够，沥青混合料黏结力不佳，沥青加热温度过高，碾压不密实，在雨和行车等作用下，面层材料性能日益恶化松散、开裂，逐步形成坑槽。

(2) 摊铺时，下层表面浮灰、垃圾未彻底清除，使上下层不能有效粘接。

(3) 路面罩面前，原有的坑槽、松散等病害未完全修复。

(4) 养护不及时，当路面出现松散、脱皮、网裂等病害时，或被机械行驶刮铲损坏后未及时养护修复。

3) 预防措施

(1) 沥青面层应具有足够的设计厚度，特别是上面层，不应小于施工压实层的最小压实度，以保证在行车荷载作用下有足够的抗力。沥青混合料配合比设计宜选用具有较高黏结力的较密实的级配。若采用空隙率较大的抗滑面层或使用酸性石料时，宜使用改性沥青或在沥青中掺加一定量的抗剥落剂以改善沥青和石料的黏附性能。

(2) 沥青混合料拌制过程中，应严格掌握拌和时间、沥青用量及温度，保证混合料的均匀性，严防温度过高沥青焦枯现象发生。

(3) 在摊铺沥青混合料面层前，下层应清扫干净，并均匀喷洒粘层沥青。面层摊铺后应按有关规范要求碾压密实。如在老路面上罩面，原路面上坑槽必须先行修补之后，再进行罩面。

(4) 当路表面出现松散、脱皮、轻微网裂等可能使雨水下渗的病害，或路面被机械铲受损，应及时修补以免病害扩展。

4) 治理方法

(1) 如路基完好，坑槽深度仅涉及下面层的维修。

① 确定所需修补的坑槽范围，一般可根据路面的情况略大于坑槽的面积，修补范围应方正并与行车方向平行或垂直。

② 小面积的坑槽较多或较密时，应将多个小坑槽合并确定修补范围。

③ 采用人工或机械的方法将修补范围内的面层削去，槽壁与槽底应垂直。槽底面应坚实无松动现象，并使周围好的路面不受影响或松动损坏。

④ 将槽壁槽底的松动部分、损坏的碎块及杂物清扫干净，然后在槽壁和槽底表面均匀涂刷一层粘层沥青，用量为 $0.3 \sim 0.6 \text{kg/m}^2$。

⑤ 将与原面层材料级配基本相同的沥青混合料填入槽内，摊铺平整，并按槽深掌握好松铺系数。摊铺时要特别注意将槽壁四周的原沥青面层边缘压实铺平。

⑥ 用压实机具在摊铺好的沥青混合料上反复来回碾压至与原路面平齐。如坑槽较深而面积较小，无法用压实机具一次成型时，应分层铺筑，下层可采用人工夯实，上层则应用机械压实。

(2) 如基层已损坏，需先将基层补强或重新铺筑。基层应坚实平整，没有松散现象。

(3) 对于交通量较小的街坊道路，采用热拌沥青混合料材料有困难时，可用冷拌的乳化沥青混合料来修补面层，但需采用较密实的级配，并充分碾压，以防止雨水再次渗入。

11. 松散

1) 现象

面层集料之间的黏结力丧失或基本丧失，路表面可观察到成片悬浮的集料或小块粒料，

面层的部分区域明显不成整体。干燥季节，在行车作用下可见轮后粉尘飞扬。

2) 原因分析

(1) 沥青混凝土中的沥青针入度偏小，黏结性能不良；混合料的沥青用量偏少；矿料潮湿或不洁净，与沥青粘接不牢；拌和时温度偏高，沥青焦枯；沥青老化或与酸性石料间的黏附性能不良，造成路面松散。

(2) 摊铺施工时，未充分压实，或摊铺时，沥青混凝土温度偏低；雨天摊铺，水膜降低了集料间的黏结力。

(3) 基层强度不足，或呈湿软状态时摊铺沥青混凝土，在行车作用下可造成面层松散。

(4) 在沥青路面使用过程中，溶解性油类的泄漏，雨雪水的渗入，降低了沥青的黏结性能。

3) 预防措施

(1) 对使用酸性石料拌制沥青混合料时，须在沥青中掺入抗剥落剂或在填料中掺用适量的生石灰粉、干净消石灰、水泥，以提高沥青与酸性石料的黏附性能。

(2) 在沥青混合料生产过程中，应选用强度等级合适的沥青和干净的集料，集料的含泥量不得超过规定的要求；集料在进入拌缸前应完全烘干并达到规定的温度；除按规定加入沥青外，还应在拌制过程中随时观察沥青混合料的外观，是否有因沥青含量偏少而呈暗淡无光泽的现象，拌制新的级配的沥青混合料时尤应加强观测；集料烘干加热时的温度一般控制不超过 180℃，避免过高，否则会加快沥青中的轻质油分挥发，使沥青过早老化，影响沥青混凝土整体性。

(3) 沥青混合料运到工地后应及时摊铺，及时碾压。摊铺温度及碾压温度偏低会降低沥青混合料面层的压实质量。摊铺后应及时按照有关施工技术规范要求碾压到规定的压实度，碾压结束时温度应不低于 70℃；应避免在气温低于 10℃或雨天施工。

(4) 路面出现脱皮等轻微病害时，应及时修补。

4) 治理方法

将松散的面层清除，重铺沥青混凝土面层。如涉及基层，则应先对基层进行处理。

12. 脱皮

1) 现象

沥青路面上层与下层或旧路上的罩面层与原路面粘接不良，表面层呈块状或成片状的脱落，其形状、大小不等，严重时可成片。

2) 原因分析

(1) 摊铺时，下层表面潮湿或有泥土或灰尘等，降低了上下层之间的黏结力。

(2) 旧路面上加罩沥青面层时，原路表面未凿毛，未喷洒粘层沥青，造成新面层与原路面粘接不良而脱皮。

(3) 面层偏薄，厚度小于混合料集料最大粒径 2 倍，难以碾压成型。

3) 预防措施

(1) 在铺设沥青面层前，应彻底清除下层表面的泥土、杂物、浮尘等，并保持表面干燥，喷洒粘层沥青后，立即摊铺沥青混合料，使上下层粘接良好。

(2) 在旧路面上加罩沥青面层时，原路面应用风镐或十字镐凿毛，有条件时，采用铣削机铣削，经清扫、喷洒粘层沥青后，再加罩面层。

(3) 单层式或双层式面层的上层压实厚度必须大于集料粒径的 2 倍,以利于压实成型。

4) 治理方法

(1) 脱皮较严重的路段,应将沥青面层全部削去,重新铺筑面层。

(2) 脱皮面积较小,且交通量不大的街坊道路,可按相关治理方法进行修复。

(3) 脱皮部位发现下层松软等病害时,可参照相关治理方法对基层补强后修复。

13. 啃边

1) 现象

路面边缘破损松散、脱落。

2) 原因分析

(1) 路边积水,使集料与沥青剥离、松散。

(2) 路面边缘碾压不足,面层密实度较差。

(3) 路面边缘基层松软,强度不足,承载力差。

3) 预防措施

(1) 合理设计排水系统、注意日常养护,经常清除雨水口进水孔垃圾,使路面排水畅通。

(2) 施工时,路面边缘应充分碾压,压实后的沥青层应与缘石齐平、密贴。因此,摊铺时要正确掌握上面层的松铺系数。

(3) 基层宽度需超出沥青层 20~30cm,以改善路面受力条件。

4) 治理方法

在啃边路段修补范围内,离沥青面层损坏边缘 5~10cm 处画出标线,选择适用机具沿标线将面层材料挖除,经清扫后,在底面、侧面涂刷粘层沥青,然后按原路面的结构和材料进行修复,接缝处以热烙铁烫边,使接缝紧密。

14. 光面

1) 现象

路表面光滑,表面看不到粗集料或集料表面棱角已被磨除。阴雨天气易出现行车滑溜等交通事故。

2) 原因分析

(1) 上面层细集料或沥青用量偏多。

(2) 集料质地较软,磨耗大,易被汽车轮胎磨损。

3) 预防措施

(1) 表面处治和贯入式路面所用的材料、规格和用量应符合规范要求。集料应具有较好的颗粒形状,较多的棱角。成型期间,集料散失时应及时补撒。

(2) 沥青路面上面层混合料级配应符合《公路沥青路面设计规范》(JTG D50—2006)规定小于或等于 2.36mm(圆孔筛 2.5mm)和大于或等于 4.75mm(圆孔筛 5.0mm)的含量必须严格控制在规范规定的容许范围内,避免细集料过多。主干路、次干路的上面层应采用细粒式或中粒式沥青混凝土。砂粒式沥青混凝土的最大粒径较小,细料较多,易形成光面,一般只用于非机动车道、人行道。

(3) 采用具有足够强度,耐磨性好的集料修筑上面层。

4) 治理方法

(1) 对表面处治和贯入式路面，可直接在光面上加罩封层，或用铣削机将表面层刨除，清扫后，进行封层。封层材料按规范要求选择。

(2) 沥青混凝土路面，上面层经铣刨、清扫后，喷洒 $0.3\sim0.6\mathrm{kg/m^2}$ 粘层沥青，然后铺筑细粒式或中粒式沥青混凝土上面层。

15. 与收水井、检查井衔接不顺

1) 现象

收水井、检查井盖框标高比路面高或低，汽车通过时有跳车或抖动现象，行车不舒适，路面容易损坏。

2) 原因分析

(1) 施工放样不仔细，收水井、检查井盖框标高偏高或偏低；与面衔接不齐平。

(2) 收水井、检查井基础下沉。

(3) 收水井、检查井周边回填土及路面压实不足，交通开放后，逐渐沉陷。

(4) 井壁及管道接口渗水，使路基软化或淘空，加速下沉。

3) 预防措施

(1) 施工前，必须按设计图纸做好放样工作，标高要准确，收水井、检查井中所在位置的标高与道路纵向标高、横坡相协调，避免出现高差。

(2) 收水井、检查井的基础及墙身结构应合理设计，按规范施工，减少或防止下沉。

(3) 井周边的回填土、路面结构必须充分压实。回填土压实有困难时，可采用水稳定性好，压缩性小的粒状材料或稳定类材料进行回填。

(4) 在铺筑沥青混合料前，需先在井壁涂刷粘层沥青再铺筑面层，压实后，宜用热熔铁烫密封边，以防井壁渗水。

4) 治理方法

(1) 当收水井、检查井高出路面时，可吊移盖框，降低井壁至合适标高后，再放上盖框，并处理好周边缝隙。

(2) 当收水井、检查井低于路面时，可先将盖框吊开，以合适材料调平底座，调平材料达到强度后放上盖框。盖框安置妥当后，认真做好接缝处理工作，使接缝密封不渗水。

16. 施工接缝明显

1) 现象

接缝歪斜不顺直；前后摊铺幅色差大、外观差；接缝不平整有高差，行车不舒适。

2) 原因分析

(1) 在后铺筑沥青层时，未将前施工压实好的路幅边缘切除或切线不顺直。

(2) 前后施工的路幅材料有差别，如石料色泽深浅不一或级配不一致。

(3) 后施工路幅的松铺系数未掌握好，偏大或偏小。

(4) 接缝处碾压不密实。

3) 防治措施

(1) 在同一个路段中，应采用同一料场的集料，避免色泽不一；上面层应采用同一种类型级配，混合料配合比要一致。

(2) 纵横冷接缝必须按有关施工技术规范处理好。在摊铺新料前，需将已压实的路面边缘塌斜部分用切削机切除，切线顺直，侧壁垂直，清扫碎粒料后，涂刷 0.3～0.6kg/m² 粘层沥青，然后再摊铺新料，并掌握好松铺系数。施工中及时用 3m 直尺检查接缝处平整度，如不符合要求，趁混合料未冷却时进行处理。

(3) 纵横向接缝须采用合理的碾压工艺。在碾压纵向接缝时，压路机应先在已压实路面上行走，碾压新铺层的 10～15cm，然后压实新铺分，再伸过已压实路面 10～15cm。如图 7.5 所示。接缝需得到充分压实，达到紧密、平顺要求。

(4) 碾压时面层沥青混合料温度偏低，合料在压实时呈松散状态，难以压实成型。

17. 压实度不足

1) 现象

压实未达到规范要求。在压实度不足的面层上，用手指甲或细木条对路表面的粒料进行拨挑时，粒料有松动或被挑起的现象发生。

2) 原因分析

(1) 碾压速度未掌握好，碾压方法有误。

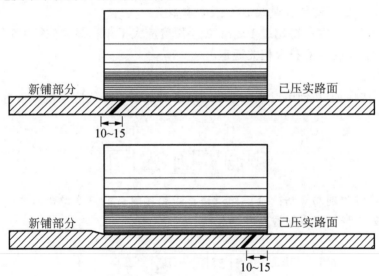

图 7.5　纵缝冷接缝的碾压(单位：cm)

(2) 沥青混合料拌和温度过高，有焦枯现象，沥青丧失黏结力，虽经反复碾压，但面层整体性不好，仍呈半松散状态。

(3) 碾压时面层沥青混合料温度偏低，沥青虽裹覆较好，但已逐渐失去黏性，沥青混合料在碾压时呈松散状态，难以压实成型。

(4) 雨季施工时，沥青混合料内形成的水膜，影响矿料与沥青间粘接，以及沥青混合料碾压时，水分蒸发所形成的封闭水蒸气，影响了路面的有效压实。

(5) 压实厚度过大或过小。

3) 预防措施

(1) 在碾压时应接初压、复压、终压 3 个阶段进行，行进速度需慢而均匀。碾压速度符合规范规定。

(2) 碾压时面向摊铺方向前进，驱动轮在前，从动轮在后，如图 7.6 所示。

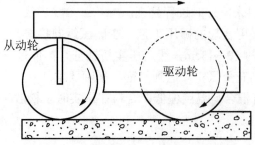

图 7.6　碾压路面正确行进方向示意图

(3) 沥青混合料拌制时，集料烘干温度要控制在 160～180℃，温度过高会使沥青出现枯焦，丧失黏结力，影响沥青混合料压实性和整体性。

(4) 沥青混合料运到工地后应及时摊铺、及时碾压，碾压温度过低会使沥青的黏度提高，不易压实。应尽量避免气温低 10℃或雨季施工。

(5) 压实层最大厚度不得超过 10cm，最小厚度应大于集料最大粒径 1.5 倍(中、下面层)或 2 倍(上面层)。压实度应符合相关规定。

4) 治理方法

压实度不足的面层在使用过程中极易出现各种病害，一般应予铣削后重新铺筑热拌沥青混合料。

能力训练

沥青路面病害识别与分析：分小组对校园或校园附近的沥青路面存在的各类病害进行识别并进行成因分析，提出相应处理的措施。

习题

一、选择题

1. 为防止雨水由裂缝渗透至沥青路面结构，对于细裂缝(2～5mm)可用(　　)灌缝。
   A. 细粒式沥青混凝土　　　　　　　　B. 沥青砂
   C. 改性乳化沥青(如 SBS 改性沥青)　　D. 改性沥青

2. 沥青路面上大于 5mm 的粗裂缝，可用(　　)灌缝。
   A. 细粒式沥青混凝土　　　　　　　　B. 沥青砂
   C. 改性乳化沥青(如 SBS 改性沥青)　　D. 改性沥青

3. 基层的粉、细料浆水从面层裂缝或从多空隙率面层的空隙处析出，雨后路表面呈淡灰色。这种病害称为(　　)。
   A. 唧泥　　　　B. 翻浆　　　　C. 真空　　　　D. 冲刷

4. ( )是沥青路面的一种主要损坏形式,多半是发生在实行渠化交通的高等级道路上。
   A. 车辙　　　B. 拱起　　　C. 泛油　　　D. 波浪
5. 沥青路面的坑槽按( )方法修补。
   A. 原来形状修补　　　　B. 圆洞方补
   C. 圆形修补　　　　　　D. 菱形修补
6. 沥青路面的坑槽是路面破坏成坑洼深度大于( )cm,面积在 0.04m² 以上的情况。
   A. 1　　　B. 2　　　C. 3　　　D. 4
7. 沥青路面常见病害中,路面的封面上下脱开,大块脱落属于( )。
   A. 龟裂　　　B. 麻面　　　C. 脱皮　　　D. 啃边
8. 各种不同裂缝的处理方法是( )。
   A. 相同的　　B. 不同的　　C. 大致相同的　　D. A、B、C 任意

二、简答题
1. 预防沥青路面反射裂缝的措施有哪些?
2. 沥青路面仅在轮迹处出现下陷,而轮迹两侧未出现隆起时如何维修?

任务 7.3　人行道与检查井的养护

市政道路除了路基路面养护外,还有人行道、附属设施、侧平石、广场停车场及道路沿线设施等的养护,各设施均有相应的养护要求,本任务选取了市政工程养护单位主要的养护内容——人行道和检查井的养护做重点介绍。

7.3.1　人行道养护

人行道养护范围应包括人行道基层、面层及人行道无障碍设施、人行道缘石、树池和踏步等。

1. 人行道养护基本要求

人行道及其附属设施应处于完好状态,人行道的养护应符合下列规定。
(1) 表面平整,无积水,砌块无松动、残缺,相邻块高差符合要求。
(2) 缘石、踏步稳定牢固,不得缺失。
(3) 树池框不得凸起、残缺。
(4) 人行道上检查井不得凸起、沉陷,检查井盖不得缺失。
(5) 盲道上的导向砖、止步砖位置应安装正确。

2. 人行道的日常保养

(1) 应经常保持人行道的整洁,及时清除人行道上的尘土污泥及杂物。
(2) 两侧建筑物的管道排水,不得浸流于人行道上。
(3) 禁止机动车辆在人行道上行驶或停放。
(4) 经常保持块料铺装人行道块体的稳定,发现松动及时补充嵌缝材料,填充稳固。若垫层不平引起人行道砌块松动,应将砌块挖出,整修垫层重新铺筑。
(5) 应保养好整体铺装人行道的伸缩缝和施工缝及人行道同检查井口的接缝,发现损

坏应及时修补。

(6) 侧石及平石的接缝要定期清缝及勾缝。

(7) 对损坏或歪斜的侧石及平石，应及时调整或更换。

(8) 因树根挤坏人行道及侧石而影响行人及排水时，应与有关部门联系解决。

3. 人行道的修理

修复因接修管线挖掘沟槽而破损的人行道，应按挖掘沟槽的土基回填规定要求进行，并应执行以下规定。

(1) 整体铺筑的人行道，要采用机械或人工裁边，按线形开挖。铺砌式的人行道，应按线形，结合预制块料接缝开挖。

(2) 现场要保持整洁，方便行人，便利交通。

人行道的修理，应针对破损原因(如排水不良、道面树根部的发育、集中堆放重型物资或机动车辆驶入等)采取相应措施进行修理。修复时应符合下列规定。

① 处理部位要比损坏边缘扩大 10cm 以上，开挖前应清除尘土、杂物。

② 要按照修理时画出的轮廓线开挖，边缘应垂直整齐。如果修理砌块面层，则应按砌块接缝线留 10cm 进行画线开挖。

③ 人行道路面损坏需修整并更换侧石和平石时，必须在更换侧石和平石后再修整路面。

④ 结构组合应按原人行道结构恢复，回填土及基层压实度应符合规定要求。

⑤ 修理部位要将四周边缘接合至密实平整，检查井的周围要细致地修复。黑色混合料铺筑的人行道结构，槽壁要涂胶粘剂并浇沥青，水泥混凝土人行道按原规格、原花纹恢复。

⑥ 侧石和平石移位，应刨起重新卧浆铺设，产生的空隙要用水泥砂浆灌填，接缝要填充饱满、平整。侧石背要填土筑紧、稳固。侧石、平石表面若有风化剥落，或有少量缺损，可将其表面凿毛、洗刷干净、刷水泥浆底层后，再用水泥砂浆罩面抹干，使其粘贴牢固，表面平整美观。

⑦ 新开人行道根据道口宽度、侧石设置、转弯半径等用不同形式，并要考虑行人行走方便。

7.3.2 检查井养护

检查井是为了便于管道系统做定期检查、清通和其他特殊检查及检修功能而设置的。雨水管一般布置在主干道中心线上。道路建成通车一段时间后，会普遍出现检查井凹陷或突出路面、检查井周围沥青混凝土破损的现象。检查井出现的井周破损、沉降、响动等病害不仅影响道路美观，行驶的舒适性下降，也潜藏着一定的安全隐患。

1. 检查井养护的基本要求

(1) 路面上的检查井盖应安装牢固并保持与路面平顺。相接检查井及其周围路面 1.5m×1.5m 范围内不得出现沉陷或凸起。

(2) 检查井井座出现松动或发现井座、井盖、井箅断裂丢失，应立即维修补装完整。

(3) 在路面上设置的其他种类的检查井应符合国家现行标准。

2. 检查井的沉陷处理的基本要求

(1) 井筒腐蚀、损坏或井墙坍塌，应拆除到完好界面，重新砌筑。

(2) 砌筑材料宜采用页岩砖建筑砌块或预制混凝土检查井。
(3) 整平调整井口高度时,不得使用碎砖卵石或土块支垫。
(4) 检查井的井座砌筑砂浆强度不应小于 20MPa。
(5) 检查井井座与路面的安装高差,应控制在±5mm。
(6) 维修后的检查井在养生期间应设置围挡和安全标志加以保护。
(7) 维修后的检查井在修补路面以前,井座周围、面层以下道路结构部分应夯填密实,其强度和稳定性不应小于该处道路结构的强度。

3. 检查井沉陷维修方法

目前常用的检查井提升防沉陷维修方法主要有三种。一是利用超快硬混凝土进行检查井提升维修,二是采用加装预制混凝土加强圈提升防沉陷维修,三是采用自调式防沉降窨井在提升的同时进行防沉陷处理。

1) 利用超快硬混凝土维修步骤

(1) 用铣刨机或切割机破碎清除沉陷检查井盖周围深度约 40mm 的沥青混合料,至露出检查井底座,如图 7.7 所示。

(2) 把整个井盖及井底座抬起后放置一边,将井底座周围清理干净;对井口进行清理整修,清除黏附的泥土、沥青混合料等碎渣。

(3) 在井口处倒入现场搅拌均匀的超快硬混凝土,放入清理干净的井座,采用纵横坡拉线或 3m 直尺找平,在沉降严重处入坚硬小块水泥砂浆或花岗岩以固定井座高度,待放平调整好高度后在井座四周浇筑超快硬混凝土,如图 7.8~图 7.11 所示。

(4) 约 30min 后,待超快硬混凝土达到设计强度的 80%后,对沥青面层四周进行整齐切割,破除清理多余的沥青面层混合料后,在原沥青混合料顶面涂刷粘层油,铺设 4cm 与原路面同类沥青混凝土混合料,并用压实机械碾压密实。

(5) 完成施工 15min 后开放交通,如图 7.12 所示。

图 7.7　检查井周围结构层

图 7.8　放上井座调整高度

图 7.9　浇筑超快硬混凝土

图 7.10　调整井座高度

图 7.11 混凝土养护

图 7.12 沥青混合料修补完成

2) 加装预制混凝土加强圈维修步骤

加装预制混凝土加强圈维修步骤中，第 2 步和第 5 步与超快硬混凝土维修相同。不同之处在于以下 3 点。

(1) 井周清除开挖的范围较大。一般是井周约 50cm 左右，如图 7.13、图 7.14 所示。

图 7.13 检查井周围结构层材料挖除

图 7.14 人工清除结构层材料

(2) 在井筒顶面倒入少量现场搅拌均匀的超快硬混凝土后，先放入预制混凝土加强圈，将预制混凝土加强圈进行调平。调整好高度后在预制混凝土加强圈四周浇筑超快硬混凝土，如图 7.15 所示。

(3) 再在预制混凝土加强圈与井座相接部位填入超快硬混凝土，放入井座，采用纵横坡拉线或 3m 直尺找平，待放平调整好高度后在井座四周浇筑超快硬混凝土，如图 7.16～图 7.18 所示。

图 7.15 预制混凝土加强

图 7.16 超快硬混凝土浇筑

图 7.17 超快硬混凝土养护

图 7.18 沥青路面结构层铺筑完成

3) 自调式防沉降窨井维修步骤

自调式防沉降窨井维修步骤基本与加装预制混凝土加强圈技术一致,只是在第2步不再安装原有的井座和井盖,而是安装了防沉降式井座位和井盖,如图7.19、图7.20所示。自调式防沉降窨井盖框主要是通过减少窨井砖墙立面的受力,使窨井盖框与路面面层形成一个整体,并使其与路面保持在同一水平面上。这样一来,来自上部的压力被分散到道路的表面,使窨井所承受的压力负荷减少80%以上,从而改变因窨井沉降而引起窨井盖框同步下沉的状况。自调式防沉降窨井维修步骤如图7.21～图7.24所示。

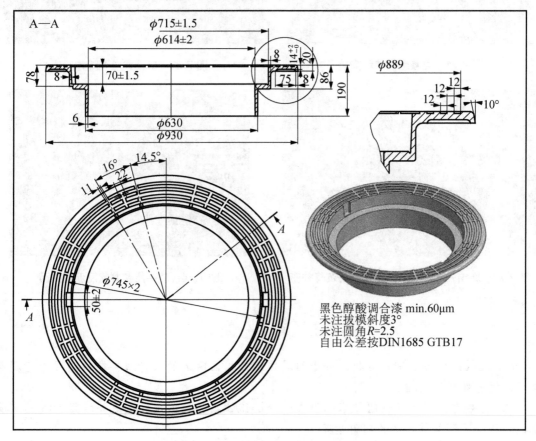

图7.19 自调式防沉降井座尺寸图

图7.20 自调式防沉降窨井盖部面图

图 7.21 混凝土调节环安装

图 7.22 自调式防沉降井座位

图 7.23 取出安装框并放入自调式防沉降井座

图 7.24 轧平压实井盖及沥青路面

能力训练

(1) 人行道病害识别与分析：分小组对校园或校园附近的人行道存在的病害进行调查整理，提出处理的措施。

(2) 检查井维修和防沉陷技术的调查：分小组收集整理国内外检查井维修和防沉陷技术的现状，了解各种方法的应用情况。

习 题

一、选择题

1. 检查井的井座砌筑砂浆强度不应小于(　　)MPa。
   A. 10　　　　B. 15　　　　C. 20　　　　D. 25
2. 检查井的井座与路面的安装高差，应控制在(　　)mm 之间。
   A. ±3　　　　B. ±5　　　　C. ±8　　　　D. ±10
3. 检查井维修整平调整井口高度时可以使用(　　)支垫。
   A. 碎砖石　　　B. 碎卵石　　　C. 花岗岩　　　D. 土块

4. 人行道损坏处理部位要比损坏边缘扩大( )cm以上，开挖前应清除尘土、杂物。
   A. 5　　　　　　B. 10　　　　　　C. 15　　　　　　D. 20
5. 侧石和平石移位，应刨起重新卧浆铺设，产生的空隙要用( )灌填。
   A. 水泥砂浆　　　B. 石灰砂浆　　　C. 混合砂浆　　　D. 水泥混凝土
6. 路面上的检查井盖应安装牢固并保持与路面平顺。相接检查井及其周围路面( )范围内不得出现沉陷或凸起。
   A. 0.8m×0.8m　　　　　　B. 1.0m×1.0m
   C. 1.5m×1.5m　　　　　　D. 2.0m×2.0m
7. 整平调整井口高度时不得使用( )支垫。
   A. 碎砖　　　　　　B. 卵石　　　　　　C. 土块
   D. 水泥垫块　　　　E. 花岗岩

二、简答题

1. 人行道养护的基本要求有哪些？
2. 检查井提升防沉陷维修主要的方法有哪些？

参 考 文 献

[1] 刘雨. 道路工程技术[M]. 北京：北京大学出版社，2012.
[2] 邓学钧. 路基路面工程[M]. 2版. 北京：人民交通出版社，2005.
[3] 王连威. 城镇道路与市政工程[M]. 2版. 北京：人民交通出版社，2010.
[4] 张乐飞. 城市道路工程[M]. 北京：人民交通出版社，2008.
[5] 姚昱城. 市政道路工程[M]. 北京：人民交通出版社，2007.
[6] 浙江省交通工程建设集团. 公路工程专项施工方案参考范本[M]. 北京：人民交通出版社，2011
[7] 中华人民共和国行业标准. 城市道路路线设计规范(CJJ 193—2012)[S]. 北京：中国建筑工业出版社，2012.
[8] 中华人民共和国行业标准. 城市道路工程设计规范(CJJ 37—2012)[S]. 北京：中国建筑工业出版社，2012.
[9] 中华人民共和国行业标准. 城镇道路路面设计规范(CJJ 169—2012)[S]. 北京：中国建筑工业出版社，2012.
[10] 中华人民共和国行业标准. 城镇道路工程施工与质量验收规范(CJJ 1—2008)[S]. 北京：中国建筑工业出版社，2008.
[11] 中华人民共和国行业标准. 公路路线设计规范(JTG D20—2006)[S]. 北京：人民交通出版社，2006.
[12] 中华人民共和国行业标准. 公路工程技术标准(JTG B01—2014)[S]. 北京：人民交通出版社，2014.
[13] 中华人民共和国行业标准. 公路路基设计规范(JTG D30—2015)[S]. 北京：人民交通出版社，2015.
[14] 中华人民共和国行业标准. 公路沥青路面设计规范(JTG D50—2006)[S]. 北京：人民交通出版社，2006.
[15] 中华人民共和国行业标准. 公路水泥混凝土路面设计规范(JTG D40—2011)[S]. 北京：人民交通出版社，2011.
[16] 中华人民共和国行业标准. 公路路基施工技术规范(JTG F10—2006)[S]. 北京：人民交通出版社，2006.
[17] 中华人民共和国行业标准. 公路沥青路面施工技术规范(JTG F40—2004)[S]. 北京：人民交通出版社，2004.
[18] 中华人民共和国行业标准. 公路水泥混凝土路面施工技术细则(JTG/TF 30—2014)[S]. 北京：人民交通出版社，2014.
[19] 中华人民共和国行业标准. 公路工程质量检验评定标准(土建工程)(JTG F80/1—2004)[S]. 北京：人民交通出版社，2004.
[20] 中华人民共和国行业标准. 公路沥青路面养护技术规范(JTJ 073.2—2001)[S]. 北京：人民交通出版社，2001.
[21] 中华人民共和国行业标准. 公路水泥混凝土路面养护技术规范(JTJ 073.1—2001)[S]. 北京：人民交通出版社，2001.
[22] 中华人民共和国行业标准. 公路路基路面现场测试规程(JTG E60—2008)[S]. 北京：人民交通出版社，2008.
[23] 中华人民共和国国家标准. 沥青路面施工及验收规范(GB 50092—1996)[S]. 北京：人民交通出版社，1996.
[24] 中华人民共和国行业标准. 城镇道路养护技术规范(CJJ 36—2006)[S]. 北京：中国建筑工业出版社，2006.

[25] 中华人民共和国国家标准. 无障碍设计规范(GB 50763—2012)[S]. 北京：中国建筑工业出版社，2012.
[26] 中华人民共和国国家标准. 城市道路交通规划设计规范(GB 50220—1995)[S]. 北京：中国计划出版社，1995.
[27] 中华人民共和国行业标准. 公路路面基层施工技术细则(JTG/T F20—2015)[S]. 北京：人民交通出版社，2015.
[28] 中华人民共和国行业标准. 城市道路交叉口设计规程(CJJ 152—2010)[S]. 北京：中国建筑工业出版社，2011.
[29] 中华人民共和国行业标准. 城市道路路基设计规范(CJJ 194—2013)[S]. 北京：中国建筑工业出版社，2013.

北京大学出版社高职高专土建系列教材书目

序号	书 名	书 号	编著者	定价	出版时间	配套情况
	"互联网+"创新规划教材					
1	建筑工程概论(修订版)	978-7-301-25934-4	申淑荣等	41.00	2019.8	PPT/二维码
2	建筑构造(第二版)(修订版)	978-7-301-26480-5	肖 芳	46.00	2019.8	App/PPT/二维码
3	建筑三维平法结构图集(第二版)	978-7-301-29049-1	傅华夏	68.00	2018.1	App
4	建筑三维平法结构识图教程(第二版)(修订版)	978-7-301-29121-4	傅华夏	69.50	2019.8	App/PPT
5	建筑构造与识图	978-7-301-27838-3	孙 伟	40.00	2017.1	App/二维码
6	建筑识图与构造	978-7-301-28876-4	林秋怡等	46.00	2017.11	PPT/二维码
7	建筑结构基础与识图	978-7-301-27215-2	周 晖	58.00	2016.9	App/二维码
8	建筑工程制图与识图(第三版)	978-7-301-30618-5	白丽红等	42.00	2019.10	App/二维码
9	建筑制图习题集(第三版)	978-7-301-30425-9	白丽红等	28.00	2019.5	App/答案
10	建筑制图(第三版)	978-7-301-28411-7	高丽荣	39.00	2017.7	App/PPT/二维码
11	建筑制图习题集(第三版)	978-7-301-27897-0	高丽荣	36.00	2017.7	App
12	AutoCAD建筑制图教程(第三版)	978-7-301-29036-1	郭 慧	49.00	2018.4	PPT/素材/二维码
13	建筑装饰构造(第二版)	978-7-301-26572-7	赵志文等	42.00	2016.1	PPT/二维码
14	建筑工程施工技术(第三版)	978-7-301-27675-4	钟汉华等	66.00	2016.11	App/二维码
15	建筑施工技术(第三版)	978-7-301-28575-6	陈雄辉	54.00	2018.1	PPT/二维码
16	建筑施工技术	978-7-301-28756-9	陆艳侠	58.00	2018.1	PPT/二维码
17	建筑施工技术	978-7-301-29854-1	徐 淳	59.50	2018.9	App/PPT/二维码
18	高层建筑施工	978-7-301-28232-8	吴俊臣	65.00	2017.4	PPT/答案
19	建筑力学(第三版)	978-7-301-28600-5	刘明晖	55.00	2017.8	PPT/二维码
20	建筑力学与结构(少学时版)(第二版)	978-7-301-29022-4	吴承霞等	46.00	2017.12	PPT/答案
21	建筑力学与结构(第三版)	978-7-301-29209-9	吴承霞等	59.50	2018.5	App/PPT/二维码
22	工程地质与土力学(第三版)	978-7-301-30230-9	杨仲元	50.00	2019.3	PPT/二维码
23	建筑施工机械(第二版)	978-7-301-28247-2	吴志强等	35.00	2017.5	PPT/答案
24	建筑设备基础知识与识图(第二版)(修订版)	978-7-301-24586-6	靳慧征等	59.50	2019.7	二维码
25	建筑供配电与照明工程	978-7-301-29227-3	羊 梅	38.00	2018.2	PPT/答案/二维码
26	建筑工程测量(第二版)	978-7-301-28296-0	石 东等	51.00	2017.5	PPT/二维码
27	建筑工程测量(第三版)	978-7-301-29113-9	张敬伟等	49.00	2018.1	PPT/答案/二维码
28	建筑工程测量实验与实训指导(第三版)	978-7-301-29112-2	张敬伟等	29.00	2018.1	答案/二维码
29	建筑工程资料管理(第二版)	978-7-301-29210-5	孙 刚等	47.00	2018.3	PPT/二维码
30	建筑工程质量与安全管理(第二版)	978-7-301-27219-0	郑 伟	55.00	2016.8	PPT/二维码
31	建筑工程质量事故分析(第三版)	978-7-301-29305-8	郑文新等	39.00	2018.8	PPT/二维码
32	建设工程监理概论(第三版)	978-7-301-28832-0	徐锡权等	48.00	2018.2	PPT/答案/二维码
33	工程建设监理案例分析教程(第二版)	978-7-301-27864-2	刘志麟等	50.00	2017.1	PPT/二维码
34	工程项目招投标与合同管理(第三版)	978-7-301-28439-1	周艳冬	44.00	2017.7	PPT/二维码
35	工程项目招投标与合同管理(第三版)	978-7-301-29692-9	李洪军等	47.00	2018.8	PPT/二维码
36	建设工程项目管理(第三版)	978-7-301-30314-6	王 辉	40.00	2019.6	PPT/二维码
37	建设工程法规(第三版)	978-7-301-29221-1	皇甫靖琪	45.00	2018.4	PPT/二维码
38	建筑工程经济(第三版)	978-7-301-28723-1	张宁宁等	38.00	2017.9	PPT/答案/二维码
39	建筑施工企业会计(第三版)	978-7-301-30273-6	辛艳红	44.00	2019.3	PPT/二维码
40	建筑工程施工组织设计(第二版)	978-7-301-29103-0	鄢维峰等	37.00	2018.1	PPT/答案/二维码
41	建筑工程施工组织实训(第二版)	978-7-301-30176-0	鄢维峰等	41.00	2019.1	PPT/二维码
42	建筑施工组织设计	978-7-301-30236-1	徐运明等	43.00	2019.1	PPT/二维码
43	建设工程造价控制与管理(修订版)	978-7-301-24273-5	胡芳珍等	46.00	2019.8	PPT/答案/二维码
44	建筑工程计量与计价——透过案例学造价(第二版)	978-7-301-23852-3	张 强	59.00	2017.1	PPT/二维码
45	建筑工程计量与计价	978-7-301-27866-6	吴育萍等	49.00	2017.1	PPT/二维码
46	安装工程计量与计价(第四版)	978-7-301-16737-3	冯 钢	59.00	2018.1	PPT/答案/二维码
47	建筑工程材料	978-7-301-28982-2	向积波等	42.00	2018.1	PPT/二维码
48	建筑材料与检测(第二版)	978-7-301-25347-2	梅 杨等	35.00	2015.2	PPT/答案/二维码
49	建筑材料与检测	978-7-301-28809-2	陈玉萍	44.00	2017.11	PPT/二维码
50	建筑材料与检测实验指导(第二版)	978-7-301-30269-9	王美芬等	24.00	2019.3	二维码
51	市政工程概论	978-7-301-28260-1	郭 福等	46.00	2017.5	PPT/二维码
52	市政工程计量与计价(第三版)	978-7-301-27983-0	郭良娟等	59.00	2017.2	PPT/二维码
53	市政管道工程施工	978-7-301-26629-8	雷彩虹	46.00	2016.5	PPT/二维码

序号	书名	书号	编著者	定价	出版时间	配套情况
54	市政道路工程施工	978-7-301-26632-8	张雪丽	49.00	2016.5	PPT/二维码
55	市政工程材料检测	978-7-301-29572-2	李继伟等	44.00	2018.9	PPT/二维码
56	中外建筑史(第三版)	978-7-301-28689-0	袁新华等	42.00	2017.9	PPT/二维码
57	房地产投资分析	978-7-301-27529-0	刘永胜	47.00	2016.9	PPT/二维码
58	城乡规划原理与设计(原城市规划原理与设计)	978-7-301-27771-3	谭婧婧等	43.00	2017.1	PPT/素材/二维码
59	BIM应用：Revit建筑案例教程(修订版)	978-7-301-29693-6	林标锋等	58.00	2019.8	App/PPT/二维码/试题/教案
60	居住区规划设计（第二版）	978-7-301-30133-3	张燕	59.00	2019.5	PPT/二维码
61	建筑水电安装工程计量与计价(第二版)(修订版)	978-7-301-26329-7	陈连姝	62.00	2019.7	PPT/二维码
62	建筑设备识图与施工工艺(第2版)(修订版)	978-7-301-25254-3	周业梅	48.00	2019.8	PPT/二维码
63	地基处理	978-7-301-30666-6	王仙芝	54.00	2020.1	PPT/二维码
64	建筑装饰材料(第三版)	978-7-301-30954-4	崔东方等	42.00	2020.1	PPT/二维码
65	建筑工程施工组织	978-7-301-30953-7	刘晓丽等	44.00	2020.1	PPT/二维码
66	工程造价控制(第2版)（修订版）	978-7-301-24594-1	斯庆	42.00	2020.1	PPT/二维码/答案
"十二五"职业教育国家规划教材						
1	★建设工程招投标与合同管理(第四版)（修订版）	978-7-301-29827-5	宋春岩	44.00	2019.9	PPT/答案/试题/教案
2	★工程造价概论（修订版）	978-7-301-24696-2	周艳冬	45.00	2019.8	PPT/答案/二维码
3	★建筑装饰施工技术(第二版)	978-7-301-24482-1	王军	39.00	2014.7	PPT
4	★建筑工程应用文写作(第二版)	978-7-301-24480-7	赵立等	50.00	2014.8	PPT
5	★建筑工程经济(第二版)	978-7-301-24492-0	胡六星等	41.00	2014.9	PPT/答案
6	★建设工程监理(第二版)	978-7-301-24490-6	斯庆	35.00	2015.1	PPT/答案
7	★建筑节能工程与施工	978-7-301-24274-2	吴明军等	35.00	2015.5	PPT
8	★土木工程实用力学(第二版)	978-7-301-24681-8	马景善	47.00	2015.7	PPT
9	★建筑工程计量与计价(第三版)（修订版）	978-7-301-25344-1	肖明和等	60.00	2019.9	App/二维码
10	★建筑工程计量与计价实训(第三版)	978-7-301-25345-8	肖明和等	29.00	2015.7	
基础课程						
1	建设法规及相关知识	978-7-301-22748-0	唐茂华等	34.00	2013.9	PPT
2	建筑工程法规实务(第二版)	978-7-301-26188-0	杨陈慧等	49.50	2017.6	PPT
3	建筑法规	978-7301-19371-6	董伟等	39.00	2011.9	PPT
4	建设工程法规	978-7-301-20912-7	王先恕	32.00	2012.7	PPT
5	AutoCAD建筑绘图教程(第二版)	978-7-301-24540-8	唐英敏等	44.00	2014.7	PPT
6	建筑CAD项目教程(2010版)	978-7-301-20979-0	郭慧	38.00	2012.9	素材
7	建筑工程专业英语(第二版)	978-7-301-26597-0	吴承霞	24.00	2016.2	PPT
8	建筑工程专业英语	978-7-301-20003-2	韩薇等	24.00	2012.2	PPT
9	建筑识图与构造(第二版)	978-7-301-23774-8	郑贵超	40.00	2014.2	PPT/答案
10	房屋建筑构造	978-7-301-19883-4	李少红	26.00	2012.1	PPT
11	建筑识图	978-7-301-21893-8	邓志勇等	35.00	2013.1	PPT
12	建筑识图与房屋构造	978-7-301-22860-9	贠禄等	54.00	2013.9	PPT/答案
13	建筑构造与设计	978-7-301-23506-5	陈玉萍	38.00	2014.1	PPT/答案
14	房屋建筑构造	978-7-301-23588-1	李元玲等	45.00	2014.1	PPT
15	房屋建筑构造习题集	978-7-301-26005-0	李元玲	26.00	2015.8	PPT/答案
16	建筑构造与施工图识读	978-7-301-24470-8	南学平	52.00	2014.8	PPT
17	建筑工程识图实训教程	978-7-301-26057-9	孙伟	32.00	2015.12	PPT
18	◎建筑工程制图(第二版)(附习题册)	978-7-301-21120-5	肖明和	48.00	2012.8	PPT
19	建筑制图与识图(第二版)	978-7-301-24386-2	曹雪梅	38.00	2015.8	PPT
20	建筑制图与识图习题册	978-7-301-18652-7	曹雪梅等	30.00	2011.4	
21	建筑制图与识图(第二版)	978-7-301-25834-7	李元玲	32.00	2016.9	PPT
22	建筑制图与识图习题集	978-7-301-20425-2	李元玲	24.00	2012.3	PPT
23	新编建筑工程制图	978-7-301-21140-3	方筱松	30.00	2012.8	PPT
24	新编建筑工程制图习题集	978-7-301-16834-9	方筱松	22.00	2012.8	
建筑施工类						
1	建筑工程测量	978-7-301-16727-4	赵景利	30.00	2010.2	PPT/答案
2	建筑工程测量实训(第二版)	978-7-301-24833-1	杨凤华	34.00	2015.3	答案
3	建筑工程测量	978-7-301-19992-3	潘益民	38.00	2012.2	PPT
4	建筑工程测量	978-7-301-28757-6	赵昕	50.00	2018.1	PPT/二维码
5	建筑工程测量	978-7-301-22485-4	景铎等	34.00	2013.6	PPT

序号	书 名	书 号	编著者	定价	出版时间	配套情况
6	建筑施工技术	978-7-301-16726-7	叶 雯等	44.00	2010.8	PPT/素材
7	建筑施工技术	978-7-301-19997-8	苏小梅	38.00	2012.1	PPT
8	基础工程施工	978-7-301-20917-2	董 伟等	35.00	2012.7	PPT
9	建筑施工技术实训(第二版)	978-7-301-24368-8	周晓龙	30.00	2014.7	
10	PKPM软件的应用(第二版)	978-7-301-22625-4	王 娜等	34.00	2013.6	
11	◎建筑结构(第二版)(上册)	978-7-301-21106-9	徐锡权	41.00	2013.4	PPT/答案
12	◎建筑结构(第二版)(下册)	978-7-301-22584-4	徐锡权	42.00	2013.6	PPT/答案
13	建筑结构学习指导与技能训练(上册)	978-7-301-25929-0	徐锡权	28.00	2015.8	PPT
14	建筑结构学习指导与技能训练(下册)	978-7-301-25933-7	徐锡权	28.00	2015.8	PPT
15	建筑结构(第二版)	978-7-301-25832-3	唐春平等	48.00	2018.6	PPT
16	建筑结构基础	978-7-301-21125-0	王中发	36.00	2012.8	PPT
17	建筑结构原理及应用	978-7-301-18732-6	史美东	45.00	2012.8	PPT
18	建筑结构与识图	978-7-301-26935-0	相秉志	37.00	2016.2	
19	建筑力学与结构	978-7-301-20988-2	陈水广	32.00	2012.8	PPT
20	建筑力学与结构	978-7-301-23348-1	杨丽君等	44.00	2014.1	PPT
21	建筑结构与施工图	978-7-301-22188-4	朱希文等	35.00	2013.3	PPT
22	建筑材料(第二版)	978-7-301-24633-7	林祖宏	35.00	2014.8	PPT
23	建筑材料与检测(第二版)	978-7-301-26550-5	王 辉	40.00	2016.1	PPT
24	建筑材料与检测试验指导(第二版)	978-7-301-28471-1	王 辉	23.00	2017.7	PPT
25	建筑材料选择与应用	978-7-301-21948-5	申淑荣等	39.00	2013.3	PPT
26	建筑材料检测实训	978-7-301-22317-8	申淑荣等	24.00	2013.4	
27	建筑材料	978-7-301-24208-7	任晓菲	40.00	2014.7	PPT/答案
28	建筑材料检测试验指导	978-7-301-24782-2	陈东佐等	20.00	2014.9	PPT
29	◎地基与基础(第二版)	978-7-301-23304-7	肖明和等	42.00	2013.11	PPT/答案
30	地基与基础实训	978-7-301-23174-6	肖明和等	25.00	2013.10	PPT
31	土力学与基础工程	978-7-301-23590-4	宁培淋等	32.00	2014.1	PPT
32	土力学与地基基础	978-7-301-25525-4	陈东佐	45.00	2015.2	PPT/答案
33	建筑施工组织与进度控制	978-7-301-21223-3	张廷瑞	36.00	2012.9	PPT
34	建筑施工组织项目式教程	978-7-301-19901-5	杨红玉	44.00	2012.1	PPT/答案
35	建筑施工工艺	978-7-301-24687-0	李源清等	49.50	2015.1	PPT/答案
	工 程 管 理 类					
1	建筑工程经济	978-7-301-24346-6	刘晓丽等	38.00	2014.7	PPT/答案
2	建筑工程项目管理(第二版)	978-7-301-26944-2	范红岩等	42.00	2016.3	PPT
3	建设工程项目管理(第二版)	978-7-301-28235-9	冯松山等	45.00	2017.6	PPT
4	建筑施工组织与管理(第二版)	978-7-301-22149-5	翟丽旻等	43.00	2013.4	PPT/答案
5	建设工程合同管理	978-7-301-22612-4	刘庭江	46.00	2013.6	PPT/答案
6	工程招投标与合同管理实务	978-7-301-19290-0	郑文新等	43.00	2011.8	PPT
7	工程招投标与合同管理	978-7-301-17455-5	文新平	37.00	2012.9	PPT
8	建筑工程安全管理(第2版)	978-7-301-25480-6	宋 健等	43.00	2015.8	PPT/答案
9	施工项目质量与安全管理	978-7-301-21275-2	钟汉华	45.00	2012.10	PPT/答案
10	工程造价管理(第二版)	978-7-301-27050-9	徐锡权等	44.00	2016.5	PPT
11	建筑工程造价管理	978-7-301-20360-6	柴 琦等	27.00	2012.3	PPT
12	工程造价管理(第2版)	978-7-301-28269-4	曾 浩等	38.00	2017.5	PPT/答案
13	工程造价案例分析	978-7-301-22985-9	甄 凤	30.00	2013.8	PPT
14	◎建筑工程造价	978-7-301-21892-1	孙咏梅	40.00	2013.2	PPT
15	建筑工程计量与计价	978-7-301-26570-3	杨建林	46.00	2016.1	PPT
16	建筑工程计量与计价综合实训	978-7-301-23568-3	龚小兰	28.00	2014.1	
17	建筑工程估价	978-7-301-22802-9	张 英	43.00	2013.8	PPT
18	安装工程计量与计价综合实训	978-7-301-23294-1	成春燕	49.00	2013.10	素材
19	建筑安装工程计量与计价	978-7-301-26004-3	景巧玲等	56.00	2016.1	PPT
20	建筑安装工程计量与计价实训(第二版)	978-7-301-25683-1	景巧玲等	36.00	2015.7	
21	建筑与装饰装修工程工程量清单(第二版)	978-7-301-25753-1	翟丽旻等	36.00	2015.5	PPT
22	建设项目评估(第二版)	978-7-301-28708-8	高志云等	38.00	2017.9	PPT
23	钢筋工程清单编制	978-7-301-20114-5	贾莲英	36.00	2012.2	PPT
24	建筑装饰工程预算(第二版)	978-7-301-25801-9	范菊雨	44.00	2015.7	PPT
25	建筑装饰工程计量与计价	978-7-301-20055-1	李茂英	42.00	2012.2	PPT
26	建筑工程安全技术与管理实务	978-7-301-21187-8	沈万岳	48.00	2012.9	PPT

序号	书 名	书 号	编著者	定价	出版时间	配套情况
	建筑设计类					
1	建筑装饰CAD项目教程	978-7-301-20950-9	郭 慧	35.00	2013.1	PPT/素材
2	建筑设计基础	978-7-301-25961-0	周圆圆	42.00	2015.7	
3	室内设计基础	978-7-301-15613-1	李书青	32.00	2009.8	PPT
4	设计构成	978-7-301-15504-2	戴碧锋	30.00	2009.8	PPT
5	设计色彩	978-7-301-21211-0	龙黎黎	46.00	2012.9	PPT
6	设计素描	978-7-301-22391-8	司马金桃	29.00	2013.4	PPT
7	建筑素描表现与创意	978-7-301-15541-7	于修国	25.00	2009.8	
8	3ds Max 效果图制作	978-7-301-22870-8	刘 晗等	45.00	2013.7	PPT
9	Photoshop 效果图后期制作	978-7-301-16073-2	脱忠伟等	52.00	2011.1	素材
10	3ds Max & V-Ray 建筑设计表现案例教程	978-7-301-25093-8	郑恩峰	40.00	2014.12	PPT
11	建筑表现技法	978-7-301-19216-0	张 峰	32.00	2011.8	PPT
12	装饰施工读图与识图	978-7-301-19991-6	杨丽君	33.00	2012.5	PPT
13	构成设计	978-7-301-24130-1	耿雪莉	49.00	2014.6	PPT
14	装饰材料与施工(第2版)	978-7-301-25049-5	宋志春	41.00	2015.6	PPT
	规划园林类					
1	居住区景观设计	978-7-301-20587-7	张群成	47.00	2012.5	PPT
2	园林植物识别与应用	978-7-301-17485-2	潘 利等	34.00	2012.9	PPT
3	园林工程施工组织管理	978-7-301-22364-2	潘 利等	35.00	2013.4	PPT
4	园林景观计算机辅助设计	978-7-301-24500-2	于化强等	48.00	2014.8	PPT
5	建筑·园林·装饰设计初步	978-7-301-24575-0	王金贵	38.00	2014.10	PPT
	房地产类					
1	房地产开发与经营(第2版)	978-7-301-23084-8	张建中等	33.00	2013.9	PPT/答案
2	房地产估价(第2版)	978-7-301-22945-3	张 勇等	35.00	2013.9	PPT/答案
3	房地产估价理论与实务	978-7-301-19327-3	褚菁晶	35.00	2011.8	PPT/答案
4	物业管理理论与实务	978-7-301-19354-9	裴艳慧	52.00	2011.9	PPT
5	房地产营销与策划	978-7-301-18731-9	应佐萍	42.00	2012.8	PPT
6	房地产投资分析与实务	978-7-301-24832-4	高志云	35.00	2014.9	PPT
7	物业管理实务	978-7-301-27163-6	胡大见	44.00	2016.6	
	市政与路桥					
1	市政工程施工图案例图集	978-7-301-24824-9	陈亿琳	43.00	2015.3	pdf
2	市政工程计价	978-7-301-22117-4	彭以舟等	39.00	2013.3	PPT
3	市政桥梁工程	978-7-301-16688-8	刘 江等	42.00	2010.8	PPT/素材
4	市政工程材料	978-7-301-22452-6	郑晓国	37.00	2013.5	PPT
5	路基路面工程	978-7-301-19299-3	偶昌宝等	34.00	2011.8	PPT/素材
6	道路工程技术	978-7-301-19363-1	刘 雨等	33.00	2011.12	PPT
7	城市道路设计与施工	978-7-301-21947-8	吴颖峰	39.00	2013.1	PPT
8	建筑给排水工程技术	978-7-301-25224-6	刘 芳等	46.00	2014.12	PPT
9	建筑给水排水工程	978-7-301-20047-6	叶巧云	38.00	2012.2	PPT
10	数字测图技术	978-7-301-22656-8	赵 红	36.00	2013.6	PPT
11	数字测图技术实训指导	978-7-301-22679-7	赵 红	27.00	2013.6	PPT
12	道路工程测量(含技能训练手册)	978-7-301-21967-6	田树涛等	45.00	2013.2	PPT
13	道路工程识图与 AutoCAD	978-7-301-26210-8	王容玲等	35.00	2016.1	PPT
	交通运输类					
1	桥梁施工与维护	978-7-301-23834-9	梁 斌	50.00	2014.2	PPT
2	铁路轨道施工与维护	978-7-301-23524-9	梁 斌	36.00	2014.1	PPT
3	铁路轨道构造	978-7-301-23153-1	梁 斌	32.00	2013.10	PPT
4	城市公共交通运营管理	978-7-301-24108-0	张洪满	40.00	2014.5	PPT
5	城市轨道交通车站行车工作	978-7-301-24210-0	操 杰	31.00	2014.7	PPT
6	公路运输计划与调度实训教程	978-7-301-24503-3	高福军	31.00	2014.7	PPT/答案
	建筑设备类					
1	水泵与水泵站技术	978-7-301-22510-3	刘振华	40.00	2013.5	PPT
2	智能建筑环境设备自动化	978-7-301-21090-1	余志强	40.00	2012.8	PPT
3	流体力学及泵与风机	978-7-301-25279-6	王 宁等	35.00	2015.1	PPT/答案

注：为"互联网+"创新规划教材；★为"十二五"职业教育国家规划教材；◎为国家级、省级精品课程配套教材，省重点教材。如需相关教学资源如电子课件、习题答案、样书等可联系我们获取。联系方式：010-62756290，010-62750667，pup_6@163.com，欢迎来电咨询。

目 录

项目 1 市政道路工程施工图的识读与会审 1

   任务 1.1 道路施工图总说明识读 1
   任务 1.2 道路平面图识读 3
   任务 1.3 道路纵断面图识读 5
   任务 1.4 道路横断面图识读 7
   任务 1.5 道路交叉口施工图识读 9
   任务 1.6 城市道路附属设施 11
   任务 1.7 市政道路工程施工图审核与会审 12

项目 2 市政道路路基施工 14

   任务 2.1 路基施工准备 14
   任务 2.2 路基土石方施工 15
   任务 2.3 挡土墙施工 17
   任务 2.4 路基工程施工质量控制与验收 19

项目 3 市政道路基(垫)层施工 21

   任务 3.1 道路基(垫)层施工准备 21
   任务 3.2 道路基(垫)层施工 21
   任务 3.3 道路基(垫)层施工质量控制与验收 24

项目 4 市政道路沥青面层施工 25

   任务 4.1 沥青面层施工准备 25
   任务 4.2 沥青面层现场施工 25
   任务 4.3 特殊沥青面层施工 28
   任务 4.4 沥青面层施工质量控制与验收 29

项目 5 市政道路水泥混凝土面层施工 31

   任务 5.1 水泥混凝土面层施工准备 31
   任务 5.2 普通水泥混凝土面层施工 31
   任务 5.3 其他水泥混凝土面层施工 32
   任务 5.4 水泥混凝土面层施工质量控制与验收 32

项目 6 附属工程施工 34

   任务 6.1 路缘石和人行道铺装施工 34
   任务 6.2 附属工程质量控制与检查验收 35

项目 7 市政道路养护 37

   任务 7.1 市政道路路基养护 37
   任务 7.2 市政道路路面养护 38
   任务 7.3 人行道与检查井的养护 39

附录 市政道路施工资料记录实例 40

项目1 市政道路工程施工图的识读与会审

任务1.1 道路施工图总说明识读

◆学习目标

熟悉道路的等级、设计基本指标等内容,熟悉道路施工图总说明的内容。

◆学习地点

实训室

◆学习准备

《市政工程施工图案例图集》、城市道路设计相关规范、互联网资源、多媒体设备等

◆学习过程

一、了解什么是道路?道路对我们生活的影响?

每个小组通过网络收集道路图片3张,要求每张图片下标注该道路的名称、道路等级、长度等信息。若是照片形式,则应将照片以图片形式插入,保证清晰度,下方附以说明。

市政道路工程施工学习任务单

二、阅读《市政工程施工图案例图集》，图号路-1，填写阅读成果。

1. 了解该工程的设计依据有哪些？列出现行有效的设计规范(包括名称和编号)。

2. 了解工程的技术标准。

本道路的等级：

设计车速：

设计轴载：

路面结构类型：

设计年限：

3. 了解道路平面设计、纵断面设计、横断面设计和路面结构的设计概况。

4. 在施工总说明中为什么需要列施工注意事项？

5. 收集现行道路工程主要的质量验收和评定采用的相关规范标准(列出名称和编号)。

任务 1.2　道路平面图识读

◆学习目标

能按道路平面图的识读步骤读懂平面图的内容,了解道路平面图的生成过程。

◆学习地点

实训室、室外实训场

◆学习准备

《市政工程施工图案例图集》《市政道路工程设计规范》(CJJ 37—2012)、《城市道路路线设计规范》(CJJ 193—2012)、互联网资源、多媒体设备等。

◆学习过程

一、阅读市政工程施工图案例图集,图号路-3,填写阅读成果。

1. 本道路施工图的尺寸单位、坐标系分别是什么?

2. 本道路平面图共有几张?从平面图的哪个标识中获得?如何知道现在看的这一张是第几张图?

市政道路工程施工学习任务单

3. 本工程平面图中的控制点有哪些(明确标注位置坐标)?

控制点	坐 标	
	X	Y

4. 简单描述本工程所处区域的地形、地物分布情况如何?

5. 本工程道路的道路总宽度是多少,是如何构成的?

6. 本工程平曲线的设置情况及平曲线要素。

平曲线位置	A/(°)	R/m	T/m	E/m

7. 本工程相交道路设置情况如何?

相交道路名称	交点坐标	方向坐标			

二、简单绘制校园内某条道路的平面图(简图)。

1. 图幅大小 A4。

2. 比例道路长度方向 1∶2000,道路宽度方向 1∶500(可根据实际道路情况做适当调整,以清晰美观为宜)。

3. 需清晰绘出道路边线、人行道(有则绘)、车行道线、道路中线。

4. 特别注意线形间的连接变化,进一步掌握平面线形的要素。

任务1.3　道路纵断面图识读

◆学习目标

能按道路纵断面图的识读步骤读懂纵断面图的内容,了解道路纵断面图的生成过程。

◆学习地点

实训室、室外实训场

◆学习准备

《市政工程施工图案例图集》《市政道路工程设计规范》(CJJ 37—2012)、《城市道路路线设计规范》(CJJ 193—2012)、互联网资源、多媒体设备等。

◆学习过程

一、阅读《市政工程施工图案例图集》,图号路-5,填写阅读成果。

1. 道路纵断面图水平、垂直方向采用的比例与水准点位置(有则找到图上位置)。

2. 看地面线,了解沿路线纵向的地势起伏情况及土质分布。

市政道路工程施工学习任务单

3. 看道路纵断面设计线，了解路线沿纵向的分布情况(包括坡度和坡长)。

桩号范围	坡长/m	坡度/m

4. 比较设计线与地面线，了解路线的填、挖情况。

5. 看清设置竖曲线的位置及竖曲线要素。

竖曲线位置	竖曲线形式	R/m	T/m	E/m	备注

6. 了解沿路线纵向其他工程构造物的分布情况及其主要内容。

二、对市政工程施工图案例图集，图号路-5，道路纵断面竖曲线进行竖曲线放样标高计算(至少一个凸形、一个凹形)。

(1) 桩号_____竖曲线标高计算。

竖曲线形式	相邻两坡坡度	桩号	x/m	y/m	切线标高/m	竖曲线标高/m	备注

(2) 桩号_____竖曲线标高计算

竖曲线形式	相邻两坡坡度	桩号	x/m	y/m	切线标高/m	竖曲线标高/m	备注

任务1.4　道路横断面图识读

◆学习目标

能按道路横断面图的识读步骤读懂横段面图的内容，了解道路横断面图的生成过程。

市政道路工程施工学习任务单

◆ **学习地点**

实训室、室外实训场

◆ **学习准备**

《市政工程施工图案例图集》《市政道路工程设计规范》(CJJ 37—2012)、《城市道路路线设计规范》(CJJ 193—2012)、互联网资源、多媒体设备等。

◆ **学习过程**

一、阅读市政工程施工图案例图集，图号路-6、图号路-18，填写阅读成果。

1. 本工程横断面设计图的比例_____。

2. 本工程机动车道、非机动车道、人行道、分车带、绿化带宽度尺寸各是多少？

横断面组成部分	宽度/m

4. 简单绘制本工程横坡坡度和坡向。

5. 本工程照明灯杆及植树绿化位置。

6. 本工程的横断面形式是哪一种？

7. 路基施工横断面图的作用是什么？

8. 根据小组分工情况计算桩号_____至_____的土方量。

路基土方计算表(单位为：m、m²、m³)

桩号	挖方面积	填方面积	挖方平均面积	填方平均面积	距离	挖方体积	填方体积	本桩利用	填缺	挖余
合计	/	/	/	/						

二、选取校园内道路不同的横断面形式并进行横断面示意图的绘制。

1. 图幅大小 A4，合理布置不同形式的 4 个断面。
2. 道路宽度方向比例 1∶200，横断面高程比例不做要求(以合理清晰美观表达为宜)。
3. 需清晰绘出横断面变化明显的尺寸和坡向。

任务1.5　道路交叉口施工图识读

◆学习目标

能按道路交叉口图的识读步骤读懂道路交叉口图的内容，了解道路交叉口图的生成过程。

◆学习地点

实训室、室外实训场

市政道路工程施工学习任务单

◆**学习准备**

《市政工程施工图案例图集》《市政道路工程设计规范》(CJJ 37—2012)、《城市道路路线设计规范》(CJJ 193—2012)、互联网资源、多媒体设备等。

◆**学习过程**

一、阅读市政工程施工图案例图集，图号路-17，填写阅读成果。

1. 本工程交叉口给出了哪些交叉口图？

2. 根据分工熟悉相交道路中心线、道路的地理位置和走向、相交道路的平面位置、宽度和坡度。

相交道路或构筑物名称	交点坐标		相交道路宽度/m
	X	Y	

3. 描述本工程道路平面交叉口和竖向的形式。

交叉道路名称	相交点坐标		交叉口平面类型	交叉口立面类型	相交道路纵坡/(%)			
	x	y			东	南	西	北

4. 注意事项：要注意道路交叉口平面图、纵断面图和横断面图之间的对应关系。

二、绘制校园内道路不同形式的交叉口平面图(简图)。

1. 图幅大小 A4，合理布置不同形式的 4 个交叉口平面图。如能直接判断交叉口竖向形式则一并在图上进行示意，并标注出位置。

2. 比例不做要求(清晰、美观即可)。

3. 需清晰绘出相交中心线，示意出缘石转弯半径。

任务1.6　城市道路附属设施

◆学习目标

熟悉城市道路附属设施的种类、作用、要求，学会识读城市道路交通设施图和城市道路无障碍设施图。

◆学习地点

实训室、室外实训场

◆学习准备

《市政工程施工图案例图集》、互联网资源、多媒体设备等。

◆学习过程

阅读《市政工程施工图案例图集》，图号路-12～路-16，填写阅读成果。

对本工程用到哪些道路附属设施进行分类描述。

市政道路工程施工学习任务单

任务1.7 市政道路工程施工图审核与会审

◆学习目标

能从工程施工角度出发,阅读和校核施工图,了解设计意图,熟悉设计图内容,提出有关设计图中的疑问和建议,能对平、纵、横设计图纸可能存在的不相符之处进行校核。

◆学习地点

实训室

◆学习准备

《市政工程施工图案例图集》《市政道路工程设计规范》(CJJ 37—2012)、《城市道路路线设计规范》(CJJ 193—2012)、互联网资源、多媒体设备等。

◆学习过程

一、阅读市政工程施工图案例图集,准备以下图纸会审问题。

1. 是否无证设计或越级设计;图纸是否经设计单位正式签署。
2. 地质勘探资料是否齐全。
3. 设计图纸与说明是否符合当地要求。
4. 专业图纸之间、平纵横图之间有无矛盾;尺寸标注有无遗漏。
5. 平面图与纵断面图之间,纵断面图与横断面图之间、图与表之间的材料规格、强度等级、材质、数量、坐标、标高数据是否一致,是否有错、漏或缺。
6. 图纸上的前后表述是否一致,出现概率较大的是路幅划分与说明不符、结构断面厚度等。
7. 路面高程和排水管道的高程与已有道路的标高衔接处理是否合理。
8. 设计是否造成施工困难等。如新型材料的选用是否造成实施困难、管道的位置施工工序满足不了工期的要求、桥梁空洞中模板难以拆除等。
9. 施工图中所列各种标准图册施工单位是否具备。
10. 材料来源有无保证,能否代换;图中所要求的条件能否满足;新材料、新技术的应用是否有问题。
11. 地基处理方法是否合理,是否存在不能施工、不便于施工的技术问题,或容易导致质量、安全、工程费用增加等方面的问题。
12. 工艺管道、电气线路、设备装置、与建筑物之间或相互间有无矛盾,布置是否合理。

二、组织图纸模拟会审会议，填写会审记录。

图纸会审记录

工程名称			
建设单位		设计单位	
施工单位		监理单位	
图纸名称及图号	主要内容		结论意见

建设单位签章		设计单位签章	
项目负责人：	年 月 日	项目负责人：	年 月 日
施工单位签章		监理单位签章	
技术负责人：	年 月 日	总监理工程师：	年 月 日

项目 2　市政道路路基施工

任务 2.1　路基施工准备

◆学习目标

能根据《市政工程施工图案例图集》中提供的路基实际情况，进行施工准备。

◆学习地点

实训室

◆学习准备

《市政工程施工图案例图集》、《城镇道路工程施工及验收规范》(CJJ 1—2008)、互联网资源、多媒体设备等。

◆学习过程

1. 明确路基施工组织准备的内容。

2. 明确路基施工技术准备的内容。

3. 明确路基施工物质准备的内容。

4. 明确路基施工现场准备的内容。特别是路基边坡边桩如何实施放样。

任务 2.2　路基土石方施工

◆学习目标

　　能够读懂道路路基图，能编写路基土方工程施工方案的关键环节并能进行技术交底。

◆学习地点

　　实训室、室外实训场

◆学习准备

　　《市政工程施工图案例图集》《城镇道路工程施工及验收规范》(CJJ 1—2008)、互联网资源、多媒体设备等。

◆学习过程

一、阅读《市政工程施工图案例图集》，图号路-18，填写以下工程相关信息。

1. 根据施工图描述路基有哪几种断面形式？

2. 根据施工图描述路基的宽度变化和边坡情况。

3. 以小组为模拟项目部，讨论完成某标段路基的施工方案的关键环节并进行技术交底。

某标段路基的施工方案关键环节。

施工标段：＿＿＿＿＿＿＿＿＿＿＿＿＿＿＿＿＿＿＿＿＿＿＿＿＿＿＿

(1) 小组讨论确定本标段路基工程的施工方法。

(2) 小组讨论确定本标段路基工程的施工机械。

(3) 小组讨论确定本标段路基工程的施工工艺和注意事项。

思考问题：选用各种方法和机械的原因。

市政道路工程施工学习任务单

二、组织路基施工技术交底并填写技术交底记录。

××××工程××××技术交底记录

技术交底记录		编号	
工程名称			
分部工程名称		分项工程名称	
施工单位		交底日期	

交底内容：

审核人	交底人	接收交底人

任务2.3 挡土墙施工

◆**学习目标**

能制订浆砌重力式挡土墙施工方案的关键环节,并进行技术交底。

◆**学习地点**

实训室、室外实训场

◆**学习准备**

《市政工程施工图案例图集》《城镇道路工程施工及验收规范》(CJJ 1—2008)、互联网资源、多媒体设备等。

◆**学习过程**

一、以小组为模拟项目部,讨论完成某标段挡土墙砌筑施工方案关键环节。

施工标段:_____

1. 小组讨论确定挡土墙的形式。

2. 小组讨论明确挡土墙的尺求。

3. 小组讨论明确挡土墙的排水设施及布置。

4. 小组讨论明确沉降缝、伸缩缝的材料,及间距和尺寸。

5. 讨论挡土墙的砌筑工艺。

市政道路工程施工学习任务单

二、组织浆砌重力式挡土墙施工技术交底并填写技术交底记录。

××××工程××××技术交底记录

技术交底记录		编号	
工程名称			
分部工程名称		分项工程名称	
施工单位		交底日期	

交底内容：

	审核人	交底人	接收交底人

思考问题：挡土墙砌筑中应注意哪些问题？

任务2.4 路基工程施工质量控制与验收

◆学习目标

能对土质路基、重力式挡土墙等进行质量检查和验收。

◆学习地点

实训室、室外实训场

◆学习准备

《市政工程施工图案例图集》《城镇道路工程施工及验收规范》(CJJ 1—2008)、互联网资源、多媒体设备等。

◆学习过程

以小组为模拟项目部，讨论并实施以下环节。

1. 查阅《市政工程施工图案例图集》，明确本工程路基工程的设计控制指标。

2. 查阅《市政工程施工图案例图集》，明确本工程路基工程的施工控制指标。

3. 查阅《城镇道路工程施工验收规范》(CJJ 1—2008)，明确土质路基的质量要求。

4. 组织砌筑重力式挡土墙施工质量验收并填写质量验收单见表1-1。

市政道路工程施工学习任务单

编号：070305/070306□□ 砌筑挡土墙

表1-1 砌筑挡土墙检验批质量检验记录

工程名称					分部工程名称						分项工程名称			
施工单位					施工员						项目经理			
分包单位					分包项目经理						施工班组长			
工程数量					验收部位（或桩号）						项目技术负责人			
交方班组					接方班组						检查日期	年 月 日		

检查项目	序号	检查内容	检验依据/允许偏差（规定值或±偏差值）				检查频率		检查结果/实测点偏差值或实测值											应测点数	合格点数	合格率(%)
			料石	块石	片石	预制块	范围	点数	1	2	3	4	5	6	7	8	9	10				
主控项目	1	材料质量					砌块、石料强度符合设计规定		每品种、每检验批	1组	检验报告编号：												
	2	砂浆强度	平均抗压强度符合设计要求，任一组最低值不低于设计强度85%				≤50m³砌体	1组	检验报告编号：													
一般项目	1	断面尺寸/mm	0；+10	≥设计值			20m	2														
	2	基底高程 土方	±20	±20	±20	±20		2														
		石方	±100	±100	±100	±100		2														
	3	顶面高程/mm	±10	±15	±20	±10		2														
	4	轴线偏位/mm	≤10	≤15	≤15	≤10		2														
	5	墙面垂直度	≤0.5%H且≤20mm	≤0.5%H且≤30mm	≤0.5%H且≤30mm	≤0.5%H且≤20mm		2														
	6	平整度/mm	≤5	≤30	≤30	≤5		2														
	7	水平缝平整/mm	≤10	—	—	≤10		1														
	8	墙面坡度	不陡于设计规定																			

施工单位检查评定结论

监理（建设）单位意见

监理工程师：（签字）　　项目专业质量检查员：（签字）　　项目专业技术负责人：（签字）

（或建设单位）　　　　　　　　　　　　　　　　　　　　　　　　年　月　日

项目3 市政道路基(垫)层施工

任务3.1 道路基(垫)层施工准备

◆ **学习目标**

明确各类基(垫)层施工准备工作。

◆ **学习地点**

实训室

◆ **学习准备**

《市政工程施工图案例图集》《城镇道路工程施工及验收规范》(CJJ 1—2008)、互联网资源、多媒体设备等。

◆ **学习过程**

以小组为模拟项目部,明确本工程基层施工物质准备的内容。重点描述与路基物质准备的不同点。

任务3.2 道路基(垫)层施工

◆ **学习目标**

能够读懂道路路基、路面结构图,能编写无机结合料基层施工方案的关键环节并能进行技术交底。

◆ **学习地点**

实训室

◆ **学习准备**

《市政工程施工图案例图集》《城镇道路工程施工及验收规范》(CJJ 1—2008)、互联网资源、多媒体设备等。

市政道路工程施工学习任务单

◆学习过程

一、阅读《市政工程施工图案例图集》，图号路-8，说明及相关内容，填写以下工程相关信息。

1. 根据施工图描述本工程基层的类型。

2. 以小组为模拟项目部，讨论完成某标段基层的施工方案的关键环节并进行技术交底。

某标段基层的施工方案关键环节。

施工标段：_____

(1) 小组讨论确定本标段基层的施工方法。

(2) 小组讨论确定本标段基层施工的施工机械。

(3) 小组讨论确定本标段基层施工工艺和注意事项。

思考问题：选用各种方法和机械的原因。

项目 3 市政道路基(垫)层施工

二、组织本工程基层施工技术交底并填写技术交底记录。

××××工程××××技术交底记录

技术交底记录		编号	
工程名称			
分部工程名称		分项工程名称	
施工单位		交底日期	

交底内容：

审核人	交底人	接收交底人

市政道路工程施工学习任务单

任务3.3 道路基(垫)层施工质量控制与验收

◆学习目标

能对各类基层进行质量检查和验收。

◆学习地点

实训室、室外实训场

◆学习准备

《市政工程施工图案例图集》《城镇道路工程施工及验收规范》(CJJ 1—2008)、互联网资源、多媒体设备等。

◆学习过程

以小组为模拟项目部,讨论完成以下问题。

1. 查阅《市政工程施工图案例图集》图号路-8、路-9,明确本工程基层的设计控制指标与施工控制指标。

2. 查阅《城镇道路工程施工及验收规范》(CJJ 1—2008),明确本工程基层的质量要求。

项目4 市政道路沥青面层施工

任务 4.1 沥青面层施工准备

◆学习目标

明确热拌沥青混合料面层施工准备工作。

◆学习地点

实训室

◆学习准备

《市政工程施工图案例图集》《城镇道路工程施工及验收规范》(CJJ 1—2008)、互联网资源、多媒体设备等。

◆学习过程

以小组为模拟项目部,讨论并明确沥青面层施工的物质准备与现场准备的内容。

任务 4.2 沥青面层现场施工

◆学习目标

能编写热拌沥青混合料施工方案的关键环节并能进行技术交底。

◆学习地点

实训室

◆学习准备

《市政工程施工图案例图集》《城镇道路工程施工及验收规范》(CJJ 1—2008)、

市政道路工程施工学习任务单

互联网资源、多媒体设备等。

◆学习过程

一、阅读《市政工程施工图案例图集》，图号路-8，说明及相关内容，填写以下工程相关信息。

1. 根据施工图描述面层的类型。

2. 以小组为模拟项目部，讨论完成某标段沥青面层的施工方案的关键环节并进行技术交底。某标段面层的施工方案关键环节。

施工标段：_____

(1) 小组讨论确定本标段沥青面层的施工方法。

(2) 小组讨论确定本标段沥青面层施工的施工机械。

(3) 小组讨论确定本标段沥青面层施工工艺和注意事项。

思考问题：选用多种机具的原因。

二、组织热拌沥青混凝土施工技术交底并填写技术交底记录。

××××工程××××技术交底记录

技术交底记录		编号	
工程名称			
分部工程名称		分项工程名称	
施工单位		交底日期	

交底内容：

审核人	交底人	接收交底人

市政道路工程施工学习任务单

任务4.3　特殊沥青面层施工

◆学习目标

　　了解各种特殊沥青面层的特点。

◆学习地点

　　实训室

◆学习准备

　　互联网资源、多媒体设备等。

◆学习过程

　　每个小组通过网络收集特殊沥青路面的图片3张，要求每张图片下要有该沥青面层的名称等相关信息。若是照片形式，则应将照片以图片形式插入，保证清晰度，下方附以该类面层的特点说明。

任务 4.4 沥青面层施工质量控制与验收

◆学习目标

能对沥青面层进行质量检查和验收。

◆学习地点

实训室、室外实训场

◆学习准备

《市政工程施工图案例图集》《城镇道路工程施工及验收规范》(CJJ 1—2008)、互联网资源、多媒体设备等。

◆学习过程

以小组为模拟项目部,讨论并实施以下环节。

1. 查阅《市政工程施工图案例图集》图号路-8、路-9,明确本工程沥青面层的设计控制指标与施工控制指标。

2. 查阅《城镇道路工程施工及验收规范》(CJJ 1—2008),明确本工程沥青面层的质量要求。

3. 组织热拌沥青混合料面层质量验收并填写质量验收单见表 4-1。

市政道路工程施工学习任务单

表 4-1 面层(热拌沥青混合料)检验批质量检验记录表

编号：030104□□
热拌沥青混合料面层

工程名称		分部工程名称		分项工程名称	
施工单位		施工员		项目经理	
分包单位		分包项目经理		施工班组长	
工程数量		验收部位(或桩号)		项目技术负责人	
交方班组		接方班组		检查日期	年 月 日

检查项目	序号	检查内容	检验依据与允许偏差（规定值或偏差值）	检验频率		检查结果/实测值或偏差值或实测值										应测点数	合格点数	合格率 /(%)
				范围	点数	1	2	3	4	5	6	7	8	9	10			
主控项目	1	原材料、混合料	符合CJJ 1—2008 第8.5.1条规定	按不同材料	每批次	出厂合格证或检验报告编号：												
	2	压实度	城市快速路、主干路≥96%，次干路及以下道路≥95%	1000m²	1	检验报告编号：												
	3	面层厚度/mm	+10～-5	1000m²	1													
	4	弯沉值	≤设计规定	每车道，每20m	1	检验报告编号：												
一般项目	1	纵断高程/mm	±15	20m	1													
	2	中线偏位/mm	≤20	100m	1													
	3	平整度/mm	标准差σ值	快速路、主干路≤1.5；次干路≤2.4，支路≤5	20m	1～3													
			最大间隙															
	4	宽度	≥设计值	40m	1													
	5	横坡	±0.3%且不反坡	20m	2～6													
	6	井框与路面高差/mm	≤5	每座	1													
	7	抗滑	摩擦系数	符合设计要求	200m	1													
			构造深度	符合设计要求	200m	1													

施工单位检查评定结论	项目专业质量检查员：(签字) 项目专业技术负责人：(签字) 年 月 日
监理(建设)单位意见	监理工程师：(签字) (或建设单位项目专业技术负责人)：(签字) 年 月 日

30

项目 5　市政道路水泥混凝土面层施工

任务 5.1　水泥混凝土面层施工准备

◆学习目标

　　明确水泥混凝土面层施工准备工作。

◆学习地点

　　实训室

◆学习准备

　　《城镇道路工程施工及验收规范》(CJJ 1—2008)、互联网资源、多媒体设备等。

◆学习过程

　　以小组为模拟项目部,讨论人工加小型机具施工水泥混凝土面层的物质准备、现场准备与其他结构层的区别。

任务 5.2　普通水泥混凝土面层施工

◆学习目标

　　能编写水泥混凝土施工方案的关键环节。

◆学习地点

　　实训室

◆学习准备

　　《市政工程施工图案例图集》《城镇道路工程施工及验收规范》(CJJ 1—2008)、互联网资源、多媒体设备等。

◆学习过程

　　以小组为模拟项目部,讨论完成人工加小型机具施工水泥混凝土面层的施工方案关键环节。

　　某水泥混凝土面层施工方案的关键环节。

任务 5.3　其他水泥混凝土面层施工

◆学习目标

了解其他水泥混凝土路面的特点。

◆学习地点

实训室

◆学习准备

互联网资源、多媒体设备等。

◆学习过程

每个小组网通过网络收集其他水泥混凝土路面图片3张，每张图片下要有该水泥混凝土面层的名称、施工方法等相关信息。若是照片形式，则应将照片以图片形式插入，保证清晰度，下方附以该类混凝土面层特点说明。

任务 5.4　水泥混凝土面层施工质量控制与验收

◆学习目标

能对水泥混凝土面层进行质量检查和验收。

◆学习地点

实训室、室外实训场

◆学习准备

《城镇道路工程施工及验收规范》(CJJ 1—2008)、互联网资源、多媒体设备等。

◆学习过程

以小组为模拟项目部，讨论并实施以下环节。

1. 查阅《城镇道路工程施工及验收规范》(CJJ 1—2008)，明确水泥混凝土面层的质量要求。

2. 组织水泥混凝土面层质量验收并填写质量验收单见表5-1。

项目5 市政道路水泥混凝土面层施工

编号：030301□□
混凝土路面模板

表5-1 水泥混凝土路面模板检验批质量检验记录表

工程名称				分部工程名称									
施工单位				施工员									
分包单位				分包项目经理									
工程数量				验收部位(或桩号)									
交方班组				接收班组									

检查项目	序号	检查内容	允许偏差			检验频率		检查结果(实测点偏差值或实测值)										应测点数	合格点数	合格率(%)
			三辊轴机组	轨道摊铺机	小型机具	范围	点数	1	2	3	4	5	6	7	8	9	10			
主控项目	1	隔离剂	涂刷模板隔离剂不得污染钢筋和混凝土接槎处			全数	1														
	2	支模	模板及支撑不得有松动、跑模或下沉现象，接缝严密、不得漏浆，模内必须清洁																		
一般项目	1	中线偏位/mm	≤10	≤5	≤15	100m	2														
	2	宽度/mm	≤10	≤5	≤15	20m	1														
	3	顶面高程/mm	±5	±5	±10	20m	1														
	4	横坡(%)	±0.1	±0.1	±0.2	20m	1														
	5	相邻板接高差/mm	≤1	≤1	≤2	每缝	1														
	6	模板接缝宽/mm	≤3	≤2	≤3	每缝	1														
	7	侧面垂直度/mm	≤3	≤2	≤4	20m	1														
	8	纵向顺直度/mm	≤3	≤2	≤4	40m	1														
	9	顶面平整度/mm	≤1.5	≤1	≤2	每两缝间	1														

施工单位检查评定结果	项目专业质量检查员：(签字) 项目专业技术负责人：(签字) 年 月 日
监理(建设)单位意见	监理工程师：(签字) (或建设单位项目专业技术负责人)：(签字) 年 月 日

项目6 附属工程施工

任务6.1 路缘石和人行道铺装施工

◆学习目标

能够读懂道路结构图，能编写预制块式人行道施工方案的关键环节并能进行技术交底。

◆学习地点

实训室

◆学习准备

《市政工程施工图案例图集》《城镇道路工程施工及验收规范》(CJJ 1—2008)、互联网资源、多媒体设备等。

◆学习过程

一、阅读《市政工程施工图案例图集》，路号路-8、路-9说明及相关内容，填写以下工程相关信息。

1. 根据施工图描述本工程人行道的类型。

2. 以小组为模拟项目部，讨论完成本工程人行道铺装的施工方案的关键环节并进行技术交底。人行道铺装的施工方案的关键环节。

施工标段：_____

(1) 小组讨论确定人行道铺装的施工方法。

(2) 小组讨论确定人行道铺装的施工的工具与材料。

(3) 小组讨论确定人行道铺装施工工艺和注意事项。

二、分小组进行人行道铺装操作实训。

任务6.2　附属工程质量控制与检查验收

◆学习目标

　　能对各类人行道面层进行质量检查和验收。

◆学习地点

　　实训室、室外实训场

◆学习准备

　　《城镇道路工程施工及验收规范》(CJJ 1—2008)、互联网资源、多媒体设备等。

◆学习过程

　　以小组为模拟项目部，讨论并实施以下环节。

　　1. 查阅《城镇道路工程施工及验收规范》(CJJ 1—2008)，明确预制块人行道面层的质量要求。

　　2. 组织预制块人行道面层质量验收并填写质量验收单见表6-1。

表6-1 预制块人行道面层检验批质量检验记录表

编号：050002□□

工程名称			分部工程名称								预制块人行道面层		
施工单位			分项工程名称										
分包单位			分包项目经理								项目经理		
工程数量			验收部位(或桩号)								项目技术负责人		
交方班组			接方班组								检查日期 年 月 日		

检查项目	序号	检查内容	检验依据允许偏差	检验频率 范围	点数	检查结果/实测点偏差或实测值										应测点数	合格点数	合格率(%)
						1	2	3	4	5	6	7	8	9	10			
主控项目	1	路床与基层压实度	≥90%	100m	2	检验报告编号：												
	2	砌块强度	强度符合设计要求	同批号、品种规格	1组	出厂试验报告编号：												
	3	砂浆抗压强度	平均值符合设计要求，任一组不低于设计值 ≥85%	同一配合比 1000m²	1组	试验报告编号：												
一般项目	1	盲道铺砌	应正确铺砌	全数检查	1													
	2	平整度/mm	≤5	20m	1													
	3	横坡(%)	±0.3%且不反坡	20m	1													
	4	井框与面层高差/mm	≤4	每座	1													
	5	相邻板高差/mm	≤3	20m	1													
	6	纵缝直顺度/mm	≤10	40m	1													
	7	横缝直顺度/mm	≤10	20m	1													
	8	缝宽/mm	+3；-2	20m	1													

施工单位检查评定结论：

监理工程师：（签字）

项目专业质量检查员； 项目专业技术负责人：（签字）

（或建设单位项目专业技术负责人）；（签字）

年 月 日

项目 7 市政道路养护

任务 7.1 市政道路路基养护

◆学习目标

能对路基常见病害分析原因提出处理措施。

◆学习地点

实训室、室外实训场

◆学习准备

《城市道路养护技术规范》(CJJ 36—2006)、互联网资源、多媒体设备等。

◆学习过程

以小组为模拟道路养护队,利用网络资源或实际工程收集并讨论完成下表。

序号	路基病害名称	原因分析	处理措施	图片

市政道路工程施工学习任务单

任务 7.2　市政道路路面养护

◆学习目标

　　能对沥青路面常见病害分析原因，并提出处理措施。

◆学习地点

　　实训室、室外实训场

◆学习准备

　　《城市道路养护技术规范》(CJJ 36—2006)、互联网资源、多媒体设备等。

◆学习过程

　　以小组为模拟道路养护队，利用实际工程或网络资源收集并讨论完成下表。

序号	沥青路面病害名称	原因分析	处理措施	图片

任务 7.3　人行道与检查井的养护

◆学习目标

　　能对检查井、平侧石、人行道常见病害分析原因,并提出处理措施。

◆学习地点

　　实训室、室外实训场

◆学习准备

　　《城市道路养护技术规范》(CJJ 36—2006)、互联网资源、多媒体设备等。

◆学习过程

　　以小组为模拟道路养护队,利用实际工程或网络资源收集并讨论完成下表。

序号	附属设施病害名称	原因分析	处理措施	图片

附录 市政道路施工资料记录实例

附表-1 回弹模量试验记录
(现场承载板法)

工程名称	××××××	试验单位	××××××
试样规程	JTG E60—2008	试验层次	水稳基层
试样地点	××××××	试验者	×××
测试车前后轴距	×(m)	校核者	
小梁距后轴距	×(m)	试验日期	××××.××.××
后轴重	×(t)	承载板直径	300mm
气温、地表温度	×(℃)	主要仪器	野外承载板、百分表、弯沉仪

压力表读数 /MPa	荷载 P/kN	承载板单位压力 /MPa	量表读数(0.01mm)						回弹变形读数值 (0.01mm)	分级影响量(a_i) (0.01mm)	校正后回弹变形 (0.01mm)	回弹模量(E_0) (MPa)
			加载			卸载						
			左	右	平均	左	右	平均				
1.8	3.53	0.05	381	599	490.0	379	596	487.5	5	0.03	5.03	205.6
3.6	7.07	0.10	408	624	516.0	400	618	509.0	14	0.06	14.06	147.1
5.4	10.60	0.15	440	653	546.5	419	639	529.0	35	0.08	35.08	88.4
7.2	14.14	0.20	472	685	578.5	446	666	556.0	45	0.11	45.11	91.7
9.0	17.67	0.25	519	729	624.0	480	701	590.5	67	0.14	67.14	77.0
10.8	21.21	0.30	554	763	658.5	510	725	617.5	82	0.17	82.17	75.5
12.6	24.74	0.35	587	792	689.5	533	747	640.0	99	0.19	99.19	73.0
	1.400										347.78	83.23

总影响量 a(0.01mm) 0.5

土基回弹模量 E_0 值 (MPa) 1600.0

单位压力与回弹变形($p-l$)的关系曲线

试验结果分析计算

技术负责人意见：   日期：
监理工程师意见：   日期：

市政道路工程施工学习任务单

附表-2　回弹弯沉试验记录表
（贝克曼梁法）

工程名称	××××××			试验单位		××××××	
试样规程	JTG E60—2008			检验车道		左半幅	
试验路段	K001+000—K001+600			路面层次		××××××	
试验车型	××××××			试验者		×××	
后轴重	100			校核者		×××	
后胎气压	0.7			试验日期		×××.××.××	
气温、地表温度	×(℃)			检测方向		向前	
容许弯沉值(0.01mm)	100			主要仪器		贝克曼梁、百分表	
测点桩号	读数值(0.01mm)				回弹弯沉值(0.01mm)		测点弯沉描述
	左 轮		右 轮		左轮	右轮	
	初读数	加载读数	初读数	加载读数			
K001+000	0.0	37.0	0.0	30.0	74.0	60.0	
K001+020	0.0	42.0	0.0	45.0	84.0	90.0	
K001+040	0.0	45.0	0.0	46.0	90.0	92.0	
K001+060	0.0	38.5	0.0	43.0	77.0	86.0	
K001+080	0.0	42.0	0.0	45.6	84.0	91.2	
K001+100	0.0	42.5	0.0	45.0	85.0	90.0	
K001+120	0.0	43.0	0.0	48.4	86.0	96.8	
K001+140	0.0	42.6	0.0	41.0	85.2	82.0	
K001+160	0.0	48.2	0.0	41.5	96.4	83.0	
K001+180	0.0	49.5	0.0	43.2	99.0	86.4	
K001+200	0.0	43.5	0.0	42.5	87.0	85.0	
K001+220	0.0	45.2	0.0	43.2	90.4	86.4	
K001+240	0.0	41.5	0.0	36.5	83.0	73.0	
K001+260	0.0	34.5	0.0	38.6	69.0	77.2	
K001+280	0.0	30.5	0.0	35.5	61.0	71.0	
K001+300	0.0	40.5	0.0	42.5	81.0	85.0	
K001+320	0.0	38.5	0.0	39.5	77.0	79.0	
K001+340	0.0	41.5	0.0	40.5	83.0	81.0	
总测点数 $n=$	62	(点)			平均值 $L=$	80.0	(0.01mm)
标准差 $s=$	9.6				代表弯沉 $L_r=$	99.2	(0.01mm)
结论： 弯沉合格					备注： 弯沉合格		

技术负责人意见：　　　　　　　　　　　　　　日期：
监理工程师意见：　　　　　　　　　　　　　　日期：

附表-3 压实度试验记录表
(灌砂法)

工程名称	××××××			试验单位	××××××		
试验规程	JTG E60—2008			试验层次	××××××		
试样地点	××××××			总层数	×		
试样描述	×××			试验者	×××		
击实代号	×××			校核者	×××		
试验日期	××××××			主要仪器	灌砂仪		

桩号及位置	1	2	1	2
灌砂筒质量+砂质量/g	9000	9000	9000	9000
灌砂筒质量+剩余砂质量/g	4585	4464	4489	4601
基板与灌砂筒三角锥砂的质量/g	829	831	845	836
量砂耗砂量/g	3586	3705	3666	3563
量砂密度/(g/cm³)	1.38	1.38	1.38	1.38
试坑体积/cm³	2598.55	2684.78	2656.52	2581.88
试坑内湿土质量+盛土器质量/g	5153	5316	5310	5143
盛土器质量编号	99	103	100	102
试坑内湿土质量/g	5054	5213	5210	5041
湿密度/(g/cm³)	1.94	1.94	1.96	1.95

含水量								
盒号	1	2	1	2	1	2	1	2
盒+湿土质量/g	38.63	39.37	37.99	38.49	39.14	38.16	38.94	37.85
盒+干土质量/g	36.79	37.43	36.27	36.68	37.26	36.44	37.06	36.11
盒质量/g	24.02	23.97	24.13	24.05	23.99	24.25	24.02	24.11
水分质量/g	1.84	1.94	1.72	1.81	1.88	1.72	1.88	1.74
干土质量/g	12.77	13.46	12.14	12.63	13.27	12.19	13.04	12.00
含水量/(%)	14.4	14.4	14.2	14.3	14.2	14.1	14.4	14.5
平均含水量/(%)	14.4		14.3		14.2		14.5	
干密度/(g/cm³)	1.70		1.70		1.72		1.70	
最大干密度/(g/cm³)	1.82				最佳含水量/(%)	13.6		
压实度/(%)	93.4		93.3		94.3		93.6	

备注：

结　论：

技术负责人意见：　　　　　　　　　　　　日期：

监理工程师意见：　　　　　　　　　　　　日期：

附表-4 压实度试验记录
(环刀法)

工程名称	×××××××	土样类别	素土	击实代号	×××	试验单位	×××
试样规程	JTG E60—2008	试验层厚	0.3m	主要仪器	环刀	试验者	×××
试样地点	×××××	试验层次	×	试验日期	××××.××.××	校核者	×××
取样桩号、部位							

		1	2	3	4	5	6	7	8	9	10
湿质量密度	环刀号										
	环刀容积 cm³	200	200	200	200	200	200	200	200	200	200
	环刀质量 g	200	200	200	200	200	200	200	200	200	200
	土样+环刀质量 g	617	617	611	611	611	611	621	621	612	612
	土样质量 g	417	417	411	411	411	411	421	421	412	412
	湿质量密度 g/cm³	2.09	2.09	2.06	2.06	2.06	2.06	2.11	2.11	2.06	2.06
含水率	盒号	1号	7号	5号	10号	9号	3号	8号	2号	4号	6号
	盒质量 g	128	128	131	110	130	110	116	126	127	130
	盒+湿质量 g	497	492	499	478	485	466	502	510	508	501
	盒+干料质量 g	449	444	453	431	441	422	448	456	455	449
	水的质量 g	48	48	46	47	44	44	54	54	53	52
	干土质量 g	321	316	322	321	311	312	332	330	328	319
	含水率 %	9	9	9.1	9.1	9	9	8.9	8.9	9.1	9.1
	平均含水率 %	9.4		9.2		9		9.1		9.3	
	干质量密度 g/m³	1.91	1.91	1.89	1.89	1.89	1.89	1.93	1.93	1.88	1.88
	平均干质量密度 g/m³	1.91		1.89		1.89		1.93		1.88	
	最大干质量密度 g/m³	2		2		2		2		2	
	压实度 %	95.5		94.5		94.5		96.5		94	

技术负责人意见：

监理工程师意见：

日期：

日期：

附表-5 路面结构层厚度评定表
（挖孔法或钻孔取样法）

工程名称	×××××	结构层名称	×××××××	样品描述	×××××××	试验单位	×××××××
试样规程	JTG E60—2008	结构层层厚	240mm	主要仪器	游标卡尺	试验者	×××
试样地点	×××××××	取样桩号	×××××—×××××	试验日期	××××.××.××	校核者	×××

检查项目	规定值或允许偏差		实测值																				
项次			1	2	3	4	5	6	7	8	9	10	11	12	13	14	15	16	17	18	19	20	21	22
1△ 厚度 /mm	代表值 /mm	-5	240	240	240	240	240	240	240	240	240	240	240	240	240	240	240	240	240	240	240	240	240	240
	合格值 /mm	-10	250	250	250	250	250	250	250	250	250	250	250	250	250	250	250	250	250	250	250	250	250	250
			245	245	245	245	245	245	245	245	245	245	245	245	245	245	245	245	245	245	245	245	245	245

$X_L \geq$ 设计厚度 - 代表值偏差，合格率 $\geq$ 设计厚度 - 合格值偏差的检测点数所占的百分率；$X_L <$ 设计厚度 - 代表值偏差时不合格

设计厚度/mm	检测点数	66	设计厚度 - 代表值偏差	235
240	系数 $t_a/\sqrt{n}$（查表）	0.199	设计厚度 - 合格值偏差	230
	厚度平均值 $\bar{X}$	245.0	<设计厚度 - 合格值偏差的测点数	3
	均方差 S	4.0825	合格率（%）	95.5
	代表值 $X_L = \bar{X} - t_a/\sqrt{n} \times S$	244.2	评定结果	合格

技术负责人意见：   日期：

监理工程师意见：   日期：

附表-6 路面抗滑构造深度记录表

(铺砂法)

工程名称	××××××		试验单位		××××××	
试样规程	JTG E60—2008		面层类型		水泥混凝土面层	
试验地点	××××××		试验者		×××	
试样描述	××××××		校核者		×××	
试验日期	××××.××.××		施工时间		××××.××.××	
桩号及位置	K1+000—K2+000 水泥混凝土面层		主要仪器		钢直尺	
测点桩号	测点位置距中桩/m 左(-)右(+)	砂体积/cm³	摊平砂直径/mm 上下方向	摊平砂直径/mm 左右方向	平均值	构造深度(TD)/mm	构造深度平均值/mm
		25	235	196	215	0.69	
K1+000	2.4	25	223	195	209	0.73	0.69
		25	228	208	218	0.67	
		25	191	221	206	0.75	
K1+200	1.4	25	227	223	225	0.63	0.69
		25	236	197	216	0.68	
		25	241	205	223	0.64	
K1+400	2.8	25	197	200	198	0.81	0.73
		25	213	200	206	0.75	
		25	195	230	213	0.70	
K1+600	1.5	25	209	232	220	0.65	0.66
		25	240	207	224	0.64	
		25	210	243	227	0.62	
K1+800	1.6	25	211	222	216	0.68	0.66
		25	224	206	215	0.69	
TD 平均值=0.69mm			标准差=0.028160689mm			变异系数=4.09	
备注							

技术负责人意见: 日期:
监理工程师意见: 日期:

附表-7 测量复核记录

工程名称	××××××	施工单位	××××××
复核部位	站西二路：0+000—0+083 东侧细沥青	日　期	××××年×月×日
原施测人	××××××	测量复核人	×××

	部位	设计/m	实测/m	偏差/mm	部位	设计/m	实测/m	偏差/mm
测量复核情况（示意图）	0+000	6.850	6.842	−8				
	0+020	6.520	6.515	−5				
	0+040	6.320	6.324	+4				
	0+060	6.110	6.117	+7				
	0+080	5.920	5.930	+10				
	0+083	5.879	5.884	+5				

复核结论	
备注	

观测：　　　　复测：　　　　　　计算：　　　　　施工项目技术负责人：

 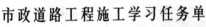

附表-8 面层(热拌沥青混合料)检验批质量检验记录

编号：×××××××

工程名称	××××××	分部工程名称	面层工程	分项工程名称	热拌沥青混合料面层(细)
施工单位	××××××	施工员	×××	项目经理	×××
分包单位	/	分包项目经理	/	施工班组长	×××
工程数量	83m	验收部位(或桩号)	站西二路：0+000～0+083 东侧	项目技术负责人	×××
交方班组	/	检验频率	/	检查日期	××××年×月×日

检查项目	序号	检查内容	检验依据/允许偏差(规定值或土偏差值)/mm	范围	点数	检查结果/实测点偏差或实测值										应测点数	合格点数	合格率(%)
						1	2	3	4	5	6	7	8	9	10			
主控项目	1	原材料、混合料	符合 CJJ 1-2008 第 8.5.1 条规定	按不同材料	每批次	符合要求												
	2	压实度	城市快速路、主干路 ≥96%；次干路及以下道路 ≥95%	1000m²	1	详见试验报告												
	3	面层厚度	+10～-5	1000m²	1	详见试验报告												
	4	弯沉值	≤设计规定	/	1	详见试验报告												
一般项目	1	纵断高程	±15	20m	1	-8	-5	+4	+7	+10	+5					6	6	100.0
	2	中线偏位	≤20	100m	1	12											1	1	100.0
	3	平整度 标准差σ值	快速路、主干路 ≤1.5；次干路、支路 ≤2.4	20m	1～3	/													
		最大间隙	次干路、支路 ≤5	40m	1	2	3	4	3	5	3					5	5	100.0
	4	宽度	≥设计值	20m	1～3	20	25	30									3	3	100.0
	5	横坡	±0.3%且不反坡	20m	1	0.25%	0.33%	0.24%	0.23%	0.22%							5	4	80.0
	6	井框与路面高差	≤5	每座	1													
	7	抗滑 摩擦系数 构造深度	符合设计要求 符合设计要求	200m 200m	1 1													

施工单位检查评定结论	
监理(建设单位)检查结论	

监理工程师：(签字)	项目专业质量检查员：(签字)
监理工程师(建设单位项目技术负责人)组织项目专业质量检查员等进行验收，并应按上表进行记录。	(或建设单位项目专业质量检查员)
年 月 日

注：本表由施工项目专业质量检查员填写，监理工程师(建设单位项目技术负责人)组织项目专业质量检查员等进行验收，并应按上表进行记录。

附录一 市政道路施工资料记录实例

附表-9 面层粘层检验批质量检验记录

工程名称	××××××	分部工程名称	面层工程	分项工程名称	粘层面层(细料下)
施工单位	×××××××	施工员	×××	项目经理	×××
分包单位	/	分包项目经理	/	施工班组长	×××
工程数量	83m	验收部位(或桩号)	站西二路 0+000~0+083 东侧	项目技术负责人	×××
交方班组	/	接方班组	/	检查日期	××××年×月×日

检查项目	序号	检查内容	检验依据/允许偏差(规定值或允许偏差值)/mm	检验频率 范围	点数	检查结果/实测点值偏差或实测值										应测点数	合格点数	合格率(%)
						1	2	3	4	5	6	7	8	9	10			
主控项目	1	材料要求	沥青品种、标号及粒料质量符合CJJ 1—2008第8.1节有关规定	按进场批次、同批次同品种	1	符合要求												
	2	宽度	≥设计值	40m	1	25	23	23								3	3	100.0
一般项目	1	粒料散布应均匀,不应松散、裂缝、油丁、泛油、波浪、花白、漏洒、堆积、污染其他构筑物		全数		粒料散布均匀,无松散、裂缝、油丁、泛油、波浪、花白、漏洒、堆积、污染其他构筑物												
	2	观测																

施工单位检查评定结论
监理(建设)单位检查结论

施工单位项目专业质量检查员填写

监理工程师:(签字)
(或建设单位项目专业技术负责人):(签字)

项目专业质量检查员(签字):
项目专业技术负责人:(签字)

监理工程师(建设单位项目专业技术负责人)等进行验收,并应按上表进行记录。

年 月 日

注:本表由施工项目专业质量检查员填写,监理工程师(建设单位项目专业质量检查员等进行验收,并应按上表进行记录。

附表-10　隐蔽工程检查验收记录

××××年×月×日

工程名称	××××××		施工单位	××××××		
隐检项目	粘层面层(细料下)		隐检范围	站西二路：0+000—0+083 东侧		
隐检内容及检查情况	主控项目： 沥青品种、标号及粒料质量符合设计及规范要求。 一般项目： 1. 粒料洒布均匀，未松散、裂缝、油丁、泛油、波浪、花白、漏洒、堆积、污染其他构筑物。 2. 宽度(mm)：≥设计值 实测：25　23　23					
验收意见						
处理情况及结论						
			复查人：		年　月　日	
建设单位	监理单位	施工项目 技术负责人		质检员		

50

附表-11 测量复核记录

工程名称	××××××	施工单位	××××××
复核部位	站西二路：0+000—0+083 东侧粗沥青	日 期	××××年×月×日
原施测人	×××	测量复核人	×××

测量复核情况（示意图）	部位	设计(m)	实测(m)	偏差(mm)	部位	设计(m)	实测(m)	偏差(mm)
	0+000	6.810	6.805	-5				
	0+020	6.480	6.483	+3				
	0+040	6.280	6.284	+4				
	0+060	6.070	6.077	+7				
	0+080	5.880	5.875	-5				
	0+083	5.839	5.831	-8				

复核结论	
备注	

观测：　　　复测：　　　　　计算：　　　　施工项目技术负责人：

附表-12 面层（热拌沥青混合料）检验批质量检验记录

工程名称	××××××	分部工程名称	××××××	面层工程	×××
施工单位	××××××	分项工程名称	/		×××
分包单位	/	施工员	/	项目经理	/
工程数量	83m	分包项目经理	/	施工班组长	/
交方班组	/	验收部位（或桩号）	站西二路：0+000—0+083东侧	项目技术负责人	×××
		检验频率	/	检查日期	××××年×月×日

检查项目	序号	检查内容	检验依据/允许偏差（规定值或±偏差值）/mm	范围	点数	检查结果/实测点偏差值或实测值										应测点数	合格点数	合格率(%)
						1	2	3	4	5	6	7	8	9	10			
主控项目	1	原材料、混合料	符合CJJ 1—2008 第8.5.1条规定	按不同材料	每批次	符合要求												
	2	压实度	城市快速路、主干路≥96% 次干路及以下道路≥95%	1000m²	1	详见试验报告												
	3	面层厚度	+10～-5	1000m²	1	详见试验报告												
	4	弯沉值	≤设计规定	每车道，20m	1	详见试验报告												
一般项目	1	纵断高程	±15	20m	1	-5	+3	+4	+7	-5	-8					6	6	100.0
	2	中线偏位	≤20	100m	1	7										1	1	100.0
	3	平整度 最大间隙σ值	快速路、主干路≤1.5；次干路≤2.4	20m	1～3													
	4	宽度	次干路、支路≤5	40m	1～3	2	3	5	6	4						5	4	80.0
	5	横坡	±0.3%且不反坡	20m	1	0.25%	0.23%	0.22%	0.23%	0.24%						5	5	100.0
	6	井框与路面高差	≤5	每座	1	15	20	24								3	3	100.0
	7	抗滑 摩擦系数 构造深度	符合设计要求 符合设计要求	200m 200m	1													

施工单位检查评定结论：

监理（建设单位）检查结论：

施工项目专业质量检查员（签字）：　　监理工程师（建设单位项目专业技术负责人）（签字）：

项目专业技术负责人（签字）：　　项目专业质量检查员（或建设单位项目专业质量检查员）（签字）：

年　月　日

注：本表由施工项目专业质量检查员填写，监理工程师（建设单位项目技术负责人）组织项目专业质量检查员等进行验收，并应按上表进行记录。

附表-13 隐蔽工程检查验收记录

××××年×月×日

工程名称	××××××	施工单位	××××××
隐检项目	热拌沥青混合料面层(粗)	隐检范围	站西二路：0+000—0+083 东侧

隐检内容及检查情况	主控项目： 1. 原材料、混合料符合设计要求。 2. 压实度、厚度、弯沉值符合设计要求。 一般项目： 1. 纵断高程(mm)：±15 　设计： 6.810　6.480　6.280　6.070　5.880　5.839 　实测： 6.805　6.483　6.284　6.077　5.875　5.831 2. 中线偏位(mm)：≤20 　偏差： 7 3. 平整度(mm)：≤5 　偏差： 2　3　5　6　4 4. 宽度(mm)：≥设计值 　偏差： 15　20　24 5. 横坡：±0.3%且不反坡 　偏差： 0.25%　0.23%　0.23%　0.22%　0.24%

验收意见	

处理情况及结论	

复查人：　　　　　　　　　　年　月　日

建设单位	监理单位	施工项目技术负责人	质检员

市政道路工程施工学习任务单

附表-14 面层（透层）检验批质量检验记录

工程名称	××××××	分部工程名称	×××××	面层工程	×××	分项工程名称	透层面层
施工单位	××××××		施工员		×××	项目经理	×××
分包单位	/		分包项目经理		/	施工班组长	×××
工程数量	83m	验收部位（或桩号）	站西二路 0+000—0+083 东侧			项目技术负责人	×××
交方班组	/	接方班组	/			检查日期	××××年×月×日

序号	检查内容	检验依据	检验频率		检查结果/实测点偏差值或实测值										应测点数	合格点数	合格率(%)
			范围	点数	1	2	3	4	5	6	7	8	9	10			
主控项目	1	材料要求	沥青品种、标号及粒料质量符合CJJ1—2008第8.1节有关规定	按进场批次、同批次同品种	1	符合要求												
一般项目	1	宽度	偏差规定值或土偏差值)/mm 检验依据允许	40m	1	15	26	30								3	3	100.0
	2	观测	粒料撒布均匀，不应松散、裂缝、油丁、泛油、波浪、花白、漏洒、堆积、污染其他构筑物	全数		粒料撒布均匀、无松散，无裂缝、油丁、泛油、波浪、花白、漏洒、堆积、污染其他构筑物												

施工单位检查评定结论：

项目专业质量检查员（签字）：

监理（建设）单位验收结论：

监理工程师（签字）：

监理工程师（建设单位项目专业技术负责人）组织项目专业质量检查员等进行验收，并应按上表进行记录。
年 月 日

注：本表由施工项目专业质量检查员填写，监理工程师（建设单位项目专业技术负责人）组织项目专业质量检查员等进行验收，并应按上表进行记录。

附表-15 隐蔽工程检查验收记录

××××年×月×日

工程名称	××××××	施工单位	××××××
隐检项目	透层面层	隐检范围	站西二路：0+000—0+083 东侧

隐检内容及检查情况	主控项目： 沥青品种、标号及粒料质量符合设计及规范要求。 一般项目： 1. 粒料洒布均匀，未松散、裂缝、油丁、泛油、波浪、花白、漏洒、堆积、污染其他构筑物。 2. 宽度(mm)：≥设计值 实测：　　15　26　30
验收意见	
处理情况及结论	

复查人：　　　　　　　年　　月　　日

建设单位	监理单位	施工项目 技术负责人	质检员		

附表-16　测量复核记录

工程名称	××××××		施工单位		××××××		
复核部位	站西二路：0+000—0+083 东侧 5%水稳第二层		日　　期		××××年×月×日		
原施测人	×××		测量复核人		×××		

测量复核情况（示意图）	部位	设计/m	实测/m	偏差/mm	部位	设计/m	实测/m	偏差/mm
	0+000	6.730	6.723	−7				
	0+020	6.400	6.412	+12				
	0+040	6.200	6.205	+5				
	0+060	5.990	6.003	+13				
	0+080	5.800	5.805	+5				
	0+083	5.759	5.769	+10				

复核结论	
备注	

观测：　　　复测：　　　计算：　　　施工项目技术负责人：

附表-17 基层(水泥稳定土类)检验批质量检验记录

工程名称	××××××	分部工程名称	×××	分项工程名称	水泥稳定类基层(第二层)
施工单位	××××××	分包工程名称	×××	基层工程	×××
工程数量	83m	分包项目经理		施工班组长	×××
交方班组		验收部位(或桩号)	站丙二路: 0+000—0+083 东侧	项目技术负责人	×××
		接方班组		检查日期	××××年×月×日

检查项目	序号	检查内容	检验依据/允许偏差(规定值)/mm	检验频率 范围	检验频率 点数	检查结果/实测点偏差值或实测值 1	2	3	4	5	6	7	8	9	10	应测点数	合格点数	合格率(%)
主控项目	1	材料	水泥土粒料应符合CJ 1—2008 第7.5.1条规定	不同批料进厂批次	1次	符合要求												
	2	压实度	快速路、主干路 基层≥97%, 底基层≥95%, 其他等级路 基层≥95%, 底基层≥95%	1000m² 每压实层	1组	详见试验报告												
	3	无侧限抗压强度	符合设计要求	2000 m²	1	详见试验报告												
一般项目	1	弯沉值(mm/100)	(设计有要求时)≤设计规定	每车道 20m	1	详见试验报告												
	2	中线偏位	≤20	100m	1	15										1	1	100.0
	3	纵断高程	基层 ±15 底基层 ±20	20m	1	−7	+12	+5	+13	+5	+10					6	6	100.0
	4	平整度	基层 ≤10 底基层 ≤15	20m	1~3	/	10	5	10	6						5	5	100.0
	5	宽度	≥设计规定+B	40m	1	7	20	32								3	3	100.0
	6	横坡	±0.3%且不反坡	20m	2~6	25	0.25%	0.33%	0.25%	0.23%	0.31%	0.23%	0.25%	0.30%	0.23%	10	8	80.0
	7	厚度	±10	1000m²	1点	+5										1	1	100.0

施工单位检查评定结论	
	项目专业质量检查员(签字): 项目专业技术负责人(签字): 年 月 日
监理建设单位验收结论	
	监理工程师: (或建设单位项目专业技术负责人) 年 月 日

注：本表由施工质量检查员填写，监理工程师(建设单位项目专业技术负责人)组织项目专业质量检查员等进行验收，并应按上表进行记录。

附表-18 隐蔽工程检查验收记录

××××年×月×日

工程名称	××××××	施工单位	××××××
隐检项目	水泥稳定类基层(第二层)	隐检范围	站西二路：0+000—0+083 东侧

隐检内容及检查情况	主控项目： 1. 水泥稳定粒料符合设计及规范要求。 2. 压实度、无侧限抗压强度、弯沉值符合设计要求。 一般项目： 1. 中线偏位(mm)：≤20 实测： 15 2. 纵断高程(mm)：±15 设计： 6.730 6.400 6.200 5.990 5.800 5.759 实测： 6.723 6.412 6.205 6.003 5.805 5.769 3. 平整度(mm)：≤10 实测： 7 10 5 10 6 4. 宽度(mm)：≥设计规定+B 实测： 25 20 32 5. 横坡：±0.3%且不反坡 实测： 0.23% 0.25% 0.33% 0.25% 0.23% 0.31% 0.23% 0.25% 0.30% 0.23% 6. 厚度(mm)：±10 实测： +5

验收意见	
处理情况及结论	复查人：　　　　　　年　　月　　日

建设单位	监理单位	施工项目技术负责人	质检员

附表-19 测量复核记录

工程名称	××××××				施工单位	××××××		
复核部位	站西二路：0+000—0+083 东侧 5%稳第一层				日　　期	××××年×月×日		
原施测人	×××				测量复核人	×××		
测量复核情况（示意图）	部位	设计/m	实测/m	偏差/mm	部位	设计/m	实测/m	偏差/mm
	0+000	6.560	6.565	+5				
	0+020	6.230	6.242	+12				
	0+040	6.030	6.023	−7				
	0+060	5.820	5.810	−10				
	0+080	5.630	5.638	+8				
	0+083	5.589	5.605	+16				
复核结论								
备注								

观测：　　　　复测：　　　　计算：　　　　施工项目技术负责人：

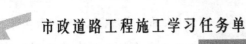

附表-20 基层(水泥稳定土类)检验批质量检验记录

工程名称	×××××	分部工程名称	基层工程			分项工程名称		水泥稳定类基层(第一层)				
施工单位	×××××	施工员	×××			项目经理		×××				
分包单位	/	分包项目经理	/			施工班组长		×××				
工程数量	83m	验收部位(或桩号)	站西二路：0+000～0+083 东侧			项目技术负责人		×××				
交方班组	/	接方班组	/			检查日期		××××年×月×日				

检查项目		名称	检验依据/允许偏差规定值或土粒值/mm	检验频率		检查结果(实测点偏差值或实测值)										应测点数	合格点数	合格率/(%)
				范围	点数	1	2	3	4	5	6	7	8	9	10			
主控项目	1	材料	水泥土粒料应符合CJJ 1—2008 第7.5.1条规定	不同批料进厂批次	1次	符合要求										1	1	100.0
	2	压实度	快速路、主干路基层≥97%，底基层≥95%。其他等级路基层≥95%，底基层≥95%	1000m² 每压实层	1	详见试验报告										6	5	83.3
	3	无侧限抗压强度	符合设计要求	2000 m²	1组	详见试验报告										1	1	100.0
	4	弯沉值(mm/100)	(设计有要求时)≤设计规定	每车道，每20m	1	详见试验报告												
一般项目	1	中线偏位	≤20	100m	1	17	+5	−7	−10	+8	+16					5	4	80.0
	2	纵断高程	基层 ±15 底基层 ±20	20m	1	7	12	8	10	10								
	3	平整度	基层 ≤10 底基层 ≤15	20m	1~3	/	/	/	/	/	/	/	/	/	/			
	4	宽度	≥设计规定+B	40m	1	24	30	25								3	3	100.0
	5	横坡	±0.3% 且不反坡	20m	2~6	0.23%	0.25%	0.25%	0.23%	0.32%	0.25%	0.24%	0.22%	0.23%	0.22%	10	9	90.0
	6	厚度	±10	1000m²	1点	+10										1	1	100.0

施工单位检查评定结论 项目专业质量检查员(签字): 项目专业质量技术负责人：(签字)
　　　　　　　　　　　　　　　　　 年　月　日

监理(建设)单位验收结论 监理工程师：(签字) 监理工程师(建设单位项目专业技术负责人)：(签字)
　　　　　　　　　　　　　　　　　　(或建设单位项目负责人)组织项目专业质量检查员等进行验收，并应按上表进行记录。
　　　　　　　　　　　　　　　　　　　　　　　　　　　年　月　日

注：本表由施工项目专业质量检查员填写，监理工程师(建设单位项目专业技术负责人)组织项目专业质量检查员等进行验收，并应按上表进行记录。

附表-21　隐蔽工程检查验收记录

××××年×月×日

工程名称	××××××	施工单位	××××××
隐检项目	水泥稳定类基层(第一层)	隐检范围	站西二路：0+000—0+083 东侧

隐检内容及检查情况	主控项目： 1. 水泥稳定粒料符合设计及规范要求。 2. 无侧限抗压强度符合设计要求。 一般项目： 1. 中线偏位(mm)：≤20 实测：17 2. 纵断高程(mm)：±15 设计：6.560　6.230　6.030　5.820　5.630　5.589 实测：6.565　6.242　6.023　5.810　5.638　5.605 3. 平整度(mm)：≤10 实测：7　12　8　10　10 4. 宽度(mm)：≥设计规定+B 实测：24　30　25 5. 横坡：±0.3%且不反坡 实测：0.23%　0.25%　0.25%　0.23%　0.32%　0.25%　0.24%　0.22%　0.23%　0.22% 6. 厚度(mm)：±10 实测：+10 

验收意见	
处理情况及结论	

复查人：　　　　　　年　　月　　日

建设单位	监理单位	施工项目技术负责人	质检员

市政道路工程施工学习任务单

附表-22 测量复核记录

工程名称	××××××	施工单位	××××××
复核部位	站西二路：0+000—0+083 东侧级配碎石垫层	日 期	××××年×月×日
原施测人	×××	测量复核人	×××

测量复核情况（示意图）

部位	设计/m	实测/m	偏差/mm	部位	设计/m	实测/m	偏差/mm
0+000	6.380	6.395	+15				
0+020	6.050	6.057	+7				
0+040	5.850	5.857	+7				
0+060	5.640	5.652	+12				
0+080	5.450	5.455	+5				
0+083	5.409	5.421	+12				

复核结论

备注

观测：　　　复测：　　　计算：　　　施工项目技术负责人：

附表-23 基层(级配碎石)检验批质量检验记录

工程名称	×××××××		分部工程名称	基层工程			分项工程名称		级配碎石基层		
施工单位	××××××		施工员	×××			项目经理		×××		
分包单位	/		分包项目经理	/			施工班组长		×××		
工程数量	83m		验收部位(或桩号)	站西二路：0+000~0+083东侧			项目技术负责人		×××		
交方班组			接受班组				检查日期		××××年×月×日		

序号	检查内容	检验依据(规定值或允许偏差值)/mm	检验频率 范围	检验频率 点数	检查结果实测点偏差值或实测值										应测点数	合格点数	合格率(/%)
					1	2	3	4	5	6	7	8	9	10			
主控项目 1	材料	级配碎石应符合CJJ1—2008规定	不同批料进厂批次	1次	符合要求												
主控项目 2	压实度	快速路、主干路基层≥97%，底基层≥95%；其他等级路基层≥95%，底基层≥93%	1000m² 每压实层	1	详见试验报告										1	1	100.0
主控项目 3	弯沉值(mm/100)	(设计有要求时)≤设计规定	每车道 20m	1	详见试验报告												
一般项目 1	中线偏位	≤20	100m	1	12										1	1	100.0
一般项目 2	纵断高程	基层 ±15 底基层 ±20	20m	1	+15	+7	+12	+12	+5	+12					6	6	100.0
一般项目 3	平整度	基层 ≤10 底基层 ≤15	20m	1~3	7	16	8	8	15						5	4	80.0
一般项目 4	宽度	≥设计规定+B	40m	1	20	34	53								3	3	100.0
一般项目 5	横坡	±0.3%且不反坡	20m	2~6	0.23%	0.25%	0.23%	0.25%	0.22%	0.22%	0.32%	0.25%	0.22%	0.23%	10	9	90.0
一般项目 6	厚度	±10	1000m²	1点	+8										1	1	100.0

施工单位检查评定结论：

监理工程师：(签字)

项目专业质量检查员 (签字)

监理工程师(建设单位项目技术负责人)：(签字) (或建设单位项目专业质量检查员人员组织项目专业技术负责人等进行验收，并应按上表进行记录。

年 月 日　　　　　　　　　　　　　　　　年 月 日

注：本表由施工项目专业质量检查员填写，监理工程师(建设单位项目专业技术负责人)组织项目专业质量检查员等进行验收，并应按上表进行记录。

附表-24 隐蔽工程检查验收记录

××××年×月×日

工程名称	××××××	施工单位	××××××
隐检项目	级配碎石基层	隐检范围	站西二路：0+000—0+083 东侧

隐检内容及检查情况	主控项目： 1. 级配碎石粒径符合设计及规范要求。 2. 压实度、弯沉符合设计要求。 一般项目： 1. 中线偏位(mm)：≤20 实测：12 2. 纵断高程(mm)：±20 设计：6.380 6.050 5.850 5.640 5.450 5.409 实测：6.395 6.057 5.857 5.652 5.455 5.421 3. 平整度(mm)：≤15 实测：7 16 8 8 15 4. 宽度(mm)：≥设计规定+B 实测：20 34 53 5. 横坡：±0.3%且不反坡 实测：0.23% 0.25% 0.25% 0.23% 0.32% 0.25% 0.24% 0.22% 0.23% 0.22% 6. 厚度(mm)：±10 实测：+8	

验收意见	
处理情况及结论	

复查人：　　　　　　　　　　　年　月　日

建设单位	监理单位	施工项目技术负责人	质检员

附表-25 测量复核记录

工程名称	××××××		施工单位	××××××
复核部位	站西二路：0+000—0+083东侧土方路基		日　　期	××××年×月×日
原施测人	×××		测量复核人	×××

测量复核情况（示意图）	部位	设计/m	实测/m	偏差/mm	部位	设计/m	实测/m	偏差/mm
	0+000	5.780	5.768	−12				
	0+020	5.450	5.443	−7				
	0+040	5.250	5.238	−12				
	0+060	5.040	5.046	+6				
	0+080	4.850	4.862	+12				
	0+083	4.809	4.814	+5				

复核结论	
备注	

观测：　　　　复测：　　　　计算：　　　　施工项目技术负责人：

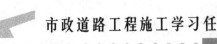

附表-26 土方路基(填方)检验批质量检验记录

工程名称	××××××	分部工程名称	路基工程	分项工程名称	填方路基
施工单位	××××××	施工员	×××	项目经理	×××
分包单位	/	分包项目经理	/	施工班组长	×××
工程数量	83m	验收部位(或桩号)	站西二路：0+000—0+083东侧	项目技术负责人	×××
交方班组		接方班组		检查日期	×××年×月×日

检查项目	序号	检查内容	检验依据/允许偏差(规定值或土偏差值)/mm	检查频率		检查结果/实测点偏差值或实测值										应测点数	合格点数	合格率(%)
				范围	点数	1	2	3	4	5	6	7	8	9	10			
主控项目	1	压实度	0~80	城市快速路、主干路≥95% 次干路、主干路≥93% 支路及其他小路≥90%	1000 m²	3	详见试验报告										6	5	83.3
	2		>80 ~150	城市快速路、主干路≥93% 次干路、主干路≥90% 支路及其他小路≥90%													2	2	100.0
	3		>150	城市快速路、主干路≥90% 次干路、主干路≥90% 支路及其他小路≥87%													10	9	90.0
	4	弯沉值(mm/100)	≤设计规定	每车道，每20m	1	详见试验报告											3	3	100.0
一般项目	1	路床纵断高程	−20，+10	20m	1	−12	−7	−12	+6	+12	+5						10	9	90.0
	2	路床中线偏位	≤30	100m	2	21	17												
	3	路床平整度	≤15	20m	1~3	10	5	12	7	10	10	10	9	12	16				
	4	路床宽度	≥设计规定+B	40m	1	53	45												
	5	路床横坡	±0.3%且不反坡	20m	2~6	0.32%	0.25%	0.23%	0.25%	0.25%	0.23%	0.22%	0.23%	0.24%	0.22%				
	6	边坡	不陡于设计	20m															

施工单位检查评定结论：项目专业质量检查员(签字)： （或建设单位项目专业技术负责人）：

监理(建设)单位验收结论：监理工程师：(签字) 监理工程师(建设单位项目技术负责人)组织项目专业质量检查员等进行验收，并应按上表进行记录。 年 月 日

注：本表由施工项目专业质量检查员填写。

附表-27 隐蔽工程检查验收记录

××××年×月×日

工程名称	××××××	施工单位	××××××		
隐检项目	填方路基	隐检范围	站西二路：0+000—0+083 东侧		

隐检内容及检查情况	主控项目： 压实度、弯沉符合设计要求。 一般项目： 1. 路床中线偏位(mm)：≤30 实测： -12 -7 -12 +6 +12 +5 2. 路床纵断高程(mm)：-20，+10 设计： 5.780 5.450 5.250 5.040 4.850 4.809 实测： 5.768 5.443 5.238 5.046 4.862 4.814 3. 路床平整度(mm)：≤15 实测： 10 5 12 7 12 10 10 9 12 16 4. 路床宽度(mm)：≥设计规定+B 实测： 53 45 40 5. 横坡：±0.3%且不反坡 实测： 0.32% 0.25% 0.23% 0.25% 0.23% 0.25% 0.22% 0.23% 0.24% 0.22%
验收意见	
处理情况及结论	

复查人：　　　　　　　年　月　日

建设单位	监理单位	施工项目 技术负责人	质检员	